赛迪顾问战略性新兴产业 系列丛书之三

# 中国

## 战略性新兴产业投融资与并购战略

中国电子信息产业发展研究院
赛迪顾问股份有限公司　　　著
北京赛迪经智投资顾问有限公司

电子工业出版社
**Publishing House of Electronics Industry**
北京·BEIJING

**图书在版编目（CIP）数据**

中国战略性新兴产业投融资与并购战略/中国电子信息产业发展研究院，赛迪顾问股份有限公司，北京赛迪经智投资顾问有限公司著. —北京：电子工业出版社，2012.9

（赛迪顾问战略性新兴产业系列丛书）

ISBN 978-7-121-17972-3

Ⅰ．①中…　Ⅱ．①中…　②赛…　③北…　Ⅲ．①新兴产业－投资－研究－中国　②新兴产业－融资－研究－中国　③新兴产业－企业兼并－研究－中国　Ⅳ．①F832.48

中国版本图书馆 CIP 数据核字（2012）第 194276 号

责任编辑：徐蔷薇　　　特约编辑：赵海红　罗树利

印　　刷：中国电影出版社印刷厂

装　　订：涿州市京南印刷厂

出版发行：电子工业出版社

　　　　　北京市海淀区万寿路 173 信箱　邮编　100036

开　　本：787×1 092　1/16　印张：24　字数：568 千字

印　　次：2012 年 9 月第 1 次印刷

印　　数：4 000 册　　定价：118.00 元

凡所购买电子工业出版社图书有缺损问题，请向购买书店调换。若书店售缺，请与本社发行部联系，联系及邮购电话：（010）88254888。

质量投诉请发邮件至 zlts@phei.com.cn，盗版侵权举报请发邮件至 dbqq@phei.com.cn。

服务热线：（010）88258888。

# 《中国战略性新兴产业投融资与并购战略》
# 指导委员会

# 《中国战略性新兴产业投融资与并购战略》
# 研究委员会

## 主 任

罗 文　工业和信息化部中国电子信息产业发展研究院院长

宋显珠　工业和信息化部中国电子信息产业发展研究院党委书记

## 副主任

靳 伟　北京市经济和信息化委员会主任

王 昌　河北省工业和信息化厅厅长

胡玉亭　山西省经济和信息化委员会主任

戴海波　上海市经济和信息化委员会主任

徐一平　江苏省经济和信息化委员会主任

谢力群　浙江省经济和信息化委员会主任

谢超英　湖南省经济和信息化委员会主任

杨建初　广东省经济和信息化委员会主任

王江平　贵州省经济和信息化委员会主任

黄云波　昆明市常务副市长

卜江戎　湖北省经济和信息化委员会副主任

王 静　海南省工业和信息化厅副厅长

伍丕光　四川省经济和信息化委员会副主任

夏亚民　武汉东湖新技术开发区管理委员会副主任

李德璋　襄阳国家高新技术产业开发区管委会主任

刘 岩　大连市经济和信息化委员会主任

谢学宁　广州市科技和信息化局局长

薛 峰　镇江市经济和信息化委员会主任

葛秀全　襄阳市经济和信息化委员会主任

李　坚　佛山市经济和信息化局局长

冼周恩　东莞市经济和信息化局局长

陈　浩　昆明市工业和信息化委员会主任

胡大平　武汉市信息产业办公室副主任

王守义　通辽市经济和信息化委员会副主任

徐小田　中国半导体行业协会执行理事长

刘献军　中国信息化推进联盟秘书长

## 成　员

王海林　工业和信息化部中小企业司融资担保处处长

刘文强　工业和信息化部节能与综合利用司综合处处长

余　薇　工业和信息化部节能与综合利用司节能处处长

黄建忠　工业和信息化部节能与综合利用司资源综合利用处处长

毕俊生　工业和信息化部节能与综合利用司环境保护处处长

常国武　工业和信息化部原材料工业司综合处处长

钱明华　工业和信息化部装备工业司汽车处处长

侯建仁　工业和信息化部电子信息司信息通信产品处处长

孙文龙　工业和信息化部软件服务业司软件产业处处长

王少朋　工业和信息化部软件服务业司软件应用处处长

尹洪涛　工业和信息化部软件服务业司信息服务业处处长

张　望　工业和信息化部信息化推进司综合处处长

王建伟　工业和信息化部信息化推进司产业信息化处处长

任爱光　工业和信息化部电子信息司集成电路处副调研员

袁雷峰　国务院国有资产监督管理委员会规划发展局科技处处长

姜广智　北京市经济和信息化委员会软件与信息服务业处处长

池　宇　江苏省经济和信息化委员会软件与信息服务业处处长

宋　捷　长沙高新技术产业开发区办公室主任

李　峻　赛迪顾问股份有限公司总裁

张　涛　赛迪顾问股份有限公司高级副总裁、北京赛迪经智投资顾问有限公司总裁

王　靖　赛迪顾问股份有限公司高级副总裁

文　芳　赛迪顾问股份有限公司高级副总裁、北京赛迪经略企业管理顾问有限公司总裁、北京赛迪方略城市经济顾问有限公司总裁

路　琨　北京赛迪世纪信息工程顾问有限公司总裁

孙会峰　赛迪顾问股份有限公司副总裁

李　珂　赛迪顾问股份有限公司副总裁

赫建营　赛迪顾问股份有限公司副总裁

# 推荐序一 FOREWORD

战略性新兴产业正处于一个发展的关键时期。国务院《"十二五"国家战略性新兴产业发展规划》指出，发展战略性新兴产业是一项重要战略任务，在当前经济运行下行压力加大的情况下，对于保持经济长期平稳较快发展具有重要意义。

放眼全球，发展高科技特征明显的新兴产业已成为主要国家应对危机、提振经济、抢占竞争制高点的战略选择，其纷纷加快对节能环保、新能源、信息、生物等新兴技术和产业发展的布局。纵览国内，战略性新兴产业掀起了从中央到地方、从机构到企业的投资热潮，其不但承担着国内产业结构调整的重任，更承载着中国经济增长方式转型的历史使命。当下，战略性新兴产业的发展也经历了从概念的提出、产业的界定到重点发展领域的确定等阶段，正面临着如何在技术突破难度较大、商业模式较不明晰、机制体制创新较不足、融资困难等挑战下落地生根的重要命题。

战略性新兴产业的培育和发展是一项系统工程。在突出重点、整合资源、完善机制的基础上，当前应抓紧推进培育发展战略性新兴产业的八个"一批"：组织实施一批重大产业创新发展和应用示范工程，突破一批重点领域关键和共性技术，研制一批产业发展急需的技术标准，完善一批重点领域产业链条，创建一批具有较强国际竞争力的产业基地，支持一批产业技术创新公共服务平台建设，培育一批创新型企业和产业联盟，培养造就一批领军人才，力争用5～10年时间，把战略性新兴产业培育发展为先导性、支柱性产业。

投融资与并购是培育和发展战略性新兴产业的关键环节之一。战略性新兴产业的培育和发展是一个长期、持续的过程，初期高投入、高风险的特征十分突出，需要强有力、系统性的财税、投融资政策支持以及发达的资本市场和健全的融资体系。金融资本不仅是企业竞争的坚强后盾、产业整合的重要手段，也是产业竞争力提升的推动力。战略性新兴产业也是金融资本投资的重要载体，产业的发展与升级也将为金融资本创造更为广阔的投资与发展空间。产业资本和金融资本融合发展，也是国内外大型企业集团发展到一定规模，实现跨越式发展、产生规模经济与范围经济、巩固和强化竞争优势、进一步提升国际竞争力的重要模式。

面对上述形势，中国电子信息产业发展研究院、赛迪顾问股份有限公司和北京赛迪经智投资顾问有限公司出版的《中国战略性新兴产业投融资与并购战略》一书，对我国战略性新兴产业投融资与并购做了深入研究，并对主要细分领域的投资、融资与并购等做了详细的分析，对各级政府、企业在新形势下促进战略性新兴产业投融资与并购给出了针对性的建议。全书总结起来有三大特点：

第一，研究覆盖范围广。本书涵盖了培育和发展略性新兴产业过程中各级政府和企业常需面对或应用的投融资渠道和方式，包括投资决策、上市、私募、并购、政府引导基金等，研究范围全面、覆盖面广。

第二，兼顾理论与实践。本书对战略性新兴产业面临的投资决策、上市、私募、并购等方式的操作要点、流程、注意问题等做了详细的研究分析，同时，结合到主要领域的投融资与并购特点，给出了大量来自政府和企业实践一线的案例，为相关部门和企业单位实际操作提供了宝贵的经验参考。

第三，注重实证研究。本书对具体产业的投融资与并购进行了实证研究，通过对相关数据的统计与研究，挖掘投融资数据背后所反映的行业投融资特征，为各级政府和企业开展投融资与并购提供决策依据。

本书紧扣当前战略性新兴产业发展面临的新形势，对各级政府与企业把握战略性新兴产业投融资与并购特征，综合运用私募、上市、并购等资本运作手段，实现产业和企业的跨越式发展，具有很好的参考价值。

工业和信息化部副部长

2012年8月31日

# 推荐序二 FOREWORD

发展战略性新兴产业，是党中央、国务院面向未来，审时度势，为确保我国经济在本世纪内走在世界前沿做出的战略决策。

所谓战略性新兴产业，是指建立在重大前沿科技突破基础上，代表未来科技和产业发展新方向，体现当今世界智慧经济、知识经济、信息经济、循环经济、绿色经济、低碳经济发展潮流，目前尚处于成长初期、未来发展潜力巨大，对经济社会具有全局带动和重大引领作用的产业。显然，由于战略性新兴产业总体上处于发轫的初期，其巨大的经济和社会效益尚未充分展示，对它们的金融支持便难以延续旧轨，必须有一系列的产品、机构和市场创新，政府对它们的支持，也须有新的思路。

就市场而言，必须进一步完善我国资本市场结构，建立多层次资本市场，充分发挥其融资、定价、整合、重组、管理风险、优化治理结构的功能，不断夯实企业发展基础。要进一步完善创业板市场制度，支持符合条件的企业上市融资。应积极推进场外证券交易市场的建设，以便满足处于不同发展阶段创业企业的金融需求。在此基础上，要完善不同层次市场之间的转板机制，逐步实现各层次市场间有机衔接，为战略性新兴产业提供持续不断、多样化的金融服务。

在促进股权融资市场大发展的同时，还要大力发展债券市场，扩大中小企业集合债券和集合票据发行规模，积极探索开发低信用等级高收益债券和私募可转债等金融产品，稳步推进企业债券、公司债券、短期融资券和中期票据发展，大力拓宽企业债务融资渠道。为此，必须加快建立包括财政出资和社会资金投入在内的多层次担保体系。

就金融机构发展而言，要大力发展创业投资和股权投资基金。建立和完善促进创业投资和股权投资行业健康发展的配套政策体系与监管体系。在风险可控的范围内，为保险公司、社保基金、企业年金管理机构和其他机构投资者参与新兴产业创业投资和股权投资基金创造条件。

应鼓励金融机构加大信贷支持。引导金融机构建立适应战略性新兴产业特点的信贷管理和贷款评审制度。积极推进知识产权质押融资、产业链融资等金融产品创新。积极发展中小金融机构和新型金融服务。综合运用风险补偿等财政优惠政策，促进金融机构加大支持战略性新兴产业发展的力度。

建立服务于战略性新兴产业的金融体系，政府必须积极发挥作用。要扩大政府新兴产业创业投资规模，充分运用市场机制，带动社会资金投向战略性新兴产业中处于创业早中期阶段的创新型企业。鼓励民间资本投资战略性新兴产业。地方政府应积极推动产业资本与金融资本融合，坚持产业为本，金融为用，不断完善投融资体系，提高地方政府融资平台透明度和市场化程度，加快地方经济发展和产业结构调整步伐。

针对战略性新兴产业发展特点，要进一步推动兼并重组，并通过它向战略性新兴产业提供多样化的金融服务。应认真清理取消各地区自行出台的限制外地企业对本地企业实施兼并重组的规定，积极探索跨地区兼并重组的利益共享机制，协调处理地区间的利益分配，实现企业兼并重组成果共享。要加强对企业兼并重组的指导，督促企业严格执行兼并重组的有关法律法规和产业政策，规范操作程序，加强风险应对预案和重组后的整合工作。

显然，要创造、发展为战略性新兴产业服务的金融体系，我们需要学术界、企业界、投资界等相关机构创新思考、大胆实践、相互交流、合作共赢。为实现这一目标，我们组织编写了《中国战略性新兴产业投融资与并购战略》一书，旨在为业界提供理论框架和实践参考。我以为，本书至少在如下四个方面值得向读者推荐：

第一，此书对战略性新兴产业政府引导基金的设立、运作模式、管理模式、考核体系、退出机制等做了全面研究。这对于各级政府发挥政府资金的杠杆作用，吸引各类社会资本、民间资本和境外资本，放大政府对创业投资机构的导向效应，具有很好的指导意义。

第二，此书对上市、私募股权融资、新三板挂牌等融资渠道进行了全面、深入的分析。这对于指导战略性新兴产业相关企业通晓各类融资流程、应对融资过程中出现的问题，从而制定资本运作战略、借助资本市场快速发展，提供了极具参考价值的资料。

第三，此书对融资租赁、资产证券化、无形资产抵押贷款、中小企业"三集"、产权交易和专业化协作融资等创新融资方式进行了研究。这些融资方式，有的已经推开，有的正在试点，有的则正在研究之中。战略性新兴产业企业了解这些融资方式，无疑可以拓宽思路，理性选择适合自己的个性化融资方案。

第四，此书就战略性新兴产业各类融资渠道、投资和并购等提供了丰富的对应性案例，并对它们进行了深入浅出的分析。这对于指导各级政府和企业具体开展投融资工作无疑具有启发引导的借鉴意义。

我相信，广大战略性新兴产业的企业，以及一切与此相关的政府、部门和机构，都可从本书中读到充实的资料并获得有益的启迪。

李扬

中国社会科学院副院长、学部委员

2012年8月28日

2012年7月，国务院正式印发《"十二五"国家战略性新兴产业发展规划》，进一步明确了战略性新兴产业的指导思想、基本原则和发展目标，提出了七大产业二十余个领域的重点发展方向和主要任务，围绕二十个重点工程加快培育和发展各战略性新兴产业。尤其在政策措施方面把财税金融扶持政策放在了首要位置，建立稳定的财政投入增长机制，设立战略性新兴产业发展专项资金；加快研究完善和落实鼓励创新、引导投资和消费的税收支持政策；运用风险补偿等措施，鼓励金融机构加大对战略性新兴产业的信贷支持；发展多层次资本市场，拓宽多元化直接融资渠道；扶持发展创业投资企业，发挥政府新兴产业创业投资资金的引导作用，推动设立战略性新兴产业创业投资引导基金；健全投融资担保体系；引导民营企业和民间资本投资战略性新兴产业。

在战略性新兴产业向纵深发展、产业与资本深度融合的新阶段，深入研究、探讨战略性新兴产业如何从理论知识到实践验证、如何从战略思想到具体操作等问题，具有十分重要的理论意义和实践价值。为此，在工业和信息化部有关领导的指导下，中国电子信息产业发展研究院、赛迪顾问股份有限公司、北京赛迪经智投资顾问有限公司依托对战略性新兴产业的持续研究成果以及对投资融资并购等资本战略的丰实积累，策划并组织撰写了《赛迪顾问战略性新兴产业系列丛书之三：中国战略性新兴产业投融资与并购战略》。

《中国战略性新兴产业投融资与并购战略》作为系列丛书的第三部，继往开来，从资本时代的产业整合独特视角切入，汇聚战略性新兴产业发展和投融资的最新研究成果，实证研究战略性新兴产业投资、融资、并购的典型实践；重点以战略性新兴产业融资渠道分析与选择、产业投资、引导基金、并购重组为主线，深入剖析新一代信息技术、节能环保、电池、稀土、文化创意等产业的资本运作状况、特征、机遇，对此进行全面、深刻的研究，是我国首部系统研究战略性新兴产业投融资与并购战略的高端专业文献。

《中国战略性新兴产业投融资与并购战略》在秉承系列丛书前两部的研究风格的基础上，专业聚焦战略性新兴产业投融资与并购的最新实践和理论研究成果，战略篇、产业篇、案例篇依次展开，力求以精炼的语言、翔实的分析，透视战略性新兴产业投融资与并购战略的要点和精髓。

战略篇对企业资本运营、政府引导扶持等战略性新兴产业发展关键环节的途径、手段、创新进行了细致的研究和归纳。从战略性新兴产业资本运营战略入手，围绕融资渠道与选择、私募股权融资的现状与要点、上市及再融资的各项重点工作、新三板融资运作流程与要点、产业投资可行性分析与项目评估、政府引导基金运作模式与发展、并购重组规划与流程等各级政府主管部门、企业界、投资界最为关注的焦点问题，展开科学的分析和系统的总结。

产业篇对集成电路、软件、云计算、物联网、第三方支付、工业节能、环保、电池、稀土、文化创意等战略性新兴产业的发展现状、投融资机遇做了全面的总结与分析，对其股权融资、IPO、并购整合做了翔实的刻画与解剖。其中富含近年来不同投融资并购方式的大量数据和特征分析，为有志于借助资本力量实现跨越式发展的企业家提供了可借鉴的经验，为希冀于掘金战略性新兴产业的投资机构科学发现和评判投资价值提供了有益的参考，也为各级政府主管部门优化和细化相关政策提供了定量和定性的依据。

案例篇对战略性新兴产业各类融资渠道与投资、并购所对应的相关案例进行了深入浅出的介绍，并提炼出其创新特点与借鉴价值。颇具代表性和典型意义的六个股权融资案例、四个上市融资案例、三个新三板案例，让亟需资金支持做大做强的战略性新兴产业企业可资借鉴。国家和苏州工业园、深创投、成都高新区等不同类型的政府引导基金，各具特色，引领风骚。固锝电子、用友、华为、远望谷、支付宝、碧水源等知名企业的并购重组案例，则为利用估值洼地期谋划产业布局、提升核心竞争力的实力企业给出了示范样板。

作为中国工业和信息化领域的知名智库，中国电子信息产业发展研究院直属单位赛迪顾问股份有限公司，是国内首家系统性研究战略性新兴产业的高端咨询机构，也是推动中国战略性新兴产业发展的重要力量，在战略性新兴产业的诸多产业领域有着深厚的研究积累、完备的统计数据与众多的合作伙伴。赛迪顾问凭借自身在行业资源、信息技术与数据渠道等方面的独特优势，能够为政府部门产业发展的决策、各地方政府招商引资的实施、各地园区产业规划的制定、各领域企业发展战略的研究、各金融机构投融资策略的分析献计献策，提供全方位的智力支持与资源保障，致力成为中国的城市经济第一智库、企业管理第一顾问、信息化咨询第一品牌。

赛迪投资顾问是赛迪顾问股份有限公司（中国首家上市咨询企业，股票代码：HK08235）旗下致力于企业投融资并购咨询的投资顾问公司，专业从事并购战略、并购方案与实施、并购融资、并购整合、上市顾问、私募股权融资、投资决策与城市投融资等业务，深谙战略性新兴产业整合之道，服务对象覆盖IT、电子、电信、互联网、节能环保、高端装备、能源、新能源汽车、金融等行业与企业用户。

本书的编写工作于2011年12月启动，期间历经总体策划、内部论证、专家研讨、稿件撰写、体系编排、审核校对、专家评审等多个阶段。本书编撰过程中得到了工业和信息化部、地方政府、产业行业协会、产业园区、投资机构和相关企事业单位领导的鼎力支持和无私帮助。本书成稿过程凝聚了数十名参加编写工作的产业界、学术界专家学者所付出的大量心血和艰辛努力。

在此，谨向工业和信息化部、各省区市经信委（工信委）、相关行业协会、合作伙伴、众多专家学者、企业和业界人士，以及所有在本书编写过程中付出辛勤劳动与汗水的各界朋友表示诚挚的感谢！

限于时间、条件与水平，本套丛书中的缺点与不足在所难免，衷心希望广大读者与各界人士给予批评指正。

编辑部

二〇一二年八月三十一日

# CONTENTS 目 录

# 战 略 篇

# 产 业 篇

# 案　例　篇

战·略·篇

# 战略性新兴产业资本运营战略

## 第一节 资本运营战略概述

### 一、资本运营战略的定义

资本运营是指企业将其自身所拥有的各种形式的资本通过裂变、组合、流动等有效的配置手段进行运筹和经营，力图提高资本效率，并最大限度地实现资本增值目标。从资产总量的角度来看，企业的资本运营可分为资本扩张和资本收缩两种模式。其中，资本扩张是指在现有的资本结构下，通过内部积累、追加投资、吸纳外部资源即兼并和收购等方式，使企业实现资本规模的扩大。根据产权流动的不同轨道可分为基于规模化的横向型资本扩张、基于市场控制力的纵向型资本扩张和基于多元化的混合型资本扩张。

资本运营战略，即基于价值管理的理念，针对提高企业资本效率、最大限度地实现企业资本增值的目标，所提出的具有全局性、统领性的策略及方案。

### 二、资本运营战略与企业战略的关系

#### （一）资本运营战略是企业经营的高级阶段

企业经营包括实物层面的业务经营和货币层面的资本运营。其中，业务经营注重技术层面，与之相应的业务经营战略为基于技术、产品的发展策略和方案。因此，产品自身的个性化特征决定了业务经营战略是以一个模块为规划对象的发展策略，从企业层面来讲，业务经营战略讲究细节、关注局部。资本运营则注重资金的运筹和经营，资本自身的特点决定了资本运营

战略必然是基于全盘的发展策略，资本运营战略具有全局性与统领性，是通过对模块的组合来实现协同效应，从而提高企业资本效率，最大限度地实现企业的资本增值。所以说，资本运营战略是企业经营的高级阶段。

### （二）资本运营战略是企业外部交易型战略的核心

基于企业经营的两个层次，企业战略可以划分为两大类：内部管理型战略和外部交易型战略。以产品扩张为核心的内部管理型战略，其本质是横向延伸企业生命周期曲线。以资本运营为核心的外部交易型战略，其本质是推动企业生命周期曲线的纵向扩展。

外部交易型战略的实施，有助于迅速实现企业的规模经济效益、增强资本的扩张能力；有助于降低企业对新行业、新市场的进入成本，迅速增值其可支配资本；有助于迅速扩大市场份额，形成更加有力的竞争优势。进一步来看，企业的外部交易型战略首先是针对资本运营的策略和方案，企业通过对资本的运筹和经营，改善资本结构，突破市场容量限制，推动组织、制度创新。可见，资本运营战略是企业外部交易型战略的核心。

## 第二节　战略性新兴产业资本运营战略的内容

### 一、资本筹集

企业的资本筹集包括内部和外部两个渠道，其中内部筹资主要是指企业的自有资金和在生产经营过程中的资金积累部分；外部来源即企业的外部资金来源部分，随着技术的进步和生产规模的扩大，单纯依靠内部筹资已经很难满足企业的资金需求，外部资金成为企业获取资金的重要方式。

### （一）资本筹集方式

企业筹集资本的渠道按照不同的分类标准可以分为不同的类型。从资金来源渠道，可以分为内源融资和外源融资；按照融资过程是否通过中介组织，可以分为直接融资和间接融资；按出资人对企业所有权占有的区别，可以分为债权融资和股权融资（见表1-1）。

表1-1　资本筹集方式分类、定义及特点

| 分类标准 | 类别 | 定义 | 特点 |
|---|---|---|---|
| 资金来源渠道 | 内源融资 | 企业依靠自有财产投入来满足发展与投资需求，是企业原始积累的主要部分，主要包括留存盈利、折旧和定额负债等 | 不需要实际对外支付利息或者股息，不会减少企业的现金流量，具有原始性、自主性、低成本性和抗风险性等特点，是企业融资最先考虑的部分 |

（续）

| 分类标准 | 类别 | 定　义 | 特　点 |
|---|---|---|---|
| 资金来源渠道 | 外源融资 | 企业通过一定方式向企业之外的其他经济主体筹集资金。外源融资方式包括：银行贷款、发行股票、企业债券等 | 具有高效性、灵活性、大量性和集中性的特点，但过多的外源融资会增加企业的负债率，使企业控制权分散化，加大企业的经营风险 |
| 是否中介参与 | 直接融资 | 企业与融出资金方通过直接协议后进行货币资金的转移，主要包括买卖有价证券，预付定金和赊销商品，不通过银行等金融机构的货币借贷等 | 可以是股权融资，也可以是债券融资，如在证券交易所公开发行股票、发行企业债券。这样能够最大可能地吸收社会游资，直接投资于企业生产经营，从而弥补间接融资的不足 |
| | 间接融资 | 企业与融出资金方通过中介机构获得资金的方式，最为典型的是商业银行贷款 | 供给者把存款存入银行，银行贷给企业。其常见形式是：融资租赁、担保融资、保理融资等。间接融资工具流动性相对高而风险相对小，可满足许多谨慎投资者的需要 |
| 是否影响控制权 | 债券融资 | 企业通过借钱的方式进行融资，债权融资所获得的资金，企业要向债权人偿还本息 | 可以通过财务杠杆的运用提高企业股东的回报率，但是同时会加大企业的财务风险 |
| | 股权融资 | 出资方出资购买融资企业的股东部分股权，从而也变成企业股东，共担风险 | 股权融资不需要还本付息，企业财务风险较小，但是股权融资在一定程度上会稀释现有股东的股份，削弱其控制权 |

资料来源：赛迪投资顾问，2012-04.

　　赛迪投资顾问通过对我国资本市场以及众多融资渠道系统性的研究，并在参考传统融资渠道分类方法的基础之上，按照各融资渠道资金的来源以及对企业经营控制权的影响对融资渠道进行了分类，如图1-1所示。

**（二）资本筹集方式特点及适用性**

　　企业常用资本筹集方式特点及适合对象如表1-2所示。

　　每种融资方法和渠道都有着自身的优缺点，企业应当根据自身所处行业的特点以及企业的特点，综合多方面的因素选择适合自身的融资渠道。只有这样，才能真正形成产业与资本的良性互动，从而发挥产业与资本的协调效应，使企业快速做大做强。

```
融资渠道
├── 内源融资
│   ├── 留存收益融资
│   ├── 折旧融资
│   ├── 应收账款融资
│   ├── 票据贴现融资
│   ├── 资产典当融资
│   └── 商业信用融资
└── 外源融资
    ├── 股权类融资
    │   ├── 公开股权类融资
    │   │   ├── 国内上市
    │   │   ├── 海外上市
    │   │   ├── 产权交易
    │   │   ├── 上市公司增资扩股
    │   │   └── 其他
    │   └── 非公开股权类融资
    │       ├── 风险投资
    │       ├── 私募股权基金
    │       ├── 产业投资基金
    │       ├── 并购融资
    │       ├── 非上市公司增资扩股
    │       └── 其他
    ├── 债权类融资
    │   ├── 公开债权类融资
    │   │   ├── 企业债
    │   │   ├── 公司债
    │   │   ├── 短期融资债券
    │   │   ├── 中小企业集合债
    │   │   └── 其他
    │   └── 非公开债权类融资
    │       ├── 银行贷款
    │       ├── 政府贷款
    │       ├── 信托融资
    │       ├── 融资租赁
    │       ├── 担保抵押贷款
    │       ├── 资产证券化
    │       └── 其他
    └── 政策性融资
```

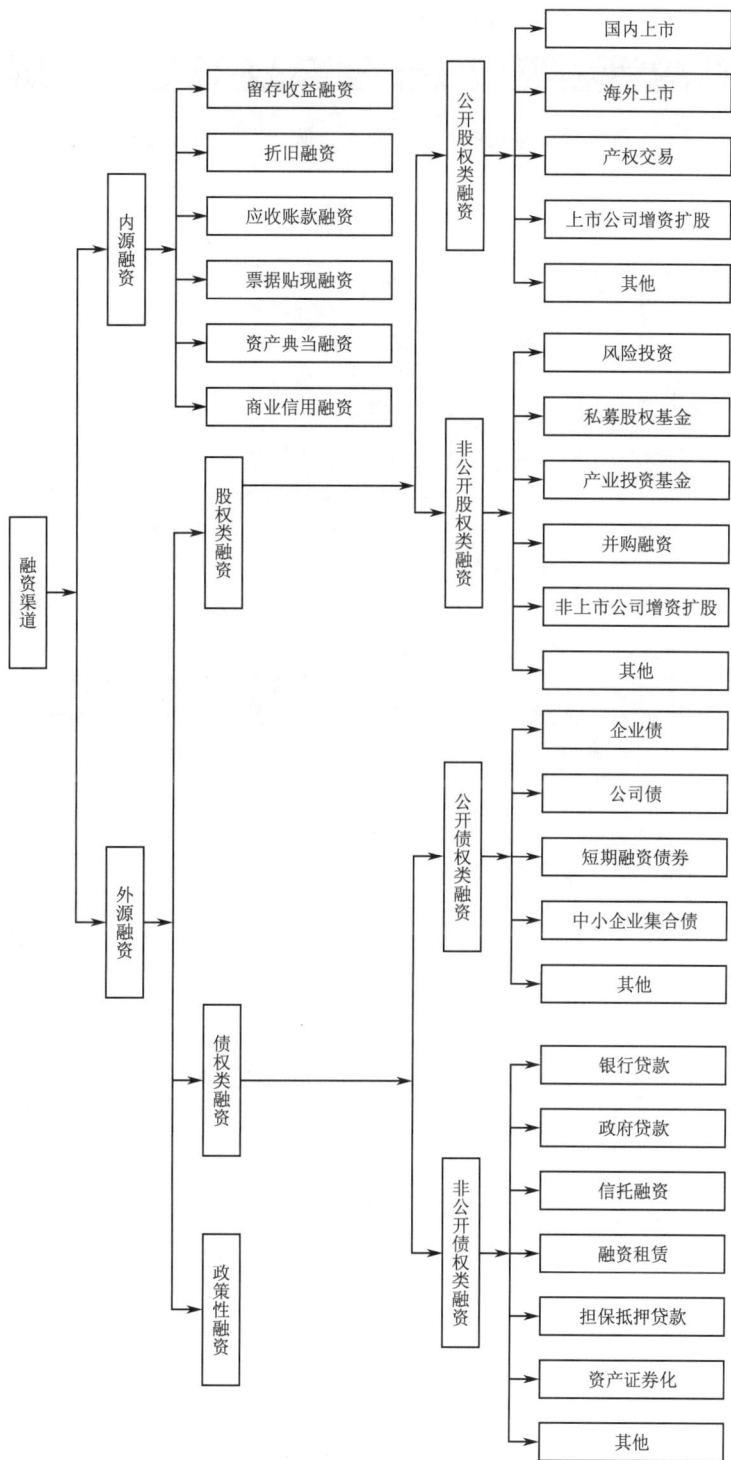

图1-1 企业融资方式与渠道分类

资料来源：赛迪投资顾问，2012-04.

表1-2　企业常用资本筹集方式特点及适合对象简表

| 融资渠道 | 主要特点 | 适合企业 |
|---|---|---|
| 内源融资 | 不需要支付股息或利息，融资成本低，风险小并且无须披露企业相关信息，是企业外源融资的保障，也是企业应当首选的融资方式 | 适合于具备较高的留存收益，现金流量充沛的企业。尤其当企业不愿意公开内部信息时可采取此类融资方式 |
| 国内上市融资 | 不需要支付固定的利息从而使得企业财务风险较小。另外，国内上市除了能筹资以外还能提高公司的知名度，优化公司的法人治理结构。但是，上市融资需要最大限度地公开公司的信息，公司从此变为公众公司 | 适合处于成长期的具备良好前景并且资金需求量较大的企业 |
| 海外上市融资 | 同国内上市一样不需要支付固定利息使得采取风险较小，能提高公司在国际市场上的知名度。海外上市要求企业能够更好地理解上市地点的法律、会计、市场环境等方面的要求，对拟上市企业提出了更高的要求 | 海外上市尤其适合于具备增长前景资金需求量大，且希望在上市地点开拓业务的企业 |
| 风险/私募融资 | 风险资本、私募基金的本质是投资高技术、高成长性企业，以获得资本的迅速增值，然后通过上市、收购兼并以及其他股权转让方式撤出资本以实现超额回报，投资人会适当参与被投资企业的管理 | 具备高成长性、高技术含量，处于初创期的高新技术企业，并且具备高素质的企业管理团队 |
| 产业投资基金 | 产业投资基金区别于风险资本最重要的一点在于其一般专注于某特点的产业，产业投资基金除了获取资本增值的目的之外，其重要使命还应包括促进该产业的健康发展 | 适合于企业所在的行业为朝阳产业，其发展前景被看好，且得到国家的大力扶持。比如被定位于国家战略性新兴产业中的优质企业 |
| 增资扩股 | 包括上市公司增资扩股和非上市公司的增资扩股。增值扩股不仅可以获得资金，还可能获得所需要的设备或技术，并且财务风险较小，但是增资扩股资本成本较高，容易分散企业的控股权 | 主要适用于已经上市的具备良好发展前景和投资项目的公司再融资，以及急需要资金、技术和设备的股权结构清晰的非上市公司 |
| 并购融资 | 并购融资主要是指企业出卖控股权以获取资金，企业并购融资的对价可以是现金，也可以是并购者的股份或者两者的综合 | 适合于因某些原因处于经营困境，急需引入战略投资者以盘活企业资产，从而走出企业经营低谷的企业 |
| 产权交易 | 将企业的资产以商品的形式作价交易，一般需要在产权交易市场挂牌转让，其转让程序较为公开 | 主要适用于国有资产的挂牌转让 |
| 公开债券融资 | 企业通过正规程序发行企业债、公司债，从而在债券市场筹集资金，需要严格遵守相关制度，并受到严格监管，其公开发行债券对企业的各方面要求较高 | 主要适合于资产规模较大，企业盈利能力强的大型企业 |

（续）

| 融资渠道 | 主要特点 | 适合企业 |
|---|---|---|
| 金融机构贷款 | 贷款融资对规模有一定的限制，且信用较低的中小企业其贷款成本较高，并且贷款难度较大，过度的贷款融资会加大企业的财务风险 | 适合于大多数企业，也是企业采用得最多的融资方式。尤其适合于信用良好，评级较高和银行等金融机构有良好往来的优质企业 |
| 政府信贷融资 | 政府信贷融资是政府提供长期低息优惠贷款，一般具有援助性质。政府信贷融资一般成本较低，甚至可以是无息的，但是政府贷款一般都规定用于基础设施建设，且具有一定的附加条件 | 适合于政府扶持的相关企业以及战略性行业内的优质企业 |
| 信托融资 | 信托融资主要是企业利用信托公司发行的资金信托计划筹集所需资金 | 目前信托融资最成功地运用于房地产企业，如房地产信托基金REITs |
| 融资租赁 | 出租人根据承租人对租赁物和供货人的选择或认可，将其从供货人处取得的租赁物按融资租赁合同的约定出租给承租人占有、使用，向承租人收取租金，最短租赁期限为一年的交易活动。随着融资租赁的逐渐发展，出现了一些创新性的融资租赁方式，如融资租赁信托计划、一揽子融资租赁计划等 | 适用于融资租赁交易的租赁物为机器设备等非消耗性资产，如飞机、船舶、工程机械等 |
| 资产证券化 | 指将缺乏流动性的资产，转换为在金融市场上可以自由买卖的证券的行为，使其有流动性。发起人将证券化资产出售给一家特殊目的机构（SPV），或者由SPV主动购买可证券化的资产，然后SPV将这些资产汇集成资产池，再以该资产池所产生的现金流为支撑在金融市场上发行有价证券融资，最后用资产池产生的现金流来清偿所发行的有价证券 | 主要适用于具有未来一定时期内可预见产生稳定现金流资产的企业 |
| 政府扶持基金 | 扶持基金的特点是利息低，甚至免利息，偿还期限长，甚至不用偿还。但是要获得这些基金必须符合一定的政策条件 | 适合于符合国家专项基金扶持政策范围内的相关企业，并且准备申请扶持基金的企业应该具备先进的技术、良好的发展前景等条件 |
| 担保/抵押贷款 | 担保贷款主要是运用于当企业信用级别达不到贷款机构的要求时，需要第三方担保机构担保增级以获得所需贷款；抵押贷款是以债务人或第三方的财产或权益保障债权实现的担保方式。目前一些创新的抵押方式有知识产权抵押、股权抵押、应收账款、订单抵押、高技术企业联保贷款、创业风险投资机构担保贷款、小额贷款保证保险等 | 主要适用于信用级别较低的中小企业 |

资料来源：赛迪投资顾问，2012-04.

## 二、资本运用

### （一）投资

产业的发展过程最终会落实到企业的发展，而投资是企业所有决策中最为关键、最为重要的决策，投资决策的失误是企业最大的失误，一个重要的投资决策失误往往会使企业陷入困境，甚至破产。一个科学的投资决策包括对某一项目（包括有形资产、无形资产、技术、经营权等）投资前进行的分析、选择投资目标和方向、制定和评价投资方案、投资项目执行及反馈调整的过程。

投资决策主要有以下几个特点：①针对性。投资决策要有明确的目标，如果没有明确的投资目标就无所谓投资决策，而达不到投资目标的决策就是失策。②现实性。投资决策是投资行动的基础，投资决策是现代化投资经营管理的核心。投资经营管理过程就是"决策—执行—再决策—再执行"反复循环的过程，企业的投资经营活动是在投资决策的基础上进行的。③择优性。投资决策中必须提供实现投资目标的几个可行方案，投资决策遵循优选的原则，优选方案不一定是最优方案，但它应是诸多可行投资方案中最让人满意的投资方案。④风险性。因为投资环境是瞬息万变的，风险的发生具有偶然性和客观性，是无法避免的，投资决策应顾及实践中将出现的各种可预测或不可预测的变化。企业投资决策的程序如表1-3所示。

**表1-3  企业投资决策的程序**

| 步 骤 | | 主要内容 |
|---|---|---|
| 1 | 确定投资目标 | 投资分析，确定企业投资目标，选定投资行业 |
| 2 | 选择投资方向 | 进一步拟定具体的投资方向，确定投资细分领域 |
| 3 | 制定投资方案 | 制定具体的投资方案，并对方案进行可行性论证 |
| 4 | 评价投资方案 | 对投资风险与回报进行评价分析，由此断定投资决策方案的可靠性 |
| 5 | 投资项目选择 | 决定投资项目，进行投资 |
| 6 | 反馈调整方案 | 根据环境和需要的不断变化，对原先的决策进行适时的调整 |

资料来源：赛迪投资顾问，2012-04.

### （二）并购重组

企业的发展模式总体上可以归结为依靠内部资源自我累积式发展和利用外部资源外延扩张式发展。外延式发展表现为战略联盟、技术转让、吸收外来资本及兼并收购等，使企业能在短时间内迅速地扩大生产规模和经营规模，以形成巨型企业。

并购指一家企业以资金、证券或其他形式购买取得其他企业的部分或全部资产或股权，以取得对该企业的控制权的一种经济行为。并购的主要类型包括横向并购、纵向并购和混合并购（见表1-4），企业在选择并购类型时，需要根据企业自身的战略定位，在横向并购、纵向并购和混合并购中选择适合自身业务发展需要的模式。

表1-4　企业并购主要类型及特点

| 分　类 | 特　点 | 模　式 |
|---|---|---|
| 横向并购 | 产业链条中某一环节上多个企业的合并重组 | （1）由许多散小的企业合并成一个大的企业（集团）；（2）由一个大的企业兼并其他小企业；（3）由几家规模较大的企业强强联合形成巨型企业集团 |
| 纵向并购 | 围绕主导产品，沿产业链整合上下游企业，通过收购、兼并、重组等手段形成以价值链为中心的大型企业集团，包括前向整合和后向整合 | （1）接通产业链，就是将产业链中断续或孤立的环节串联起来，在更大范围内提高资源配置效率；（2）拓展产业链，就是补充产业链中缺损的环节，或向前延伸和向后延伸，形成更加完整的产业链，提高产品的附加价值 |
| 混合并购 | 企业从事涉及多个产业的企业并购 | |

资料来源：赛迪投资顾问，2012-04.

从并购方式来看，主要有四种形式：第一，承担债务式，即在资产与债务等价的情况下，兼并方以承担被兼并方债务为条件接收其资产；第二，购买式，即兼并方出资购买被兼并方企业的资产；第三，吸收股份式，即被兼并企业的所有者将被兼并企业的净资产作为股金投入兼并方，成为兼并方企业的一个股东；第四，控股式，即一个企业通过购买其他企业的股权，达到控制该企业控股的目的（见表1-5）。

表1-5　企业并购主要形式及特点

| 并购形式 | 主要操作方法 | 特　点 | 使用情况 |
|---|---|---|---|
| 购买式 | 并购方出资购买企业资产 | 一般以现金将目标企业整体产权买断，在对其整合的同时，对其债务进行清偿 | 并购者具备充足的现金资产 |
| 承担债务式 | 在被并购方资产与债务等价的情况下，并购方以承担被并购方债务为条件接收其资产 | 债务与产权一并被吸收，并购不以价格为标准，而按债务和产权价值之比确定 | 被并购者具备潜力和可利用资源 |
| 吸收合并式 | 将被并购方的净资产作为股金投入并购方，成为并购企业的一个股东 | 被并购企业整体财产并入并购企业，被并购企业经济实体不复存在 | 被并购者资产大于负债 |
| 控股式 | 并购者购买目标企业的股份进而控制企业，被并购者经济实体依然存在，仍具有法人资格 | 并购者作为新股东对目标企业的原有债务仅以控股股金承担责任 | 被并购企业较有前途，且并购后能给整合者带来巨大效益 |

资料来源：赛迪投资顾问，2012-04.

企业在选择具体并购形式时，要综合考虑并购的收益与成本。购买式和承担债务式操作相对简单，整合费用较低，一般在中小企业产业整合中使用。吸收式和控股式大都通过产权交易市场达到目的，要求有较高的操作技巧，并购的成本较高，一般适用于大中型企业之间的并购。

## 三、战略性新兴产业资本运营战略的特点

战略性新兴产业发展前景广阔，但由于其自身在技术水平、商业模式及融资渠道等方面尚存在制约，因此，困扰着战略性新兴产业的发展，创新融资渠道、推动并购重组是中国战略性新兴产业跨越式发展的关键之一。

### （一）战略性新兴产业融资渠道逐步拓宽

中国战略性新兴产业企业的发展离不开资金的支持，随着各级政府对战略性新兴产业的大力扶持，加之多层次资本市场不断发展完善，多种传统的及创新性的融资模式涌现出来，逐步为中国战略性新兴产业企业拓宽了融资渠道。同时，战略性新兴产业与资本形成良性互动，有利于发挥产业与资本的协同效应，最终推动战略性新兴产业快速发展。

### （二）战略性新兴产业融资模式逐渐丰富

由于战略性新兴产业发展时间较短、技术水平尚不成熟、市场尚不稳定，在初创期主要以风险投资、政府引导型基金以及政府直接补贴为主；至发展期，技术相对成熟、市场风险降低，融资渠道扩展至各类产业基金、国际组织信贷等；当战略性新兴产业趋于成熟时，其技术及市场状况得以明显改善，企业盈利能力显著增强，则以银行贷款、债券甚至股权融资为主要融资渠道。因此，处于不同发展阶段的战略性新兴产业适合不同的融资模式，随着其发展日趋成熟，融资模式也逐渐丰富。

### （三）战略性新兴产业融资紧跟政策导向

中国正处于经济发展方式转变时期，战略性新兴产业是促进中国经济转型的重要驱动力，因此，国家对战略性新兴产业给予极大的政策支持，工业和信息化部、中国人民银行、银监会和证监会等均出台了多项政策。工业和信息化部取消限制企业跨地区兼并重组的不合理规定，有利于推进八大重点行业企业兼并重组，并进一步促进企业兼并重组政策体系的完善；中国人民银行、银监会加大对战略性新兴产业的金融支持，防范并打击内幕交易和市场操纵行为，确保战略性新兴产业并购重组的良好市场环境；证监会提出规范战略性新兴产业资本市场并购重组的十项专项工作安排，加大资本市场支持并购重组的力度，拓宽并购重组融资渠道，积极鼓励创新并购重组方式。在全方位的政策支持下，战略性新兴产业综合运用私募、上市、并购等资本运作的手段，全力实现企业的跨越式发展。

# 战略性新兴产业融资渠道与选择

## 第一节　战略性新兴产业融资渠道选择

### 一、合理利用政府杠杆拓展融资渠道

　　从国家角度看，通过设立大批产业扶持资金，提升自主创新能力，推动产业结构升级。从地方政府角度看，通过政府无偿补贴、贷款贴息、设立产业引导基金等方式，培育本地优质企业发展。从企业的角度讲，应该深入理解中央和地方的产业政策，大力发展政府扶持类项目，积极争取中央和地方政府产业扶持资金。一方面，通过争取政府无偿补贴、贷款贴息、科技专项基金等资金支持，可以有效缓解企业发展的资金需求；另一方面，通过寻求政府担保、产业基金投资，可以为企业注入政府信用，大大降低后续融资难度，为后续融资铺平道路。

### 二、积极关注民间资本和外资投资动向

　　国发〔2010〕9号——《国务院关于进一步做好利用外资工作的若干意见》指出"修订《外商投资产业指导目录》，扩大开放领域，鼓励外资投向高端制造业、高新技术产业、现代服务业、新能源和节能环保产业"。国发〔2010〕13号——《国务院关于鼓励和引导民间投资健康发展的若干意见》指出"鼓励和引导民营企业发展战略性新兴产业。广泛应用信息技术等高新技术改造提升传统产业，大力发展循环经济、绿色经济，投资建设节能减排、节水降耗、生物医药、信息网络、新能源、新材料、环境保护、资源综合利用等具有发展潜力的新兴产业"。从国家政策看，政府正在逐步放宽外资和民间资本对战略性新兴产业的投资限制。因此，企业要密切关注相关政策的落实情况，积极关注外资和民间资本投资动向，合理利用外资

和民间资本的融资渠道。

## 三、用活股权融资，共谋新兴产业机遇

对于新兴高科技企业而言，天使投资、风险投资、上市融资、产业投资基金等股权融资手段能解决企业成长时期对资金的大量需求，同时分担企业成长中的风险，降低利息支出成本，是一种非常有效的融资渠道。作为一项投入时间长，流动性较弱的权益资本，取得风险投资所需的硬性条件较少，只要项目具有发展潜力，能在未来获利，那么就能够得到风险资本的青睐。国外的高科技企业的融资主要是依赖于创新资本的帮助和扶持。对于新兴高科技企业而言，企业面临的技术风险和市场风险很大。股市融资作为高科技企业的权益资本，具有不用偿还本金，不会加重企业的债务负担的特点。股市融资非常符合高科技企业本身的高风险性对于筹资的要求。国外许多高科技企业都是依靠在创业板上市，来筹集企业的长期发展资金。中央和地方政府发起成立了首批20家有中央财政参与的"国家基金"，以支持战略性新兴产业发展。这种中央、地方政府和社会资本三方资金整合下的创投新模式，将为新兴高科技企业发展带来更多股权融资渠道和机会。

## 四、适度运用债权融资手段，合理配置企业自身资本结构

由于融资渠道趋于多样化，因而必须在它们之间进行选择取舍。只有当企业的资本结构处于最佳状态时，企业的总体融资成本才能最小化。因此，企业必须制定最优资本结构政策。就高科技企业而言，其经营风险很大，而资金的流动性和安全性较差，因此，出资人将要求高科技企业提供较高的风险溢酬。同时，适度的引入政府信用和担保机构的担保，可以有效提高银行贷款的成功率。另外，可以选择运用中小企业集合债券、融资租赁、资产证券化等债权融资手段。

但值得强调的是，新兴高科技企业的技术风险和产品市场风险比较大，债权融资比例要适度，才能有效规避相关财务风险。高科技企业为了能够保持技术的先进和产品的竞争力，必须投入大量的资金用于技术研究和产品的开发，这就意味着高科技企业的固定研究开发成本是很高的。高科技企业产品的一个最大特点就是可以实现以极低的成本无限复制，也就是说企业产品的可变成本是很低的。再加上高科技企业的产品开发周期很长，产品寿命期很短，极容易被淘汰，产品的非时间性贬值非常大。新的产品一问世，旧的产品销售量和价值就会直线下降，高科技企业产品的销售量受市场的影响很大。产品的固定成本高而可变成本低，也就是说利润受销售额的影响非常大。这也就意味着高科技企业的经营杠杆很高，产品销售量对税前利润的影响极大。如果企业融资以债务资本为主，企业的财务杠杆就会很高。加上企业本身就有很高的经营杠杆，两个杠杆作用累加起来，意味着高科技企业的总杠杆效应会很大。如果高科技企业的盈利状况很好，那么企业就会获得很大的收益。但如果企业的经营状况欠佳，甚至于

亏损，那么企业也会同时陷入很大的困境之中。为了能够更加稳健、持续地发展，高科技企业的总杠杆系数应该保持在一个比较稳定的水平。其固有的高经营杠杆加上较低的财务杠杆，能够保证高科技企业的经营保持在一个比较平衡的状况，这样对于高科技企业的发展是很有好处的。

## 第二节 战略性新兴产业重点融资渠道分析

### 一、股权融资

股权融资是指企业的股东愿意让出部分企业所有权，通过企业增资的方式引进新的股东的融资方式。股权融资所获得的资金，企业无须还本付息，但新股东将与老股东同样分享企业的赢利与增长。股权融资的特点决定了其用途的广泛性，既可以充实企业的营运资金，也可以用于企业的投资活动。股权融资主要包括创投及私募股权基金、海内外上市融资、增资扩股、产权交易、并购融资等途径。

#### （一）创投及私募股权基金

风险投资（Venture Capital，VC）从广义上讲，是指向风险项目的投资，它集融资与投资于一体，汇供应资本和提供管理服务于一身。从投资行为的角度来讲，风险投资是把资本投向蕴藏着失败风险的高新技术及其产品的研究开发领域，旨在促使高新技术成果尽快商品化、产业化，以取得高资本收益的一种投资过程。从运作方式来看，是指由专业化人才管理下的投资中介向特别具有潜能的高新技术企业投入风险资本的过程，也是协调风险投资家、技术专家、投资者的关系，利益共享、风险共担的一种投资方式。

私募股权（Private Equity，PE）投资，从投资方式角度看，是指通过私募形式对私有企业，即非上市企业进行的权益性投资，在交易实施过程中附带考虑了将来的退出机制，即通过上市、并购或管理层回购等方式，出售持股获利。广义的私募股权投资涵盖企业首次公开发行前各阶段的权益投资，即对处于种子期、初创期、发展期、扩展期、成熟期和Pre-IPO各个时期企业所进行的投资。相关资本按照投资阶段可分为创业投资（Venture Capital）、发展资本（Development Capital）、并购基金（Buyout/Buyin Fund）、夹层资本（Mezzanine Capital）、重振资本（Turnround）、Pre-IPO资本（如Bridge Finance）及其他，如上市后私募投资（Private Investment in Public Equity，PIPE）、不良债权（Distressed Debt）和不动产投资（Real Estate）等（以上所述的部分也有重合的部分）。狭义的PE主要指对已经形成一定规模的，并产生稳定现金流的成熟企业的私募股权投资部分，主要是指创业投资后期的私募股权投资部分，而这其中并购基金和夹层资金在资金规模上最大的一部分。

目前，国内关于两者之间的概念比较模糊，其主要区别如表2-1所示。

表2-1    风险投资和私募股权的主要区别

| | 主要区别 |
|---|---|
| 投资阶段 | PE的投资对象主要为拟上市公司；VC的投资阶段相对较早，但是并不排除中后期的投资 |
| 投资规模 | PE由于投资对象的特点，单个项目投资规模一般较大；VC则视项目需求和投资机构而定 |
| 投资理念 | PE一般是协助投资对象完成上市然后套现退出；VC强调高风险、高收益，既可长期进行股权投资并协助管理，也可短期投资并寻找机会将股权进行出售 |

资料来源：赛迪投资顾问，2012-04.

　　而在现在的中国资本市场上，很多传统上的VC机构现在也介入PE业务，而许多传统上被认为专做PE业务的机构也参与VC项目，也就是说，PE与VC只是概念上的一个区分，在实际业务中两者的界限越来越模糊。因此，赛迪投资顾问统称风险投资和私募股权基金为创投及私募股权基金。

　　企业在选择创投及私募股权基金之前，应仔细审视自身是否能够真正得到投资者的支持和青睐。一般的创投及私募股权投资基金项目通过初步筛选后，投资者会亲自或者委托投资顾问公司开始对这1%左右的项目展开尽职调查，即认真、细致地对企业现状、成功前景及其经营团队开展调查，详细研究和考察产品市场、人员素质及经济核算等。经营团队的素质构成了投资决策的首选依据，其次是产品市场增长和投资回报率。

　　企业与投资者进行接触的过程实际上是一个复杂的博弈过程，企业在引入投资者的过程中，应该积极占据投资的主动权，选择符合企业自身特点的投资基金。赛迪投资顾问认为，企业在选择投资者时应当从信誉、资金实力、运作程序、投资偏好、管理团队等方面考察潜在投资者。企业引进创投及私募股权基金操作流程如图2-1所示，创投及私募股权投资基金运作程序如图2-2所示。

图2-1    企业引进创投及私募股权基金操作流程

资料来源：赛迪投资顾问，2012-04.

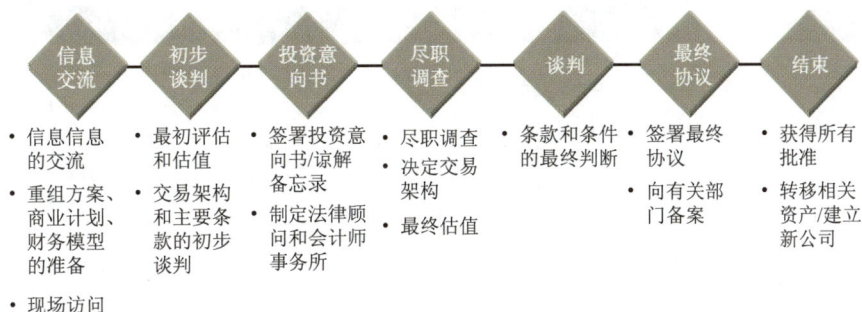

图2-2　创投及私募股权投资基金运作程序

资料来源：赛迪投资顾问，2012-04.

创投及私募股权基金在投资完成之后，一般要对企业进行监管。有的投资公司倾向于"无为而治"，与企业保持一种松散的关系；另一些投资公司则与企业保持了较为紧密的联系，如果发现企业的项目未如预期发展，则需要做出后续的决策。因此，企业在完成引入投资者之后，一定要在此基础上加强与投资者之间的沟通，保持好良好的战略合作关系，以促进企业向着预期的方向发展。

### （二）海内外上市融资

随着战略性新兴产业的快速发展，产业内相关企业在各种利好政策下也进入了高速发展阶段，企业的经营状况已经逐渐稳定，管理能力逐步提高，其核心竞争力已经形成并向投资者展现其良好的发展前景，且拥有足够的业绩记录和资产规模来证明企业自身的信用，各种风险大幅度降低，盈利能力逐步提高。这时，相关企业可以通过改制或者整体变更为股份有限公司，通过发行股票的方式在证券市场上进行融资。

根据我国《公司法》、《证券法》、《股票发行与交易管理暂行条件》、《首次公开发行股票并在创业板上市管理暂行办法》等法律条款的规定，公司发行股票并在交易所上市需要具备一定的条件。赛迪投资顾问在对上市条件进行详细解读的基础上，总结出主板上市和创业板上市的条件对比（见表2-2）。

表2-2　中国主板与创业板上市条件对比

| 条　　件 | 主　　板 | 创　业　板 |
|---|---|---|
| 主体资格 | 依法设立且合法存续的股份有限公司 | 依法设立且持续经营3年以上的股份有限公司 |
| 经营年限 | 持续经营时间应当在3年以上（有限公司按原账面净资产值折股整体变更为股份公司可连续计算） | 持续经营时间应当在3年以上（有限公司按原账面净资产值折股整体变更为股份公司可连续计算） |

（续）

| 条　件 | 主　板 | 创　业　板 |
|---|---|---|
| 盈利要求 | （1）最近3个会计年度净利润均为正数且累计超过人民币3 000万元，净利润以扣除非经常性损益前后较低者为计算依据；（2）最近3个会计年度经营活动产生的现金流量净额累计超过人民币5 000万元，或者最近3个会计年度营业收入累计超过人民币3亿元；（3）最近一期不存在未弥补亏损 | 最近两年连续盈利，最近两年净利润累计不少于1 000万元，且持续增长；或者最近一年盈利，且净利润不少于500万元，最近一年营业收入不少于5 000万元，最近两年营业收入增长率均不低于30%。净利润以扣除非经常性损益前后孰低者为计算依据（注：上述要求为选择性标准，符合其中一条即可） |
| 资产要求 | 最近一期末无形资产（扣除土地使用权、水面养殖权和采矿权等后）占净资产的比例不高于20% | 最近一期末净资产不少于2 000万元 |
| 股本要求 | 发行前股本总额不少于人民币3 000万元 | 企业发行后的股本总额不少于3 000万元 |
| 主营业务要求 | 最近3年内主营业务没有发生重大变化 | 发行人应当主营业务突出。同时，要求募集资金只能用于发展主营业务 |
| 董事及管理层 | 最近3年内没有发生重大变化 | 最近2年内未发生重大变化 |
| 实际控制人 | 最近3年内实际控制人未发生变更 | 最近2年内实际控制人未发生变更 |
| 同业竞争 | 发行人的业务与控股股东、实际控制人及其控制的其他企业间不得有同业竞争 | 发行人与控股股东、实际控制人及其控制的其他企业间不存在同业竞争 |
| 关联交易 | 不得有显失公平的关联交易，关联交易价格公允，不存在通过关联交易操纵利润的情形 | 不得有严重影响公司独立性或者显失公允的关联交易 |
| 成长性与创新能力 | 无 | 发行人具有较高的成长性，具有一定的自主创新能力，在科技创新、制度创新、管理创新等方面具有较强的竞争优势（请参考"两高五新"，即高科技：企业拥有自主知识产权的；高增长：企业增长高于国家经济增长，高于行业经济增长；新经济：（1）互联网与传统经济的结合，（2）移动通信，（3）生物医药；新服务：新的经营模式（例如，金融中介，物流中介，地产中介）；新能源：可再生能源的开发利用，资源的综合利用；新材料：提高资源利用效率的材料，节约资源的材料；新农业：具有农业产业化；提高农民就业、收入的） |
| 募集资金用途 | 应当有明确的使用方向，原则上用于主营业务 | 应当具有明确的用途，且只能用于主营业务 |

（续）

| 条　件 | 主　板 | 创业板 |
|---|---|---|
| 限制行为 | （1）发行人的经营模式、产品或服务的品种结构已经或者将发生重大变化，并对发行人的持续盈利能力构成重大不利影响；（2）发行人的行业地位或发行人所处行业的经营环境已经或者将发生重大变化，并对发行人的持续盈利能力构成重大不利影响；（3）发行人最近一个会计年度的营业收入或净利润对关联方或者存在重大不确定性的客户存在重大依赖；（4）发行人最近一个会计年度的净利润主要来自合并财务报表范围以外的投资收益；（5）发行人在用的商标、专利、专有技术以及特许经营权等重要资产或技术的取得或者使用存在重大不利变化的风险；（6）其他可能对发行人持续盈利能力构成重大不利影响的情形 | （1）发行人的经营模式、产品或服务的品种结构已经或者将发生重大变化，并对发行人的持续盈利能力构成重大不利影响；（2）发行人的行业地位或发行人所处行业的经营环境已经或者将发生重大变化，并对发行人的持续盈利能力构成重大不利影响；（3）发行人在用的商标、专利、专有技术以及特许经营权等重要资产或者技术的取得或者使用存在重大不利变化的风险；（4）发行人最近一年的营业收入或净利润对关联方或者有重大不确定性的客户存在重大依赖；（5）发行人最近一年的净利润主要来自合并财务报表范围以外的投资收益；（6）其他可能对发行人持续盈利能力构成重大不利影响的情形 |
| 违法行为 | 最近36个月内未经法定机关核准，擅自公开或者变相公开发行过证券，或者有关违法行为虽然发生在36个月前，但目前仍处于持续状态；最近36个月内无其他重大违法行为 | 发行人最近3年内不存在损害投资者合法权益和社会公共利益的重大违法行为；发行人及其股东最近3年内不存在未经法定机关核准，擅自公开或者变相公开发行证券，或者有关违法行为虽然发生在3年前，但目前仍处于持续状态的情形 |
| 发审委 | 设主板发行审核委员会，25人 | 设创业板发行审核委员会，加大行业专家委员的比例，委员与主板发审委委员不互相兼任。（相关内容将在修订后的《中国证券监督管理委员会发行审核委员会办法》中得到体现） |
| 初审征求意见 | 征求省级人民政府、国家发展和改革委员会意见 | 无 |
| 保荐人持续督导 | 首次公开发行股票的，持续督导的期间为证券上市当年剩余时间及其后2个完整会计年度；上市公司发行新股、可转换公司债券的，持续督导的期间为证券上市当年剩余时间及其后2个完整会计年度。持续督导的期间自证券上市之日起计算 | 在发行人上市后3个会计年度内履行持续督导责任（相关内容在修订后的《中国证券监督管理委员会股票发行审核委员会办法》中得到体现） |
| 创业板其他要求 |  | （1）发行人的经营成果对税收优惠不存在严重依赖。（2）在公司治理方面参照主板上市公司从严要求，要求董事会下设审计委员会，并强化独立董事履职和控股股东责任。（3）要求保荐人对公司成长性、自主创新能力进行尽职调查和审慎判断，并出具专项意见。（4）要求发行人的控股股东对招股说明书签署确认意见。（5）要求 |

（续）

| 条　件 | 主　板 | 创　业　板 |
|---|---|---|
| 创业板其他要求 | | 发行人在招股说明书显要位置做出风险提示，内容为"本次股票发行后拟在创业板市场上市，该市场具有较高的投资风险。创业板公司具有业绩不稳定、经营风险高等特点，投资者面临较大的市场波动风险，投资者应充分了解创业板市场的投资风险及本公司所披露的风险因素，审慎做出投资决定"。（6）不要求发行人编制招股说明书摘要 |

资料来源：赛迪投资顾问，2012-04.

符合相关条件的公司可以申请公开发行股票并在交易所上市融资，其具体操作程序如图2-3～图2-5所示。

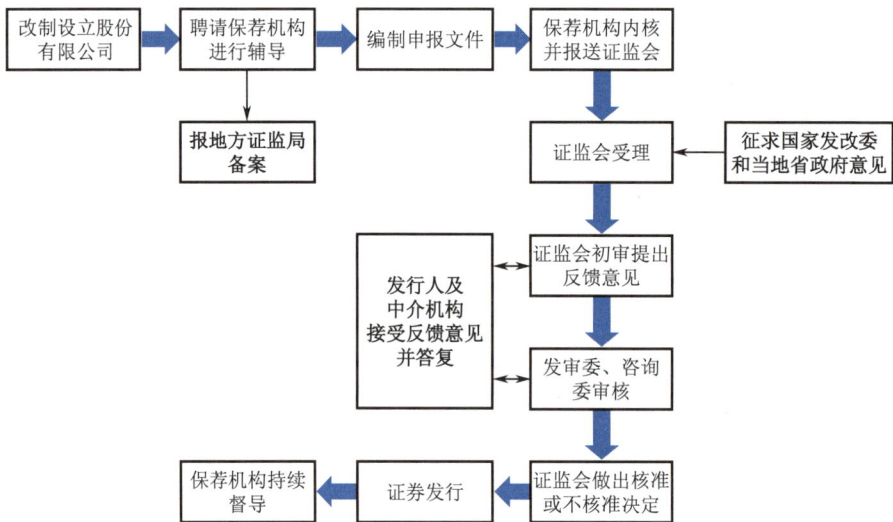

图2-3　公司发行股票一般操作流程

资料来源：赛迪投资顾问，2012-04.

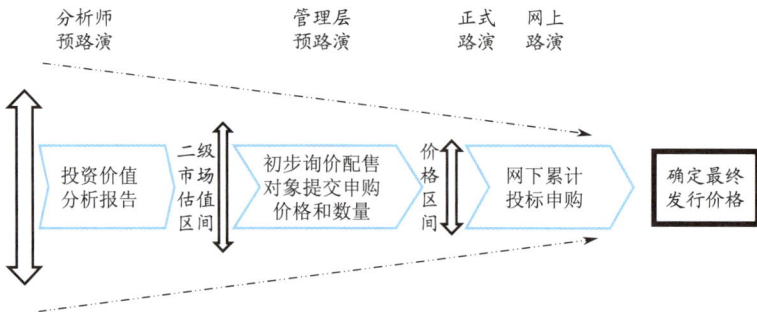

图2-4　公司股票定价流程

资料来源：赛迪投资顾问，2012-04.

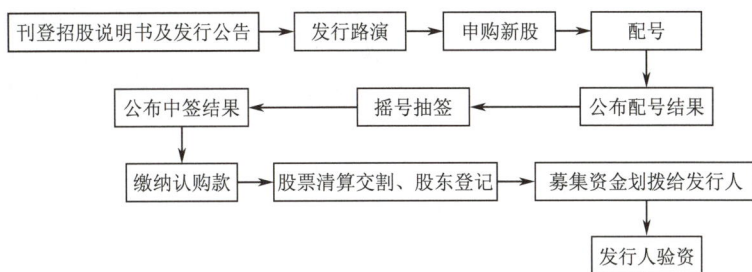

图2-5　公司股票发行操作流程

资料来源：赛迪投资顾问，2012-04.

公司的股票发行，可以根据公司的发展战略以及公司自身的特点并结合各交易所的特点选择适合公司的交易所上市交易。目前，国内公司股票可供选择的交易所主要分为国内交易所和海外交易所，而国内交易所主要包括上海证券交易所和深圳证券交易所。国内企业选择最多的海外交易所主要包括香港证券交易所、纽约证券交易所、纳斯达克证券交易所、伦敦证券交易所、韩国证券交易所、新加坡证券交易所等。

国内交易所对新兴产业高度重视，上海证券交易所和中证指数有限公司于2010年4月30日对外发布上证新兴产业指数和中证新兴产业指数。新兴产业股票从样本空间内筛选属于新能源、生物医药、新材料、电动汽车等行业，并且满足以下三个特点的股票作为新兴产业股票：产品有稳定并有发展前景的市场需求；良好的经济技术效益；能带动一批产业的兴起。上证新兴产业指数样本选择是将样本空间中新兴产业股票按照过去一年A股日均总市值与日均成交金额由高到低排名，将两项指标排名结果相加，所得和的排名作为股票的综合排名，并选取综合排名前50的股票作为指数样本（见表2-3）。中证新兴产业指数样本选择是将样本空间内新兴产业股票过去一年的日均总市值进行排名，选取排名前100的股票作为指数样本。

表2-3　上证新兴产业指数成分股列表

| | | |
|---|---|---|
| 歌华有线（600037） | 双鹤药业（600062） | 同仁堂　（600085） |
| 特变电工（600089） | 同方股份（600100） | 上海汽车（600104） |
| 包钢稀土（600111） | 宏图高科（600122） | 航天机电（600151） |
| 中体产业（600158） | 天坛生物（600161） | 福田汽车（600166） |
| 生益科技（600183） | 中牧股份（600195） | 浙江医药（600216） |
| 广汇股份（600256） | 海正药业（600267） | 航天信息（600271） |
| 恒瑞医药（600276） | 烟台万华（600309） | 平高电气（600312） |
| 洪都航空（600316） | 健康元　（600380） | 中兵光电（600435） |
| 宝钛股份（600456） | 科力远　（600478） | 双良股份（600481） |
| 风帆股份（600482） | 科达机电（600499） | 方大炭素（600516） |
| 置信电气（600517） | 厦门钨业（600549） | 天威保变（600550） |

（续）

| 天地科技（600582） | 海油工程（600583） | 金晶科技（600586） |
| 用友软件（600588） | 新安股份（600596） | 川投能源（600674） |
| 东软集团（600718） | 鹏博士（600804） | 通化东宝（600867） |
| 中炬高新（600872） | 东方电气（600875） | 航天电子（600879） |
| 杉杉股份（600884） | 航空动力（600893） | 上海电气（601727） |
| 中国南车（601766） | 中海油服（601808） | |

资料来源：赛迪投资顾问，2012-04.

在备受瞩目的创业板方面，证监会明确创业板欢迎战略性新兴产业公司。2010年3月19日，证监会正式印发《关于进一步做好创业板推荐工作的指引》（以下简称《指引》），《指引》明确指出，保荐机构应重点推荐符合国家战略性新兴产业发展方向的企业，特别是新能源、新材料、信息、生物与新医药、节能环保、航空航天、海洋、先进制造、高技术服务等领域的企业，以及其他领域中具有自主创新能力、成长性强的企业。

企业除了选择IPO上市融资外，还可以选择买壳上市或者借壳上市。通过买壳上市或借壳上市，中小企业可以直接进入资本市场，通过资本市场实现快速扩张。买壳上市或借壳上市的实质是企业并购，这是资本运作的重要方法。

买壳上市，是上市公司通过收购控股上市公司来取得上市地位，然后利用反向收购的方式注入自己的有关业务和资产。这种方式是非上市公司利用上市公司的壳资源，先达到绝对控股地位，然后进行资产和业务重组，利用目标壳公司的法律上市地位，通过合法的公司变更手续，使非上市公司成为上市公司。而借壳上市是指收购方通过资产置换的方式或优质资产拥有方将主要资产注入上市公司的子公司中来实现其上市。从实质上讲，买壳上市和借壳上市都是属于股权转让的并购重组行为，其差别较小，本书统称其为借壳上市。企业借壳上市操作流程如图2-6所示。

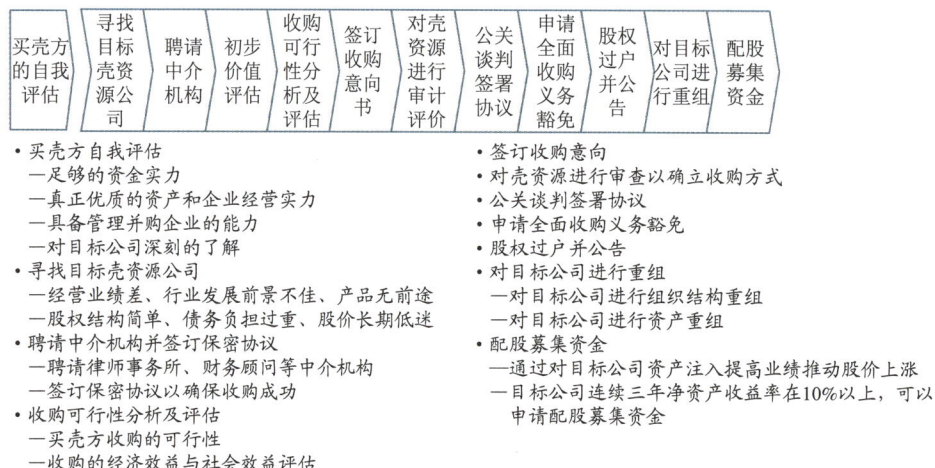

| 买壳方的自我评估 | 寻找目标壳资源公司 | 聘请中介机构 | 初步价值评估 | 收购可行性分析及评估 | 签订收购意向书 | 对壳资源进行审计评价 | 公关谈判签署协议 | 申请全面收购义务豁免 | 股权过户并公告 | 对目标公司进行重组 | 配股募集资金 |

- 买壳方自我评估
  - 足够的资金实力
  - 真正优质的资产和企业经营实力
  - 具备管理并购企业的能力
  - 对目标公司深刻的了解
- 寻找目标壳资源公司
  - 经营业绩差、行业发展前景不佳、产品无前途
  - 股权结构简单、债务负担过重、股价长期低迷
- 聘请中介机构并签订保密协议
  - 聘请律师事务所、财务顾问等中介机构
  - 签订保密协议以确保收购成功
- 收购可行性分析及评估
  - 买壳方收购的可行性
  - 收购的经济效益与社会效益评估

- 签订收购意向
- 对壳资源进行审查以确立收购方式
- 公关谈判签署协议
- 申请全面收购义务豁免
- 股权过户并公告
- 对目标公司进行重组
  - 对目标公司进行组织结构重组
  - 对目标公司进行资产重组
- 配股募集资金
  - 通过对目标公司资产注入提高业绩推动股价上涨
  - 目标公司连续三年净资产收益率在10%以上，可以申请配股募集资金

图2-6　企业借壳上市操作流程

资料来源：赛迪投资顾问，2012-04.

另外，企业除了选择借壳上市之外，还可以选择境外造壳上市。所谓境外造壳上市是指公司在境外百慕大、开曼、库克群岛、英属处女群岛等地注册公司（或者收购当地已经存续的公司），用以控股境内资产，而境内则成立相应的外商控股公司，并将相应比例的权益及利润并入境外公司，以达到上市目的。公司采取境外上市的原因主要有两个方面：一是为了规避政策监控，使境内企业得以金蝉脱壳，实现境外上市；二是利用避税岛政策，实现合理避税。

### （三）增资扩股

增资扩股是指企业可以根据发展需要，扩大股本融进所需资金。增资扩股利用直接投资所筹集的资金属于自有资本，与借入资本相比，它更能提高企业的资信与借款能力，对扩大企业经营规模、壮大企业实力具有重要的作用，并且企业可以根据经营状况向投资者支付报酬，比较灵活，没有固定支付的压力，财务风险比较小。增资扩股可以分为上市公司增资扩股和非上市公司增资扩股。

上市公司的增资扩股是指上市公司向社会公开发行新股，其中包括向原始股东配售股票和向全体社会公众发售股票。

上市公司增资扩股也需要具备一定的条件，具体要求如表2-4所示。

表2-4　上市公司增资扩股需要具备的条件

| 交易所 | 简　介 |
| --- | --- |
| 基本条件 | 前次发行新股已经募足，并间隔1年以上；<br>公司最近3年连续盈利，并可向股东支付股利；<br>公司最近3年财务会计文件无虚假记载；<br>公司预期利润率可达同期银行存款利率；<br>上市公司募集资金必须按招股说明书所列资金用途所用，改变招股说明书所列资金用途，必须经股东大会批准，擅自改变用途而未作纠正的，不得发行新股 |
| 一般要求 | 上市公司发行新股，应以现金认购方式进行，同股同价；<br>应当由具备主承销商资格的证券公司担任发行人和主承销商；<br>除金融类上市公司外，其发行新股募集的资金不得投资于商业银行、证券公司等金融机构；<br>具有完善的法人治理结构，与对其具有实际控制权的法人或其他组织及其关联企业在人员、资产、财务等方面独立；<br>公司章程等符合《公司法》及相关规定；<br>募集资金用途符合国家产业政策规定，募集资金数额原则上不超过公司股东大会批准的拟投资项目金额 |
| 配股特别要求 | 经注册会计师核验，最近3个会计年度加权平均净资产收益率平均不低于6%；<br>公司一次配股发行股份总额，原则上不超过前次发行并募足股份后股本总额的30%，如果公司具有实际控制权的股东全额认购所配售的股份，可不受上述比例限制；<br>本次配股距前次发行的时间间隔不少于1个会计年度 |
| 增发特别要求 | 最近3个会计年度加权平均净资产收益率不低于10%，且最近1个会计年度加权平均净资产收益率不低于10%；<br>募集资金数量不超过公司上年度未经审计的净资产值；<br>发行前最近1年及1期财务报表中的资产负债率不低于同行上市公司的平均水平；<br>前次募集资金投资项目的完工进度不低于70%；<br>上市公司及其附属公司最近12个月内不存在资金、资产被实际控制上市公司的个人、法人及其他组织及关联人占用的情况 |

资料来源：赛迪投资顾问，2012-04.

上市公司增资扩股流程如图2-7所示。

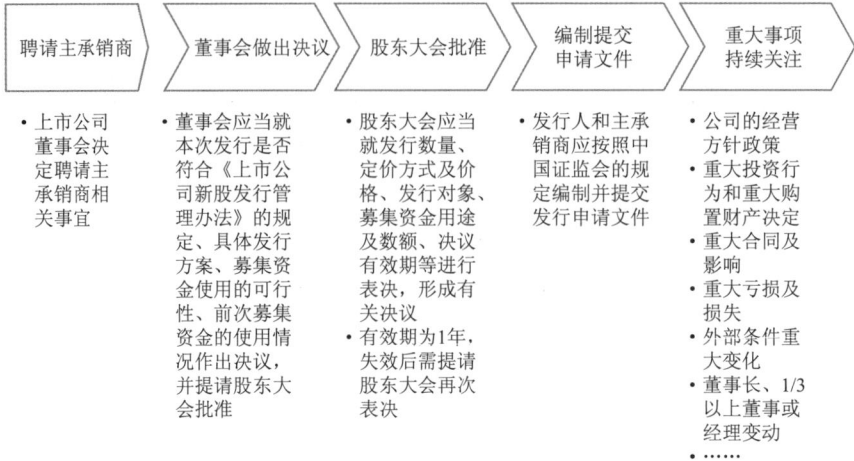

| 聘请主承销商 | 董事会做出决议 | 股东大会批准 | 编制提交申请文件 | 重大事项持续关注 |
|---|---|---|---|---|
| • 上市公司董事会决定聘请主承销商相关事宜 | • 董事会应当就本次发行是否符合《上市公司新股发行管理办法》的规定、具体发行方案、募集资金使用的可行性、前次募集资金的使用情况作出决议，并提请股东大会批准 | • 股东大会应当就发行数量、定价方式及价格、发行对象及数额、决议有效期等进行表决，形成有关决议<br>• 有效期为1年，失效后需提请股东大会再次表决 | • 发行人和主承销商应按照中国证监会的规定编制并提交发行申请文件 | • 公司的经营方针政策<br>• 重大投资行为和重大购置财产决定<br>• 重大合同及影响<br>• 重大亏损及损失<br>• 外部条件重大变化<br>• 董事长、1/3以上董事或经理变动<br>• …… |

图2-7　上市公司增资扩股流程

资料来源：赛迪投资顾问，2012-04.

非上市公司的增资扩股是指企业吸收直接投资、扩大资金来源的过程。投资者可以利用现金、厂房、机器设备、材料物资、无形资产等多种方式向企业投资。非上市公司采用增资扩股，吸收直接投资的方式筹措资金，也必须符合一定的条件和要求，主要包括：

（1）采用增资扩股、吸收直接投资等方式筹集自由资金的企业，应当是非股份制企业，包括国有企业、集体企业、合资或合营企业等，股份制企业应按规定以发行股票方式取得自有资金。

（2）中小企业通过增资扩股，吸收直接投资而取得的实物资产或无形资产，必须符合企业生产经营、科研开发的需要，在技术上能够消化利用。吸收无形资产投资的应符合法定比例。

（3）企业通过吸收直接投资取得的非现金资产，必须经过公正、合理的估价。

非上市公司增效扩股操作流程如图2-8所示。

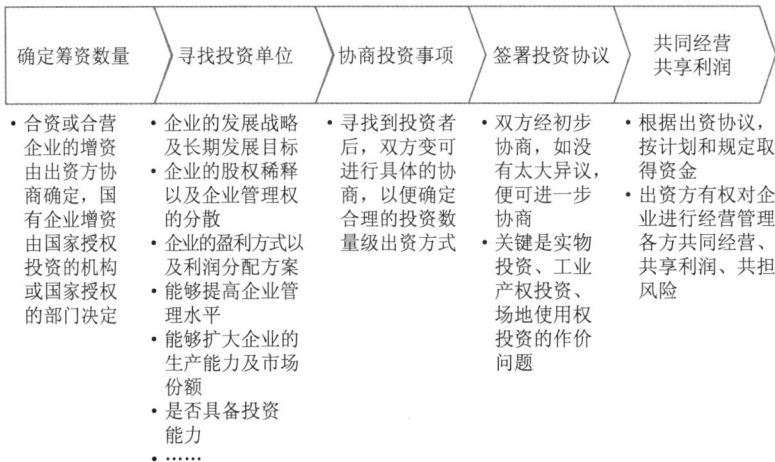

| 确定筹资数量 | 寻找投资单位 | 协商投资事项 | 签署投资协议 | 共同经营共享利润 |
|---|---|---|---|---|
| • 合资或合营企业的增资由出资方协商确定，国有企业增资由国家授权投资的机构或国家授权的部门决定 | • 企业的发展战略及长期发展目标<br>• 企业的股权稀释以及企业管理权的分散<br>• 企业的盈利方式以及利润分配方案<br>• 能够提高企业管理水平<br>• 能够扩大企业的生产能力及市场份额<br>• 是否具备投资能力<br>• …… | • 寻找到投资者后，双方变可进行具体的协商，以便确定合理的投资数量级出资方式 | • 双方经初步协商，如没有太大异议，便可进一步协商<br>• 关键是实物投资、工业产权投资、场地使用权投资的作价问题 | • 根据出资协议，按计划和规定取得资金<br>• 出资方有权对企业进行经营管理，各方共同经营、共享利润、共担风险 |

图2-8　非上市公司增资扩股操作流程

资料来源：赛迪投资顾问，2012-04.

企业进行增资扩股，引入了新的投资者，必须明确投资过程中的新的产权关系。由于不同投资者间投资金额不同，从而享有的权益也不相同，因此，企业在吸收投资时必须明确各投资者之间的产权关系。

### （四）产权交易

产权交易是企业财产拥有者以产权作为商品进行有偿转让，而使企业获得资金的一种经济活动。产权交易是企业与企业之间资产、股权的转让和流动，它包括收购兼并、股权转让、增资扩股、债转股等多种形式的活动，并不仅仅局限于固定资产、无形资产等传统意义上的法人财产交易变现。企业产权交易的方式主要有协议转让、竞价拍卖和招标转让等，企业可以根据自己的情况选择适合自身的具体方式。战略性新兴产业内企业大多数属于中小企业，融资难严重制约着行业的健康发展，随着我国产权交易市场的不断成熟，产权交易逐渐成为企业融资的一种重要渠道。近年来，我国的产权交易市场呈现出新的发展趋势。

（1）从资源配置的角度来看，产权市场走过了最初为存量国有资产找出路的阶段，已成为资产重组和资本进退的枢纽、存量资产与增量资产嫁接的平台、高新技术与传统产业结合的桥梁、跨国并购和吸收外资的通道。

（2）从服务对象来看，产权交易市场已从仅仅为国有、集体企业改革服务逐步发展到为各种所有制企业服务。

（3）从服务内容来看，除了传统的信息撮合、办理产权交易手续等，如今的产权市场服务内容已发展到信息查询、政策法律咨询、协调操作、投资融资、并购策划、股权托管等多个方面。

（4）从市场覆盖面来看，近几年，跨地区的产权交易日益活跃，流动性提高，国内先建立了北方产权交易共同市场、黄河流域产权交易共同市场、长江流域产权交易共同市场等多个区域性产权交易共同市场。

以上这些都表明，传统属于国资管理体系的产权市场已经在更广阔的范围发展，并成为广大战略性新兴企业可选的一条融资渠道。

产权交易的主要形式如表2-5所示，产权交易的流程如图2-9所示。

**表2-5　产权交易的主要形式**

| 分类方式 | 类　　别 | 主要内容 |
| --- | --- | --- |
| 交易方式 | 购买式 | 企业法人通过议价或竞价方式出资购买另一企业的全部或部分产权，从而成为被收购企业的股东 |
| | 承担债务式 | 在被转让企业的资产与债务等价的情况下，一企业以承担被转让企业债务为条件接收其资产 |
| | 吸收入股式 | 被转让企业的股东以企业的净资产作为股权作价投入另一企业，成为另一企业的股东 |
| | 控股式 | 企业通过收购其他企业的股权，达到控股，成为被控股企业的产权法人代表 |

（续）

| 分类方式 | 类　别 | 主　要　内　容 |
|---|---|---|
| 交易方式 | 承担安排全部职工等其他条件式 | 企业以承担安排另一个企业全部职工生产与生活为条件，接收其全部资产 |
| 交易主体之间组织形式 | 兼并 | 企业购买其他一个或几个企业的产权，被收购企业失去法人资格或改变法人实体，兼并者通常作为存续企业仍然保留原有企业的名称，而被兼并企业则不复存在 |
|  | 租赁 | 某一方向另一方支付租金，以取得一定时限内对另一方资产的使用权。在有限的租赁期，产权归属非一次性的不完全转移，转移的对象是财产使用权和资产的经营权 |
|  | 拍卖 | 产权拥有者和需要者双方通过竞买方法，使产权从拥有者一方向出价最高的需要者一方转移的一种产权转让形式 |
|  | 股份转让 | 股东决定放弃公司所有权以及分配权、选举权，并将这些权力转让给其他新老股东的行为 |
|  | 资产转让 | 实物资产所有者与需求者之间的一种有偿交换关系 |

资料来源：赛迪投资顾问，2012-04.

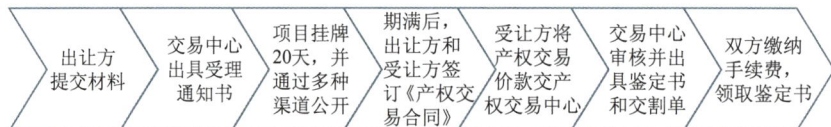

图2-9　产权交易的流程

资料来源：赛迪投资顾问，2012-04.

　　产权交易市场是资本市场的一部分，是非公开权益性资本市场。经过多年的探索和发展，产权交易已经逐渐成为企业资产重组和资本进退的枢纽、增强资本与存量资产嫁接的平台。战略性新兴产业的高科技属性使得行业内大多以中小企业为主，非公开权益性资本市场将是行业内企业融资的重要平台。

# 二、债权融资

## （一）信用担保融资

### 1. 企业信用担保的概念

　　信用担保是指由专门的信用担保机构为中小企业向银行提供贷款保证服务，接受担保服务的中小企业向信用担保机构交付一定担保费用的担保方式。当被担保的企业不履行或不能履行债务时，由信用担保机构对贷款银行代为履行债务。信用担保是保证担保的一种特定形式，与自然人保证和普通法人组织的保证不同，信用担保是一种信誉证明和资产责任保证结合在一起的中介服务活动，它介于商业银行和企业之间，担保人对商业银行做出承诺，为企业提供担保，从而提高企业的资信等级。通过构建中小企业信用担保体系，可以建立中小企业与银行之间良好的关系，提高中小企业的信用程度，推动我国信用制度的改革与发展。同时，作为我国中小企业服务机构体系的一个重要组成部分，中小企业信用担保机构近期内主要解决中小企业融资困难的问题，长期目标是促进中小企业的健康发展，充分发挥中小企业在扩大就业、增加财政收入、促进技术创新以及推动国民经济发展等各方面的作用。

### 2. 企业信用担保的特点与模式

信用担保作为一种重要的中介服务，已开始在中小企业融资过程中发挥越来越大的作用。作为一种特殊的中介活动，信用担保具有以下特点。

信用担保介于商业银行与企业之间，它是一种信誉证明和资产责任保证结合在一起的中介服务活动，由担保人提供担保，以此提高被担保人的资信等级。另外，由于担保人是被担保人潜在的债权人和资产所有人，因此，担保人有权对被担保人的生产经营活动进行监督，甚至参与其经营管理活动。由于担保的介入，使得原本在商业银行与企业两者之间发生的贷款关系变成了商业银行、企业与担保公司三者之间的关系。担保公司的介入分散了商业银行贷款的风险，使商业银行资产的安全性得到了更高的保证，从而增强了商业银行对中小企业贷款的信心，使中小企业的贷款渠道变得通畅。

担保的本质实际上就是风险的防范或将风险分散和转移。对风险的识别与控制首先取决于担保专业人员业务经验的积累。还有最重要的一点就是与商业银行达成共识，共同建立风险分散机制，实行比例担保。这样对于商业银行业务的开展和担保业的发展是一个"双赢"的结果。从各地担保公司几年来的业务实践看，商业银行已经认识到此点是至关重要的。

从实际情况看，信用担保的介入只是便利了商业银行对企业的贷款，单个的担保还不具有全面调节经济资源配置的作用；但从整个担保行业看，专业担保机构的担保可以集中、系统、按照特定目的承担数倍于其资产的担保责任，引导社会资金和商品的流向和流量，在社会经济资源的配置过程中发挥调节作用，从而成为政府实施财政政策和产业政策的有效工具之一。因此，世界上许多国家的政府往往愿意出资引导、推动和发展本国的担保业。

现阶段的担保公司与机构有如下四种运营模式（见表2-6）。

#### 表2-6　担保公司与机构的四种运营模式

| | 主 要 区 别 |
| --- | --- |
| 信用担保 | 以中央和地方政府预算拨款为主要担保资金来源，设立具有法人实体资格的独立担保机构，实行市场化公开运作，接受政府机构的监管，不以盈利为主要目的是其基本特征 |
| 联合担保 | 上海、北京等地以政府财政部门与投保公司合作，共同出资经营，由地方财政部门对银行做出承诺，保证责任并推荐中小企业，由担保公司办理具体担保手续，有商业担保与信用担保的双重特点 |
| 互助担保 | 中小企业自发组建的担保机构，它以自我出资、自我服务、独立法人、自担风险、不以盈利为主要目的为基本特征。此类机构主要是由地方工商联、私营协会等自发筹建，其担保资金以会员企业出资为主要来源，地方政府也给予一定辅助资金资助。运作方式上采取担保基金形式，封闭运作 |

（续）

| 主 要 区 别 | |
|---|---|
| 商业担保 | 企业、社会、个人出资组建，独立法人、商业化运作、以盈利为目的，同时兼营投资等其他业务是其主要特征。此类机构占全部担保机构的4%左右，主要是由地方工商联、私营协会及私营企业、科学技术部门、开发区及其他公司等组建，个别地方政府部门也有出资 |

资料来源：赛迪投资顾问，2012-04.

### 3. 担保贷款的条件与程序

（1）支持对象。符合国家新颁企业划分标准的中小企业，能按照规定提供有效可行反担保措施的中小企业，不分所有制和企业类型，均可申请信用担保。

（2）使用条件。经工商行政管理部门批准登记注册、独立核算、自负盈亏，具有法人资格，在国家有关商业银行或其他依法设立的金融机构开立账户的中小企业；具有符合法定要求的注册资本金和必需的经营资金，合法经营、资信程度良好、经营管理水平和经济效益较高；资产负债比例合理，有连续的盈利能力和偿债能力，并能按照规定提供有效、可靠的反担保措施。

（3）担保额度及期限。为单个企业提供担保的金额原则上不超过企业资产额的50%。按行业划分，原则上工业、城建企业单个项目的担保最高限额为1 000万元人民币，商业、农业企业单个项目的担保最高限额为500万元人民币，200万元以下、9个月以内的短期流动资金担保项目可优先支持；为单个企业或项目提供担保的期限，原则上不超过两年。

（4）申请担保的程序。中小企业需首先提出书面担保申请，同时应提交下列文件，并保证其真实性。提交资料：企业《章程》及经过年检的营业执照（副本）复印件并加盖企业公章；当期（季、月）和经会计（审计）师事务所验证的上年度财务报表，包括资产负债表、损益表、现金流量表；申请单位的总体概况，包括名称、通信地址、邮编、电话、传真、成立时间、经济性质、隶属关系、注册资本、职工人数、经营范围、主要股东、主要产品等；申请单位法定代表人及主要领导人身份证明及简历；项目可行性研究报告及主管部门的批件；拟提供的反担保措施；贷款证；如申请履约担保，被保证人需提供与合作方签订的合同副本或合作意向书；必要的其他文件。企业在提交书面担保申请后，还需经过预审、详细评审、担保阶段。担保合同生效后，担保公司及时开出《担保通知书》，连同有关合同及合同复印件送至担保公司，并由担保公司转交推荐人备案。最后才是贷款阶段，贷款银行在收到中小企业贷款申请及担保公司出具的担保通知书后，应及时与担保公司进行确认。确认无误后，办理有关贷款手续。

（5）反担保措施。根据《担保法》的规定，被保证人可以采取的反担保措施的种类包括保证金、质押或财产抵押反担保、信用反担保等。担保公司根据项目金额大小及风险程度等实际情况，确定并取得其中一种或几种反担保措施。《反担保合同》须经公证机关公证。

（6）担保费、评审费收取标准。担保费按照担保余额与担保费率的乘积计算，由被保证人一次性提交；担保期限在1年以内（含1年）的，年担保费率为1%～1.4%；1年以上的适当提高，具体担保费率根据担保金额、期限、品种及风险程度由双方商定。

（7）在保项目的监督和管理。被保证人应严格按照《委托保证合同》的约定履行义务，确保借款资金专款专用，并应提前落实资金，按《借款合同》约定期限还本付息。当企业发生分立、合并、财产及法定代表人变更时，应及时通知担保公司和贷款银行，并办理相关手续。

## （二）中小企业集合债券

发行债券融资虽然是企业直接融资的主要方式之一，但是在我国对发行债券企业有着较高的要求，可以说是大型企业的专利。中小企业集合债券是在由于受到信用、规模等约束，单个中小企业难以获得较高的信用评级、不能通过在债券市场直接发行债券进行融资的情况下，运用信用增级的原理，使若干个中小企业各自作为债券发行主体，确定债券发行额度，使用同一的债券名称，形成一个总发行额度、统一组织、集合发行的一种企业债券。中小企业集合债券是由担保机构担保，银行或者证券公司作为承销商，信用评级机构、会计师事务所、律师事务所、财务顾问等机构共同参与的创新债券。

中小企业集合债券与一般企业债券的比较如表2-7所示，中小企业集合债券发行流程如图2-10所示。

战略性新兴产业内大量中小企业不具备直接发行债券融资的条件。因此，中小企业集合债券成为战略性新兴产业内企业直接融资的重要渠道，能有效缓解战略性新兴产业内中小企业存在的融资难、抵押和担保不足的问题。

通过对发行"07深中小债"的20家企业进行分析，基本上都是属于战略性新兴产业范畴，其中电子信息大约占了一半以上（见图2-11）。赛迪投资顾问认为，随着中小企业集合债券发行程序的不断成熟以及战略性新兴产业整体融资需求的逐渐扩大，集合债券融资将成为直接上市融资之后最主要的融资渠道。

表2-7　中小企业集合债券与一般企业债券的比较

| 比 较 项 目 | 中小企业集合债券 | 一般企业债券 |
| --- | --- | --- |
| 发行主体 | 多家中小企业集合发行 | 一家有规模企业 |
| 对单个企业信用要求 | 较高 | 高 |
| 融资额 | 单个企业发行额度不超过其净资产的40%，总发行额度由国家发展和改革委员会视项目情况审批 | 不超过企业净资产的40%，由国家发展和改革委员会批准发行额度 |
| 发行难度 | 对单个企业的要求相对低于一般企业债券要求 | 对企业的规模、盈利能力、偿债能力要求较高，发行难度较大 |
| 债券期限 | 2～5年 | 5年以上 |
| 发行费用 | 分摊到每个企业后相对较低 | 相对较高 |
| 资金用途 | 有限制、投资项目需国家发展和改革委会审批 | 有限制、投资项目需国家发展和改革委员会审批 |
| 融资成本 | 市场利率，但信用增级降低融资成本 | 市场利率决定 |

资料来源：赛迪投资顾问，2012-04.

| 前期准备 | 企业筛选 | 组织申报 | 发行上市 |
|---|---|---|---|
| · 确定政府相关部门为牵头人<br>· 确定债券发行中介机构<br>· 相关部门下发通知汇总报名企业情况 | · 财务顾问对企业进行评估、筛选<br>· 财务顾问会同企业中介机构对企业展开尽职调查<br>· 政府部门、财务顾问与主承销商协调落实统一担保人及反担保人<br>· 财务顾问协助主承销商确定发行债券企业名单 | · 发行人与中介机构签订相关协议<br>· 中介机构对发行人进行尽职调查<br>· 财务顾问协助主承销商撰写上报发改委文件<br>· 财务顾问协助主承销商上报证监会及央行文件<br>· 主承销商对债券进行路演及询价、组建承销团，签署《承销团协议》<br>· 中介机构出具相关报告 | · 国家发改委对相关文件进行审核<br>· 国家发改委将债券申报文件转至证监会和央行会签<br>· 主承销商将相关核准文件报送至中国国债登记结算公司及中央证券登记结算公司<br>· 发行人与主承销商在制定报刊刊登债券募集说明书<br>· 承销团完成债券的分销工作<br>· 发行结束后，主承销商将情况汇报至国家发改委，并办理相关后续事宜<br>· 主承销商协助发行人向中国银行间市场交易商协会和证券交易所提交上市申请，办理债券上市流通事宜 |

图2-10　中小企业集合债券发行流程

资料来源：赛迪投资顾问，2012-04.

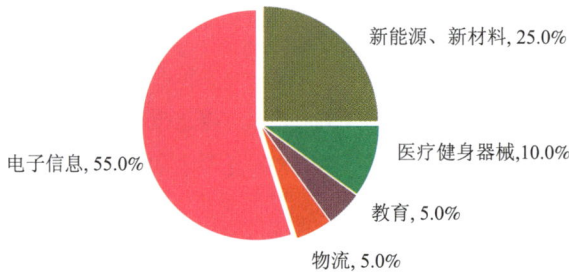

图2-11　"07深中小债"发行企业构成

资料来源：赛迪投资顾问，2012-04.

### （三）融资租赁

融资租赁是一种特殊的金融业务，根据我国《合同法》和《融资租赁法》（草案）的定义，融资租赁是指出租人根据承租人对租赁物和供货人的选择或认可，将其从供货人处取得的租赁物按融资租赁合同的约定出租给承租人占有、使用，向承租人收取租金，最短租赁期限为一年的交易活动。适用于融资租赁交易的租赁物为机器设备等非消耗性资产。典型融资租赁交易流程如图2-12所示。

当企业在选择融资租赁作为融资渠道的过程中，应在充分了解融资租赁公司和金融租赁公司两者之间区别的基础上，结合企业自身的特点做出合适的选择。融资租赁公司和金融租赁公司作为两类不同的市场参与主体，还是有很多差别的（见表2-8）。

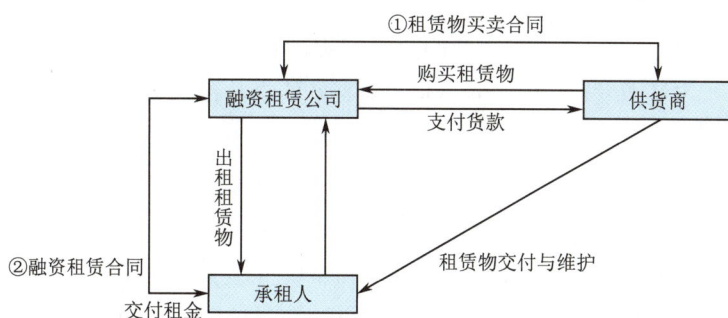

图2-12　典型融资租赁交易流程

资料来源：赛迪投资顾问，2012-04.

**表2-8　各类租赁公司比较**

| | 监管部门 | 业务范围 | 数　量 |
|---|---|---|---|
| 中外合资租赁公司 | 商务部外资司 | 融资租赁 | 60家左右 |
| 金融租赁公司 | 银监会 | 融资租赁、发行金融债券、同业拆借等 | 20家左右 |
| 内资租赁公司 | 商务部市场建设司、工商局 | 经营租赁，融资租赁试点 | 10 000家左右 |
| 不动产租赁 | 建设部 | 不动产租赁 | |

资料来源：赛迪投资顾问，2012-04.

　　由表2-9的分析可知，相对于金融租赁公司而言，中外合资租赁公司的主要劣势为缺少畅通的融资渠道和投资渠道。金融租赁公司可以通过同业拆借、租赁款折现及发行金融债券等方式获取比较稳定的资金来源，在租赁收入较多时还可以通过同业拆借等多种方式进行适当的保值和投资。中外合资租赁公司在融资渠道方面则比较单一，主要依靠银行贷款。根据历史经验，很多中外合资租赁公司主要靠股东扶持来获取比较稳定的资金来源，达到一定规模后必然要遇到融资渠道和融资规模的发展瓶颈。因此，若要真正做大做强租赁业务，选择金融租赁公司将会事半功倍。

　　战略性新兴产业一般具备前期投入较大，投资回收期较长等特点，特别是新能源中的风电、水电、核电以及半导体、新材料等重资产行业，前期大规模的投资使得大量企业难以承受。而融资租赁模式能够使得投资初期的资本支出大量减少，将有效缓解战略性新兴产业所面临的资金困境。中芯国际同武汉市政府合作的12英寸工厂为战略性新兴产业利用融资租赁模式开创了先河，该项目由当地政府出资107亿元兴建产能每月达20 000片的12寸生产线，然后由中芯国际全权管理，并有权在2～5年内按原价回购。这样既满足中芯国际扩大产能的战略目标，又可以将资本开支降至最低，对中芯国际的现金流很有帮助。随着融资租赁模式的逐渐成熟，其在战略性新兴产业中的融资地位将逐渐上升，并能有效地助推战略性新兴产业快速发展。

### （四）资产证券化

资产证券化是现代金融市场最重要的金融创新之一。资产证券化是以资产所产生的现金流为支撑，在资本市场上发行证券工具，从而对资产的收益和风险进行分离与重组的一种技术或过程。

一次完整的证券化融资的基本流程是：发起人将证券化资产出售给一家特殊目的机构（SPV），或者由SPV主动购买可证券化的资产，然后SPV将这些资产汇集成资产池（Assets Pool），再以该资产池所产生的现金流为支撑，在金融市场上发行有价证券融资，最后用资产池产生的现金流来清偿所发行的有价证券。资产证券化流程如图2-13所示。

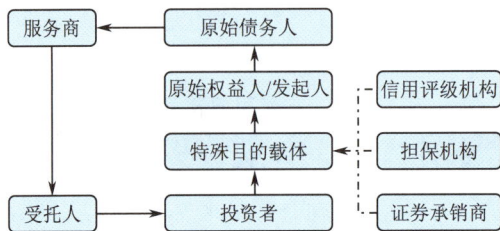

图2-13　资产证券化流程

资料来源：赛迪投资顾问，2012-04.

资产证券化的核心在于通过设立SPV，将特定资产与原始权益人、管理人、投资者的财产隔离，实现"真实销售"和"破产隔离"。其基本要素包括真实出售、破产隔离、税收中性和信用提升等。

战略性新兴产业普遍存在发展不够成熟、风险较高等创业期企业的特点，从而使得其融资渠道相对成熟的稳定企业而言较窄，但是资产证券化的"破产隔离"制度使得证券化的资产能够在法律上独立于融资主体，能够有效地隔离原资产持有者可能发生的破产风险，并通过信用增级等方式提高该产品的信用品质。因而，资产证券化能够有效地降低融资主体的风险，进而降低其融资成本，为战略性新兴企业提供了一种全新的直接融资方式和资产管理方式，可以帮助企业优化资产负债结构，提高财务管理效率。

## 三、政策性融资

由于战略性新兴产业具有独特的战略地位和高科技属性，政策性融资已成为新兴高科技企业不可忽视的重要融资渠道之一。政策性融资是指企业充分利用各级政府为了优化产业结构、促进高新技术成果转化提供的政策性支持，或者获得政府为了支持新兴高科技企业的快速发展而提供的政策性资金支持的融资行为。政策性融资的种类包括政策性贷款、政策性担保、无偿补助、财政贴息、专项扶持基金、政策性投资等。提供政策性融资的机构主要包括：各政策性银行，如中国进出口银行和中国农业发展银行等；各级政府投资或控股的政策性担保机构；政府有关部门投资控股的风险投资公司，这类机构主要支持当地科技含量高、成长性强的中小企业；国家和政府设立的基金，如科技型中小企业技术创新基金、电子信息产业发展基金、中小企业发展专项资金。政策性融资是经常被中小企业忽视的一种融资工具，许多中小企业不太了解政府的扶持政策，更难谈到加以运用。能获得这种融资的企业，在融资成本、融资风险等方面都比其他融资方式有更大的优越性。

近几年，为响应国家建设创新型国家的战略部署，各大部委分别建立了扶持产业发展的基金或专项，具体如表2-9所示。

**表2-9　国家扶持基金列表**

| 国家部委 | 资助计划名称 | 资助方式 | 资助额度 |
|---|---|---|---|
| 国家发展和改革委员会 | 中小企业发展专项资金 | 无偿资助或贷款贴息 | 200万元以内 |
| | 高技术产业化专项 | 无偿资助或贷款贴息 | 400万～1000万元 |
| 国家科学技术部 | 科技型中小企业技术创新基金 | 无偿资助或贷款贴息 | 100万～200万元 |
| | 农业科技成果转化资金 | 无偿资助或贷款贴息 | 100万～200万元 |
| | 创业基金 | 无偿资助 | 20万～40万元 |
| | 国家重点新产品计划 | 无偿资助或贷款贴息 | 30万～40万元 |
| 国家工业和信息化部 | 电子信息产业发展基金 | 无偿资助或贷款贴息 | 100万～400万元 |
| 国家商务部 | 中小企业国际市场开拓基金 | 无偿资助 | 费用总额50%～70% |

资料来源：赛迪投资顾问，2012-04.

面向战略性新兴产业，本书将重点介绍科技型中小企业技术创新基金和电子信息产业发展基金。

### （一）科技型中小企业技术创新基金

科技型中小企业技术创新基金是经国务院批准设立，用于支持科技型中小企业技术创新的政府专项基金。通过拨款资助、贷款贴息和资本金投入等方式扶持和引导科技型中小企业的技术创新活动，促进科技成果的转化。创新基金的资金来源为中央财政拨款及其银行存款利息。科学技术部是创新基金的主管部门，负责审议和发布创新基金年度支持重点和工作指南，审议创新基金运作的重大事项，批准创新基金的年度工作计划，并会同财政部审批创新基金支持项目，向国务院提交年度执行情况报告等。

根据中小企业和项目的不同特点，技术创新基金分别以贷款贴息、无偿资助、资本金投入等不同的方式给予支持（见表2-10）。

创新基金面向在中国境内注册的各类中小企业，其支持的项目及承担项目的企业应当具备下列条件：

（1）创新基金支持的项目应当是符合国家产业技术政策、有较高创新水平和较强市场竞争力、有较好的潜在经济效益和社会效益、有望形成新兴产业的高新技术成果转化的项目。

表2-10　技术创新基金支持的方式

| 支持方式 | 简　介 |
|---|---|
| 贷款贴息 | 对已具有一定水平、规模和效益的创新项目，原则上采取贴息方式支持其使用银行贷款，以扩大生产规模。一般按贷款额年利息的50%～100%给予补贴，贴息总额一般不超过100万元，个别重大项目最高不超过200万元 |
| 无偿资助 | 主要用于中小企业技术创新中产品研究开发及中试阶段的必要补助、科研人员携带科技成果创办企业进行成果转化的补助。资助数额一般不超过100万元，个别重大项目最高不超过200万元，且企业须有等额以上的自有匹配资金<br>募集资金用途应符合国家产业政策规定；募集资金数额原则上不超过公司股东大会批准的拟投资项目金额需要数额 |
| 资本金投入 | 对少数起点高、具有较广创新内涵、较高创新水平并有后续创新潜力、预计投产后具有较大市场需求、有望形成新兴产业的项目，采取资本金投入方式。资本金投入以引导其他资本投入为主要目的，数额一般不超过企业注册资本的20%，原则上可以依法转让，或者采取合作经营的方式在规定期限内依法收回投资。具体办法另行制定 |

资料来源：赛迪投资顾问，2012-04.

（2）企业已在所在地工商行政管理机关依法登记注册，具备企业法人资格，具有健全的财务管理制度；职工人数原则上不超过500人，其中具有大专以上学历的科技人员占职工总数的比例不低于30%。经省级以上人民政府科技主管部门认定的高新技术企业进行技术创新项目的规模化生产，其企业人数和技术人员所占比例条件可适当放宽。

（3）企业应当主要从事高新技术产品的研制、开发、生产和服务业务，企业负责人应当具有较强的创新意识、较高的市场开拓能力和经营管理水平。企业每年用于高新技术产品研究开发的经费不低于销售额的3%，直接从事研究开发的科技人员应占职工总数的10%以上。对于已有主导产品并将逐步形成批量和已形成规模化生产的企业，必须有良好的经营业绩。

创新基金的审批部门为科学技术部科技型中小企业技术创新基金管理中心。

## （二）电子信息产业发展基金

电子信息产业发展基金是中央财政预算安排的专项资金（以下简称"电子发展基金"），支持范围主要是软件、集成电路产业，以及计算机、通信、网络、数字视听、测试仪器和专用设备、电子基础产品等电子信息产业核心领域技术与产品研究开发、产业化，促进其他行业信息技术应用。工业和信息化部与财政部联合设立电子发展基金项目审查委员会，负责电子发展基金项目审查；工业和信息化部下设电子发展基金管理办公室（以下简称"基金管理办公室"），负责日常事务管理。

电子发展基金主要采取无偿资助、贷款贴息和创业风险投资三种方式（见表2-11）。

电子发展基金项目承担单位应当具备以下条件：

（1）法人资格。

（2）必要的专业技术人员。

（3）必要的研究与开发条件或生产设备、设施。

表2-11　电子信息产业发展基金支持的方式

| 支持方式 | 简　介 |
|---|---|
| 无偿资助 | 　用于对中小企业研究、开发及中间试验阶段的必要补助，项目承担单位需配套等额以上自有资金；<br>　用于对行业内大型企业和对电子信息产业发展影响深远的重点研发项目的必要补助 |
| 贷款贴息 | 　用于对创新型信息技术在全社会推广示范以及成熟型信息技术在其他行业典型应用项目的贷款贴息补助 |
| 创业风险投资 | 　创业风险投资方式以引导社会资本投入电子信息产业为主要目的，用于对处于种子期和起步期创业企业的风险投资；<br>　电子发展基金创业风险投资管理比照产业技术研究与开发资金创业风险投资管理相关规定执行 |

资料来源：赛迪投资顾问，2012-04.

（4）在研究与开发领域已取得相关科研成果。

（5）其他应具备的条件。

项目承担单位申请电子发展基金须经过表2-12所示的步骤。

表2-12　申请电子信息产业发展基金主要步骤

| 序号 | 步　骤 | 内容简述 |
|---|---|---|
| 1 | 发布指南 | 组织专家确定产业名称、技术目标和招标项目 |
| 2 | 接收申报 | 通过申报专网接收材料，书面材料备查 |
| 3 | 项目评审 | 进行专家评审会，对申报项目进行评估 |
| 4 | 制定草案 | 汇总、审核评审结果，制定项目支持计划草案 |
| 5 | 审查草案 | 审查办公室报送的计划草案 |
| 6 | 报送财政 | 根据审查意见确定项目计划，报送财政部 |
| 7 | 财政批复 | 根据公共财政要求和产业扶持政策，批复计划和预算 |
| 8 | 下达项目 | 接到批复通知后将项目下达到承担单位 |
| 9 | 签订合同 | 签订合同，对项目实行合同制管理 |
| 10 | 拨付资金 | 按计划及时足额将资金划拨到项目承担单位 |
| 11 | 项目检查 | 对执行过程、技术水平、经济效益、社会效益实施不定期检查 |
| 12 | 项目验收 | 项目完成后，由工业和信息化部根据合同组织验收 |
| 13 | 报送决算 | 年度终了，编制年度使用决算报表 |

资料来源：赛迪投资顾问，2012-04.

从2009年电子发展基金中标项目来看，对软件及信息服务、半导体照明、RFID、宽带网络、平板电视、锂动力电池等战略性新兴产业支持力度较大，相应领域企业可重点关注后续基金支持项目（见表2-13）。

另外，为了扶持本地企业发展，地方政府也纷纷建立了扶持创新型企业发展的基金，如北京市中关村科技园区海淀园创新基金、上海市科技型中小企业技术创新资金等。

表2-13　2009年电子发展基金项目名称及主要中标单位

| 序号 | 项目名称 | 中标家数 | 中标单位 |
|---|---|---|---|
| 1 | 实时数据库研发及产业化 | 3 | 北京和利时系统工程有限公司、南京南瑞集团公司、上海麦杰科技股份有限公司 |
| 2 | 软件即服务（SaaS）质量测评系统 | 2 | 南京中兴软创科技股份有限公司、工业和信息化部第五研究所 |
| 3 | 信息技术服务项目管理软件系统开发 | 5 | 北京斯福泰克科技股份有限公司/中国电子技术标准化研究所、北京赛迪时代信息产业股份有限公司/北京赛迪信息工程监理有限公司、太极计算机股份有限公司等 |
| 4 | 维、哈、柯语言文字软件开发及产业化 | 15 | 北京中科红旗软件技术有限公司/新疆大学/新疆虹联信息技术有限责任公司等 |
| 5 | 信息安全产品检测评估系统及资源库开发 | 3 | 中国信息安全测评中心、中国软件评测中心等 |
| 6 | 信息安全一体化集中管理系统（SOC）研发 | 6 | 东软集团股份有限公司、北京神州泰岳软件股份有限公司、网御神州科技（北京）有限公司等 |
| 7 | 三维CAD软件研发及产业化（机械、管线） | 4 | 北京数码大方科技有限公司、北京艾克斯特信息技术有限公司、北京中科辅龙计算机技术股份有限公司等 |
| 8 | 服务外包基地城市软件与信息服务外包公共支撑平台建设 | 7 | 成都高新投资集团有限公司、长沙软件园有限公司、无锡软件产业发展有限公司等 |
| 9 | 高性能数字移动终端多媒体应用处理器芯片开发及产业化 | 2 | 北京君正集成电路有限公司、福州瑞芯微电子有限公司 |
| 10 | 半导体照明器件研发及产业化 | 13 | 厦门市三安光电科技有限公司、杭州士兰明芯科技有限公司、武汉迪源光电科技有限公司、上海蓝光科技有限公司、东莞勤上光电股份有限公司、佛山市国星光电股份有限公司、大连路明发光科技股份有限公司等 |
| 11 | RFID产品研发及行业应用示范 | 6 | 合肥工大高科信息技术有限责任公司、长春当代信息产业集团有限公司、太极计算机股份有限公司等 |
| 12 | 便携式计算机设计研发与产业化 | 4 | 深圳市顶星数码网络技术有限公司、联想（北京）有限公司等 |
| 13 | 汽车车载安全系统产品研发与产业化 | 3 | 浙江海康集团有限公司、安徽科力信息产业有限责任公司、中国南方工业汽车股份有限公司 |
| 14 | 宽带无线接入应用示范工程（能源、交通、公共事务领域） | 5 | 北京信威通信技术股份有限公司、艾维通信集团有限公司、北京航中天科技有限责任公司、四川九洲电器集团有限责任公司、电信科学技术第一研究所 |

（续）

| 序号 | 项目名称 | 中标家数 | 中标单位 |
|---|---|---|---|
| 15 | 平板电视一体化模组的研发及产业化 | 3 | 青岛海信电器股份有限公司、康佳集团股份有限公司、深圳创维—RGB电子有限公司 |
| 16 | 高清晰度视盘机研发及产业化 | 3 | 江苏新科数字技术股份有限公司、TCL集团股份有限公司、武汉高科国有控股集团有限公司 |
| 17 | 基于DTMB和自主音视频标准（AVS、DRA）的地面数字电视系统示范工程 | 3 | 上海广电通讯网络有限公司等、四川长虹电器股份有限公司等、南京熊猫电子股份有限公司等 |
| 18 | 电容式触摸屏研发及产业化 | 4 | 南京华睿川电子科技有限公司、深圳莱宝高科技股份有限公司、广东汕头超声电子股份有限公司、上海天马微电子有限公司 |
| 19 | 磷酸铁锂动力电池及系统集成技术研发及产业化 | 4 | 江苏双登集团有限公司、万向电动汽车有限公司、哈尔滨光宇电源股份有限公司、天津力神电池股份有限公司 |

资料来源：赛迪投资顾问，2012-04.

第三章 **CHAPTER** 3

# 战略性新兴产业私募股权融资

## 第一节 战略性新兴产业私募股权融资现状

### 一、战略性新兴产业私募股权发展概况

2009年11月3日，温家宝总理在人民大会堂向首都科技界发表了题为《让科技引领中国可持续发展》的讲话，深入阐述了战略性新兴产业提出的背景和意义、选择战略性新兴产业的科学依据以及战略性新兴产业的发展方向等问题。这标志着中国战略性新兴产业发展的国家战略正式提上日程。2010年9月8日，期盼已久的《国务院关于加快培育和发展战略性新兴产业的决定》终于在国务院常务会议上审议并原则通过，正式明确节能环保、新一代信息技术、生物、高端装备制造、新能源、新材料和新能源汽车七大战略性新兴产业，并为其发展做出了规划。

随着国家对战略性新兴产业战略定位的确立，私募股权投资基金在该领域的投资呈现快速增长态势。2009年私募股权投资基金在信息产业、新能源产业、新材料产业、生物产业等战略性新兴产业的投资案例数量达到64个，投资金额18.8亿美元。

2010年私募股权投资基金在战略性新兴产业的投资继续快速增长，投资案例总数量达到147个，投资金额40.77亿美元。而从各季节的投资进度来看，私募股权投资基金在战略性新兴产业领域的布局逐日加速，以2009年9月概念提出为起点，到2010年年底，私募股权在战略性新兴产业领域的投资超过其总投资金额比例的35%（见图3-1和图3-2）。

在加快转变经济发展方式的政策背景下，战略性新兴产业成为私募股权投资基金关注焦点，除了对互联网的投资仍然遥遥领先外，私募股权基金对于清洁技术、生物医药等其他战略性新兴产业的投资意向正在向积极方向发展。目前，互联网行业投资开始出现平稳态势，而对于新兴的热点行业——节能及环保产业的投资开始进入高速发展时期。

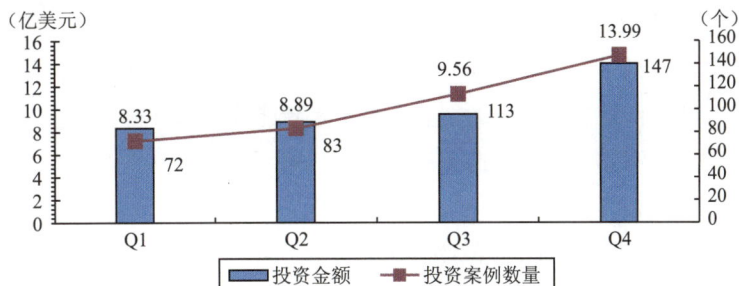

图3-1　2010年中国私募股权投资战略性新兴产业案例总数量及金额变化

资料来源：赛迪投资顾问，2012-04.

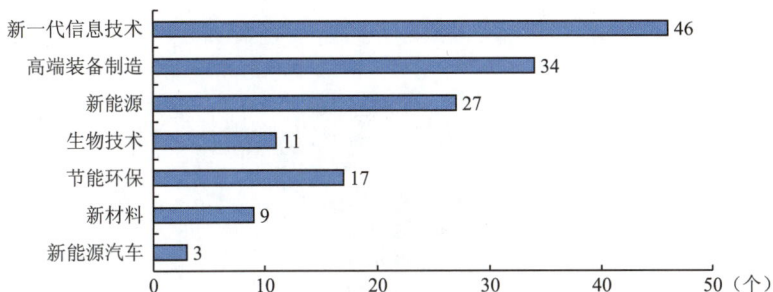

图3-2　2010年中国私募股权投资战略性新兴产业领域数量分布

资料来源：赛迪投资顾问，2012-04.

　　在整个2011年，私募股权投资基金表现出对节能、高端制造等新兴产业的极大热情。私募股权基金对具体产业的关注各自有所不同，但是目前对于战略性新兴产业的投资额都呈现出快速增长的态势。而且，几只影响力较大的私募股权所关注的行业排名靠前的均出现了战略性新兴产业的身影，占据最高投资份额的高新技术产业，包括信息技术、生物工程、新能源、高端装备制造、新材料都属于战略性新兴产业目前重点渗透的领域，另外还包括循环经济型现代农业、新型能源和环保（见表3-1）。

表3-1　2010年中国私募股权投资战略性新兴产业领域金额分布

| 一级行业 | 二级行业 | 投资金额（亿美元） |
|---|---|---|
| 战略性新兴产业 | 新能源汽车 | 2.03 |
| | 新材料 | 3.85 |
| | 节能环保 | 4.78 |
| | 生物技术 | 5.14 |
| | 新能源 | 3.64 |
| | 新一代信息技术 | 9.77 |
| | 高端装备制造 | 11.56 |

资料来源：赛迪投资顾问，2012-04.

　　证监会明确创业板定位，欢迎战略性新兴产业公司。2010年3月19日，证监会发布公告，正式印发《关于进一步做好创业板推荐工作的指引》，《指引》明确指出，保荐机构应重点推荐符合国家战略性新兴产业发展方向的企业，特别是新能源、新材料、信息、生物与新医药、节能环保、航空航天、海洋、先进制造、高技术服务等领域的企业，以及其他领域中具有自主创新能力、成长性强的企业。

　　从创业板产业结构来看，创业板战略性上市公司占据了绝对重要地位。截至2011年5月31日，在已上市的221家创业板公司中，符合战略性新兴产业发展方向的企业共64家，所占比重高达82.1%。其中，信息产业、高端制造、生物医药、新材料、节能环保等行业的创业板上市公司较多（见图3-3）。

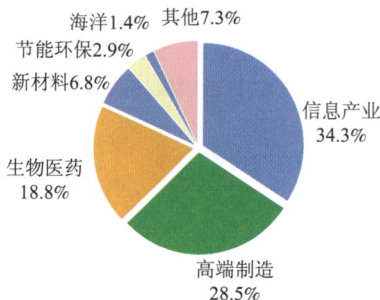

图3-3　已上市的221家创业板公司的行业分布

资料来源：深交所，赛迪投资顾问整理，2012-04.

## 二、战略性新兴产业对私募股权融资存在认识上的误区

　　随着中国私募股权投资的兴起和发展壮大，许多企业开始关注和尝试引进私募股权投资，但是，不少企业家对于这方面仍然存在认识上的误区，缺乏对私募股权投资基金实际运作的真正了解，主要表现在以下方面。

### （一）"我有充足的现金流，不需要风险投资"

　　一些经营状况不错的企业逐步进入了成长期，获得了稳定的现金流，自认为手中有钱，不需要引进风险投资。实际上，如果企业不能快速发展壮大，那么这些企业今天的地位很可能遭到重新洗牌，特别是中小规模的民营企业，在银行融资渠道不畅、上市融资成本过高的情况下，引进风险投资似乎已成为较好的出路。况且私募股权融资是一种权益投资，风险投资人的着眼点，不在于短期利润，而在于长期的所有者权益的增值，这无疑为企业的进一步发展创造了更多的有利条件。因此，以现在的资金状况的良好来否定风投的作用，是一种短视的表现。

### （二）过度包装或不包装

　　有些企业为了融资，不惜一切代价粉饰财务报表甚至造假，财务数据脱离了企业的基本

经营状况。另一些企业认为自己经营效益好，应该很容易取得融资，不愿意花时间及精力去包装企业，不知道资金方看重的不仅是企业短期的利润，企业的长期发展前景及企业面临的风险是资金方更为重视的方面。

### （三）缺乏长期规划，忽视企业内部管理

多数企业都是在企业面临资金困难时才想到去融资，不了解资本的本性是逐利而不是救急，更不是慈善。企业在正常经营时就应该考虑融资策略，和资金方建立广泛联系。还有些企业融资时只想到要钱，一些基础工作也不及时去做。企业融资前，应该先将企业梳理一遍，理清企业的产权关系、资产权属关系、关联企业间的关系，把企业及公司业务清晰地展示在投资者面前，让投资者和债权人放心。

### （四）只认钱，不认人；只想融资，不想规范化

民营企业急于融资，没有考虑融资后对企业经营发展的影响。民营企业融资时除了资金，还应考虑投资方在企业经营、企业发展方面对企业是否有帮助，是否能提升企业的价值。企业融资是企业成长的过程，也是企业走向规范化的过程。民营企业在融资过程中，应不断促进企业走向规范化，通过企业规范化来提升企业融资能力。

### （五）只顾扩张，不建立合理的公司治理结构

很多民营企业通过融资不断扩张，但企业管理却依然粗放、松散，投资方面更是随意和冲动。随着企业扩张，企业应不断完善公司治理结构，使公司决策走向规范、科学的道路，通过规范化的决策和管理来规避企业扩张过程中的经营风险。

## 第二节　战略性新兴产业私募股权融资要点

### 一、充分了解私募股权融资流程和操作要点

在进入融资程序之前，首先要了解私募股权融资流程和投资者对一个投资项目的详细评审过程，了解决定融资成败的关键要素，真正做到知己知彼。要了解不同投资者的投资流程和投资风格，要学会从他们的角度来客观分析本企业。很多创业家出身于技术，很看重自己的技术，对自己一手创立的企业有很深厚的感情。其实投资者看重的不只是技术，而是由技术、市场、管理团队等资源配置起来而产生的盈利模式。

### 二、根据企业发展阶段和融资目的选择投资者

根据融资企业发展阶段和融资目的选择合适的投资者。第一种是企业的创业期，在这个

阶段，融资目的是为了使得企业有充足的启动资金以及抗拒企业最初的创业风险。对这样的企业来说，天使投资和小规模风险投资机构是理想的融资对象。第二种是企业的成长期，企业已经具有一定的规模和业绩，同时还有不小的上升空间，此时融资的目的是为了加强竞争资本力和规避竞争风险。对这类企业来讲，将更会受到风险投资机构和私募基金的青睐。第三种是企业的成熟期，企业的规模和业务已经相当成熟和具有规模，此时融资的目的是为了上市获得长远发展，重点考虑偏好投资于PRE-IPO的大型私募基金。

## 三、把握私募股权融资的时机和节奏

把握股权融资时机要综合考虑内外部因素。首先，要根据企业自身现金流和发展规划情况选择融资时机。其次，要综合考虑资本市场环境选择融资时机。资本市场是呈现周期性变化的，在资金供大于求的环境下，融资显然对企业更有利。再次，要把握融资的节奏。一般股权融资都会采用多轮融资的方式，一方面可以降低投资者的风险；另一方面资金是有成本的，经过多轮融资可以降低企业的融资成本。

## 四、合理利用政府信用，提高融资成功率

国家希望通过设立大批产业扶持资金，提升自主创新能力，推动产业结构升级。地方政府往往通过政府无偿补贴、贷款贴息、设立产业引导基金等方式，培育本地优质企业发展。从企业的角度讲，应该深入理解中央和地方的产业政策，大力发展政府扶持类项目，积极争取中央和地方政府产业扶持资金。一方面，通过争取政府无偿补贴、贷款贴息、科技专项基金等资金支持，有效缓解企业发展的资金需求；另一方面，通过寻求政府担保、产业基金投资，为企业后续股权融资注入政府信用，大幅提高融资的成功率。

## 五、寻求专业融资顾问的帮助

企业要做私募股权融资，最好有一个好的私募融资顾问，企业私募融资是一个非常专业的工作，许多环节是企业无法自己完成的。同时，相比于一个特定的投资者，私募融资顾问有更广的视野和更广泛的投资者网络可供企业选择。由于私募股权融资的专业性很强，企业需要由专业的顾问公司为企业做一个全面的诊断分析，提出现实的发展规划和盈利预测，测定一个合理的企业估价和融资金额及资金预算，才能有效地说服各种投资商，并确保企业引进资金后实现与投资商定下的盈利或收入目标。现在已经有越来越多的企业借助私募融资顾问的专业知识来寻找切实符合企业特点和需求的投资商，以减少融资的成本、提高融资效率和确保与投资商之间双赢的结果。

# 第三节　战略性新兴产业私募股权融资操作流程

企业私募股权融资操作流程如图3-4所示。

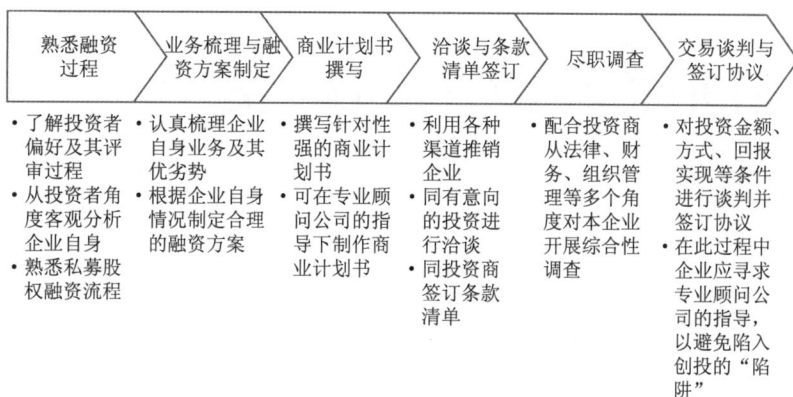

| 熟悉融资过程 | 业务梳理与融资方案制定 | 商业计划书撰写 | 洽谈与条款清单签订 | 尽职调查 | 交易谈判与签订协议 |
|---|---|---|---|---|---|
| • 了解投资者偏好及其评审过程<br>• 从投资者角度客观分析企业自身<br>• 熟悉私募股权融资流程 | • 认真梳理企业自身业务及其优劣势<br>• 根据企业自身情况制定合理的融资方案 | • 撰写针对性强的商业计划书<br>• 可在专业顾问公司的指导下制作商业计划书 | • 利用各种渠道推销企业<br>• 同有意向的投资进行洽谈<br>• 同投资商签订条款清单 | • 配合投资商从法律、财务、组织管理等多个角度对本企业开展综合性调查 | • 对投资金额、方式、回报实现等条件进行谈判并签订协议<br>• 在此过程中企业应寻求专业顾问公司的指导，以避免陷入创投的"陷阱" |

图3-4　企业私募股权融资操作流程

资料来源：赛迪投资顾问，2012-04.

私募股权投资基金运作程序如图3-5所示。

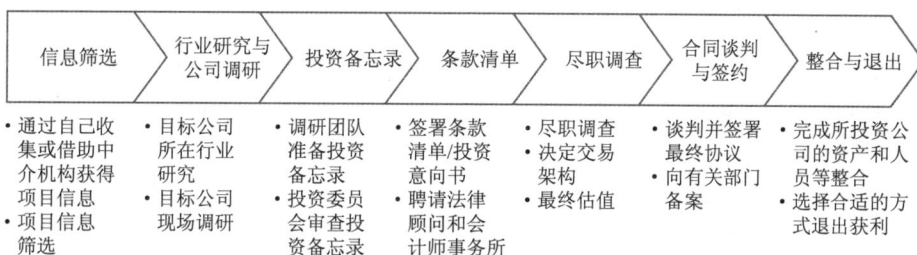

| 信息筛选 | 行业研究与公司调研 | 投资备忘录 | 条款清单 | 尽职调查 | 合同谈判与签约 | 整合与退出 |
|---|---|---|---|---|---|---|
| • 通过自己收集或借助中介机构获得项目信息<br>• 项目信息筛选 | • 目标公司所在行业研究<br>• 目标公司现场调研 | • 调研团队准备投资备忘录<br>• 投资委员会审查投资备忘录 | • 签署条款清单/投资意向书<br>• 聘请法律顾问和会计师事务所 | • 尽职调查<br>• 决定交易架构<br>• 最终估值 | • 谈判并签署最终协议<br>• 向有关部门备案 | • 完成所投资公司的资产和人员等整合<br>• 选择合适的方式退出获利 |

图3-5　私募股权投资基金运作程序

资料来源：赛迪投资顾问，2012-04.

创投及私募股权基金在投资完成之后，一般要对企业进行投资后的管理。有的投资公司倾向于"无为而治"，与企业保持一种松散的关系；另一些投资公司则与企业保持了较为紧密的联系，如果发现企业的项目并未如预期发展，则需要做出后续的决策。因此，企业在完成引入投资者之后，一定要在此基础上加强与投资者的沟通，保持良好的战略合作关系，以促进企业向着预期的方向发展。

# 第四章 **CHAPTER 4**

# 战略性新兴产业上市融资

## 第一节　企业上市准备

### 一、上市可行性研究

企业上市之前首先要明确是否已经达到上市的条件、上市的目的及上市对企业未来的发展的意义。

首先要明确企业是否已经达到了上市所应具备的资格。根据《中华人民共和国证券法》规定，公司公开发行新股，应当符合下列条件：具备健全且运行良好的组织机构；具有持续的盈利能力，财务状况良好；最近三年财务会计文件无虚假记载，无其他重大违法行为；经国务院批准的国务院证券监督管理机构规定的其他条件。

对此，《首次公开发行股票并上市管理办法》中有详细规定。但一般而言，拟上市企业须符合的主要条件是：企业是股份有限公司或由有限责任公司变更的股份有限公司；连续经营三年以上且主营业务未发生重大变化；应具有完整的业务体系和直接面向市场独立经营的能力，资产、人员、财务、机构以及业务必须独立；与控股股东、实际控制人及其控制的其他企业间不得有显失公平的关联交易等。

主板、中小板、创业板上市基本条件如表4-1所示。

表4-1　主板、中小板、创业板上市基本条件

| 市　　场 | 创　业　板 | 主板、中小板 |
| --- | --- | --- |
| 经营时间 | 持续经营3年以上 | 持续经营3年以上 |
| 财务要求 | 最近两年连续盈利，最近两年净利润累计超过1 000万元，且持续增长 | 最近3个会计年度净利润均为正数且累计超过3 000万元 |

（续）

| 市　　场 | 创 业 板 | 主板、中小板 |
|---|---|---|
| 财务要求 | 或者最近一年盈利，且净利润不少于500万元，最近一年营业收入不少于5 000万元，最近两年营业收入增长率均不低于30% | 最近3个会计年度经营活动产生的现金流量净额累计超过5 000万元，或者最近3个会计年度营业收入累计超过3亿元 |
| | 最近一期末不存在未弥补亏损 | 最近一期末不存在未弥补亏损 |
| | 最近一期末净资产不少于2 000万元 | 最近一期末无形资产占净资产的比例不高于20% |
| | | 发行前股本总额不少于3 000万元 |
| 股本要求 | 发行后的股本总额不少于3 000万元 | 发行后的股本总额不少于5 000万元 |
| 业务经营 | 应当主要经营一种业务 | 完整的业务体系，直接面向市场独立经营的能力 |
| 公司管理 | 最近两年主营业务、董事和高级管理人员没有重大变动，实际控制人没有变更 | 最近3年主营业务、董事和高级管理人员无重大变动，实际控制人没有变更 |
| | 具有完善的公司治理结构，依法建立健全股东大会、董事会、监事会以及独立董事、董事会秘书、审计委员会制度，相关机构和人员能够依法履行职责 | 董事会下设战略、审计、薪酬委员会，各委员会至少指定一名独立董事会成员担任委员 |
| | | 至少有1/3的董事会成员为独立董事 |

## 二、建立上市工作组

　　公司的上市往往关系到其未来多年的战略规划，甚至公司运营的各个方面。因此，需要明确各类人员的分工和职责，以便统一协调，提高工作效率（见图4-1）。

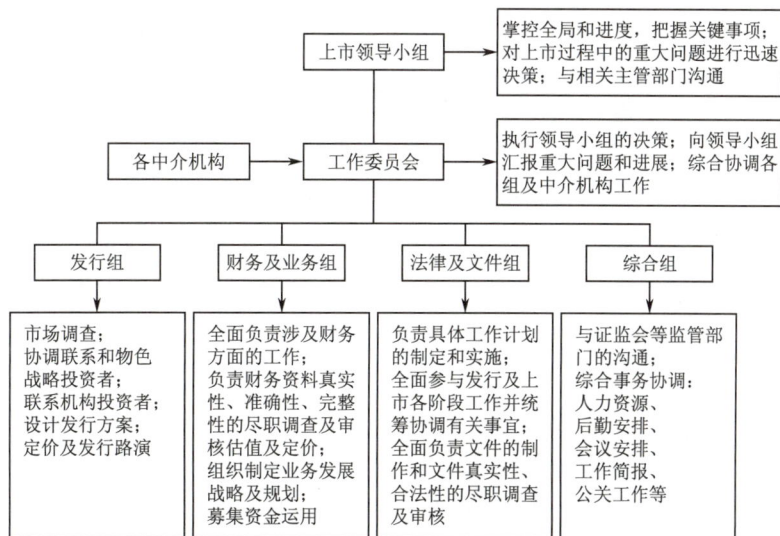

图4-1　上市工作组及其职能

资料来源：赛迪投资顾问，2012-04.

## 三、确定上市地点

企业选择上市地需要考虑很多因素，主要有会计准则的差异、法律法规的差异、文化差异等。其中以会计准则的差异最为重要：首先需要确定上市地是否认可企业所在国的会计准则，其次需要了解双方在会计准则上的差异。法律法规也是企业需要考虑的重要内容，如果上市地的法律法规健全，就可以提高企业经营能力和市场透明度（见表4-2）。

表4-2　上市地选择考虑因素

| 会计准则 | 上市地的会计准则质量较高，则意味着会计信息透明、可信度高，投资者可以大幅降低监督成本，可以提升股价水平。但是，从会计准则要求低的国家到要求高的国家上市，将面临较多的转换成本 |
|---|---|
| 法律 | 世界上的法律体系可简单分为两大类，第一是大陆法体系，第二类是海洋法体系。大陆法体系注重成文法，海洋法体系注重习惯法，学者们研究认为，英美国家在投资者保护方面比大陆法国家做得要好，这也就导致英美国家的股票市场更发达 |
| 文化 | 在确定海外上市地点时，大多数公司更愿意选择到与本国文化背景类似的国家上市，这样可以减少沟通成本 |
| 开展海外业务 | 如果打算在海外开展经营活动，例如建立销售渠道、开发新产品、并购等，则在海外上市能够为新业务的开展带来很多便利 |

资料来源：赛迪投资顾问，2012-04.

选择交易所首先要选择的就是主板还是创业板，一般而言，主板适合成熟性企业，而创业板则更适合处于发展起步阶段的企业融资；其次需要考虑市场的流动性，即该市场是否有效率。其他还需考虑的因素包括市场规模、分析师的关注、市盈率及再融资等（见表4-3）。

表4-3　交易所选择考虑因素

| 主板或创业板 | 主板市场上市条件比较苛刻，对公司的资产规模、盈利能力、经营年限等都有很多限制，创业板则主要针对业务发展迅速的中小型企业 |
|---|---|
| 流动性 | 流动性就是能否快速变现股票以及以尽可能小的成本来变现。通常可用换手率和买卖价差来衡量。换手率越高，买卖价差越低，表明流动性越好 |
| 市场规模 | 股票市场规模可以通过在该交易所上市的公司数和流通市值来进行考察。很显然，股票市场规模越大，吸引大盘股的能力就越强 |
| 分析师的关注 | 到境外上市必须关注当地分析师队伍的素质。这可以通过证券行业分析师的人数、学历、薪酬、发表的研究报告的数量来进行考察 |
| 同行的选择 | 如果某个证券交易所吸引了很多同行业的企业前往，通常表明到该交易所上市对该行业有利，同时还能产生集群效应，为公司未来的发展提供机遇，如选择并购目标 |
| 市盈率 | 市盈率越高，在同等条件下可筹集更多资金 |

（续）

| | | |
|---|---|---|
| 再融资 | 再融资是否便捷也是要考虑的因素。如果再融资很方便，即使首次筹资不多也是可以考虑的。能够容易得到再融资资金的市场可以为企业的进一步发展提供较好的便利条件 | |
| 财务成本 | 财务成本主要包括上市前的筹资成本和上市后的维护成本。筹资成本包括聘请投资银行、律师、注册会计师等中介机构而支付的费用；维护成本则包括支付的交易所年费、编制会计报表、聘请注册会计师审计等费用 | |
| 等待时间 | 从申请到正式上市往往需要较长时间，需要企业综合考虑时间成本 | |

资料来源：赛迪投资顾问，2012-04.

## 四、评估上市费用与时间

　　企业做出上市决定，且符合上市的基本要求后，需要对上市的费用有所了解。由于各企业的性质、行业地位、资金投向等各方面都不尽相同，聘请的中介机构的专业能力、行业声誉等也有所不同，因此费用有较大差别。表4-4所示是一般情况下的各类费用估计，企业要根据自身情况以及相应谈判能力与中介机构确定最终的各项费用。

表4-4　上市费用

| 项　目 | 费用名称 | 收费标准 |
|---|---|---|
| 改制设立 | 财务顾问费用 | 参照行业标准由双方协商确定 |
| 发行 | 承销费用 | 参照行业标准由双方协商确定，一般在800万～1200万元 |
| | 会计师费用 | 参照行业标准由双方协商确定，一般在80万～150万元 |
| | 律师费用 | 参照行业标准由双方协商确定，一般在50万～120万元 |
| | 评估费用 | 参照行业标准由双方协商确定，一般在30万～60万元 |
| | 路演费用 | 参照行业标准协商确定 |
| 上市及其他 | 保荐费用 | 参照行业标准由双方协商确定，一般在200万～300万元之间 |
| | 上市初费和年费 | 股票上市初费为3万元。上市年费的收取以总股本为收费依据，总股本不超过5 000万元的，每月缴纳500元；超过5 000万元的，每增加1 000万元，月费增加100元，但月费最高不超过2 500元 |
| | 股票登记费 | 流通部分为股本的0.3%，不可流通部分为股本的0.1% |
| 上市及其他 | 信息披露费 | 视实际情况而定 |
| | 印刷费 | |
| | 差旅费 | |

资料来源：赛迪投资顾问，2012-04.

　　企业需要大致了解整个上市过程所需要的时间。由于我国实行审核制上市发行制度，其持续时间比较难以估计。一般而言，与当时的国内经济情况、证券市场情况、企业融资情况等均有关系。如果二级市场情况较好，政策面稳定，发行上市速度会较快；企业各方面基础较好，需要整改的工作较少，发行上市的时间也会相应缩短。

整个上市过程总体时间为1年左右。正常情况下，各阶段的大致时间为：从筹划改制到设立股份公司，需要6个月左右，从规范的有限责任公司整体变更为股份公司，时间可以缩短；保荐机构和其他中介机构进行尽职调查和制作申请文件，约需要3～4个月；从中国证监会审核到发行上市，约需要3～4个月。

## 五、选择中介机构

### （一）承销（保荐）机构

保荐机构是企业申请发行上市中最重要的中介机构，基本全程参与企业从改制到发行上市以及上市后持续辅导的全过程。另外，还负责公司股票的销售和定价，直接关系到企业募集资金的额度。因此，选择合适的承销保荐机构是成功上市最关键的因素之一。

承销保荐的职责主要包括协助企业改制、上市辅导、制作发行申请文件、出具发行保荐报告、组织中国证监会意见反馈、负责证券发行承销、组织路演询价和定价以及上市后持续督导等。

选择承销保荐机构的首要条件就是该机构是否具备承销保荐资格。在保荐机构的承销保荐能力选择方面，保荐机构以往的承销保荐业绩是其承销保荐实力最具说服力的证明，而保荐机构中保荐代表人的数量也是一个重要的参考标准。

保荐机构的研究能力直接关系到股票上市的定价能力，因此在选择保荐机构时，该机构在该行业的研究能力也是重要参考指标之一。由于市场没有统一研究排名，拟上市公司可以参考《中国证券报》、《证券市场周刊》、《新财富》等机构对研究员的排名，从而选取具有相对优势的保荐机构。

保荐机构的费用与股票发行数量、该保荐机构的业务的大小、保荐人的多少、研究实力等多方面因素有关。因此，拟上市公司要综合考量保荐机构实力以及比较其他保荐机构的费用，审慎地做出选择。

### （二）审计机构

应选择具备证监会认可的，具有证券审计资格的会计师事务所。在会计师事务所中，审计费用的差距很大，一般而言，四大会计师事务所的费用最高，其专业性、业内声誉、服务质量等方面也是业内最好的。但是对于中小企业，或企业股权结构不太复杂，也没有计划去海外（包括香港）上市计划的企业，一般选择当地或国内的会计师事务所，即可。如果企业不能确定会计师事务所，也可以由保荐机构推荐，一般而言，保荐机构会推荐与其有过合作基础的会计师事务所，因为相互之间比较了解，也比较可靠。

审计机构的职责主要包括负责企业财务报表审计、出具有关验资报告、出具盈利预测审核报告、出具内部控制鉴证报告、对发行人原始财务报表与申报财务报表的差异情况出具专项意见等。

### （三）法律机构

在企业发行上市过程中，律师事务所主要担任企业相关法律文件的合法性审核，并帮助企业制定符合法律法规要求的相关规章制度的工作。因此需要承担这类工作的法律机构具备相应资格。

拟上市企业在聘请律师顾问时，首先要确认该机构具备证监会颁布的拥有证券咨询资格的律师事务所。对于寻找该类律师事务所有困难的企业，可以通过保荐机构推荐，一般而言，保荐机构具有相当多的优质律师事务所信息，其中相当部分还具备合作基础，便于开展工作。

法律机构的职责主要包括对发行主体的历史沿革、股权结构、资产、组织机构运作、独立性、税务等公司全面的法律事项的合法性进行判断，对股票发行上市的各种法律文件的合法性进行判断，协助和指导发行人起草公司章程等公司法律文件，出具法律意见书、出具律师工作报告、对有关申请文件提供鉴证意见等。

### （四）资产评估机构

资产评估主要是对出资设立企业的非现金资产的价值进行评估。企业申请公开发行股票涉及资产评估的，应聘请具有证券从业资格的资产评估机构承担，资产评估工作一般包括资产清查、评定估算、出具评估报告。

资产评估机构的职责主要包括对企业以实物、知识产权、土地使用权等非货币资产出资设立公司的情况评估作价、核实资产，对国有及国有控股企业以非货币资产出资或者接受其他企业的非货币资产出资进行评估，对涉及国有资产产权变动、对外投资等经济行为的重大经济项目进行国有资产评估。

## 六、改制与设立

设立方式一般分为发起设立、改制设立和有限责任公司变更三种方式。拟上市企业一般已具备持续经营条件，无须发起设立新股份有限公司，只需要改制设立或进行有限责任公司变更成为股份有限公司。如需增资或以实物出资，出资人的出资必须到位，并对出资资产进行评估和审计。对涉及国有股的部分需要谨慎对待，不可出现大量国有股权去向不明或大幅减少却无法合理解释其原因的现象，因为在发审委审核时，对国有资产流失的审核较严格，如出现国有资产流失或疑似国有资产流失的现象，均不会获得通过。

企业的设立过程虽然不复杂，但牵涉面广，涉及的外部机构较多，尤其是很多文件需要政府相应部门的审批。设立过程中的合规性和合法性也需重点注意，因为企业在未来申请上市过程中，发审委首先会重点关注企业设立或改制时的合法、合规性。不允许工会持股，职工持股会作为拟上市公司股东。公司申报材料后，不宜再发生股权转让，若发生，中介机构应重新履行尽职调查责任。

在企业设立的合法、合规性等方面，拟上市企业最好尽早聘请相应法律机构，全程辅导设立，且该法律机构最好能够参与未来企业的上市过程，以便减少沟通成本。

设立的股份有限公司，需要明确企业的业务发展目标并突出主营业务，同时还需减少和规范关联交易，这些都是发审会审核过程中考虑的重点。

## 七、上市辅导

上市辅导是让企业管理人员、企业股东，以及企业技术核心人员了解上市过程中及上市后应履行的责任、义务等，使企业相关人员能够按照相关法律法规的要求规范操作，避免出现违规违法，以及损害中小股东利益、大股东违法占有企业资产、占用企业资金等情况。

辅导机构需要具备保荐资格的证券经营机构的认可，并在签订辅导协议后，到拟上市公司所在地的证监局办理备案登记手续。

上市辅导流程如图4-2所示。

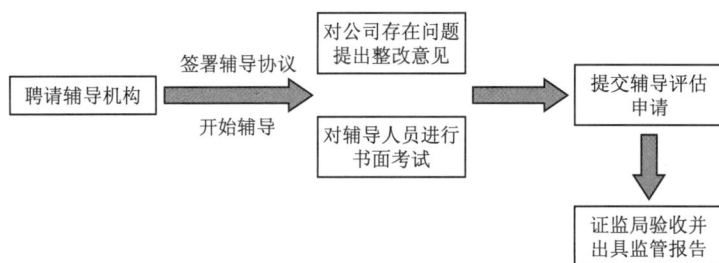

图4-2　上市辅导流程

资料来源：赛迪投资顾问，2012-04.

拟上市公司需要参加上市辅导的人员是公司董事、监事、高级管理人员、持有5%以上（含5%）股份的股东（或其法定代表人）。

根据中国证监会发布的《首次公开发行股票辅导工作办法》的规定，辅导机构确定的辅导内容主要包括以下方面：①核查辅导对象在公司设立、改制重组、股权设置和转让、增资扩股、资产评估、资本验证等方面是否合法、有效，产权关系是否明晰，股权结构是否符合有关规定。②督促辅导对象实现独立运营，做到业务、资产、人员、财务、机构独立完整，主营业务突出，形成核心竞争力。③核查辅导对象是否按规定妥善处置了商标、专利、土地、房屋等的法律权属问题。④督促规范辅导对象与控股股东及其他关联方的关系。⑤督促辅导对象建立和完善规范的内部决策和控制制度，形成有效的财务投资以及内部约束和激励制度。⑥督促辅导对象建立健全公司财务会计管理体系，杜绝会计虚假。⑦督促辅导对象形成明确的业务发展目标和未来发展计划，并制定可行的募股资金投向及其他投资项目的规划。⑧针对辅导对象的具体情况确定书面考试的内容，并接受中国证监会及其派出机构的监督。⑨对辅导对象是否达到发行上市条件进行综合评估，协助辅导对象开展首次公开发行股票的准备工作。

## 八、上市文件准备

根据《公开发行证券的公司信息披露内容与格式准则第9号——首次公开发行股票并上市申请文件》（证监发行字〔2006〕6号）的规定，申请文件如表4-5所示。

**表4-5　发行申请文件**

| 申请文件 | 主要内容 |
|---|---|
| 招股说明书与发行公告 | 招股说明书（申报稿）；招股说明书摘要（申报稿）；发行公告（发行前提供） |
| 发行人关于本次发行的申请及授权文件 | 发行人关于本次发行的申请报告；发行人董事会有关本次发行的决议；发行人股东大会有关本次发行的决议 |
| 保荐人关于本次发行的文件 | 发行保荐书 |
| 会计师关于本次发行的文件 | 财务报表及审计报告；盈利预测报告及审核报告；内部控制鉴证报告；经注册会计师核验的非经常性损益明细表 |
| 发行人律师关于本次发行的文件 | 法律意见书；律师工作报告 |
| 发行人的设立文件 | 发行人的企业法人营业执照；发起人协议；发起人或主要股东的营业执照或有关身份证明文件；发行人公司章程（草案） |
| 关于本次发行募集资金运用的文件 | 募集资金投资项目的审批、核准或备案文件；发行人拟收购资产（或股权）的财务报表、资产评估报告及审计报告；发行人拟收购资产（或股权）的合同或合同草案 |
| 与财务会计资料相关的其他文件 | 发行人关于最近三年及一期的纳税情况的说明 |
| 其他文件 | 产权和特许经营权证书；重大关联交易协议等 |

资料来源：赛迪投资顾问，2012-04.

申报材料的制作从形式到内容都必须认真，信息披露必须全面、准确，中介机构对企业的尽职调查等基础工作应扎实、细致，中介机构（特别是主承销商）对企业是否深入了解是能够从材料中反映出来的。

申报材料在制作中对于发行人的信息披露应秉着尽量详细、全面的原则，如果发行人或中介机构认为此处不宜披露、他处不宜披露，容易使人认为其在刻意隐瞒一些情况。对于某些发行人认为涉及商业秘密，不宜公开披露的内容，如客户情况、产品生产流程等，可以申请在公开披露时豁免，但应提供给预审员和发审委。

报送文件的格式要求：申请文件应采用幅面为209毫米×295毫米规格的纸张（相当于标准A4纸张规格），双面印刷（需提供原件的历史文件除外）。申请文件的封面和侧面应标明"××公司首次公开发行股票并上市申请文件"字样。申请文件的扉页应标明公司董事会秘书及有关中介机构项目负责人的姓名、电话、传真及其他联系方式。申请文件章与章之间、节与节之间应有明显的分隔标识。申请文件中的页码应与目录中标识的页码相符。

报送文件数量的要求：初次报送应提交原件一份，复印件三份；在提交发行审核委员会审核前，根据证监会要求的份数补报申请文件。在每次报送书面申请文件的同时，应报送一份相应的标准电子文件（标准.doc或.rtf格式文件）。发行结束后，应将招股说明书的电子文件及历次报送的电子文件汇总报送中国证监会备案。

报送文件有效性的要求：不能提供有关文件原件的，应由律师提供鉴证意见，或由出文单位盖章，以保证与原件一致。如原出文单位不再存续，由承继其职权的单位或做出撤销决定的单位出文证明文件的真实性，如需要应由律师鉴证。

报送文件签字要求：申请文件所有需要签名处，均应为签名人亲笔签名，不得以名章、签名章等代替。

报送文件的更换和补充：申请文件一经受理，未经证监会同意，不得增加、撤回或更换。根据审核需要，证监会可要求发行人和中介机构补充材料。发行人应根据证监会对申请文件的反馈意见提供补充材料。有关中介机构应对反馈意见相关问题进行尽职调查或补充出具专业意见。

## 第二节　战略性新兴产业上市解决方案

### 一、制定发展战略

——所要解决的核心问题：如何选择企业业务发展的最佳方向？

中小企业的发展在业务选择上往往存在一定的"随意性"与"盲目性"。业务发展往往缺少明确方向和目标，也缺乏具有逻辑性、条理性、可操作性的符合市场趋势并足以说服投资人的发展举措。如何对企业进行全面、综合的分析，进而找到企业业务发展的最佳方向，是中小企业所要解决的核心问题。

——解决方案的设计与实施：基于细分市场研究的业务战略规划。

为解决企业上市融资的外在要求与业务发展的内在需要，实现业务发展"有的放矢"，应该以充分的细分市场研究为基础，通过对相关业务吸引力与企业自身竞争力的客观评价，以科学的指标体系为依据，帮助企业选择最佳的业务发展方向，规划业务发展的目标，并依托丰富的行业运作经验，制定有针对性的实施策略。战略规划流程如图4-3所示。

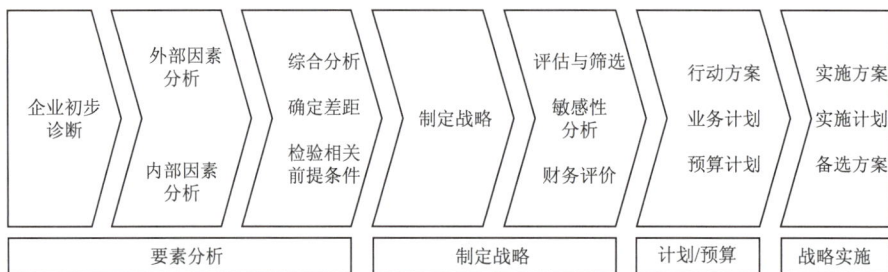

图4-3　战略规划流程

资料来源：赛迪投资顾问，2012-04.

对于企业的分析，其主要工作如下。

## （一）外部环境调查分析内容

（1）宏观环境分析：政治、经济、社会、技术。

（2）中间环境分析：企业所在行业发展因素分析、企业所在行业结构进化预测、企业所在行业竞争结构分析、企业所在行业特征评价、企业所在行业的变革驱动分析、企业所在行业胜败关键因素分析、机会威胁分析、生命周期分析。

（3）微观环境分析：顾客需求发展分析、供应者供应能力分析、竞争对手的竞争能力分析、潜在进入者分析、现有替代品分析、波特五动力模型分析应用。

## （二）内部因素的调查分析内容

（1）企业内部分析：企业资源竞争优势分析、产品与服务价值链分析、企业核心管理能力分析、企业核心竞争力分析、企业潜在核心能力的分析、公司价格成本分析、公司面临战略优势与劣势分析、成本优势渠道的分析、关键利益相关者分析、企业产品、服务的生命周期分析、SWOT分析。

（2）企业财务分析：经济效益分析方法、财务管理的能力与效益分析、公司财务能力分析、经济效益评价指标、财务比率分析。

（3）市场营销分析：产品结构分析、产品生命周期分析、产品竞争能力分析、市场营销能力分析、投资组合分析之波士顿矩阵、市场营销环境分析。

最后，根据分析结果将自身各业务进行准确定位，确定战略的方向、方针，确立分析结果和编写分析报告。业务选择评估矩阵如图4-4所示。

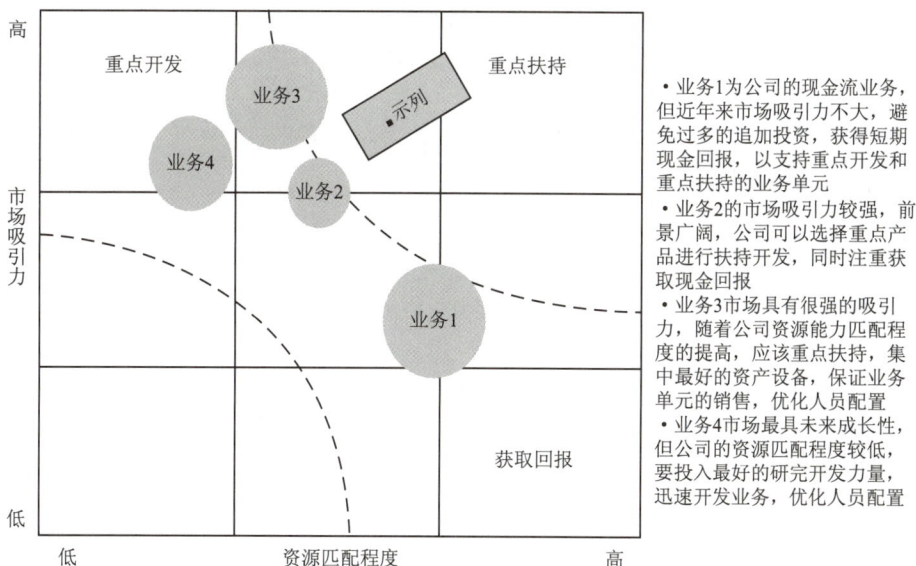

图4-4　业务选择评估矩阵

资料来源：赛迪投资顾问，2012-04.

## 二、制定资本运营战略

——所要解决的核心问题：公司现阶段是否需要依靠上市融资？

帮助企业制定资本运营战略，就是通过对企业发展现状与未来目标的分析，确定企业应通过何种方式获取充足的运营资本，实现企业的长远发展。

——解决方案的设计与实施：企业目标与所需资本的衡量与匹配

对于企业资本运营战略项目，提供的解决方案应该包括基于充分市场了解的企业发展目标的制定，基于企业能力与现状诊断的目标与资本匹配设计，以及基于资本证券领域走势研判的风险与收益评价。

企业应从战略的高度规划资本运营，在统筹规划的基础上，结合各业务板块的实际经营情况，分阶段、分层次、分步骤地实施，通过资本运营来加快企业在产业领域的扩张速度，以取得行业的领导地位，最终提升企业整体竞争力。具体来说，企业应充分利用资本市场平台，围绕核心业务，通过资产置换、资产注入等方式，综合运用并购、合资与战略联盟等形式来支持企业持续扩张。

资本运营战略实施比较如图4-5所示。

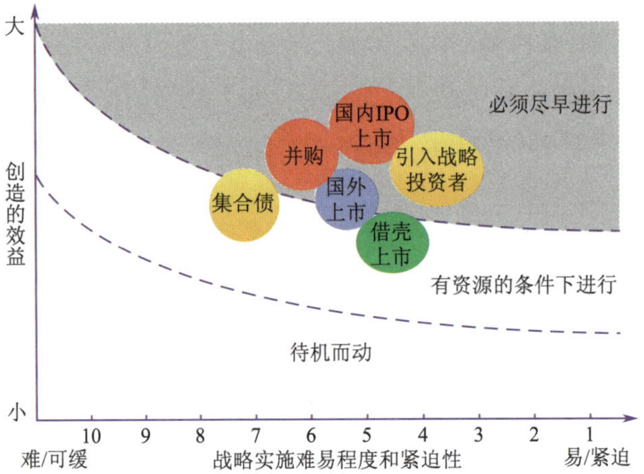

图4-5　资本运营战略实施比较

资料来源：赛迪投资顾问，2012-04.

## 三、改制与重组解决方案

——所要解决的核心问题：如何成为合格的发行主体？

改制重组是企业上市工作的重要基础和关键环节之一。按照中国证监会发布的《首次公开发行股票并上市管理办法》及《首次公开发行股票并在创业板上市管理暂行办法》对发行主体资格的要求是：发行人应当是依法设立且持续经营时间应当在3年以上的股份有限公司，或者有限责任公司按原账面净资产值折股整体变更为股份有限公司；发行人应当股权清晰，股份不存在重大权属纠纷。因此，设立股份有限公司或者改制为股份有限公司是企业进入资本市场的第一道门槛，改制重组是否规范直接影响到企业的上市成功与否。

——解决方案的设计与实施：重点关注公司主体资格、独立性、规范性及财务指标。

### （一）关于主体资格

在改制重组中，对主体资格应该重点关注在股份制改造后业绩是否可以连续计算，要达到业绩连续计算，有限责任公司就要按账面净资产折股整体变更为股份公司，公司最近3年内主营业务及董事、高级管理人员没有发生重大变化，实际控制人没有发生变化。另外，公司的生产经营符合法律、行政法规和公司章程的规定，符合国家产业政策；公司的股权清晰，控股股东和受控股股东、实际控制人支配的股东持有的本公司股份不存在重大权属纠纷。如果在改制重组后，公司的实际控制人发生变化，主营业务发生重大变化，使其业绩不能连续计算时，要想上市需等3年。

### （二）关于公司独立性

在企业上市前可通过资产重组、业务重组使发行主体具有完整的业务体系和直接面向市场独立经营的能力。在股份制改造中，与主营业务相对应的资产应该完整地进入股份公司；高级管理人员不得在控股股东、实际控制人及其控制的其他企业中担任除董事、监事以外的其他职务；公司需要建立独立的财务核算体系，能够独立做出财务决策，具有规范的财务会计制度；公司需要建立健全的内部经营管理机构，独立行使经营管理职权；属于生产经营企业的，应具备独立的研发、生产、销售系统，无法避免的关联交易必须遵循市场公正、公平的原则。企业与控股股东及其全资或控股企业不应存在同业竞争，如果存在同业竞争问题，可以考虑以吸收合并或股权收购及资产收购的方式置入拟上市公司，也可以通过出售企业股权、清算注销等方式予以解决。

### （三）关于规范运行

公司要依法建立健全股东大会、董事会、监事会、独立董事、董事会秘书制度；公司的董事和其他高级管理人员应符合法律、行政法规和规章规定的任职资格；公司的担保行为要规范，对外担保事项应按照公司章程实施，必须经董事会审议通过后，提交股东大会审批；公司要有严格的资金管理制度，不存在资金被控股股东及其控制的其他企业以借款、代偿债务、代垫款项或者其他方式占用的情形。针对以上企业上市改制中所面对的管理体系规范要求，企业需要基于对标企业经典案例，按照当前上市与长远发展的要求，寻找最优化的管理体系优化方式。

### （四）关于财务与会计

按照《首次公开发行股票并上市管理办法》的要求，上市主体应该符合以下财务条件：最近3个会计年度净利润均为正数且累计超过人民币3 000万元，净利润以扣除非经常性损益前后较低者为计算依据；最近3个会计年度经营活动产生的现金流量净额累计超过人民币5 000万元；或者最近3个会计年度营业收入累计超过人民币3亿元；发行前股本总额不少于人民币3 000万元（如果是创业板上市发行后股本总额不少于人民币3 000万元）；最近一期末无形资产（扣除土地使用权后）占净资产的比例不高于20%；而创业板对企业无形资产占净资产的比例没有规定；最近一期末不存在未弥补亏损。除此之外，企业尤其要关注每股税后利润、每股净资产、净资产收益率、资产负债率、流动比率和速动比率等核心财务指标。

## 四、尽职调查与上市辅导解决方案

### （一）商业尽职调查

——所要解决的核心问题：如何通过商业尽职调查全面了解企业的真实情况？

尽职调查作为上市风险管理的重要环节，对投资者而言是消除投资双方在信息获知上不平衡的重要手段。只有通过尽职调查明确全面掌握待上市企业的真实情况，才能从根本上应对、规避企业上市中的各种风险。

——解决方案的设计与实施：针对待上市企业的全面调查。

针对战略性新兴产业上市企业所提供的商业尽职调查服务主要是调查目标公司的基本情况，即公司人力资源、市场营销及客户资源、企业资源及生产流程管理、经营业绩、公司主营业务的行业分析、公司财务情况、利润预测、现金流量预测、公司债权和债务、公司主要资产以及公司涉诉事件等。

### （二）完善公司治理建议

——所要解决的核心问题：如何建立规范的法人治理结构？

国内外资本市场经验表明，拥有好的治理结构是公司获得投资者认可、实现企业成功上市的基础。如何按照上市公司的规范要求，完善公司的法人治理结构，是企业上市所要解决的核心问题之一。

——解决方案的设计与实施：以相关法规制度为基础提出实效性的完善建议。

解决方案应该以《公司法》、《证券法》及证监会相关规章的要求为基础，凭借专业团队对公司运作机制的深刻理解，对公司独立性、"三会"运作规范性及内部控制制度等方面提出完善建议，使企业有效建立规范的公司治理结构，促进股东大会、董事会、监事会及经理层的规范运作，有效避免同业竞争，减少和规范关联交易，从而为企业上市铺平道路。

## 五、上市文件准备解决方案

### （一）细分市场研究

——所要解决的核心问题：如何翔实反映企业所在的细分市场？

细分市场指企业根据客户的不同特性，把一种产品整体市场分割为多个市场，每个分市场由需求相同的客户组成。对于中小企业来说，由于规模有限，一般可能参与某行业中一个或几个细分市场的竞争。对于上市融资企业来说，有必要让政府相关部门、投资者充分了解企业所在的细分市场，需要提供翔实的细分市场发展现状及发展前景等相关资料来支持企业的上市工作。

——解决方案的设计与实施：以系统、专业的市场研究体系进行细分市场研究。

如何能够真实反映细分市场发展现状、准确把握细分市场的发展前景？必须要以市场研究和产业研究为基础，在细分市场研究方面具有系统化的研究方法和针对不同细分市场的各类市场研究模型；而且在研究渠道方面，应该结合广泛的统计部门、行业协会以及企业的调研等渠道，按照上市融资的需求，准确提供相关细分市场研究报告。

针对项目内容，市场研究应以规范的运作方式，按照科学的流程开展。某公司市场预测模型如图4-6所示。

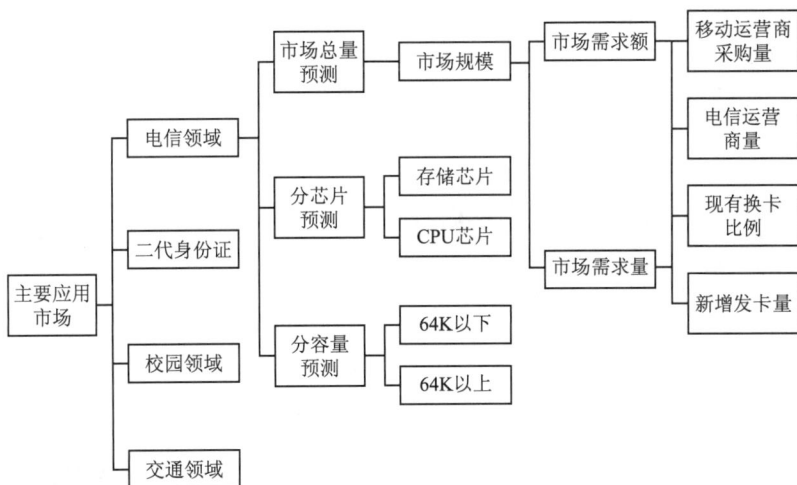

图4-6　某公司市场预测模型

资料来源：赛迪投资顾问，2012-04.

### （二）企业竞争地位评估

——所要解决的核心问题：如何确立企业在市场上的竞争优势？

对于申请上市融资的企业来说，发审委必然会优先选择核准具有明显竞争优势地位、具有良好发展前景的企业，这不但能够推动企业发展，而且更为关键的是对投资者负责；而对于投资者来说，为了降低投资风险、获得更大收益，也会选择竞争地位明显的企业进行投资。因此，如何确立企业的竞争优势，对于企业的上市准备非常重要。

——解决方案的设计与实施：在细分市场研究的基础上发掘企业的竞争优势。

企业要在一个市场上具有明显的竞争优势，必不可少的一个前提是具有较高的市场占有率，通过合理定义细分市场、明确企业的目标市场，可以帮助中小企业在其参与的目标市场中占有较大的市场份额，从而突出企业在市场的竞争地位，提升企业竞争地位的评价。

企业资源拥有程度分析如表4-6所示，企业竞争力评价指标体系如表4-7所示。

**表4-6　企业资源拥有程度分析**

| | 优劣衡量指标 | 竞争对比 | |
| --- | --- | --- | --- |
| | | 拥有程度优势 | 拥有程度劣势 |
| 技术 | 开发速度快、技术领先 | | |
| 品牌 | 知名度高、品牌形象好 | | |
| 市场推广 | 市场分析能力强、市场推广能力强 | | |
| 质量 | 质量稳定且合格率高 | | |
| 政府关系 | 良好的与地方政府及行业主管部门的关系 | | |
| 物流 | 快速的物流服务、低成本 | | |
| 生产 | 满足需要的生产能力、灵活的生产方式 | | |
| 成本 | 低成本 | | |
| 采购 | 低采购价格、稳定的采购渠道 | | |
| 销售 | 快速分销能力、有力的销售控制 | | |
| 资金 | 强大的资金实力 | | |
| 人力资源 | 丰富且高素质的人力资源 | | |

资料来源：赛迪投资顾问，2012-04.

**表4-7　企业竞争力评价指标体系**

| 1级指标（权重） | 权重 | 2级指标（权重） | 权重 | 说明 |
| --- | --- | --- | --- | --- |
| 研发 | 0.2 | 研发资金投入 | 0.15 | 1～5分，越多，评分越高 |
| | | 研发人员队伍 | 0.2 | 1～5分，越多，评分越高 |
| | | 技术专利或科技专项 | 0.25 | 1～5分，越多，评分越高 |
| | | 技术先进性 | 0.2 | 1～5分，越先进，评分越高 |
| | | 技术创新性 | 0.2 | 1～5分，越创新，评分越高 |

（续）

| 1级指标（权重） | 权重 | 2级指标（权重） | 权重 | 说　明 |
|---|---|---|---|---|
| 生产 | 0.3 | 对供应商的议价能力 | 0.15 | 1～5分，越强，评分越高 |
| | | 生产规模 | 0.2 | 1～5分，越大，评分越高 |
| | | 生产成本 | 0.2 | 1～5分，越低，评分越高 |
| | | 产品功能满意度 | 0.15 | 1～5分，越高，评分越高 |
| | | 产品行业适应性 | 0.15 | 1～5分，越广，评分越高 |
| | | 产品可扩展性 | 0.15 | 1～5分，越强，评分越高 |
| 销售/渠道 | 0.4 | 销售额增长率 | 0.15 | 1～5分，越快，评分越高 |
| | | 产品市场占有率 | 0.25 | 1～5分，越高，评分越高 |
| | | 渠道网络覆盖度 | 0.15 | 1～5分，越广，评分越高 |
| | | 渠道控制力 | 0.15 | 1～5分，越强，评分越高 |
| | | 品牌知名度 | 0.15 | 1～5分，越高，评分越高 |
| | | 品牌美誉度 | 0.15 | 1～5分，越高，评分越高 |
| 服务 | 0.1 | 服务流程制度 | 0.3 | 1～5分，越完善，评分越高 |
| | | 服务体系建设 | 0.3 | 1～5分，越完善，评分越高 |
| | | 客户关系管理 | 0.4 | 1～5分，越完善，评分越高 |

资料来源：赛迪投资顾问，2012-04.

## （三）募集资金投资方向及可行性选择评估

——所要解决的核心问题：企业的募投方向是否有利于通过发行审核？

募集资金投资方向选择需要进行政策条件分析、市场条件分析、公司运营能力分析、经济效益分析，同时还要考虑募投项目是否符合公司的发展战略？是否强化了主营业务？是否有利于核心竞争力的提升？是否顺应行业发展并且具有明显的发展前景？募投方向的选择对于企业上市来说尤为重要，选择合理的募投方向将更利于企业通过上市审批。

——解决方案的设计与实施：综合考虑内外部环境进行评估。

募投资金投资方向的确定要有说服力，经得起推敲才可能通过上市审批。企业虽然对自身情况非常了解，但对外部环境以及行业的整体发展概况和趋势却不一定能够准确把握，企业在确定募投方向时可能会缺乏对外部环境的考虑。因此需要一个对整体行业具有深入研究的第三方机构在对企业内部情况进行深入了解，在综合考虑企业内部情况以及外部环境的基础上，对企业的募投项目进行综合评估。

项目投资明细如表4-8所示。

表4-8　项目投资明细

| 序号 | 项目名称 | 建筑工程 | 设备购置及安装 | 其他费用 | 合计 |
|---|---|---|---|---|---|
| 1 | 建筑工程 | | | | |
| 1.1 | 厂房购置费用 | | | | |
| 1.2 | 厂房改造费用 | | | | |
| 2 | 设备购置费 | | | | |
| 2.1 | 国产设备 | | | | |
| 2.2 | 进口设备 | | | | |
| 3 | 技术开发费 | | | | |
| 3.1 | 开发设备购置费 | | | | |
| 3.2 | 开发软件系统费 | | | | |
| 3.3 | 开发人员工资 | | | | |
| 4 | 其他费用 | | | | |
| 4.1 | 建设单位管理费2.1% | | | | |
| 4.2 | 勘察设计费0.2% | | | | |
| 4.3 | 工程监理费1% | | | | |
| 4.4 | 工程保险费0.25% | | | | |
| 5 | 基本预备费2% | | | | |
| 6 | 建设期利息 | | | | |
| 7 | 铺底流动资金 | | | | |
| | 合计 | | | | |

资料来源：赛迪投资顾问，2012-04.

# 第三节　战略性新兴产业上市后再融资

再融资是指企业通过首发（IPO）在公开市场进行融资后，为了保持在市场中的竞争地位，通过公开市场进行再次融资。目前，我国上市公司再融资有四种方式，即配股、增发、发行可转换债券和企业债券，其中前三种方式为目前上市公司主要再融资方式。自2006年《上市公司证券发行管理办法》实施再次掀开再融资大幕以来，中国资本市场再融资规模由2006年的1 037.41亿元增长到2010年的4 705.38亿元，年均增长达到50%，中国证券市场的再融资功能越来越受到资本市场各参与主体的关注。

针对未来再融资的市场与政策环境，上市公司制定再融资策略前，首先需要对公司的发展战略进行梳理，以对当前及未来的企业发展状况进行综合评价，明确企业发展方向；其次需要对当前与未来的融资环境，以及再融资计划的可行性及必要性进行充分论证，使之符合企业发展战略及相关发行规定；最后根据市场与企业自身发展状况选择最佳融资时机与融资方式，为企业的战略实施提供最大化的资金保证。

## 一、战略环境分析

战略环境分析是指对企业所处的内外部竞争环境进行分析，以发现企业的核心竞争力，明确企业的发展方向、途径和手段。战略环境分析是战略管理过程的第一个环节，也是制定战略的开端，对于战略环境的分析不仅可为企业战略的制定奠定基础，也可使得企业的资金投向更加科学与规范。总体来说，企业战略环境分析包括外部环境和企业内部分析。

进行企业外部环境分析，主要目的是为了认清外部环境的形势，从而确定对企业经营管理有哪些方面的影响，并采取相应的措施来制定自身发展的策略。例如，国家宏观经济发展水平是否能保障企业的增长预期，企业是否需要改变现有的产品结构、市场布局策略是否需要调整、技术水平是否需要进一步提高，以满足市场需求等。

企业内部分析，主要是为了确定企业自身的资源条件、运营能力、管理水平、产品竞争能力、技术创新能力等方面，从而为企业改进经营管理，提高自身运营能力，提高资源利用率，充分认识自身条件的优势和不足，为发展战略的制定确定基本的思路。

## 二、融资环境分析

融资环境分析是指对公司所处金融环境的宏观走向、行业融资政策导向、企业自身融资条件与能力进行评估，为再融资时机的选择提供指导性信息。总体上看，融资环境分析可分为宏观经济环境分析、行业融资环境分析以及企业融资环境分析。

宏观经济环境是影响资本市场的最为重要的因素。进行宏观经济分析，是为了把握证券市场的总体变动趋势，判断整个证券市场的投资价值，掌握相关经济政策对证券市场的影响力度与方向。对于投资者来说，宏观经济形势的变动直接影响其投资策略的制定，投资者策略的变动进而影响上市公司再融资的方式选择与融资规模。

具体来说，宏观经济分析可从国际与国内两方面入手，涉及国际政治格局、金融环境、贸易环境、政策环境等多个方面。在国内外环境相对稳定时，企业需要着重关注财政和金融运行状况。财政收支情况，尤其是税收政策变化、主要税种的征收情况以及国家的国债政策对宏观经济具有很大的影响；而金融运行状况，如货币供应量、同业拆借利率等则反映出国家对金融环境的调节力度。

中国资本市场发展较晚，目前政策导向性仍然较为明显。不同行业在资本市场面临的融资环境也不尽相同，这种态势在近年来IPO项目中显得尤为明显，2009年创业板设立以来，特别是中国确定战略性新兴产业后，资本市场IPO中大多为国家鼓励发展的新兴产业。在再融资市场，募集资金的投向也多为政策鼓励的投资方向。因此，分析企业所占行业的融资环境对于再融资能否获批显得尤为重要。具体来说，行业融资环境分析包括行业政策分析、行业所处产业链分析、行业未来市场分析等。

企业的微观融资环境会影响企业再融资的实施效果，如企业所在地区的发展环境，企业在行业内以及企业在当地的发展地位等。企业融资环境的分析对于企业的融资效率、所获支持，以及后续资金运用都有着重要影响。

## 三、再融资方式比较

### （一）再融资相关法律体系

目前，中国再融资法律法规是以《公司法》与《证券法》为准则的，涉及再融资发行条件、发行程序、信息披露、监管措施等全过程的管理办法与规章，其核心法律法规是2006年5月8日正式实施的《上市公司证券发行管理办法》（以下简称《管理办法》）。《管理办法》是在总结再融资历史经验和教训的基础上，全面整合了相关的政策法规而构建的新上市公司再融资法规体系中的核心文件，它分别对公开发行证券的条件、一般规定、发行股票、发行可转换公司债券、发行附认股权公司债券、非公开发行股票的条件、发行程序、信息披露、监管和处罚等做了明确规定。再融资法律体系如图4-7所示。

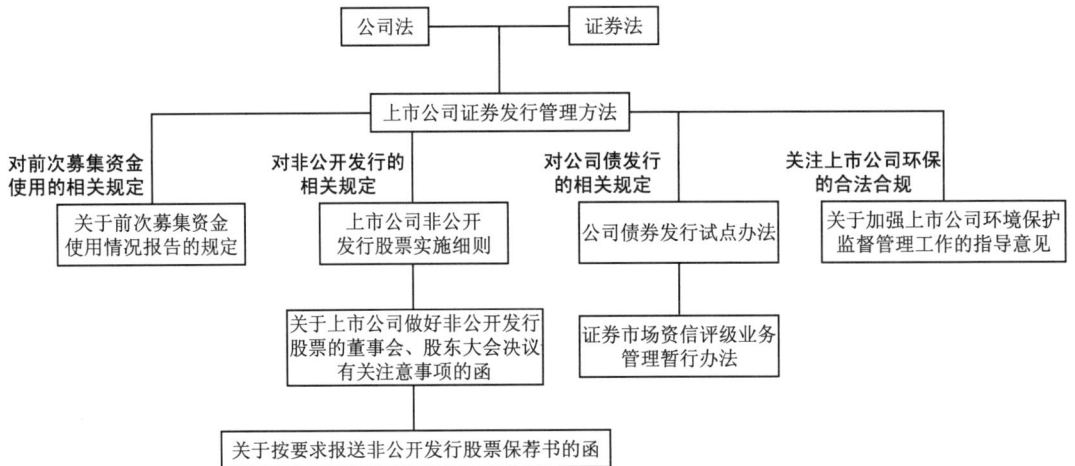

图4-7　再融资法律体系

资料来源：赛迪投资顾问，2012-04.

### （二）再融资所需条件

2006年《上市公司证券发行管理办法》实施以来，资本市场再融资规模不断创下新高，证监会在加强市场定价机制、弱化行政监管、简化审核程序、强化信息披露，强化募集资金使用管理等方面也在不断完善。目前，证监会对不同再融资方式有着不同的约束条件（见表4-9）。

表4-9 不同再融资方式所需条件

| | 公开发行证券 | | | 非公开发行证券 |
|---|---|---|---|---|
| | 配股 | 公开增发 | 发行可转债 | 定向增发 |
| 净资产 | 无 | 无 | 公司最近一期末经审计的净资产额应符合法律、行政法规和中国证监会的有关规定 | 无 |
| 净资产收益率 | 无 | 最近3个会计年度加权平均净资产收益率≥6%，扣除非经常性损益后的净利润与扣除前的净利润相比，以低者作为加权平均净资产收益率的计算依据 | 最近3个会计年度加权平均净资产收益率≥6%，扣除非经常性损益后的净利润与扣除前的净利润相比，以低者作为加权平均净资产收益率的计算依据 | 无 |
| 现金流量 | 无 | 无 | 无 | 无 |
| 可分配利润 | 无 | 无 | 最近3个会计年度实现的年均可分配利润不少于公司债券一年的利息 | 无 |
| 对外投资 | 无 | 除金融类企业外，最近一期末不存在持有金额较大的交易性金融资产和可供出售的金融资产、借予他人款项、委托理财等财务性投资的情形 | 无 | 无 |
| 担保 | 无 | 无 | 要进行信用评级并提供全额担保，但最近一期末经审计的净资产不低于人民币15亿元的公司除外；以保证方式提供担保的，应当为连带责任担保，且保证人最近一期经审计的净资产额应不低于其累计对外担保的金额 | 无 |
| 发行对象 | 原股东 | 不特定对象 | 不特定对象 | 符合股东大会决议规定的条件；发行对象不超过10名 |
| 发行价格 | 无 | 不低于公告招股意向书前20个交易日公司股票均价或前一个交易日的均价 | 发行价由发行人与保荐人通过市场询价确定；转股价格应不低于募集说明书公告日前20个交易日该公司股票交易均价和前一交易日的均价 | 不低于定价基准日前20个交易日公司股票均价的90% |
| 发行数量 | 不超过本次配售股份前总股本的30% | 无 | | 无 |

（续）

| | 公开发行证券 | | | 非公开发行证券 |
|---|---|---|---|---|
| | 配股 | 公开增发 | 发行可转债 | 定向增发 |
| 发行方式 | 由证券公司承销 | 由证券公司承销 | 由证券公司承销 | 发行对象均属于原前10名股东的，可以由公司自行销售 |
| 限售期 | 无 | 无 | 自发行结束之日起6个月后方可转换为公司股票 | 一般为12个月，控股股东、实际控制人及其控制关联人、通过认购本次发行的股份取得公司实际控制权的投资者以及拟引进的境外战略投资者认购的股份限售期为36个月 |
| 前次募集资金的使用 | 关注事项 | 关注事项 | 无 | 关注事项 |

资料来源：赛迪投资顾问，2012-04.

### （三）再融资方式优劣比较

根据《上市公司证券发行管理办法》的规定以及相关文件、通知的要求，上市公司选择不同的再融资方式将面临不同的融资效果，企业需要根据对宏观环境、资本市场阶段性特点、企业经营状况等因素进行综合分析，最终选择适合企业当下发展的再融资方式。再融资方式比较分析如表4-10所示。

表4-10　再融资方式比较分析

| 融资工具 | 优　势 | 劣　势 | 适用企业 |
|---|---|---|---|
| 公募增发 | • 可募集资金量较高<br>• 权益性融资，无还本付息的压力 | • 发行价格随行就市，发行风险较大<br>• 老股东权益比例稀释<br>• 对公司短期业绩摊薄明显 | • 资金需求量大<br>• 项目见效快，短期内成长显著，业绩预期被市场普遍接受 |
| 配股 | • 控股股东权益比例不易被稀释<br>• 权益性融资，无还本付息的压力<br>• 发行价格无限制，确定灵活 | • 存在发行失败的可能<br>• 通常情况下，可募集资金量最低<br>• 控股股东需承诺认配数量，对控股股东资金压力大 | • 融资需求相对较小<br>• 公司成长与回报稳定<br>• 大股东不愿引入新的股东而摊薄自身利益 |

（续）

| 融资工具 | 优　势 | 劣　势 | 适用企业 |
|---|---|---|---|
| 定向增发 | ● 融资条件较其他融资产品最为宽松<br>● 募集资金数量较多且较为灵活<br>● 与公开发行的再融资方式相比，大股东可通过大比例认购的方式确保其对上市公司的控制地位 | ● 融资条件虽无硬性财务指标限制，但从销售的角度，需要给投资者留出一定的价格空间<br>● 增发对象仅限于10名以内，销售压力较大 | ● 行业龙头，质地优良，成长良好，长期受到市场机构投资者关注与持有的上市公司（现金认购）<br>● 有战略投资者进入或大股东愿意增持（现金认购、资产认购） |
| 可转债 | ● 转股逐年进行，对公司业绩摊薄小并平缓释放<br>● 可充分发挥财务杠杆作用，且成本低于公司债券和短期融资券<br>● 较股权融资具有税务挡板效应 | ● 存在转股失败风险<br>● 公司有逐年付息和最后一次还本付息压力<br>● 公司股票价格走势在特定情况下受可转债设计方案的"夹板效应"影响<br>● 持续期长，后续信息披露工作最大<br>● 需要进行信用评级和担保 | ● 在公司业绩有稳定预期，股价长期看好的情况下，充分利用财务杠杆，降低资金使用成本，在给投资者前期稳定利息回报的同时有一个转股获利的未来预期 |

资料来源：赛迪投资顾问，2012-04.

## 四、操作流程

上市公司再融资流程可分为申请文件制作、申报及审核、发行及上市3个主要阶段。其中申请文件制作是再融资的基础阶段，申请文件制作的优劣将直接影响申报及审核阶段的顺利与否；申报及审核阶段主要由券商主导，与证监会相关部门进行申报沟通；公司再融资方案通过证监会发审委审核通过后，在证监会宣布发行核准后即可发行及上市（见图4-8）。

### （一）申请文件制作

申请文件的制作是企业再融资的基础工作，在申请文件制作之前，企业需要聘请第三方机构进行包括管理、业务、财务、法律等在内的公司运营的多个方面的尽职调查，以保证企业再融资的合法、合规性。申请文件制作完成后，由董事会做出决议并提请股东大会批准，股东大会须就相关事项进行决定。这一阶段大约需要1~2个月，具体决议或决定的事项如表4-11所示。

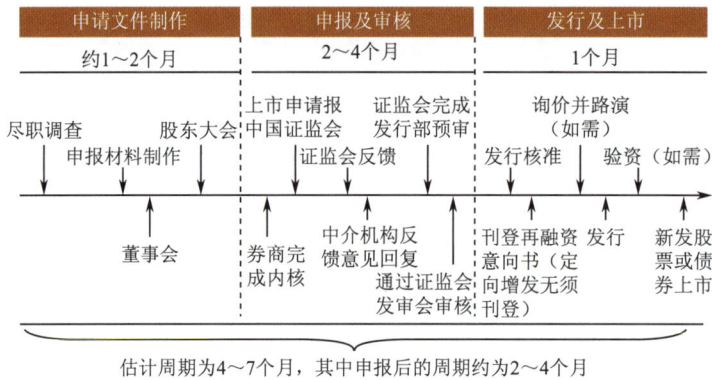

图4-8  再融资操作流程

资料来源：赛迪投资顾问，2012-04.

表4-11  董事会及股东大会决议的主要内容

| 董事会做出的并提请股东大会批准的决议 | 股东大会须做决定 | |
| --- | --- | --- |
| | 发行股票 | 发行可转债 |
| 本次证券发行的方案 | 本次发行证券的种类和数量 | 发行股票所须的全部决定 |
| | 发行方式、发行对象及向原股东配售的安排 | 债券利率 |
| 本次募集资金使用的可行性报告 | 定价方式或价格区间 | 债券期限 |
| | 募集资金用途 | 担保事项 |
| 前次募集资金使用的报告 | 决议的有效期 | 回售条款 |
| | 对董事会办理本次发行具体事宜的授权 | 转股期 |
| 其他必须明确的事项 | 其他必须明确的事项 | 还本付息的期限和方式 |
| | | 转股价格的确定和修正 |

资料来源：赛迪投资顾问，2012-04.

## （二）申报及审核

股东大会通过决议后，则进入申报及审核阶段。这一阶段主要由承销机构完成，主要分为券商内核—申报—证监会反馈—券商回复—完成预审—通过预审。这一阶段大约需要2~4个月。

上市公司公开发行证券申报材料如表4-12所示，上市公司非公开发行证券申报材料如表4-13所示。

表4-12　上市公司公开发行证券申报材料

| 主要文件分类 | 具体文件 | 其他文件 |
|---|---|---|
| 本次证券发行的募集文件 | 募集说明书（申报稿）<br>募集说明书摘要<br>发行公告（发审会后按中国证监会要求提供） | 发行人最近三年的财务报告和审计报告及最近一期的财务报告；<br>会计师事务所关于发行人内部控制制度的鉴证报告；<br>会计师事务所关于前次募集资金使用情况的专项报告；<br>经注册会计师核验的发行人最近三年加权平均净资产收益率和非经常性损益明细表；<br>发行人董事会、会计师事务所及注册会计师关于非标准无保留意见审计报告的补充意见；<br>盈利预测报告、盈利预测报告审核报告；<br>最近三年内发生重大资产重组的发行人提供的模拟财务报告及审计报告和重组进入公司的资产的财务报告、资产评估报告和/或审计报告；<br>控股股东（企业法人）最近一年的财务报告、审计报告以及保荐机构出具的关于实际控制人情况的说明；<br>发行人公司章程（限于电子文件）；<br>资信评级机构为本次发行可转换公司债券或分离交易的可转换公司债券出具的资信评级报告；<br>本次发行可转换公司债券或分离交易的可转换公司债券的担保合同、担保函、担保人就提供担保获得的授权文件；<br>特定行业（或企业）主管部门出具的监管意见书；<br>承销协议（发行前按中国证监会要求提供）；<br>发行人全体董事对发行申请文件真实性、准确性和完整性的承诺书 |
| 发行人关于本次证券发行的申请与授权文件 | 发行人关于本次证券发行的申请报告<br>发行人董事会决议<br>发行人股东大会决议 | |
| 保荐机构关于本次证券发行的文件 | 证券发行保荐书<br>保荐机构尽职调查报告 | |
| 发行人律师关于本次证券发行的文件 | 法律意见书<br>律师工作报告 | |
| 关于本次证券发行募集资金运用的文件 | 募集资金投资项目的审批、核准或备案文件<br>发行人拟收购资产（包括权益）有关的财务报告、审计报告、资产评估报告<br>发行人拟收购资产（包括权益）的合同或其草案 | |

资料来源：赛迪投资顾问，2012-04.

表4-13　上市公司非公开发行证券申报材料

| 文件分类 | 具体文件 | 其他文件 |
|---|---|---|
| 发行人的申请报告及相关文件 | 发行人申请报告<br>本次发行的董事会决议和股东大会决议<br>本次非公开发行股票预案<br>公告的其他相关信息披露文件 | 有关部门对募集资金投资项目的审批、核准或备案文件；<br>特定行业主管部门出具的监管意见书；<br>国务院相关主管部门关于引入境外战略投资者的批准文件；<br>附条件生效的股份认购合同；<br>附条件生效的资产转让合同；<br>发行人全体董事对相关申请文件真实性、准确性和完整性的承诺书 |
| 保荐人和律师出具的文件 | 保荐人出具的证券发行保荐书<br>保荐人尽职调查报告<br>发行人律师出具的法律意见<br>发行人律师工作报告 | |

（续）

| 文件分类 | 具体文件 | 其他文件 |
|---|---|---|
| 财务信息相关文件 | 发行人最近1年的财务报告和审计报告及最近一期的财务报告 | |
| | 最近3年一期的比较式财务报表（包括合并报表和母公司报表） | |
| | 本次收购资产相关的最近1年一期的财务报告及其审计报告、资产评估报告 | |
| | 发行人董事会、会计师事务所及注册会计师关于上市公司最近1年及一期的非标准无保留意见审计报告的补充意见 | |
| | 会计师事务所关于前次募集资金使用情况的专项报告 | |

资料来源：赛迪投资顾问，2012-04.

### （三）发行及上市

证监会发行核准后，上市公司再融资所发证券即可上市。在此之前，公司需要刊登《再融资意向书》（定向增发无须刊登），若有必要，所发证券需要进行路演与询价以及验资，最终发行上市。

**CHAPTER 5　第五章**

# 战略性新兴产业新三板融资

## 第一节　新三板概述

### 一、新三板的定义

新三板是由中国证监会、科学技术部发起、组织并设立的专门为国家级科技园区非上市高科技公司提供的代办股份转让平台。截至2012年，国务院确定了北京中关村科技园区、上海张江高新产业开发区、东湖新技术产业开发区、天津高新区为试点，第一批试点园区——北京中关村科技园区于2006年1月在深交所正式挂牌启动。

新三板被认定为老三板的衍生市场，不同于老三板转让系统内的退市企业及原STAQ、NET系统挂牌公司，新三板的对象是注册于国家高新技术产业开发区的非上市创新型企业，是为了帮助处于初创阶段中后期和成长阶段初期的中小企业解决资本金筹集、股权流转等问题。

2009年，新三板进行了一次探索性改革，建立了投资者适当性制度，调整了园区企业挂牌条件，并在信息披露等方面提高了交易质量，使交易制度和交易效率均得到了一定程度的改善。随着我国多层次资本市场的建立，监管部门拟将其他具备条件的国家高新技术产业开发区的未上市高新技术股份有限公司纳入"试点"，实现新三板扩容，扩容后的新三板将进入新的发展阶段。

### 二、新三板与创业板、主板的比较

新三板与创业板、主板之间的比较如表5-1所示。

表5-1　新三板、创业板与主板比较

| 项　目 | 新 三 板 | 创 业 板 | 主 板 |
|---|---|---|---|
| 主体资格 | 非上市股份公司 | 依法设立且合法存续的股份有限公司 | 依法设立且合法存续的股份有限公司 |
| 经营年限 | 存续满两年 | 持续经营时间在3年以上 | 持续经营时间3年以上 |
| 盈利要求 | 具有持续经营能力 | 最近两年连续盈利，最近两年净利润累计不少于1 000万元且持续增长。（或）最近1年盈利，且净利润不少于500万元，最近1年营业收入不少于5 000万元，最近2年营业收入增长率均不低于30% | 最近3个会计年度净利润均为正数且累计超过3 000万元 |
| 资产要求 | 无限制 | 最近一期末净资产不少于2 000万元，且不存在未弥补亏损 | 最近一期末无形资产占净资产的比例不高于20% |
| 股本要求 | 无限制 | 发行后股本总额不少于3 000万元 | 发行前股本总额不少于人民币3 000万元 |
| 主营业务 | 主营业务突出 | 最近两年内没有重大变化 | 最近3年内无重大变化 |
| 实际控制人 | 无限制 | 最近两年内未发生变更 | 最近3年内未发生变更 |
| 董事及管理层 | 无限制 | 最近两年内没有重大变化 | 最近3年内未重大变化 |
| 成长性及创新能力 | 中关村高新技术企业 | "两高六新"企业 | 无限制 |
| 投资人 | 具备相应风险识别和承担能力 | 有两年投资经验的投资者 | 无限制 |
| 信息披露 | 年报和半年报 | 年报、半年报和季报 | 年报、半年报和季报 |
| 备案或审核 | 备案制 | 审核制 | 审核制 |
| 交易　交易方式 | 协议成交，不撮合 | 集合竞价+连续竞价 | 集合竞价+连续竞价 |
| 交易单位 | 不低于3万股 | 100股（1手） | 100股（1手） |
| 涨跌幅 | 30% | 10% | 10% |
| 委托方式 | 通过券商，人工报单，电子化报单 | 通过券商，自助委托 | 通过券商，自助委托 |
| 结算　结算方式 | T+1交收，逐笔结算，货银对付，无担保交收 | T+1交收，净额结算，货银对付，结算参与人担保交收 | T+2交收，净额结算，货银对付，结算参与人担保交收 |
| 股份账户 | 深交所证券账户 | 深交所证券账户 | 深交所证券账户 |
| 资金账户 | 银行资金账户 | 银行资金账户 | 银行资金账户 |

资料来源：赛迪投资顾问，2012-04.

# 三、新三板设立的意义

## （一）完善资本市场结构与流程建设

新三板是场外市场的重要组成部分，在创业板推出后，场外市场成了资本市场的下一个聚光点。而这个市场的设计、构建等也成为中国证监会的又一个大动作。新三板的推出，不仅是政府对高新技术企业支持力度的表现，更重要的意义在于，其为场外交易市场日后的发展完善进行了有益的探索和尝试。

1. 多元化的资本市场结构逐渐得到完善

新三板作为多元化资本结构中重要一环的定位已日益明确。目前我国的资本市场主要是交易所市场和场外交易市场。交易所市场是在上海证券交易所和深圳证券交易所挂牌上市的规模较大、发展成熟的企业，而对于初创期成长性较高，有一定产品和模式的企业，则很难达到挂牌上市的要求。新三板就是为了鼓励和支持创业初期、技术能力较强并已初步形成规模的中、小高新技术企业而设立的。它的设立对主板、中小板和创业板的上市公司形成了有益的补充，而实行的挂牌备案制和委托代办股份交易制度则进一步适应了新三板企业频率高、规模小的融资需求。

2. 场外交易市场的运作流程得到逐步规范

新三板2009年的制度改革对交易系统和交易制度进行了调整，主要针对投资者准入制度流程、公司挂牌条件、交易结算制度、限售制度和信息披露制度进行了重点规范，其中，部分制度与主板进行了统一规范。通过这些规范，使场外交易平台与交易所平台对接，有助于建立高效的交易平台并实现统一监管。

## （二）支持非上市高新技术企业发展

企业进入新三板市场后，在外部环境支持和内部战略发展中都具有重大的意义。除了企业获得的政府支持外，新三板的政策更能为企业带来益助，主要体现在以下方面。

1. 为企业开通了快捷的融资渠道

改革开放以来，我国的中小企业发展很快，在整个国民经济中发挥着越来越重要的作用，为我国的经济增长做出了极大的贡献。现在，我国中小企业占全部企业数的99%，工业总产值和利税分别占60%和40%，每年出口创汇占60%，提供了75%的城镇就业机会。但近些年来，由于企业竞争的激烈，使许多企业面临较大的困难。影响和制约中小企业进一步发展的因素很多，其中主要的就是中小企业融资难的问题。多给中小企业融资创造条件，才能促使它们在未来发挥更重要的作用。

目前，中小企业直接融资的状况并不十分理想。我国在主板市场上市的企业有1 000多家，而且大都是国有企业，仅有那些产品成熟、效益好、市场前景广阔的高科技产业和基础产业类的少数中小企业可以争取到直接上市筹资、或者通过资产置换借"壳"买"壳"上市的机会。职工集资是中小企业的主要融资手段。由于企业在开办初期很难得到金融机构的支持，所以大多数中小企业采用职工集资的方式筹集资金。入股是改制企业和股份制企业的重要融资方式，大多数已经占总资产的10%。

非上市中小企业融资的渠道单一，特别是以无形资产为主的高新技术企业，可供抵押的资产金额较小，很难得到银行的授信。而新三板的设立为企业提供了融资平台，通过转让系统的搭建和券商的合规性引导，规范了企业资本结构，在提高企业形象的同时，获得了银行授信的资质。另外，新三板加快了股份转让的流动性。园区公司的股份实现挂牌后，会吸引更多投资者的关注，为企业带来资金及战略等方面的支持。通过新三板交易系统完成的股份交割，既提高了股权转让的操作效率，又保障了股份交易的安全性。信息的公开改善了原转让系统信息不公开、信息不对称的情况，真正为新三板挂牌企业的直接融资提供了有利条件。

2. 成为企业进入主板的"通道"

中、小高新技术企业在新三板登陆意味着提前进入资本市场，通过在新三板市场的运行，提高企业竞争力，加快企业发展步伐，使其早日符合主板上市的条件。2009年6月，中国证券业协会先后发布了修订后的新三板规则文件和配套的操作性文件，构成了新三板现行的规则体系。《证券公司代办股份转让系统中关村科技园区非上市股份有限公司股份报价转让试点办法（暂行）》中涉及了新三板5个方面的改革方向，使中、小高新技术企业看到了国家的支持力度和大力支持新三板发展的态度。特别是在完善公司信息披露制度和敦促中介机构履行职责方面，更强调了监管部门和券商的督导职能，为企业早日进入主板提供了有力的支持。

3. 提高公司治理水平

高新技术企业在初创期，公司治理水平薄弱，运营流程不规范，风险防范意识较低，这些因素限制了企业未来的发展壮大。根据新三板的规则，园区公司一旦准备登陆新三板，就必须在专业机构的指导下先进行股权改革，明晰公司的治理结构，加强企业的风险防范意识，同时通过规范新三板公司信息披露制度，加大外部监督职能，促进企业的规范管理和健康发展。

**（三）协助企业发现价值，高效、低成本按需融资**

对于新三板中的已挂牌企业，由于这些公司之前大多不为人知，在信息不对称的局面下，企业价值并未得到很好的挖掘。新三板的推出将打破信息不对称的局面，使更多的成长性企业价值有机会被挖掘和发现。对于拥有强大的调研能力和研究水准的投资者来说，通过对企业的全面分析，可最大限度地挖掘企业内在价值，同时也可为自身带来巨大的投资收益。

以投资为目的的交易将成为新三板的主流，企业融资成本较低但效率可观。作为主板、中小板、创业板的补充，新三板市场相应对上市企业的准入门槛要求较低，避免了一些企业自身有融资、重组的强烈愿望，但因为主板要求过高，而不能上市的尴尬。通过交易，企业以较低的融资成本获得资本市场的资金流入，突破了发展资金不足造成的限制。

# 四、新三板发展制度特征

## （一）挂牌与交易门槛

新三板对于申请挂牌企业的资格要求相对宽松，仅对公司规范治理及设立年限设置了强制要求，而对公司业绩及增长性没有设置门槛，使更多渴望成长的高新技术企业有了走向资本市场的机遇。

新三板挂牌对象面向国家级高科技园区企业，具体挂牌条件是：

（1）存续满两年。有限责任公司按原账面净资产值折股整体变更为股份有限公司的，存续期间可以从有限责任公司成立之日起计算；

（2）主营业务突出，有持续经营的记录；

（3）公司治理结构合理，运作规范。有限责任公司须改制后才可挂牌。

截至2012年，除中关村高科技园区获准试点外，上海张江高新产业开发区、东湖新技术产业开发区和天津高新区已获得第二批试点资格。

对于投资者，新三板设置了较高的准入条件，虽允许机构投资者或自然人参与，但机构投资者必须经过核定，自然人投资者也限定为特定人群，交易门槛设置为3万股/手。

参与挂牌公司股份报价转让的投资者包括：机构投资者，包括法人、信托、合伙企业等；公司挂牌前的自然人股东；通过定向增资或股权激励等持有公司股份的自然人股东；因继承或司法裁决等原因持有公司股份的自然人股东以及中国证券业协会认定的其他投资者。

### （二）融资制度

新三板融资制度主要体现在定向增资，截至2010年共有20家企业完成定向增资，增资金额为11.73万元。2011年共有10家企业完成定向增资，增资金额超过2006—2009年的总额。

挂牌公司在新三板交易系统挂牌后可以定向增资，实现资金筹集功能。增资的三个原则是：

（1）定向增资中的新增自然人股东必须是公司管理层、核心技术人员和公司其他员工。同时，定向增资每次新增股东不超过20人，增资后股东人数不超过200人。这种新老股东双赢的制度体制使新老股东利益均能得到体现。

（2）严格把控公司规范治理情况，不允许法人治理结构或内控存在问题的公司融资，不允许恶意圈钱，要根据公司发展需要增资。

（3）发挥券商及其他第三方中介机构的监管职能。不允许券商将责任推给市场，要对募集资金投向做好盈利能力分析。

按现行规则，代办系统定向增资是向特定对象非公开发行股份的行为，属于私募融资性质。也就是说，挂牌公司需事先私下协商确定增资对象，不能公开招股，刊登定向增资公告前，就要确定融资价格（或区间）、融资额、融资对象。

### （三）法律规范制度

新三板目前处于试点阶段，因此，其法律规范体系在制定时也同样要考虑到试探性。我国的资本市场一直由中国证监会统一监管，规范股份发行、上市、交易的文件均通过中国证监会以部门规章的形式予以公布，而新三板从开办以来的规则均由证券业协会公布，因此，在统一监管方面的法律意义并没有得到体现。

在股东限制方面，新三板并未对股东人数做出规定，园区公司在挂牌转让股份的过程中有可能使股东人数超过200人；同时通过定向委托交易方式，符合要求的投资者均可以通过股权买卖的方式成为公司股东，与《证券法》中的不特定对象发行证券类似，由此，新三板法律规则与《证券法》的衔接问题还有待探讨。

## 五、我国新三板市场运行情况与规则体系

### （一）新三板市场运行情况

#### 1. 交易日趋活跃

经过几年的试点，新三板相关法律法规逐步健全，投资者与企业的认知度逐渐提升，使得新三板挂牌数量逐年增加，系统成交日渐活跃，融资功能不断增强，有些企业已经率先实现转板升级。随着即将到来的扩容与转板机制的畅通，新三板呈现蓬勃发展的大好局面。随着挂牌公司数量的增加，加之2009年起报价系统实施了旨在提高市场效率的交易结算制度改革，2009年起报价系统成交大幅增长，交易清淡局面有所改善。系统2009年全年累计成交1.07亿股，成交金额4.83亿元，分别较2008年增加98%与64%。2010年，新三板共计有9家公司完成10次定向增发，总融资额达4.38亿元。

#### 2. 挂牌公司数量逐年增加

新三板于2006年1月获批开始，挂牌公司数量逐年增加，2006年挂牌8家、2007年14家、2008年17家、2009年20家、2010年截至4月底挂牌7家。随着新三板试点向其他高新区的快速扩容，挂牌家数将迅速增加。

#### 3. 挂牌企业业绩增幅较大

截至2010年8月31日，70家中关村科技园区公司在代办系统挂牌报价转让。除中农羊业外，69家公司按时披露了2010年半年报，其中有19家公司聘请具有证券从业资格的会计师事务所对半年报进行了审计。半年报显示，2010年上半年，报价系统挂牌公司整体收入和盈利大幅增长。69家报价公司共实现营业收入34.54亿元，同比增长32%；归属于母公司股东净利润3.59亿元，同比增长75%；平均每股收益0.14元，同比增长率为56%；平均全面摊薄净资产收益率7.29%，同比增长率为41%。

通过代办系统的培育与孵化，报价公司已进入良性发展阶段，收入与利润大幅增长。挂牌公司整体盈利能力和资产质量上升的主要原因在于，经过代办系统几年的孵化和培育，报价公司已进入快速成长阶段。股份报价公司在代办系统挂牌后，治理结构得到规范，内部控制不断强化，综合融资能力增强，开发新产品、拓展市场所需资金能够及时筹集到位，这些为公司发展腾飞打好了坚实基础。半年报显示，很多挂牌公司目前已实现良性发展循环，表现为公司的新项目建成投产，核心技术与产品的生产与销售出现大规模增长，公司业绩进入大幅稳健增长阶段。

### （二）新三板规则体系

经过2009年新三板制度改革，现行规则体系如图5-1所示。

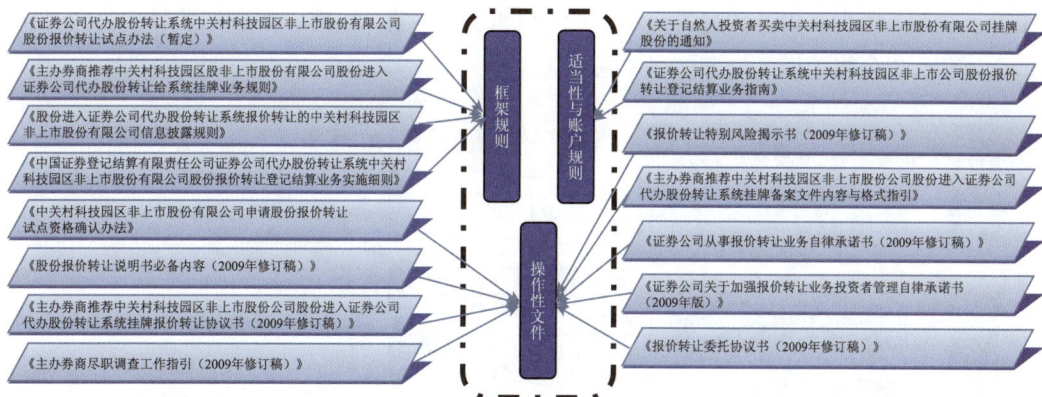

图5-1　新三板现行规则体系图

资料来源：赛迪投资顾问，2012-04.

在现行制度下确立了投资者适当性制度，规定只有机构投资者和特殊自然人才能参与交易，一般自然人不能参与。这一规定符合新三板市场的实际情况。受到新三板市场自身发展的限制，投资者在投资新三板企业前，多会受到企业规模小、业务定位局限、挂牌条件低等原因的影响，其投资风险较大。机构投资者一般具备较强的研究能力，在成交确定阶段有较高的议价地位，而个人投资者却处于信息不对称的劣势地位。出于保护投资者的目的，资本市场建立了投资者适当性制度。

现在的制度完善了股份解除限售安排，对控股股东及实际控制人限售股权的转让期和比例做了更为严格和明确的确定，而对其他股东采用适度宽松的管理办法。这一举措更加符合股份限售的制度设计，一方面控制大股东，引导大股东着眼于长远、关注公司的可持续性发展；另一方面为中小投资者和中小股东提供了灵活性较强的保障机制。

# 第二节　新三板运作流程

针对战略性新兴产业面临的发展困境，正在发展中的新三板能够很好地解决这些发展问题。通过新三板的挂牌前梳理、挂牌交易、股权转让、增资扩股、转板IPO融资等方式，帮助企业解决融资难题，了解产业发展概况，从而制定与企业使命相符的发展战略，规范企业内部治理结构，使企业在战略性新兴产业中得到飞速发展。

## 一、挂牌前准备

### （一）明确挂牌流程

企业挂牌新三板之前首先要明确挂牌的目的、挂牌时机是否成熟、挂牌是否能够给企业未来的发展带来帮助，以及挂牌的费用是否可以承受等因素。同时，要详细了解企业挂牌新三板的全流程，以便提前做好统筹规划（见图5-2）。

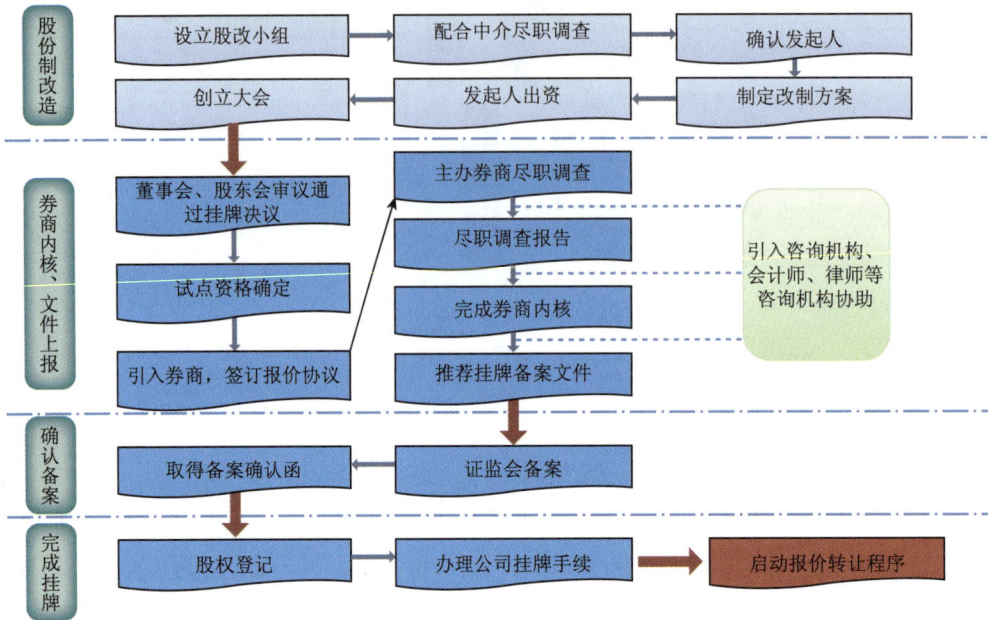

图5-2　企业挂牌新三板全流程

资料来源：赛迪投资顾问，2012-04.

## （二）挂牌条件

在2009年7月新修订的《证券公司代办股份转让系统中关村科技园区非上市股份有限公司股份报价转让试点办法（暂行）》（以下简称"试点办法"）的规定中，没有对挂牌企业提出业绩门槛，仅对成立时间及公司治理等方面进行了规范性要求，具体如下：

（1）存续满两年。有限责任公司按原账面净资产值折股整体变更为股份有限公司的，存续期间可以从有限责任公司成立之日起计算。

（2）主营业务突出，具有持续经营能力。

（3）公司治理结构健全，运作规范。

（4）股份发行和转让行为合法合规。

（5）取得北京市人民政府出具的非上市公司股份报价转让试点资格的确认函。

（6）中国证券业协会要求的其他条件（主要指每股净资产不低于其股票面值）。

企业在满足以上条件的情况下，对挂牌过程可能出现的问题和解决方案进行梳理，明确挂牌目的，制定挂牌进程管理方案，对挂牌的可行性和执行过程进行全面解析，以便运筹帷幄。

## （三）评估挂牌费用及周期

新三板公司挂牌过程中，券商收费一般在50万元至100万元之间。此外，作为主办券商每年还要收取一定年费。对于挂牌企业来说，向券商、会计师事务所、律师事务所等中介机构支付的费用普遍在150万元以内（见表5-2）。目前，这些费用基本都能用园区及各级政府部门补贴来支付，企业不用额外支付太多费用。

表5-2　企业挂牌收费及支持标准

| 项目名称 | 费用名称 | 收费频次 | 收费标准 | 收　取　方 |
|---|---|---|---|---|
| 股份制改造 | 改制费用 | 一次性 | 参照行业标准由双方协商确定 | 中介机构 |
| 挂牌费用 | 备案费 | 一次性 | 3万元 | 证券业协会 |
| | 委托备案费 | 一次性 | 1万元 | 主办券商 |
| | 推荐费 | 一次性 | 不确定（目前在30万元左右） | 主办券商 |
| | 挂牌审计费 | 一次性 | 不确定（目前在10万元左右） | 会计师事务所 |
| | 挂牌律师费 | 一次性 | 10万～20万元 | 律师事务所 |
| 其他费用 | 信息披露费 | 持续收费 | 1万元/年 | 信息公司 |
| | 股份登记费 | 持续收费 | 1 000元/年 | 结算公司 |
| | 分红手续费 | 持续收费 | （红股面值＋现金股利）×0.035% | 结算公司 |
| | 名册登记费 | 持续收费 | 100元/年 | 结算公司 |
| 政府支持 | 改制资金支持 | 一次性 | 由各试点园区自行制定，中关村试点20万元 | 企业 |
| | 挂牌资金支持 | 一次性 | 由各试点园区自行制定，中关村试点50万元 | 企业 |

资料来源：赛迪投资顾问，2012-04.

在流程所需时间上，企业进行股份制改造，大约需要2～3个月；主办券商进场尽职调查大约1～2个月，制作、报送材料和中国证券业协会核准需要2个月；经过中国证券业协会核准后可以进行股份登记挂牌，全部流程需要半年以上时间。

## （四）选择中介机构

### 1. 主办券商

主办券商指取得证券业协会授予的代办系统主办券商业务资格的证券公司。推荐主办券商指推荐非上市公司股份进入代办系统挂牌，并负责指导、督促其履行信息披露义务的主办券商。未取得业务资格的证券公司不得从事代办股份转让业务。主办券商准入条件及具体工作如表5-3所示。

表5-3　主办券商准入条件及具体工作

| | 具备证券协会会员资格 | |
|---|---|---|
| 准入条件 | 经营稳健 | 最近年度净资产不低于8亿元、净资本不低于5亿元、具有20家以上的营业部、最近年度财务报告未被出具否定或保留意见、最近两年不存在重大违法行为等 |
| | 业务部门 | 设置代办股份转让业务管理部门、由公司副总经理以上负责；技术系统要求等 |
| 具体工作 | 推荐挂牌 | 接受委托、尽职调查、内核意见与推荐报告、协会备案、挂牌交易、备案确认函、挂牌交易 |
| | 报价转让 | 风险披露、接受投资者委托、验证账户、申报、报价自动撮合成交、信息发布、托管、适度监管 |
| | 督导信息披露 | 指导和督促挂牌公司规范履行信息披露义务 |
| | 暂停挂牌及恢复转让 | 挂牌公司涉及无先例或存在不确定性因素的重大事项需暂停股份报价转让的，主办券商应暂停其股份报价转让 |

资料来源：赛迪投资顾问，2012-04.

　　主办券商是企业申请发行上市中最重要的中介机构，目前，新三板中关村代办股份报价转让系统实施的是备案制做法，即由地方政府对拟挂牌企业进行资格审查，由主办券商进行尽职调查和推荐，中国证券业协会实施自律性管理，经由证监会有关部门备案后即可发行，企业在新三板挂牌之后到实施IPO期间，将由主办券商实施终身保荐。根据中国证券业协会公布的106家券商财务数据，符合上述标准的券商有85～90家。选择合适的主办券商，能够帮助企业加速新三板的挂牌备案进程，同时科学、合理地协助企业规划现有经营治理结构，对企业短期挂牌和长期发展具有重要作用。

　　**2. 审计机构**

　　选择会计师事务所首先需要选择具备证监会认可、具有证券审计资格的会计师事务所。在会计师事务所中，审计费用的差距很大，一般而言，四大会计师事务所的费用最高，其专业性、业内声誉、服务质量等方面也是业内最好的。但是对于中小企业，或企业股权结构不太复杂的挂牌企业，一般选择当地或国内的会计师事务所即可。

　　审计机构的职责主要包括企业财务报表审计、出具有关验资报告、出具盈利预测审核报告、出具内部控制鉴证报告、对发行人原始财务报表与申报财务报表的差异情况出具专项意见等。

　　**3. 法律机构**

　　法律机构的职责主要包括对发行主体的历史沿革、股权结构、资产、组织机构运作、独立性、税务等公司全面法律事项的合法性进行判断，对股票发行上市的各种法律文件的合法性进行判断，协助和指导发行人起草公司章程等公司法律文件、出具法律意见书、出具律师工作报告、对有关申请文件提供鉴证意见等。

　　法律机构在企业挂牌新三板前后都起到较大的作用，特别是在后期的增资、并购过程，因此，初期选择法律机构时一定要做好权衡工作。

#### 4. 咨询机构

新三板与主板和中小板的最大差异就在于其挂牌企业均为优质的高新技术企业；新三板与创业板相比最大的特点是其挂牌企业可处于企业发展的各个时期，而且这些企业必须是智力密集和知识密集型的高新技术企业。正是由于高新技术企业独特的特点，使得在新三板挂牌上市过程中聘请咨询公司对其进行上市前、上市中以及上市后的全流程辅导显得尤为必要。

咨询公司在企业新三板上市过程中将对上市前的企业业务发展、企业管理规范、股份制改造和上市过程中的细分行业研究、募集资金投资可行性研究以及上市后的重组、兼并及转板等环节发挥重要作用，成为高新技术企业在新三板上市过程中的执行者。

### （五）挂牌准备阶段建议

#### 1. 企业内部自查评估

企业在决定提前进入资本市场前，一定要对自身做详细的分析，了解企业自身存在的优势和不足，通过自我梳理弥补自身劣势，满足企业高速发展的规范性、盈利性及成长性。在企业发展初期打下坚实的基础，为日后的高速发展铺路。

在此过程中，可通过对企业价值链的全面诊断分析，在人力资源、技术开发、采购、销售、配送及服务等各个环节对企业进行全面评估，特别是进行细分市场评估，以确定企业目前及未来一段时间如何快速登陆新三板。

细分市场指企业根据客户的不同特性，把一种产品整体市场分割为多个分市场，每个分市场再区分需求相同的客户构成。对于中小企业来说，由于规模有限，一般只能参与某行业中一个或几个细分市场的竞争。对于挂牌融资来说，有必要让政府相关部门、投资者充分了解企业所在的细分市场，企业需要提供翔实的细分市场发展现状以及发展前景等相关资料来支持其提前进入资本市场。企业发展瓶颈与解决方案如图5-3所示。

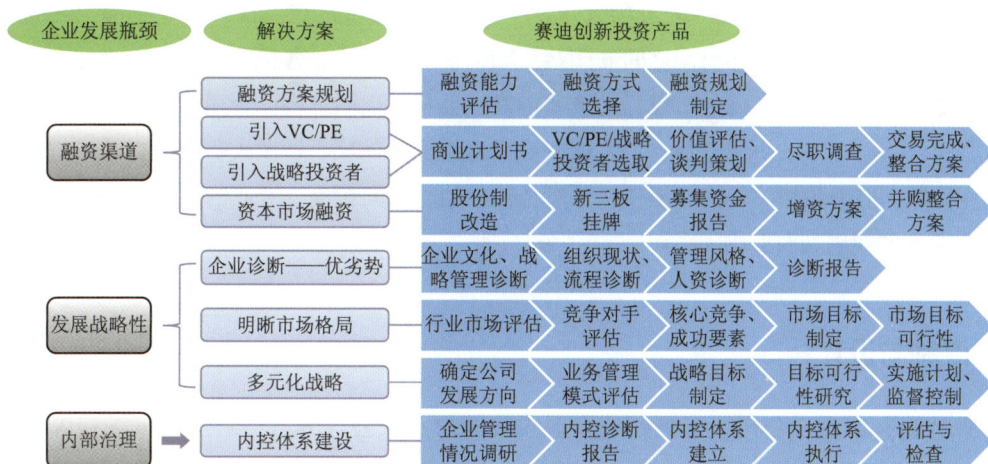

图5-3　企业发展瓶颈与解决方案

资料来源：赛迪投资顾问，2012-04.

### 2. 企业战略制定

企业要想得到快速的发展，在充分分析企业外部环境和内部条件的基础上，必须选择和制定达到目标的有效战略，并将战略付诸实施，这是企业长远发展的必经阶段。

企业在初创期，很难关注到战略的重要性，对于自身所处的产业链也很难有透彻的了解，但行业调研是企业高速发展的必备条件，只有在透彻了解行业链条的基础上，企业才能制定合理的发展方向。企业在完成自查评估后，通过评估结果制定企业发展战略和挂牌后的资本战略，对企业挂牌后的发展将产生指导意义。

1）行业竞争力分析

在制定战略过程中，需要考虑到企业目前在市场中的竞争地位。企业要在一个市场上具有明显的竞争优势，必不可少的一个前提是具有较高的市场占有率，而新三板企业的规模决定了其不可能在一个行业或较大的市场中具有明显的竞争优势。

2）发展战略制定

为解决企业挂牌的外在要求与业务发展的内在需要，实现业务发展"有的放矢"，要以充分的细分市场研究为基础，通过对相关业务吸引力与企业自身竞争力的客观评价，以科学的指标体系为依据，帮助企业选择最佳的业务发展方向，规划业务发展的目标，并依托丰富的行业运作经验，制定有针对性的实施策略。

3）中介机构评估

企业挂牌过程中，必须依赖的中介机构包括承销机构、法律机构和审计机构，企业也可以选择性地引入咨询机构，以帮助企业做好全程规划，使企业更快地完成挂牌目标。每类机构都在挂牌上市过程中扮演着不可替代的重要作用，能否选择合格的中介机构将直接关系到企业挂牌上市的成败。

4）独立第三方项目协调

企业挂牌过程中中介机构的进场运作，不仅涉及中介机构与拟挂牌企业各部门之间的配合，也包括中介机构与中介机构之间的衔接。如何确保各部门、各机构之间的紧密配合与顺畅衔接，是企业能否顺利实现上市目标的重要因素。公司可以引进咨询公司，以独立第三方身份进行全程或关键环节的协调监督，引入拥有一批富有经验的项目协调人员的独立第三方，可帮助企业协调、监督各相关机构的工作，并对合作中的相关问题提供专业的咨询参考意见。

企业发展规划如图5-4所示。

## 二、改制与设立

拟挂牌有限责任公司须变更其组织形式为股份有限公司方可在新三板市场挂牌报价转让。本阶段的主要工作内容为：拟定改制方案，聘请中介机构对拟改制的资产进行审计、评估，签署发起人协议，起草公司章程等文件，设置相应的公司内部组织机构，从而完成股份有限公司的设立。

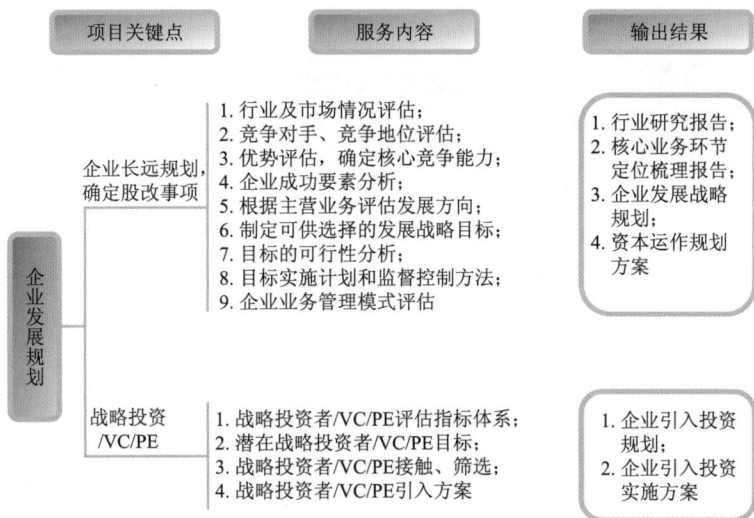

图5-4　企业发展规划

资料来源：赛迪投资顾问，2012-04.

对于拟挂牌企业一般已具备持续经营条件，挂牌前需要进行改制设立或进行有限责任公司变更成为股份有限公司。如需增资或以实物出资，出资人的出资必须到位，并应对出资资产进行评估和审计。

企业的改制与设立过程虽然不复杂，但牵涉面广，涉及的外部机构较多，尤其是很多文件需要政府相应部门的审批。设立过程中的合规性和合法性也需重点注意。公司改制完成上报材料期间，不宜再发生股权转让，若发生，中介机构应重新履行尽职调查责任。

## （一）成立股改小组

股改小组即股份制改制领导小组，在股份制改制过程中承担着统一协调和统筹安排的工作。股改小组成员主要由公司内部人员与外部中介构成。公司内部人员包括公司领导决策层，财务人员及证券事务相关人员。外部中介主要包括券商、会计师、评估师、律师。以上中介是股改某一个环节需要出示相关文件的必需中介。企业可选择性地聘请咨询公司，整体负责股改过程中的操作层面，制定股改至挂牌的全程方案，协助企业选择合适的中介机构，并在后期协助企业进行股份制公司设立的可行性评估等相关工作（见表5-4）。

## （二）尽职调查与改制方案

企业改制尽职调查的目的是了解企业的营运能力和经营风险。尽职调查的内容基本包括：目标企业所在的行业研究，企业所有者、历史沿革、人力资源、经营与销售、研究与开发、生产与服务、采购、法律与监管、财务与会计、税收、管理信息系统等。尽职调查前，要初步了解企业的各项情况，做好尽职调查的前期策划，重点调查风险比较大的方面。因此，尽职调查小组的成立，除了要保证组员间能力的互补性，还要确保小组的领导者具有丰富的调查经验和高度决策力。

表5-4　股改小组成员职能

| 构　成 | 成　员 | 职　能 |
|---|---|---|
| 内部人员 | 总经理 | 决策 |
| | 副总经理 | 业务支持，决策支持 |
| | 财务总监 | 财务风险评估，财务数据支持，配合会计师及资产评估师进行会计报表审计、盈利预测编制及资产评估工作 |
| | 董秘 | 股东协调，中介机构协调 |
| 中介机构 | 券商 | （1）对股份公司设立的股本总额、股权结构、招股筹资、配售新股及制定发行方案并进行操作指导和业务服务；<br>（2）起草、汇总、报送全套申报申请材料 |
| | 会计师 | （1）各发起人的出资及实际到位情况进行检验，出具验资报告；<br>（2）负责协助公司进行有关账务调账，公司的财务处理符合规定；<br>（3）协助公司建立股份公司的财务会计制度，财务管理制度；<br>（4）对公司前三年经营业绩进行审计，以及审核公司的盈利预测；<br>（5）对公司的内部控制制度进行检查，出具内部控制制度评价报告 |
| | 律师 | （1）协助编写公司章程、发起人协议及重要合同；<br>（2）负责对股票发行及上市的各项文件进行审查；<br>（3）起草法律意见书、律师工作报告；<br>（4）为挂牌新三板提供法律咨询服务 |
| | 评估师 | 企业资产评估，出具资产评估报告 |
| | 咨询机构 | （1）中介机构调研评估；<br>（2）行业研究报告；<br>（3）与律师和会计师协调股改方案；<br>（4）规范内控制度，公司章程建立；<br>（5）股改全流程跟踪协调 |

资料来源：赛迪投资顾问，2012-04.

## 1. 成立尽职调查项目小组

主办券商尽职调查的主要目的是发现企业的盈利点及企业现存的风险，判断企业挂牌时机是否成熟。

在企业尽职调查小组中，至少包含四方面的人员，分别是证券行业人员（取得证券执业证书人员）、注册会计师、律师和行业分析师。项目小组的负责人全面负责调查前、调查过程以及调查后的工作。

对于企业而言，尽职调查的过程也是企业内部梳理的过程。通过辅导机构的尽职调查，企业能够发现现存的潜在风险，提早做好预防和改善工作。

## 2. 尽职调查的主要内容和方法

1）企业财务状况调查

企业财务状况尽职调查主要包括内部控制调查、财务风险调查和会计政策稳健性调查。财务状况是企业先期发展的晴雨表，通过企业状况的调查能够发现企业内在的管理、风险及合规性问题。

内部控制调查主要通过与公司管理层交谈、查阅现有内控制度等方式，评估公司现有内控制度对合理保证公司遵守现行法律法规、经营效率和效果、财务报告的可靠性是否充分，重点关注企业内部控制制度的缺陷可能导致的财务和经营风险。

财务风险调查和会计政策稳健性调查主要根据企业的财务报告，分析财务指标，同时关注企业账务明细资料，重点对关联方交易、收入成本费用的配比性、非经常损益情况和公司资产减值准备会计政策进行核实，以了解公司财务风险并做好合规性规划。

拟挂牌企业必须注意到内控制度是否健全对企业未来发展的影响。在企业初创期，内控制度主要以内部简单规章制度的形式，约束公司各部门的管理，往往缺乏系统性。而企业做大后，特别是规模扩大后，企业的管理规范性得到凸显，企业只有梳理好内部的治理结构和治理方法，为前锋业务部门做好基础性保证工作，才能保证业绩的实现。

2）企业持续经营能力

企业的持续经营能力主要表现在主营业务经营模式、业务发展目标、行业及市场状况等方面。企业持续经营能力是尽职调查考察的重点，但有些企业仅仅停留在主营业务突出和短期目标明确方面，对于整个行业和市场状况了解不清，盲目开展工作，这种经营状态只能在短期内获得收益，长期则存在较大的导向性潜在风险。

3）企业治理和企业合法合规事项调查

对公司治理情况的调查重点是企业治理机制的执行情况、股东出资情况、公司独立性及同业竞争、管理层诚信情况等。公司治理情况同时也反映了企业的经营规范性。企业一方面要充分了解资本市场对公司治理的要求，另一方面要了解企业的法规要求，这样才能做好企业挂牌的准备。

### （三）改制与设立建议

#### 1. 重视商业尽职调查

尽职调查是挂牌风险管理的重要环节。对投资者而言是消除投资双方在信息不对称方面的重要手段。只有通过尽职调查明确全面掌握待挂牌企业的真实情况，才能从根本上应对、规避企业挂牌中的各种风险。

商业尽职调查服务主要包括：目标公司基本情况、公司人力资源、市场营销及客户资源、企业资源及生产流程管理、经营业绩、公司主营业务的行业分析、公司财务情况、利润预测、现金流量预测、公司债权和债务、公司主要资产以及公司涉诉事件等。

#### 2. 完善公司治理结构

国内外资本市场的经验表明，拥有好的治理结构是公司获得投资者认可、使企业长远发展的基础。如何按照挂牌公司的规范要求，完善公司的法人治理结构，是企业所要解决的核心问题之一。

改制与设立程序如图5-5所示。

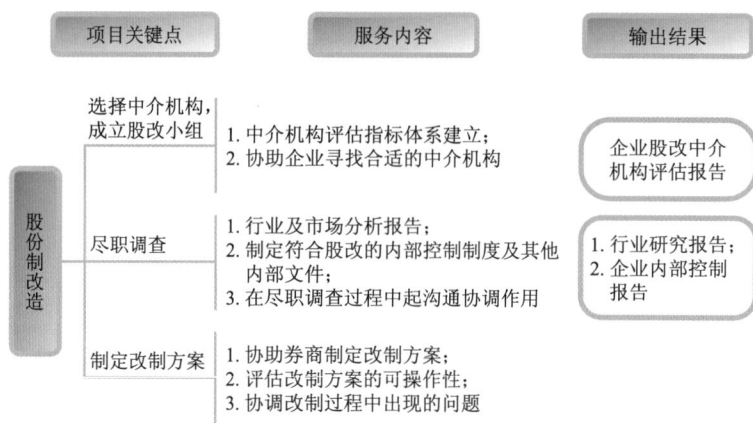

图5-5    改制与设立程序

资料来源：赛迪投资顾问，2012-04.

# 三、挂牌备案文件准备

## （一）备案文件齐全

以中关村科技园区为例，公司要进行股份挂牌报价转让，须向北京市人民政府申请股份报价转让试点企业的资格。中关村科技园区管理委员会具体负责受理试点企业资格的申请。根据北京市《中关村科技园区非上市股份有限公司申请股份报价转让试点资格确认办法》规定，公司申请时要提交如下文件：

（1）公司设立批准文件；

（2）公司股份进入代办股份转让系统报价转让的申请；

（3）公司股东大会同意申请股份报价转让的决议；

（4）企业法人营业执照（副本）及公司章程；

（5）经律师事务所确认的合法有效的股东名册；

（6）高新技术企业认定文件。

同意申请的，中关村科技园区管理委员会在5个工作日内出具试点资格确认函。

在完成尽职调查和内核程序后，主办券商将形成推荐报告，并与其他推荐挂牌备案文件一起报送协会，报送文件包括：推荐报告、股份报价转让说明书、北京市人民政府出具的确认公司属于股份报价转让试点企业的函、公司董事会、股东大会有关股份挂牌转让的决议、公司与主办券商签订的推荐挂牌协议、公司及其股东对北京市人民政府的承诺书、公司最近两年的审计意见及经审计的财务报告、尽职调查报告和尽职调查工作底稿、内核意见和内核机构成员审核工作底稿及协会要求的其他资料。

## （二）备案内容准确

备案材料的制作从形式到内容都必须认真，这是监管机构了解企业实际情况、审核企业是否具备挂牌资格的重要依据。中介机构（特别是主办券商）对企业是否深入了解是能够从材料中反映出来的。准确、翔实的备案资料，一方面反映出企业挂牌的端正态度，另一方面反映出主办券商尽职调查的严谨、细致，能降低企业虚假备案的风险。因此，企业在准备备案材料过程中一定要积极配合中介机构，提供翔实完整的资料，在企业符合挂牌条件的基础上快速实现挂牌目的。

## （三）挂牌程序建议

备案文件的制定基本由中介机构完成，企业在此过程中需要做好充分的资料准备，以配合中介机构快速完成备案文件的制定和报送。

挂牌程序如图5-6所示。

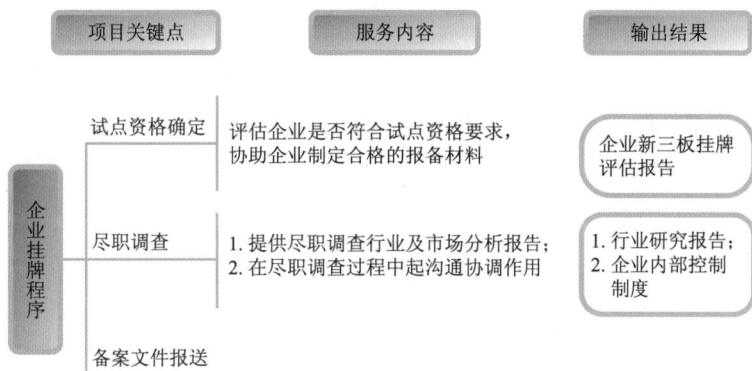

图5-6　挂牌程序

资料来源：赛迪投资顾问，2012-04.

# 四、挂牌期间管理提升

## （一）挂牌期间管理提升的重要性

挂牌企业多为高新技术的中、小型企业，处于发展初期，经营时间较短，在内部管理流程与制度方面仍存在欠缺。

第一，挂牌企业集权式管理突出。多数情况下，中小企业的总经理为持有股权的创始人，在企业规模较小的阶段，总经理习惯于亲力亲为的工作方式，很难短期内将部分模块的决策权放手给公司其他高管，这种情况造成公司管理效率低下，内部流程混乱。

第二，中小企业的员工离职率较高，没有建立完善的激励制度，特别是关键员工的离职常常给企业带来很大的损失。

第三，多数挂牌企业在挂牌期间制定了各项工作标准和工作制度，但是基础管理相对薄弱。在企业高速发展阶段，发展最快的是公司的业务部门，而基础部门的管理很难在短期内跟上业务发展的步伐，造成公司各部门发展不均衡，阻碍了公司的发展进程。

第四，多数挂牌企业已经开始运用信息管理手段，但信息化应用的层次不高，仅仅停留在信息化管理初期，如果维持现有信息化管理水平，企业很可能错过快速提升的最好时机。待到企业业务发展急速扩张时再规范信息化管理水平，很可能使业务部门手忙脚乱，力不从心。

综上，企业在新三板挂牌虽然意味着提前步入资本市场，但各项管理能力还没有达到成熟企业的状态，管理能力亟待提升。新三板挂牌期间正是企业规范管理的最好时机，一方面，新三板挂牌提升了企业的知名度和资金实力，使企业有能力聘请资深的咨询机构规范治理；另一方面，企业可以提前做好转板的准备，按照登陆主板的要求规范自身管理，为转板做好基础工作。

### （二）企业诊断与管理流程梳理

企业诊断是指对现营业务进行确实诊断，评估企业现状，并针对外部环境和内部环境的变化，制定未来发展的方针政策，制定有效的实施规划并贯彻执行。通过企业诊断，可以对自身的经营状况、人员状况、业务状况和管理状况进行梳理（见图5-7）。

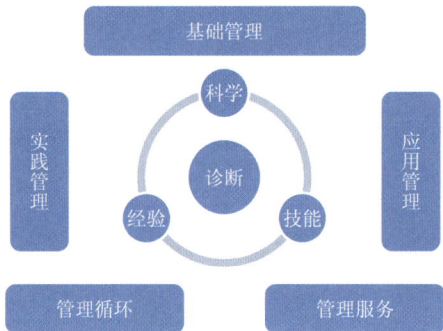

图5-7　企业诊断梳理

资料来源：赛迪投资顾问，2012-04.

企业诊断需要具有丰富经营理论知识和实践经验的专家，与企业有关人员密切配合，应用科学的方法找出企业经营战略和经营管理上存在的问题，分析产生问题的原因，提出改进方案（建议），并帮助、指导企业实施改进方案。

通过企业诊断和管理流程梳理，能够帮助企业认清内外部环境对企业发展的障碍和机遇，使企业及时做好自身改进工作，随时做好抓住机遇的准备。

### （三）企业内控制度建设

企业内部控制管理制度（以下简称"内控制度"）作为企业生产经营活动的自我调节和自我制约内在机制，处于企业管理系统的重要位置。企业规模越大，其重要性越显著。内控制度健全与否，是企业经营成败的关键。目前资本市场对于企业内控制度的要求越来越严格。2004年至今，证监会、上交所、国资委、深交所和财政部分别发布了上市公司及大型企业内部控制的指导性意见和要求，可见相关监管机构对企业内控制度的重视程度。

企业在现有各项管理制度的基础上，需整理制定规范的企业内控制度，规范法人治理结构，根据具体经营特点和规模设定部门的职能范围和工作权限。

企业内控制度建设的效用主要体现在以下几个方面：

第一，健全的内控制度能够保证会计信息的真实性和准确性；

第二，缜密的内控制度能够有效地防范企业经营风险，把企业的各种风险消灭在萌芽之中；

第三，完善的内控制度有利于维护财产和资源的安全完整；

第四，合理的内控制度能够促进企业的有效经营，统筹规划，使企业能够在成长过程中避免受到可控风险的影响。

### （四）管理提升建议

#### 1. 提高企业诊断意识，做好风险预警

企业需要定期对自身能力进行科学、合理的诊断，并建立风险预警机制。企业诊断有两种方式：一种是企业的自我诊断，另一种是聘请外部的管理咨询机构进行诊断。

企业自我诊断主要是通过一套循环反复的程序，定期或不定期地进行自我评估，从企业各项健康、和谐指标和老板个人领导素质评估入手。其优势在于评估的成本较低，但缺点是对于诊断中出现的问题往往避重就轻，对于长期存在的问题很难有彻底排除的决心和能力。而外部诊断虽然增加了聘请咨询机构的成本，但很容易发现企业问题的根本所在，避免"当局者迷"的情况发生，能够从外在科学、合理的角度查找制约企业发展的瓶颈，从而使企业的经营管理从根本上得到改善。从长远来看，借助外界咨询机构的力量帮助企业诊断，能够帮助企业在成本上带来更大的节余。

#### 2. 制定科学、合理的内控制度

企业应根据自身情况制定科学、合理的内控制度，帮助企业规范内部治理。大多数企业习惯于慢慢地积累管理经验，健全管理制度，但要制定真正符合企业实际情况、能够为企业长远发展带来指导意义的内控制度就需要企业在长期的摸索和实践中试探寻找。

在建立内控制度的过程中，企业可以考虑借助中介机构的帮助，通过借鉴大型成熟企业的管理模式，结合中小企业自身的发展特点引入内控制度，这是使企业短期理顺管理职能的最佳选择。建立内控制度的关键是整体控制框架的建立，这个框架需涵盖管理中的各个环节、各个层次，不能过于烦琐，更不能重复，并应有畅通的信息系统和反馈系统，以及能够适应外部变化的机制。在企业通过内部诊断有效识别企业风险后，企业需要分阶段、有所侧重地开展建制工作。而咨询机构在设计整体框架、识别风险、标准化、行业模式的评定、测试评价等方面均存在明显的优势。

### 3. 未雨绸缪，制定转板规划

企业进入新三板的目的之一，是为了找到更适合企业发展的融资渠道。新三板虽然为企业提供了这样的平台，但相比主板而言，融资的数量和频率还是存在较大的差距。因此，企业挂牌新三板后，应在这个平台的推动下，提前做好转板的规划，在时机成熟之际转板进入更大范围的资本市场。

企业在决定转板初期，要做好转板规划、制定转板目标。根据企业的经营特点、盈利能力、治理结构等因素，寻找最适合企业发展的主板板块。制定转板规划，一方面可以借助券商的力量，另一方面可以借助咨询公司的帮助。咨询机构在制定转板规划时，能够从企业所在的行业、产业链入手，通过内外部环境因素的分析，对企业进行纵横并举的透彻分析，不仅能为企业制定发展规划，还能指导企业完成规划目标，使企业尽早进入主板市场。

挂牌期间管理提升如图5-8所示。

图5-8　挂牌期间管理提升

资料来源：赛迪投资顾问，2012-04.

## 第三节　新三板运作要点解析

### 一、挂牌期间增资

定向增资是指非公开地向特定投资者发行股份的行为。在我国，上市公司受到《上市公司证券发行管理办法》和《上市公司非公开发行股票实施细则》两个文件的约束，而新三板挂牌公司的定向增资行为，只在《试点办法》中规定了挂牌公司可向特定投资者进行定向增资。

## （一）定向增资条件

《试点办法》中规定，在进行定向增资时，除机构投资者和企业原股东外，挂牌公司定向增资对象中的新增自然人股东必须是公司管理层、核心人员和公司其他员工，这些人享有的优先配售权比例为定向增资股数的30%～50%，同时，挂牌公司每次定向增资的新增股东不应超过20人，增资后的股东人数不应超过200人。

除此硬性规定外，对拟增资的新三板企业无强制要求，但从已完成定向增资的实例来看，企业多在公司治理、业绩等方面表现良好。在公司治理方面，企业治理结构健全，运作流程规范，主营业务突出；在经营方面，企业财务状况良好，业绩较为突出，能够持续盈利；在市场表现方面，企业具有较高的市盈率，且具有较为明确的募集资金使用用途。

当挂牌公司出现违规行为和较大风险时，为了保护股东和社会公众的合法利益，挂牌公司将失去增资的资格。

## （二）定向增资流程

新三板挂牌《试点办法》第七十二条中规定："挂牌公司可向特定投资者进行定向增资，具体规则由协会另行制定"。

概括而言，新三板企业定向增资程序包括：确定定向增资意向，确定投资者，形成增发方案后上报证券协会备案，确认股份增发，验资和取得主办券商意见后，完成工商变更登记（见图5-9）。

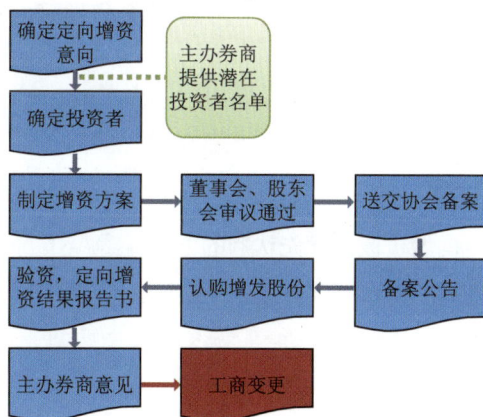

图5-9　定向增资流程

资料来源：赛迪投资顾问，2012-04.

定向增资方案的主要目的是为了分析增资的可行性、增资对象、增资数额、原配售股东安排、认购价格，募集资金运用等方面，须经临时股东大会出席股东的2/3表决权以上通过。主办券商在董事会召开之前，须将定向增资方案报送证券协会预审，在股东大会通过后，将定向增资方案和定向增资申请一并提交协会备案。

完成备案公告后，投资者需要在指定时间内完成股份认购，经过会计师事务所验资并出具定向增资结果报告书后，提交相关部门及主办券商，主办券商对此次增资发表意见，并在指定时间和地点进行信息披露。企业完成工商变更后，增资完成。

### 1. 竞争力分析，寻找增资项目

企业的经营达到一定规模后很容易固守自封，着眼于现状而忽视了外界环境的变化和竞争对手的实力，尤其体现在高新技术企业。新技术的突破很可能使整个产业链发生重大变化，如果不密切关注技术动态，很可能失去发展机遇和竞争实力。因此，企业应重视竞争力分析。

企业完成竞争力评估后，须根据评估结果制定可行的战略方案，赶超竞争对手，维持在行业中的地位。战略中的重要一步就是通过增加投资项目，快速实现企业的战略目标。

定向增资首先要有增资项目，对项目进行可行性研究，让投资者看到投资项目未来的收益情况，给投资者未来发展的信心。中小企业在寻找增资项目过程中，需要进行政策条件分析、市场条件分析、公司运营能力分析、经济效益分析，同时还要考虑投资项目是否符合公司的发展战略，是否强化了主营业务，是否有利于核心竞争力的提升，是否顺应行业发展并且具有明显的发展前景。企业虽然对自身情况非常了解，但对外部环境以及行业的整体发展概况和趋势却未必能够准确把握，企业在确定投资方向时可能会缺乏对外部环境的考虑。因此，需要一个对整体行业具有深入研究的第三方机构对企业内部情况进行深入了解，在综合考虑企业内部情况及外部环境的基础上，对企业的投资项目进行综合评估。

### 2. 定向增资方案

一般情况下，新三板企业的定向增资方案由主办券商负责编写，内容主要包括以下部分：

（1）增资主体；

（2）增资种类及数额；

（3）增资价格及定价依据；

（4）定向增资期限；

（5）公司股东对本次定向增资股份优先认购的方案；

（6）本次定向增资认购人名单及认购方案；

（7）本次定向增资认购人基本情况；

（8）与公司及主要股东的关联关系；

（9）出资方式；

（10）募集资金使用计划；

（11）前次募集资金使用情况；

（12）防止增资过程中股东人数超过200人的措施；

（13）新增股份登记和限售情况。

其中，募集资金的用途由企业根据企业发展自行制定，通常情况下关于募集资金使用方面的研究报告由专门的第三方咨询公司负责编写，其数据及可行性更有依据。

### 3. 挂牌期间增资建议

1）明确资本战略，确定发展目标

企业挂牌后一定要认清未来的业务战略和资本战略，为自身寻找切实可行的发展目标，并制定目标的实施计划和监督控制方法，从而保证资本战略的有效实施。企业要重视资本战略的重要意义，更要注重战略实施的可行性。在企业对资本市场没有做充分了解的情况下，建议企业寻找合适的第三方咨询机构制定资本运营战略，借助咨询机构对资本市场和相关案例的操作经验，使企业找到合适的发展目标。在制定过程中，企业需密切配合咨询机构的每一个环节，确保运作方案的可行性。因此，方案制定的过程也是企业为日后战略实施奠定基础的过程，企业只有通过与咨询机构的相互配合，使资本战略更符合公司的治理结构、企业文化等因素，才能保证方案在运行实施过程中得到有效的调控和推动。

2）增资项目可行性高，提高投资者的投资热情

企业的增资项目一般包括内部投资和外部投资两个方面。对于生产加工类企业，企业内部增资主要是产品线建设、研发投入建设等能够带来长期效益的项目，该类项目前期不仅需要投入大量资金，还要有一定的等待期，并确保产品线达产时外界市场环境不会发生变化，这样才能确保未来的收益。外部投资主要指企业通过并购的形式获得现成的资源，短期内获得投资收益，而这又涉及企业整合的问题。据统计，多数并购失败的原因都是后期没有充分的整合。这表明，外部投资短期内可能在财务报表上为企业增加利润，但长期还存在很大的整合风险。综上所述，如何对内部投资和外部投资做出选择？如何选择合适的内部投资产品？选择的指标如何制定？外部投资的机遇有哪些……这些问题都是投资者所关注的重点，概括而言，即收益与风险孰重孰轻、两者如何协调的问题。

因此，企业首先要找到让投资者感兴趣的增资项目，这就需要对市场进行深入调研，统计已完成的增资企业案例中，投资者更倾向于投资什么样的增资项目，该类项目的投资回收期多长，风险如何规避等问题。企业在制定投资可行性报告时，要有针对性地一一解答投资者提出的问题，才能让投资者放心地对企业进行后期增资。

企业可以聘请经验丰富的咨询机构进行项目可行性分析，特别是募集资金使用情况的说明，以便有针对性地向投资者说明选择某一增资项目的市场环境和内在原因，同时更专业地评估该类项目的投资回收情况，确保企业增资顺利完成。

定向增资如图5-10所示。

## 二、转板IPO

### （一）转板前期准备

#### 1. 转板可行性研究

企业转板之前首先要明确如何达到转板的条件，转板是否能够推进企业未来的发展。

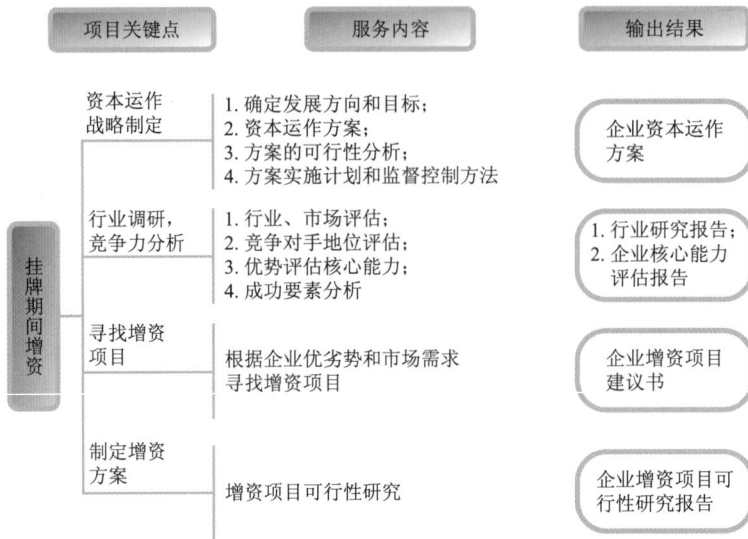

图5-10 定向增资

资料来源：赛迪投资顾问，2012-04.

企业在经历了新三板挂牌和新三板资本运作后，自身的管理能力及规范性已经得到了很好的梳理，在时机成熟时，企业可以做好转板的准备。

2. 建立转板项目小组

公司的转板上市往往关系到其未来多年的战略规划，甚至公司运营的各个方面。因此，需要明确各类人员的分工和职责，以便统一协调，提高工作效率（见图5-11）。

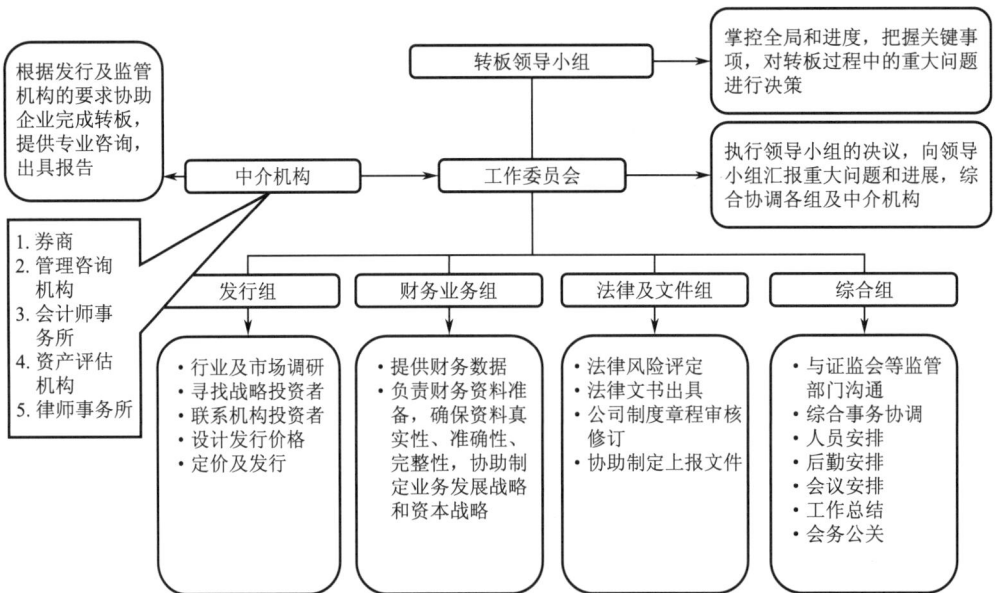

图5-11 转板项目小组构成

资料来源：赛迪投资顾问，2012-04.

### （二）挂牌上市

企业一旦确定上市目标，就开始进入上市外部工作的实务操作阶段，该阶段主要包括：选聘相关中介机构、进行股份制改造、审计及法律调查、券商辅导、发行申报、发行及上市等。由于上市工作涉及外部几个中介服务机构同时工作，人员涉及几十个人，因此组织难度相当大，需要多方协调好工作。

#### 1. 上市辅导

上市辅导是指让企业管理人员、企业股东和企业技术核心人员了解上市过程中以及上市后应履行的责任、义务等，使企业相关人员能够按照相关法律法规的要求规范操作，避免出现违规违法，以及损害中小股东利益、大股东违法占有企业资产、占用企业资金等情况。

辅导机构需是具备保荐资格的证券经营机构或经其他部门认可的机构，并在签订辅导协议后，到拟上市公司所在地的证监局办理备案登记手续。

#### 2. 上市文件准备

根据《公开发行证券的公司信息披露内容与格式准则第9号——首次公开发行股票并上市申请文件》（证监发行字〔2006〕6号）的规定，申请文件如表5-5所示。

**表5-5　发行申请文件**

| 申请文件 | 主要内容 |
|---|---|
| 招股说明书与发行公告 | 招股说明书（申报稿）；招股说明书摘要（申报稿）；发行公告（发行前提供） |
| 发行人关于本次发行的申请及授权文件 | 发行人关于本次发行的申请报告；发行人董事会有关本次发行的决议；发行人股东大会有关本次发行的决议 |
| 保荐人关于本次发行的文件 | 发行保荐书 |
| 会计师关于本次发行的文件 | 财务报表及审计报告；盈利预测报告及审核报告；内部控制鉴证报告；经注册会计师核验的非经常性损益明细表 |
| 发行人律师关于本次发行的文件 | 法律意见书；律师工作报告 |
| 发行人的设立文件 | 发行人的企业法人营业执照；发起人协议；发起人或主要股东的营业执照或有关身份证明文件；发行人公司章程（草案） |
| 关于本次发行募集资金运用的文件 | 募集资金投资项目的审批、核准或备案文件；发行人拟收购资产（或股权）的财务报表、资产评估报告及审计报告；发行人拟收购资产（或股权）的合同或合同草案 |
| 与财务会计资料相关的其他文件 | 发行人关于最近三年及一期的纳税情况的说明 |
| 其他文件 | 产权和特许经营权证书；重大关联交易协议等 |

资料来源：赛迪投资顾问，2012-04.

#### 3. 发行审核

发行审核需要经历5个阶段：受理、初审、发行审核委员会审核、核准发行、复议。

中国证监会收到申请文件后在5个工作日内做出是否受理的决定。未按规定要求制作申请文件的，不予受理。同意受理的，根据国家有关规定收取审核费人民币3万元。发行部审核工作具体分为以下几个环节：见面会；静默期；沟通与反馈；形成初审报告；对外联系与沟通，征求省级政府、国家发展和改革委员会及内部意见。

中国证监会受理申请文件后，对发行人申请文件的合规性进行初审，并在30日内将初审意见函告发行人及其主承销商。主承销商自收到初审意见之日起10日内将补充完善的申请文件报至中国证监会。中国证监会在初审过程中，将就发行人投资项目是否符合国家产业政策征求国家发展和改革委员会的意见，国家发展和改革委员会自收到文件后在15个工作日内，将有关意见函告中国证监会。

中国证监会对按初审意见补充完善的申请文件进行进一步审核，并在受理申请文件后60日内，将初审报告和申请文件提交发行审核委员会审核。这一过程是决定股票发行申请最终能否获得通过的关键因素，而其中发行人和保荐代表人到会陈述并接受询问是整个过程的关键，是使得发审委员确认拟发行上市公司是否具备上市条件以及上市后是否具备持续经营和盈利能力的主要途径。

企业要挑选对企业情况最熟悉的2～3人作为发行人代表和保荐代表人一起参加发审会会议。参会人员将做简要陈述并接受发审委委员的询问，企业陈述时间应控制在45分钟以内。

依据发行审核委员会的审核意见，证监会对发行人的发行申请做出核准或不予核准的决定。予以核准的，出具核准公开发行的文件。不予核准的，出具书面意见，说明不予核准的理由。证监会自受理申请文件到做出决定的期限为3个月。核准文件的有效期为6个月，如不核准，6个月后可再申请。发行申请未被核准的企业，接到中国证监会书面决定之日起60日内，可提出复议申请。中国证监会收到复议申请后60日内，对复议申请做出决定。

发行审核流程如图5-12所示。

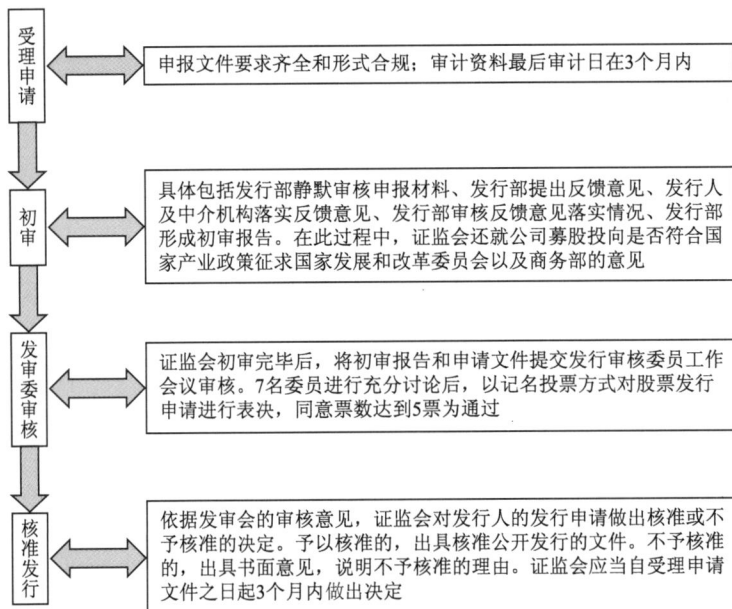

图5-12　发行审核流程

资料来源：赛迪投资顾问，2012-04.

### 4. 发行上市

发行上市需要经历路演询价阶段，这一阶段是企业募集资金市盈率的关键影响之一。拟上市企业在获得监管机构的审批后须成功发行才算融资成功。为使企业股票上市的成功率最大化并取得最好的价格，帮助企业在上市后吸引机构及战略投资者的持续兴趣，就必须对公司进行细致的"卖点包装"。

路演能否成功，前期准备必不可少。管理层在路演前不但要熟悉资本市场，了解机构投资者的需求，更要针对不同类型的投资者制定不同的销售策略。路演团队在进行路演之前应掌握投资者所关心的所有问题，并事先准备好答案，做到知己知彼。

路演期间要做好日程时间安排。路演的时间很紧凑，不管大公司还是小企业，最好做到见缝插针，把所有可用的时间都用在推介股票上。

在首次公开发行股票前，应在证监会指定的信息披露媒体上公开刊登招股意向书摘要及询价推介公告，并在拟上市证券交易所的网站上公开披露证监会关于核准发行人首次公开发行股票的通知、招股意向书全文、审计报告、法律意见书、律师工作报告、发行保荐书等文件。

## （三）转板建议

### 1. 企业转板上市建议书

企业新三板挂牌期间，需要聘请专门的机构对其进行转板上市评估，编写转板上市建议书。建议书中主要内容包括：

（1）产业概况；

（2）各主板概况；

（3）目标板块选择；

（4）转板集资能力与成本分析；

（5）上市审批流程；

（6）上市规划。

通过企业转板建议书能够科学判断企业上市的目标板块及未来的成本效益情况，帮助企业尽快实现战略目标。

### 2. 募集资金投资方向及可行性选择评估

募集资金投资方向选择需要进行政策条件分析、市场条件分析、公司运营能力、经济效益分析，同时还要考虑募投项目是否符合公司的发展战略，是否强化了主营业务，是否有利于核心竞争力的提升，是否顺应行业发展并且具有明显的发展前景。募投方向的选择对于企业上市来说尤为重要，选择合理的募投方向将更利于企业通过上市审批。

募投资金投资方向的确定要有说服力，经得起推敲才可能通过上市审批。企业虽然对自身情况非常了解，但对外部环境以及行业的整体发展概况和趋势却不一定能够准确把握，企业在确定募投方向时可能会缺乏对外部环境的考虑。因此，需要一个对整体行业具有深入研究的第三方机构在对企业内部情况进行深入了解，在综合考虑企业内部情况以及外部环境的基础上，对企业的募投项目进行综合评估。

## 三、股权激励

### （一）股权激励法律与政策依据

现阶段，我国有关政府部门出台了一系列关于上市公司的股权激励规范性文件。例如，《上市公司股权激励管理办法（试行）》（中国证监会，2006年1月5日）、《国有控股上市公司（境外）实施股权激励试行办法》（国资发分配〔2006〕8号）、《国有控股上市公司（境内）实施股权激励试行办法》（国资发分配〔2006〕175号）、《关于规范国有控股上市公司实施股权激励制度有关问题的通知》（国资发分配〔2008〕171号）、《关于规范国有控股上市公司实施股权激励有关问题的补充通知（征求意见稿）》（国务院国有资产监督管理委员会，2008年6月30日）。上述规定允许上市公司以限制性股票、股票期权及法律、行政法规允许的其他方式实行股权激励计划。尤其对股票期权和限制性股票这两种发展较为成熟的工具予以较详细的规定，并对实施条件、程序和操作要点进行了规范。该系列规范文件是制定《股份有限公司股票期权方案》的主要依据。

关于非上市股份有限公司和有限责任公司，一般参照上述规定，另有《关于对本市国有企业经营者实施期股激励的若干意见（试行）（上海市）》（中共上海市委组织部等部门1998年10月）、《国务院办公厅转发财政部科学技术部关于国有高新技术企业开展股权激励试点工作指导意见的通知》（国办发〔2002〕48号）、《国务院办公厅转发国务院体改办关于深化转制科研机构产权制度改革若干意见的通知》（国办发〔2003〕9号）、《企业国有产权向管理层转让暂行规定》（国务院国有资产监督管理委员会、财政部，国资发产权〔2005〕78号）等文件。

### （二）股权激励关键点

公司设计股权激励方案，应注意以下股权激励设计的主要关键点：激励模式的选择，激励模式是股权激励的核心问题，直接决定了激励的效用；激励对象的确定，股权激励是为了激励员工，平衡企业的长期目标和短期目标，特别是关注企业的长期发展和战略目标的实现，因此，确定激励对象必须以企业战略目标为导向，即选择对企业战略最具有价值的人员；购股资金的来源，由于鼓励对象是自然人，因而资金的来源成为整个计划过程的一个关键考核指标，股权激励的行权一定与业绩挂钩，其中一个是企业的整体业绩条件，另一个是个人业绩考核指标；确定激励额度。

### （三）股权激励模式

股权激励可分为以下几种模式：股票期权、虚拟股票、业绩股票、管理层收购、延期支付、储蓄-股票参与计划等模式，每种模式各有利弊（见图5-13）。

| 股票期权 | 虚拟股票 | 业绩股票 | 管理层收购 | …… |
|---|---|---|---|---|
| • **优点**：将经营者的报酬与公司的长期利益紧密联系；锁定期权人的风险；股票期权受证券市场的自动监督，具有相对的公平性。<br>• **缺点**：来自股票市场的风险。股票市场的价格波动和不确定性；可能带来经营者的短期行为 | • **优点**：虚拟股票的发放不影响公司的总资本和股本结构；虚拟股票具有内在的激励作用。<br>• **缺点**：过分地关注企业的短期利益；现金支付压力比较大 | • **优点**：能够激励公司高管人员努力完成业绩目标；具有较强的约束作用；业绩股票符合国内现有法律法规，符合国际惯例，比较规范。<br>• **缺点**：容易导致公司高管人员为获得业绩股票而弄虚作假；激励成本较高 | • **优点**：通过收购使企业经营权和控制权统一起来，极大地降低了代理成本；长期激励作用十分明显。<br>• **缺点**：需要大量的资金，导致收购成本的激增；可能形成新的内部人操纵 | • **优点**：<br>……<br>……<br>• **缺点**：<br>…… |

图5-13　股权激励模式

资料来源：赛迪投资顾问，2012-04.

　　企业通过股权激励的设计，一方面对管理人员起到了激励和约束的作用，同时能够改善员工福利、稳定员工工作。因此，企业需要结合公司股权激励的根本目的和企业实际情况选择股权激励模式。

### （四）股权激励建议

　　股权激励方案的制定过程涉及激励模式的选择、资金来源及激励额度等专业性较强的工作，多数启动股权激励方案的企业倾向于聘请专业的第三方机构负责，除了考虑方案制定的稳健性原则之外，同时还能借鉴成功的股权激励案例，使企业达到激励的目标，减少时间成本与人力成本。

　　企业实施股权激励应充分借助社会中介的力量，考虑到股权激励对公司发展壮大的重要意义，设计适合企业自身的股权激励形式，特别是股票期权制度，以此增强企业的凝聚力和向心力，最终促进企业的飞速发展。但由于新三板企业尚处在政府大力扶持成长阶段，企业在非主营方面不能花太多的时间和精力探索，因此，股权激励方案的设计就十分关键。而在这方面，专业咨询公司具备高度的专业能力和与相关监管部门沟通的渠道。所以，新三板挂牌公司应充分借助社会中介，利用专业咨询公司的高度专业能力以及与证券监管部门的良好关系，为自己股权激励的实施创造良好的基础。

# 战略性新兴产业投资

## 第一节 战略性新兴产业投资概述

### 一、战略性新兴产业选择原则

科学选择战略性新兴产业非常关键，正如温家宝总理在《让科技引领中国可持续发展》的讲话中所指出的，选对了就能跨越发展，选错了将会贻误时机。战略性新兴产业的选择应遵循以下原则。

#### （一）前瞻性原则

即将到来的科技革命将是以绿色、智能和可持续为特征的，选择和培育战略性新兴产业要紧跟新科技革命的轨迹，要着力选择和培育那些"具有广阔的市场前景、能源资源消耗低、带动系数大、就业机会多、综合效益好"的产业领域，进行重点攻关突破。

#### （二）现实性原则

由于我国地区间差异较大，新兴产业的选择要充分考虑不同地区自身现有的经济基础和产业结构状况，做到有所为有所不为。要着力选择那些本地区最具比较优势且能够率先突破的产业优先发展，而对于那些基础条件比较差、技术难度比较高，且在短时期内又很难取得突破的产业要暂缓选择，防止出现重复建设，减少资源浪费。

#### （三）市场需求原则

市场是选择和培育战略性新兴产业的基本力量，在选择战略性新兴产业时不仅要考虑其发展目标，而且还要考虑其国内外市场的开拓和需求状况。只要市场存在现实的或潜在的需求，该产业就不会停止自我发展；市场需求是新兴产业生存、发展和壮大的必要条件。

### （四）技术创新原则

由于战略性新兴产业要拥有行业关键、核心技术，且要具有良好的经济效益，因此要选择自主创新能力强、科技含量较高，或者具有巨大的吸纳技术进步的潜力，而且能创造较高的劳动生产率和较高的附加值，促进产业内部升级的产业。

### （五）产业集聚原则

产业链或者产业群是新兴产业形成的标志之一。所选择的新兴产业要有一定的产业基础，并具有快速成长的能力，且能尽快形成新的产业链和新的产业群，从而有助于促进地方产业聚集发展。

### （六）低碳化、生态化原则

以"三低"（低能耗、低污染、低排放）和"三高"（高效能、高效率、高效益）为特征的低碳经济已经受到全世界的关注，低碳化甚至零碳化已成为全球经济未来发展的必然趋势。因此，所选择的新兴产业要能够使用比传统产业更清洁、更有效的技术，尽可能接近"零排放"或"密封式"，所使用的工艺方法能够尽可能减少对能源和其他自然资源的消耗，有利于生态保护。

## 二、战略性新兴产业关键因素评价

战略性新兴产业的发展应遵循产业结构优化的演进规律，而产业结构变革作为经济运动的客观过程，必然是在一些因素的作用下促成的，这些因素决定和影响着各产业的此消彼长，也决定着战略性新兴产业的成长状况。

### （一）产业技术特征

技术进步是产业结构演进的根本推动力，在工业内部，无论是重工业化、深加工度化还是知识集约化，从根本上说都是技术进步带来的。技术进步通过能源利用转换、生产工艺更新以及机器设备改造和更替来改变产业部门的技术基础，但由于各个产业经济特点不同，创造、吸收和采用新技术的能力不同，造成各产业的效率和扩张速度不同，并最终导致产业之间相对比重的变化。战略性新兴产业要想成长为未来的主导支柱产业，必须以更快的扩张速度和更高的效率成长，而这种成长只能建立在技术进步的基础上。

### （二）市场前景和成长潜力

随着人均国民收入水平的增长，社会的需求结构和消费结构都将发生变化，这种变化将直接导致产业的兴起和衰落。在人们收入水平较低时，消费结构中的主要部分是用来解决温饱问题；随着人们收入水平的提高，消费结构中用于饮食的部分将减少，人们将更多地消费工业品。因此，工业化首先从轻工业、尤其是纺织工业起步；随着人均国民收入水平的进一步提高，人们的消费结构进入"追求便利和机能"的阶段，耐用消费品在消费结构中占据主导地位，工业结构出现重工业化趋势；当消费结构演变到"追求时尚与个性"的阶段时，工业结构的高加工度化就必然出现了。因此，战略性新兴产业的市场前景和成长潜力也必然要反映消费结构的变化。

### （三）特定资源条件

产业发展离不开资源的投入，资源的拥有量及相对价格制约着产业的选择及其发展。我国的劳动力资源和自然资源较为丰富，决定了我国的产业结构以生产低附加值产品的原材料工业和加工工业为主，但是随着自然资源日渐枯竭，原材料价格不断上涨以及环境因素的制约，转变经济增长方式、发展战略性新兴产业已经成为当前我国经济发展的迫切要求。战略性新兴产业发展的关键资源就是技术以及掌握技术的人才资源。因此，发展战略性新兴产业的关键是要大力培养和造就一大批创新型人才，并为人才培养和创新创业提供良好的环境。

### （四）现有产业结构状况

在全球竞争和产业分工体系中，各个国家都将发展战略性新兴产业放到国家战略层面上高度重视，因此，今后战略性新兴产业的竞争将会更加激烈。战略性新兴产业的形成和发展受到一系列经济规律和环境因素的制约，它应是对现有优势产业的承接和替代。优势产业拥有的良好基础，有利于战略性新兴产业形成新的产业比较优势。

### （五）经济发展战略和产业政策

绝大多数国家都制定了经济发展战略，以指导经济发展，其重要内容之一就是确定优先发展的产业，并通过制定产业结构政策来实现优先发展的目标。通过科学选择优先发展的产业，制定相应扶植政策，往往能够推动产业结构向高级化的方向演进，并大大缩短演进周期。战略性新兴产业的培育，同样需要一系列经济发展政策和产业政策的支持。

# 第二节    战略性新兴产业投资可行性分析

投资项目是企业生存发展的关键，是企业投资战略的具体化，可行性研究则是进行投资项目科学决策的有效方法。可行性研究通过对项目的主要内容和配套条件进行调研和分析比较，并对项目建成以后可能取得的财务、经济效益及社会环境影响进行预测分析，从而提出该项目是否值得投资和如何进行建设的分析评价意见，是为项目决策提供依据的一种综合性的系统分析方法。

长期以来，政府对企业投资项目一直实行审批管理，而且审批时，政府更多的是站在企业所有者的角度进行审查。这实际上是政府代替企业进行投资决策，不利于充分发挥市场配置资源的基础性作用。投资体制改革方案的实施，将推动政府职能的转变，从而对企业投资的政策环境及可行性研究工作产生重要影响。

《国家发展改革委关于发布项目申请报告通用文本的通知》（发改投资〔2007〕1169号）进一步强调，按照投资体制改革的要求，政府不再审批企业投资项目的可行性研究报告，同时也强调，企业在进行自主决策时，仍应编制可行性研究报告，作为投资决策的重要依据。因此，投资体制改革之后，可行性研究报告的主要功能将转变为满足企业自主投资决策的需要，其内容和深度可由企业根据决策需要和项目情况相应确定，而不是应付政府审批的"可批性研究"，这就使得企业投资项目可行性研究工作发生深刻变化，以适应建立现代企业制度和深化投资体制改革的要求。

## 一、可行性研究的概念及作用

（1）在投资项目拟建之前，通过对与项目有关的市场、资源、工程技术、经济和社会等方面的问题进行全面分析、论证和评价，从而确定项目是否可行或选择最佳投资方案的一项工作。

（2）对投资项目进行可行性研究的主要目的在于为投资决策从技术、经济等多方面提供科学依据，以提高项目投资决策水平，提高项目的投资经济效益。具体包括：①作为项目投资决策的依据；②为投资者申请项目贷款提供依据；③为商务谈判和签订有关合同或协议提供依据；④为工程设计提供依据；此外，可行性研究报告还可以为寻求合作者、设备订货、施工准备、机构设置和人员培训等提供依据。

## 二、可行性研究的阶段划分

（1）据联合国工业发展组织编写的《工业可行性研究手册》的规定，投资前期的可行性研究工作可分为机会研究、初步可行性研究、可行性研究、项目评估与决策四个阶段。上述四个阶段的内容顺次由浅入深，工作量由小到大，估算精度由粗到细，因而研究工作所需的时间和费用也逐渐增加。

（2）在可行性研究的任何一个阶段，只要得出不可行的结论，就不需要再继续进行下一步的研究工作。

在我国，项目建议书和项目的可行性研究是项目建设程序的两项不同的工作和步骤。由于对它们的要求和工作条件的不同，二者之间有一定的区别，主要体现在：

① 研究任务不同。项目建议书的任务是初步选定项目，并决定是否有必要进行下一步的工作，主要考察项目建设的必要性和可能性；可行性研究需要进行全面、系统的技术、经济分析论证，进行多方案比较，推荐最佳方案，或者否定该项目并提出强有力的理由，为最终决策提供依据。

② 基础资料和依据不同。项目建议书的基本依据是国家的长远规划和行业、地区规划以及产业政策，拟建项目有关的自然资源条件，项目主管部门的有关批文，初步市场预测资料；

可行性研究除以批准的项目建议书和初步可行性研究报告作为研究依据外，还应有更为详细的设计资料和其他数据资料作为编制依据。

③ 内容的繁简程度和深度不同。二者的基本内容大体相似，但项目建议书的内容比较粗略和简单，可行性研究是对初步可行性研究的充实、深化和完善。

④ 投资估算的精度要求不同。项目建议书的项目总投资一般根据国内外类似已建工程项目进行测算或对比推算，误差允许在 ± 20% 以内；可行性研究则必须对项目所需的各项费用进行更为详尽、精确的计算，误差要求不超过 ± 10%。

⑤ 研究成果不同。项目建议书，附带有市场初步调查报告、建设地点初选报告、初步勘察报告等文件；可行性研究报告，市场调查报告、厂址选择报告、地质勘察报告、水资源及资源调查报告、环境影响评价报告等。

## 三、投资项目可行性研究总体思路与框架

就总体思路与框架而言，企业投资项目可行性研究首先要从企业投资战略规划角度出发，对投资战略类型、投资时机和规模进行选择，为企业确定投资项目组合及投资计划方案提供依据。就可行性研究的内容而言，一方面，企业应对投资项目所涉及的各种"商务"层面的内容进行系统、深入的研究，如市场前景、工程技术方案、建设实施方案、管理团队、制度保障、融资方案、投资效益、风险控制方案及股权退出机制等；另一方面，要从企业遵循法律法规及履行社会责任的角度，对可能影响企业投资项目可行性的有关法律法规限制等方面的要求及企业需要付出的代价进行识别和研究。因此，在市场经济体制下，应对影响企业投资项目是否可行的各种现实和潜在因素进行系统、深入的研究，为企业投资决策提供依据。这就需要对企业投资项目可行性研究报告的内容、深度、研究角度及基本框架等进行重新定位。

### （一）企业投资方向的选择战略

方向是对产品和市场的综合选择，其选择类型包括：

（1）维持原有产品和市场，条件是原市场需求稳定，原产品处于其生命周期的饱和期前期；

（2）利用原有产品发展某个细分市场；

（3）改善现有产品，维持原有市场，条件是原市场需求稳定，原产品处于生命周期的饱和期后期；

（4）发展新的细分市场；

（5）开发新产品。

其中，（1）～（3）属于稳定发展型投资战略，（4）和（5）属于创新发展型投资战略。在项目目标及功能定位、市场调查和预测，产品方案研究及投资方案的制定中，应符合企业整体投资战略的统一部署。

## （二）选择企业投资战略态势

战略态势取决于产品性能和价格的协调匹配，其可能的选择类型包括：

（1）领导者，某产品市场占有率最大的企业即所谓的市场领导者，其产品性能和价格成为市场的标杆；

（2）声望竞争者，由于历史或其他原因使得该企业的产品声誉好，故其性能相同的产品可以高于"领导者"产品的价格出售；

（3）性能竞争者，由于其产品性能优越，故可以高于领导者的价格出售；

（4）价值竞争者，其产品性能好，但价格与领导者相同；

（5）跟随者，价格和性能都力争与领导者保持一致；

（6）价格竞争者，产品性能与领导者相同，但以低价竞争。

在项目的市场预测、竞争力分析及产品营销方案的研究制定中，应考虑企业投资战略态势的选择及对拟建项目市场前景的影响和配合策略。

## （三）投资时机的选择

企业应确定在产品生命周期的某一阶段进行投资，以便在可行性研究中制定出科学、合理的投资计划。产品生命周期可以划分为投入期、成长期、成熟期和衰退期四个阶段，按照各阶段的不同特点，主要有四种模式：①投资侧重于投入期产品，兼顾成长期和成熟期，这是一种具有开发实力且创新意识较强企业的投资模式，是一种为获得领先地位而勇于承担风险的投资策略；②投资侧重于成长期和成熟期，几乎放弃投入期和衰退期，这是一种实力不足而力求稳妥、快速盈利的企业通常选择的模式，是一种重视盈利而回避风险的投资策略；③投资均衡分布于四个阶段，这是一种综合实力极强而且跨行业生产多种产品的企业通常选择的模式，是通过多角化经营谋求企业总体利益最大的策略；④投资侧重于投入期和成长期而放弃成熟期、衰退期，多见于开发能力强而生产能力弱的企业。

## （四）企业投资规模的选择

企业投资规模的选择包括单个投资项目的规模选择和企业总体投资规模的确定。影响投资项目规模的因素很多，其中物质技术条件决定着企业能够达到的规模，社会需要决定投资项目需要达到的规模，投资效益决定着项目实际达到的规模。确定投资规模的基本方法是边际分析法。在投资分析中，投资的边际收益（通过有无对比增量分析计算的IRR等评价指标）和投资的边际资金成本达到均衡时的边际收益率就是企业可接受的最低收益率（MARR），这时的投资额就是企业合理的投资规模。

## （五）可行性研究的程序

投资项目可行性研究的程序可分为六个主要步骤：①根据发展规划和项目性质确定研究目标、研究范围、研究重点并组织研究小组；②围绕目标开展调查研究，收集资料，进行预测和投资机会研究并提出项目建议；③备选方案的制定和优选；④对初选方案进行详细技术、经济分析、评价和论证，并得出研究结论；⑤编制可行性研究报告；⑥编制资金筹措计划和项目实施方案，并将可行性研究报告及有关文件资料报送企业投资决策部门批准。

### （六）可行性研究的依据

可行性研究的依据主要包括：企业发展战略规划；项目建议书等相关文件；国家和地方经济社会发展规划、行业部门发展规划，如江河流域开发治理规划、铁路公路路网规划、电力电网规划、森林开发规划等；涉及矿产资源开发的项目，应有经批准的矿产储量报告及矿产勘探报告等；有关法律、法规和政策；有关机构发布的工程建设标准、规范、定额等；拟建场址的自然、经济、社会概况等基础资料；合资、合作项目各方签订的协议或意向文件；与拟建项目有关的各种市场信息资料。

### （七）可行性研究工作的基本要求

可行性研究工作的基本要求主要包括以下几个方面。

（1）预见性。可行性研究不仅应对历史、现状资料进行研究和分析，更重要的是应对未来的市场需求、投资效益进行预测和估算。

（2）客观公正性。可行性研究必须坚持实事求是，在调查研究的基础上，按照客观情况进行论证和评价。

（3）可靠性。可行性研究应认真研究确定项目的技术经济措施，以保证项目的安全性和可靠性，对于不可行的项目或方案应提出否定意见，以避免投资决策失误。

（4）科学性。可行性研究必须应用现代科学技术手段进行市场研究，科学评价项目的盈利能力、偿债能力及对经济、社会、环境等产生的影响，为项目决策提供科学依据。

### （八）可行性研究的作用

可行性研究的作用主要体现在以下几个方面。

（1）投资决策的依据。可行性研究对项目产品的市场需求、市场竞争力，项目建设方案，项目需要投入的资金、可能获得的利润以及项目可能面临的风险等进行综合分析，研究结论是投资决策的重要依据。

（2）筹措资金和申请贷款的依据。银行等金融机构一般都要求项目业主提交可行性研究报告，通过对可行性研究报告的评估，分析项目产品的市场竞争能力、采用技术的可靠性、项目的财务效益和还款能力，然后决定是否对项目提供贷款。

（3）编制初步设计文件的依据。通过可行性研究决定将项目建设方案付诸实施后，应进行初步设计。

初步设计文件应根据可行性研究报告进行编制；可行性研究的结论是项目业主就项目有关的设计、工程承包、设备供应、原材料供应、产品销售和运输等问题与有关单位签订合同、协议等的依据。

### （九）可行性研究报告的深度要求

可行性研究的成果是可行性研究报告，应达到以下深度要求。

（1）可行性研究报告应做到内容齐全，结论明确，数据准确，论据充分，以满足决策者定方案、定项目的需要；

（2）可行性研究中选用的主要设备规格、参数应能满足预订货的要求，引进的技术设备资料应能满足合同谈判的要求；

（3）可行性研究中的重大技术、财务方案，应有两个以上的比选方案；

（4）可行性研究中确定的主要工程技术数据，应能满足项目初步设计的要求；

（5）可行性研究阶段对建设投资和生产成本应进行分项详细估算，其误差应控制在±10%以内；

（6）可行性研究确定的融资方案，应能满足银行等金融机构信贷决策的需要；

（7）可行性研究报告应反映在可行性研究过程中出现的某些方案的重大分歧及未被采纳的理由，以供决策者权衡利弊进行决策。

## 四、可行性研究的内容

### （一）可行性研究编制依据

①国民经济发展的长远规划，部门、地区发展规划，产业政策和投资政策；②批准的项目建议书；③国家批准的资源报告、国土开发整治规划、区域规划、工业基地规划；④有关的自然、地理、气象、水文、地质、经济、社会、环保、交通运输等基础资料；⑤有关行业的工程技术、经济方面的规范、标准、定额资料，以及国家正式颁布的技术法规和技术标准；⑥国家颁布的评价方法与参数。

### （二）主要内容

①项目提出的必要性和依据；②产品方案、拟建规模和建设地点的初步设想；③资源情况、建设条件、协作关系和有关引进情况的初步分析；④投资估算和资金筹措设想；⑤项目进度的初步安排；⑥经济效益和社会效益的初步估计，包括初步的财务评价和国民经济评价。

## 五、可行性研究的重点问题

### （一）可行性研究的思路和观念应进行重大调整

现代企业制度下的企业投资决策机制强调"谁投资，谁决策，谁承担风险"。随着对项目审批制度的改革及风险责任追踪约束机制的建立和完善，以应付上级审批为最高目的的"可批性研究"将失去其存在的制度土壤，"力求可批性，戏说可行性"的时代将会成为历史，真正意义上的科学的"可行性研究"的时代已经来临，使得可行性研究真正变成论证企业投资项目是否可行的专业分析工具。

### （二）重视"战略规划"在项目可行性研究中的地位

任何投资项目的提出，都有其特定的规划背景。孤立地就项目论项目，割裂投资项目与整个企业发展战略规划之间有机联系的传统做法将成为历史。今后的投资项目可行性研究工作将抛弃就项目论项目的传统做法，强调企业发展战略研究在项目前期研究中的重要性，强调从整体战略的角度来论证企业投资项目。

### （三）突出市场分析的重要性

市场经济体制要求市场能够对资源配置起基础性作用。项目投资是资源配置的基本形式，可行性研究的主要目的就是要确保经济资源得到有效配置。经济全球化进程使得资源配置的空间范围迅速向外延伸，这就要求市场分析在可行性研究中占有突出重要的地位。项目目标和功能定位、目标市场的选择、竞争力分析，投资模式及融资方案的制定，各种分析数据及评价指标的确定，都应基于市场分析进行科学、审慎的分析和判断，并注重国际、国内市场的融合和相互影响等因素的分析，强调市场风险分析。

### （四）强调要重视融资方案分析

现代公司制运作模式对融资渠道和方式将更加关注。为适应融资主体多元化、融资渠道多样化、融资方式复杂化的需要，可行性研究必须重视融资方案的分析论证。融资方案的分析必须强调从项目业主的角度，从出资人的角度，从维护公司股东合法权益和追求股东价值最大化的角度，选择负债融资及股权出资的规模和结构，进行资金成本、融资风险等的分析评价。

### （五）强调从企业理财的角度进行财务分析

建立现代公司制度的前提就是要落实企业投资决策自主权，这就要求企业在编制可行性研究报告时，不是在应付政府部门的审批，而是切切实实地在为自身发展而精心论证投资项目。企业投资的目的就是要追求企业价值和股东权益最大化，因此必须从企业理财角度对自身投资的项目进行科学论证。从企业理财的角度进行拟建项目的财务分析，要求必须改变过去将"项目"与"企业"相互分割的做法，财务分析的重点将转变为如何设计理想的投资模式和融资方案，实现企业理财目标，因此财务分析的内容和思路框架都会发生相应调整，从而改变目前投资项目可行性研究报告中的财务分析评价流于形式的普遍现象。

### （六）强调关注企业的社会责任

中国人口众多，资源短缺，生态脆弱，在发展过程中要倍加尊重自然规律，充分考虑资源、生态和环境的承载能力，不断加强生态建设和环境保护，合理开发和节约各种自然资源，努力建设低投入、少排污、可循环的节约型社会，促进人与自然的和谐，实现可持续发展。这就要求在企业投资项目可行性研究中，应重视节能、节水、节地、节材等资源节约综合利用分析、环境影响评价、社会评价等问题，将生态文明建设的理念融入企业投资项目的可行性论证之中。

### （七）重视股权并购投资的可行性研究

在现代企业理财模式下，企业的投资活动多种多样，既包括新建项目，也包括改扩建项目；既包括工程建设，也包括兼并、收购、资本运作等投资行为，使得可行性研究的范围大大拓展。现代公司制度的建立，将极大地激发企业的理财意识、战略发展意识和资本运作意识，并极大地丰富企业投资项目可行性研究的内涵。

# 战略性新兴产业政府引导基金

## 第一节  战略性新兴产业政府引导基金概述

### 一、政府引导基金简介

#### （一）基本定义

政府引导基金是指由政府出资，并吸引有关地方政府、金融、投资机构和社会资本，不以营利为目的，以股权或债权等方式投资或资助于创业风险投资机构或新设创业风险投资基金，以支持创业企业或新兴产业和地区经济发展的专项资金。

引导基金最早以法规形式出现在2005年国家发展和改革委员会等十部委联合颁布的《创业投资企业管理暂行办法》所做出的规定中。该办法第22条明确规定："国家与地方政府可以设立创业投资引导基金，通过参股和提供融资担保等方式扶持创业投资企业的设立与发展"。

此后，为了有效指导政府规范设立和运作创业引导基金，2008年10月，国家发展和改革委员会会同财政部、商务部制定了《关于创业投资引导基金规范设立与运作的指导意见》（以下简称《指导意见》），为政府引导基金组织和设立确立了一个法律基础。

政府引导基金是以政府为主导采用市场化运作的基金，其基本运作模式是由政府背景的平台公司引导部分社会资本发起设立母基金，主要以有限合伙人（LP）的方式投资于特定区域或领域的私募股权基金。

#### （二）基本特点

根据《指导意见》，政府引导基金具有以下几个特点：

首先，政府引导基金是不以营利为目的政策性基金，并非商业性基金。

其次，政府引导基金发挥引导作用的机制是"主要通过扶持创业投资企业发展，引导社会资金进入创业投资领域"，而非直接从事创业投资。

最后，政府引导基金按市场化的有偿方式运作，而非通过拨款、贴息或风险补贴式的无偿方式运作。

引导基金与创业投资基金的区别：从基金的投资对象来看，政府引导基金实际上是一种"基金的基金"（Fund of Funds，FOF），所谓"基金的基金"，通常是指投资于其他基金的基金，有时也称为"母基金"。"基金的基金"与一般创业投资基金直接投资于项目相比，在风险分散、投资手续简化、投资成本等方面存在优势；但投资于"基金的基金"也有一些不足，主要表现在双重管理费用，投资收益平均化、易产生额外费用和管理风险等方面。

引导基金与"基金的基金"的区别：政府引导基金作为一种政策性"基金的基金"，其具有一般商业性"基金的基金"的共同特点，同时也具有自身的特点。政府引导基金和商业性"基金的基金"一样，均作为母基金投资于其他多个子基金，不直接投资于创业项目。但政府引导基金的主要出发点是吸引社会资金的投入，以共同组建创业投资子基金来支持创业投资发展，其在设立主体、投资原则、管理方式和存续期等方面与商业性"基金的基金"有明显区别。不过在现实情况中，由于部分商业性运作的"基金的基金"也有政府参与的背景，并在一些场合中发挥引导资金的作用，因此，在实践中两者界限并非十分清晰。

### （三）政府引导基金的作用

#### 1. 引导社会资金集聚，形成资本供给效应

政府创业资本引导基金的设立会改善创业资本的供给，解决创业投资的资金来源问题。创业投资的投资期长，风险大，流动性差；不像股票等证券投资可以迅速变现、流动性好，民间资本偏好于证券市场，而创业投资等股权投资整体资金供给不足，完全依靠市场机制无法有效解决资本供给不足问题。

因此，政府设立引导基金，通过政府信用，吸引保险资金、社保资金等机构投资者的资金以及民间资本、国外资本等社会资金聚集，形成资本供给进入创业投资领域，这为创业投资提供了一个很好的资金来源渠道。

#### 2. 优化资金配置方向，落实国家产业政策

政府引导基金的投资对象是以创新型企业为主体，从而起到引导和带动社会资本对高科技创新企业的投资。目前，我国创业投资者偏好于投资期短见效快的IT类、教育、餐饮等领域项目，而对于成长期较长的生物医药、节能环保等领域项目投资偏少，这与国家科技发展规划所鼓励的方向不协调，创业投资不能有效地发挥其对产业调整和发展的促进作用。

通过设立政府引导基金，以政府信用吸引社会资金，可以改善和调整社会资金配置，引导资金流向生物医药、节能环保、新能源与新材料等战略性新兴产业领域，培育出一批以市场为导向、以自主研发为动力的创新型企业，有利于我国产业结构的调整升级。

#### 3. 引导资金投资方向，扶持创新中小企业

政府引导基金有一个较强的政策导向——扶植极具创新能力的中小企业。目前，国内很多创业投资机构及海外基金均出现投资企业阶段不均衡的特点，多倾向于投资中后期的项目，

特别是已经能看到上市前景（Pre-IPO）的企业。而处于种子期与初创期的企业具有很高的风险，正处于生死存亡的关键时刻，但却很难吸引资金的投入。创业早期企业融资困难，而中后期企业资金供给相对过剩。

通过设立政府引导基金，引导社会资金投资处于初创期的企业，从而可以培养一批极具创新能力、市场前景好的初创期企业快速成长，为商业化创业投资机构进一步投资规避一定的风险，引导其后续投资，用"接力棒"的方式将企业做强做大，最终实现政府目标的创业投资机构和商业化的创业投资机构共同发展，建立起政府资金和商业资金相互促进、相互依赖的创业投资体系。

### 4. 引导资金区域流向，协调区域经济发展

市场机制的作用会扩大地区间的创业投资资源不平衡现象，经济条件优越，发展条件越好的东部地区，越容易获得创业投资资本；而经济条件恶劣，发展越落后的中西部地区，越难获得创业投资资本。创业投资资本分布的不平衡进一步扩大了区域经济之间的差距。

通过设立政府引导基金，引导社会资金投资于中西部地区，争取更多的中西部投资项目，有利于缓解区域间经济发展不平衡，对促进区域经济协调发展有好处。

综上所述，建立引导基金是政府解决创业期中小企业融资难题的重要手段。政府通过投入资金建立引导基金，将进一步发挥政府资金的引导、带动和放大作用，引导社会资金对创业期中小企业进行股权投资，解决创业期中小企业融资难题，放大政府对创业投资机构的导向效应和对企业发展的支持效应。同时，建立引导基金也是转变政府资金扶持方式的需要。目前，各级政府资金扶持中小企业的方式仍以补助和贴息为主，政府建立引导基金，可以通过投资入股的方式，引导社会资金共同推动中小企业融资发展，实现政府资金循环使用，提高资金使用效率，并为政府其他产业资金转变扶持方式积累经验。

### 5. 引导基金对创投企业的意义

政府引导基金的"杠杆效应"可以解决创业投资企业的市场失灵问题，在现有条件下，引导基金与创投企业合作既有机遇，又面临挑战，同时，创投企业引进政府引导基金对其自身业务发展也具有十分重要的意义。创投企业与政府引导基金合作，在项目来源、政府资源利用、信用担保、政策支持、资金规模扩张等方面均会获得发展优势（见表7-1）。此外，政府引导基金对合作对象的严格要求，也会加强创投企业的内部管理，有利于提升其业绩。

表7-1　创投企业引进政府引导基金后的优势

| 优　势 | 主要内容 |
| --- | --- |
| 获得投资项目来源 | 创投企业的投资难点是项目，与政府引导基金合作，就有了政府的参与，政府就有责任推荐优势项目，缓解了创投机构项目来源的难题；同时，有了政府的优势项目作保证，也为创投企业提供了发展空间 |
| 与政府和谐互动 | 创投企业与引导基金合作，实际就是创投机构和各级政府建立了一种良性、互动、相互依存的关系，而这种依存关系是一种不可或缺的资源优势，有了这种特殊的政府资源作保证，在涉及许可证、税收、土地等软环境方面会得到优化的服务，创投企业很多难题就会迎刃而解 |

（续）

| 优　势 | 主要内容 |
|---|---|
| 实现低成本扩张 | 创投企业要想做大做强、实现良性扩张，最大的难点就是布点的成本过高，而有了政府引导基金的参与，创投企业就可以最大限度地利用政府网络和政府的诚信优势，实现低成本的布点、扩张，形成准入门槛 |
| 吸引资本扩大规模 | 创投企业要想扩大资金规模，难点就是民间资本的信任，有了政府引导基金，无疑就是为创投企业提供了一份信用担保，引导基金成为吸引民间资本参与创投的动力 |
| 突出政策优势 | 在中国目前的特殊国情中，政策的支持十分重要，而政府引导基金的设计，恰恰突出了政策的优惠，有了优惠的政策和良好的制度，就可以保证创投企业的经济收益 |

资料来源：赛迪投资顾问，2012-04.

## 二、国内政府引导基金发展现状

### （一）政府引导基金的政策环境

我国自1984年即开始探索推动发展创业投资，但在此后的20多年时间里，由于对引导创业投资发展路径缺乏正确的认识，所出台的一系列政策措施均缺乏可操作性。起初，政府试图通过财政出资直接设立创业投资企业，开展创业投资活动，如深圳市创新投资集团有限公司、上海创业投资有限公司、江苏高科技投资集团、天津创业投资有限公司等。这些政府主导型创业投资机构虽然起到了一定的作用，但政府直接从事创业投资活动，很难与行政管理相分离，创业投资效率难以提高。

为有效克服运用财政资金直接从事创业投资的不足，2005年11月由国务院十部委正式联合发布《创业投资企业管理暂行办法》，该办法第22条明确规定："国家与地方政府可以设立创业投资引导基金，通过参股和提供融资担保等方式扶持创业投资企业的设立与发展"。该办法发布实施后不久，北京、上海等地即着手探索通过设立创业投资引导基金来创新财政资金扶持创业投资企业发展的方式。

2007年7月，财政部、科学技术部颁布《科技型中小企业创业投资引导基金管理暂行办法》的规定，科技型中小企业创业投资引导基金专项用于引导创业投资机构向初创期科技型中小企业投资。2008年10月，国家发展和改革委员会同财政部、商务部制定了《关于创业投资引导基金规范设立与运作的指导意见》（以下简称《指导意见》），对引导基金的性质与宗旨、原则和方式、资金来源、资金管理、监管与指导、风险控制和组织实施七个方面做出了规范性的建议，为政府引导基金组织和设立确立了一个法律基础。这两部法规的颁发，尤其是《指导意见》的实施为政府引导基金的设立和发展奠定了法律基础，使国内政府引导基金步入了规范设立与运作的轨道（见表7-2）。

表7-2　政府引导基金相关政策

| 法律法规 | 发布时间 | 发布单位 | 主要内容 |
|---|---|---|---|
| 《创业投资企业管理暂行办法》 | 2005.11 | 国务院国家发展和改革委员会等十部委 | 规定国家与地方政府可以设立创业投资引导基金，通过参股和提供融资担保等方式扶持创业投资企业的设立与发展 |
| 《国家中长期科学和技术发展规划纲要（2006—2020年）》 | 2006.2 | 国务院 | 提出要探索以政府财政资金为引导，政策性金融、商业性金融资金投入为主的方式，采取积极措施，促进更多资本进入创业风险投资市场 |
| 《财政部国家税务总局关于促进创业投资企业发展有关税收政策的通知》 | 2007.2 | 财政部、国税局 | 规定创业投资企业采取股权投资方式投资于未上市的中小高新技术企业两年及以上，符合条件的，可按照其对中小高新技术企业投资额的70%抵扣该创业投资企业的应纳税所得额 |
| 《科技型中小企业创业投资引导基金管理暂行办法》 | 2007.7 | 科学技术部、财政部 | 规定科技型中小企业创业投资引导基金专项用于引导创业投资机构向初创期科技型中小企业投资 |
| 《关于创业投资引导基金规范设立与运作的指导意见》 | 2007.10 | 国家发展和改革委员会、财政部、商务部 | 对引导基金的性质与宗旨、原则和方式、资金来源、资金管理、监管与指导、风险控制和组织实施七个方面，做出了规范性的建议，为政府引导基金组织和设立确立了一个法律基础 |

资料来源：赛迪投资顾问，2012-04.

### （二）政府引导基金发展历程

按照相关政府文件的出台时间以及政府引导基金的设立情况，将国内政府引导基金发展历程划分为三个阶段：①探索起步阶段（2002—2006年）；②快速发展阶段（2007—2008年）；③规范设立与运作阶段（2009年至今）。

#### 1. 探索起步阶段（2002—2006年）

国内最早成立的政府引导基金是2002年1月，北京市政府派出机构——中关村科技园区管委会借鉴以色列经验，在全国率先设立的"中关村创业投资引导资金"（由于当时还没有政府引导基金的概念，基金通常指证券投资基金，为避免混淆概念，这里取名为资金）。

自2005年11月国务院十部委颁布《创业投资企业管理暂行办法》并第一次在政府法规中提出政府"创业投资引导基金"的概念后，在《国家中长期科学和技术发展规划纲要（2006—2020年）》等相关政策的鼓励下，国务院有关部门及地方政府探索设立各类创业投资引导基金的积极性进一步提高，截至2006年年底，全国各级政府设立政府引导基金5只，基金总额35亿元（见表7-3）。

#### 2. 快速发展阶段（2007—2008年）

2007—2008年，国内创业投资进入高速发展期，政府引导基金也得到了快速发展。从科学技术部到地方地级市政府，都开始或筹划设立创业投资引导基金。"创业投资"、"政府引导基金"不仅成为各大金融投资类论坛、研讨会、讲座的核心话题，而且频繁出现在各级政府经济文件中。2007—2008年，全国新成立政府引导基金超过21只，总规模超过145亿元（见表7-4）。截至2008年年底，全国新成立政府引导基金超过26只，总规模超过180亿元。

表7-3　政府引导基金设立情况（2002—2006年）

| 成立时间 | 基金名称 | 出　资　方 | 运作模式 | 规模（亿元） |
|---|---|---|---|---|
| 2002.1 | 中关村创业投资引导基金 | 中关村管委会 | 种子基金、跟进投资、参股基金 | 5 |
| 2006.3 | 苏州工业园区创业投资引导基金 | 中新创投、国家开发银行 | 参股基金 | 10 |
| 2006.9 | 北京市海淀区创业投资引导基金 | 北京海淀区政府 | 参股基金、成立基金、融资担保 | 5 |
| 2006.10 | 上海浦东新区创业风险投资引导基金 | 上海浦东新区政府 | 合作投资、参股基金 | 10 |
| 2006.12 | 无锡新区创业投资引导基金 | 无锡新区管委会 | 阶段参股 | 5 |

资料来源：赛迪投资顾问，2012-04.

表7-4　政府引导基金设立情况（2007—2008年）

| 成立时间 | 基金名称 | 出　资　方 | 运作模式 | 规模（亿元） |
|---|---|---|---|---|
| 2007.6 | 山西创业投资引导基金 | 山西省政府、国家开发银行 | 参股基金 | 8 |
| 2007.7 | 科技型中小企业创业投资引导基金 | 财政部、科学技术部 | 阶段参股、跟进投资、风险补助、投资保障 | 1（首期） |
| 2007.9 | 扬州市创业投资引导基金 | 扬州市政府 | 参股基金 | 1 |
| 2007.9 | 西湖区中小企业产业引导基金 | 西湖区政府 | 参股基金 | 2.5 |
| 2007.12 | 天津滨海新区创业风险投资引导基金 | 天津滨海新区管委会、国家开发银行 | 参股基金、合作投资 | 20 |
| 2007.12 | 吉林省创业投资引导基金 | 吉林省政府、国家开发银行 | 参股基金 | 10 |
| 2008.5 | 西安高新区创业投资引导基金 | 西安市高新区管委会 | 参股基金 | 6 |
| 2008.4 | 杭州市创业投资引导基金 | 杭州市政府 | 阶段参股、跟进投资 | 10 |
| 2008.6 | 绍兴市创业投资引导基金 | 绍兴市政府 | 阶段参股、跟进投资、风险补助 | 2 |
| 2008.7 | 北京市中小企业创业投资引导基金 | 北京市政府 | 参股基金 | 8 |
| 2008.7 | 诸暨市创业投资引导基金 | 诸暨市政府 | 阶段参股、跟进投资、风险补助 | 0.5～1 |

（续）

| 成立时间 | 基金名称 | 出资方 | 运作模式 | 规模（亿元） |
|---|---|---|---|---|
| 2008.7 | 苏州吴中国发创业投资基金 | 苏州吴中区政府 | 参股基金 | 3 |
| 2008.7 | 昆明市科技中小企业投资引导基金 | 昆明市政府 | 阶段参股、跟进投资、风险补助、投资保障 | — |
| 2008.8 | 重庆市科技创业风险投资引导基金 | 重庆市政府、中国进出口银行 | 参股基金 | 10 |
| 2008.8 | 山西省创业风险投资引导基金 | 山西省政府、国家开发银行 | 参股基金 | 8 |
| 2008.9 | 杭州市萧山区创业投资引导基金 | 萧山区政府 | 阶段参股、跟进投资 | 1 |
| 2008.9 | 杭州桐庐县创业投资引导基金 | 桐庐市政府 | 跟进投资 | 0.03 |
| 2008.9 | 南京市创业投资引导基金 | 南京市政府 | 参股基金、跟进投资 | 2（首期） |
| 2008.10 | 成都高新区创业投资引导基金 | 成都高新区、成都市政府、中国进出口银行 | 参股基金 | 15 |
| 2008.12 | 陕西省创业投资引导基金 | 陕西省政府 | 参股基金 | 10 |
| 2008.12 | 湖北省创业投资引导基金 | 湖北省政府 | 阶段参股、跟进投资、风险补助、投资保障 | 6 |

资料来源：赛迪投资顾问，2012-04.

### 3. 规范设立与运作阶段（2009年至今）

在各地方政府引导基金快速设立之后，有关引导基金的性质、宗旨、设立、运作模式、管理方式以及监管考核和风险控制等很多关键问题并没有解决，影响了引导基金的操作，导致部分地方政府引导基金虽然设立了很长时间，但一直无法进行实际运作。为有效对引导基金的设立和运作进行指导，国家发展和改革委员会从2006年开始会同财政部、商务部，着手制定《关于创业投资引导基金规范设立与运作的指导意见》，并于2008年10月18日正式生效，《指导意见》明确了引导基金的性质和宗旨，解决了引导基金实际运行过程中出现的诸多操作性问题，对我国引导基金的发展和运作产生了积极、深远的影响。自此，我国引导基金步入规范设立与运作的轨道。

2009年以来，全国各地政府引导基金的设立继续保持快速发展势头，不仅数量上快速增长，而且新成立引导基金在规模上也迅速扩大。截至2011年7月，全国已设立政府引导基金超过56只，基金总规模超过500亿元（见表7-5）。

表7-5　政府引导基金设立情况（2009年—2011年7月）

| 成立时间 | 基金名称 | 出资方 | 运作模式 | 规模（亿元） |
|---|---|---|---|---|
| 2009.3 | 浙江省创业风险投资引导基金 | 浙江省财务开发公司 | 阶段参股、跟进投资 | 5 |
| 2009.3 | 珠海高新区高新技术创业投资引导基金 | 珠海市高新区管委会 | 阶段参股、跟进投资、风险补助、投资保障 | 1 |
| 2009.6 | 河北省科技型中小企业创业投资引导基金 | 河北省政府 | 阶段参股、跟进投资 | 1 |
| 2009.6 | 江苏省宿迁市创业投资引导基金 | 江苏省宿迁市政府 | 参股基金、跟进投资 | 1 |
| 2009.7 | 山东省省级创业投资引导基金 | 山东省政府 | 参股基金、跟进投资 | 10 |
| 2009.7 | 内蒙古自治区创业投资引导基金 | 内蒙古自治区政府 | 参股基金、跟进投资 | 1 |
| 2009.7 | 杭州经济技术开发区创业投资引导基金 | 杭州经济技术开发区管委会 | 参股基金 | 2 |
| 2009.8 | 安徽省创业投资引导基金 | 安徽省政府 | 参股基金、跟进投资 | 10 |
| 2010.3 | 上海创业投资引导基金 | 上海市政府 | 参股基金、跟进投资 | 30 |
| 2010.9 | 温州创业投资引导基金 | 温州市政府 | 参股基金 | 5 |
| 2010.9 | 广东省创业投资引导基金（拟设） | 广东省政府 | 参股基金 | 10 |
| 2010.9 | 温州创业投资引导基金 | 温州市政府 | 参股基金 | 5 |
| 2010.9 | 苏州工业园区创业投资引导基金（拟设，二期） | 中新创投、全国社保理事会基金、中国人寿、国家开发银行 | 参股基金 | 150 |
| 2010.10 | 黑龙江省创业投资政府引导基金 | 黑龙江省政府 | 参股基金 | 2 |
| 2010.11 | 大连市股权投资引导基金 | 大连市政府 | 参股基金 | 30 |
| 2010.12 | 云南文化产业发展引导基金（拟设） | 云南省政府 | 参股基金 | 10 |
| 2011.1 | 江苏新兴产业创投引导基金 | 江苏省政府 | 参股基金 | 10 |
| 2011.5 | 鄂尔多斯市财富股权投资引导基金 | 鄂尔多斯市国有资产控股集团有限公司 | 参股基金 | 30 |
| 2011.6 | 青岛市创业投资引导基金 | 青岛市政府 | 参股基金 | 5 |

资料来源：赛迪投资顾问，2012-04.

## 三、主要城市政府引导基金发展概况

### （一）北京大力发展"1+3+N"模式股权投资基金

北京市中关村将战略性新兴产业发展重点对准新能源、节能环保、电动汽车、新材料、新医药、生物育种、信息产业等领域。面向战略性新兴产业，中关村加大了金融对新兴产业的支持力度，初步形成了"一个基础、六项机制、十条渠道"的投融资体系。"一个基础"是以企业信用体系建设为基础；"六项机制"包括信用激励、风险补偿、以股权投资为核心的投保贷联动、分阶段性连续支持、银政企多方合作、市场选择聚焦重点等机制；"十条渠道"包括天使投资、创业投资、代办股份转让、境内外上市、并购重组、集合发债、担保贷款、信用贷款、小额贷款、信用保险和贸易融资。为加快培育战略性新兴产业，深入推进科技金融结合，北京市科委与北京银行于2010年2月8日在北京签署"全面推动'科技北京'行动计划暨生物医药产业发展战略合作协议"。此外，北京市金融工作局已确定"1+3+N"的发展模式，以吸引PE在北京发展。在"1+3+N"模式中，1应该代表的就是政府的引导基金，3应该表示的是三只产业基金，N代表多家投资企业。北京市政府引导基金总规模预计100亿元人民币，在该政府引导基金下设立三只产业投资基金，涉及科技、绿色和文化创意等领域，这些产业投资基金将与优秀的股权投资管理公司合作，设立多只股权投资基金。

### （二）广东拟设多项战略性新兴产业投资基金

广东省新出台的《关于加快经济发展方式转变的若干意见》明确指出，要加快培育发展战略性新兴产业。制定实施战略性新兴产业发展规划，建立战略性新兴产业技术标准体系，培育100个战略性新兴产业项目。"十二五"期间，广东省财政每年将新增20亿元，共100亿元，重点支持引导发展战略性新兴产业。为拓宽资金渠道，广东省将争取国家支持，募集设立若干产业投资基金，探索与国家有关部门联合建立新兴战略性产业创业投资基金。面向战略性新兴产业重点领域，广东省已经开始设立产业投资基金。2009年12月28日，广东省成立总规模为50亿元人民币的"绿色产业投资基金"，投资支持广东省内运用合同能源管理模式进行的节能减排项目。同时，将研究运用各种融资平台和信用支持平台的作用，创新融资工具和融资模式，推动重大项目通过股权证券化融资、租赁融资、特许经营等方式筹措建设资金。

### （三）天津战略性新兴产业股权投资基金持续发力

天津充分利用金融改革创新先行先试的政策优势，积极推动股权投资基金加快发展，已初步形成股权投资基金聚集的态势。2004年，天津市开始向国家申请设立产业基金。2006年，天津市获得国务院批准设立首只产业基金。同时，随着《中华人民共和国合伙企业法》的颁布实施，天津市积极研究制定鼓励股权投资基金发展的政策措施，设立适合股权投资基金的合伙制企业成为现实。天津市研究出台了有利于股权投资基金发展的各项政策制度，这些政策的出台，为股权投资基金的发展铺平了道路。天津市战略性新兴产业将面向软件及高端信息制造、绿色能源、先进制造业、生物技术和现代医药、现代服务业等领域，股权投资基金在较为完善的市场环境和外部条件的促进下，将助推战略性新兴产业跨越式发展。

### （四）上海首批新兴产业创投基金数量居全国首位

在国家发展和改革委员会、财政部设立的20只新兴产业创投基金中，上海获得其中5只基金的设立指标，在与中央签约的7省市中数量最多。上海市将设立集成电路设计、生物医药、新能源、软件和信息服务、新材料等5只新兴产业创投基金。这5只国家级创投基金基本覆盖了上海市新兴产业的主要范围，按创投领域每个项目平均1 000万元投入计算，5只基金可投资200多家企业。创投基金的地方参股部分，将来自由上海市政府新近设立的"上海市自主创新和高新技术产业发展重大项目专项资金"，此专项资金共计100亿元，由上海市级财政预算和国有资本经营预算专项安排。而其国家参股部分，则来自国家发展和改革委员会目前设立的国家产业技术研发资金。国家参股部分资金来自中央财政。对于更大份额的社会资本募集，上海市将吸引各类投资机构、大型企业及境外投资者的参与。

# 第二节　政府引导基金运作模式

## 一、政府引导基金运作模式

### （一）参股基金

参股基金是引导基金运作的最基本的业务模式。所谓参股就是引导基金按照承诺出资方式与社会资本共同发起组建新的创业投资企业（子基金）。引导基金通过参股方式，吸引社会资本共同发起设立创业投资企业，需要在其公司章程或有限合伙协议等法律文件中，规定以一定比例资金投资于创业早期企业或需要政府重点扶持和鼓励的高新技术等产业领域的创业企业。

参股模式具体运作时，根据参股企业性质不同，还可以分为参股设立创业投资企业、参股其他引导基金（以下简称"基金的基金"）、协议参股三种方式：①参股设立创业投资企业就是引导基金以参股方式与社会资本共同发起组建创业投资企业。②参股"基金的基金"是先由政府投资的公司吸收其他社会资金共同组建母基金，由母基金作为引导基金，和国内外具有优良管理能力和投资能力的创业投资基金管理机构或团队，以共同组建创业投资子基金。③协议参股是由引导基金与其他引导基金或"基金的基金"签订合作协议，在约定的合作期限内，引导基金按照合作引导基金或"基金的基金"所参股投资创业投资企业的资金总额的一定比例提供股权投资资金，委托合作引导基金投资于创业企业并进行股权管理；如果引导基金向创业投资企业进行股权投资并在约定期限内退出，即为阶段参股方式，阶段参股的参股期限一般不超过5年，存续期内引导基金不参与日常经营与管理。

政府引导基金参股运作模式如图7-1所示。

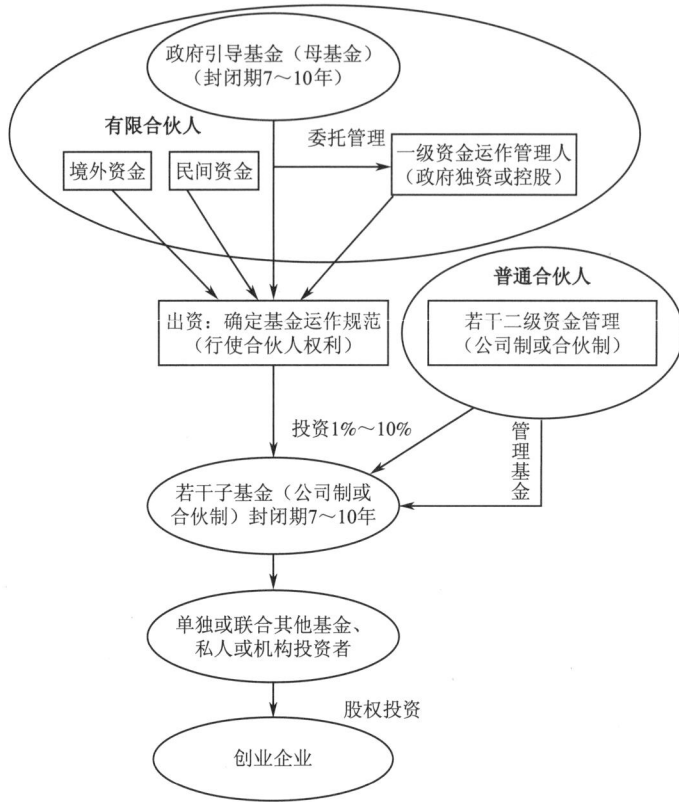

图7-1    政府引导基金参股运作模式

资料来源：赛迪投资顾问，2012-04.

### （二）融资担保

融资担保可采用两种方式：一种是根据信贷征信机构提供的信用报告，对历史信用记录良好的创业投资企业，通过补偿基金直接提供融资担保方式，支持其通过债权融资增强投资能力；另一种是引入担保机构，对担保机构进行补贴。政府通过补偿基金放大担保公司给创投公司担保的贷款规模，并引导创投公司的贷款投向。创投公司可组建专管机构，负责创业资本的运营，承办项目公司信用管理的具体工作，综合协调管理全部项目公司的资金运作，并负责批量向贷款银行申请贷款，负责贷款的统借统还，对银行承担最终还本付息责任。这种运作模式可以考虑引导基金只作为担保公司的补偿基金，而对创投公司不进行投资。这样一方面减少了政府的初期投资，另一方面也利于创投公司的市场化运营。

这种模式也是当前政府通过政策性担保解决中小企业融资问题最常用的做法。在这种模式下，政府承担的风险较低，政府干预创业投资公司运作的程度也较低，且易操作。但对创业投资公司来说，多出一个新机构，加大了成本开支并减缓了资金的流动速度。

### （三）跟进投资

所谓跟进投资就是指引导基金以同等条件对创业投资企业的投资项目进行跟进投资，以引导创业投资企业的投资方向。产业导向或区域导向较强的引导基金，可探索通过跟进投资或其他方式，支持创业投资企业发展并引导其投资方向。跟进投资仅限于当创业投资企业投资创业早期企业或需要政府重点扶持和鼓励的高新技术等产业领域的创业企业时，引导基金可以按适当股权比例向该创业企业投资，但不允许以"跟进投资"之名，直接从事创业投资运作业务。

跟进投资是引导基金业务模式中唯一一种直接投资方式，也是引导基金的一种辅助业务模式。在实际操作过程中，需要注意的是，跟进投资的资金只能占整个引导基金总额中很小的比例，并且一定要控制投资力度。

### （四）投资保障

投资保障指创业引导基金对有投资价值、但有一定风险的初创期中小企业，在先期予以资助的同时，在创业投资机构向这些企业进行股权投资的基础上，引导基金再给予第二次补助，以解决创业风险投资机构因担心风险想投而不敢投的问题，对于科技企业孵化器等中小企业服务机构尤其适用。投资保障是引导基金运作模式中唯一一种直接补贴创业企业的模式。

投资保障一般分两个阶段进行。首先，在创业投资企业与创业企业签订《投资意向书》后，引导基金对创业企业给予前期资助；其次，在创业投资机构完成投资后，引导基金对创业企业给予投资后资助。在实际操纵中，可与国家或地区创新基金政策结合起来使用，即制定政策规定创新基金优先支持签订《投资意向书》的创业企业。

### （五）风险补助

风险补助是政府引导基金对投资于初创期高科技中小企业的创业风险投资机构予以一定的补助，增强创业投资机构抵御风险的能力。

风险补助是引导基金的一种辅助业务模式，适用于规模较小的区域性引导基金。一般做法是，根据创业投资企业投资于早期科技型中小企业的实际投资额的一定比例给予一次性补贴。在实际操作中，风险补助一般不超过投资金额的5.0%，同时应避免创业投资机构利用风险补助政策纯粹套取国家补贴现象的发生。

## 二、政府引导基金运作模式选择

在几种引导基金的运作模式中，参股、融资担保是两种最通行、最适宜的引导基金运作模式，跟进投资、风险补助和投资保障均是引导基金的辅助运作模式。从运营可持续性来看，参股、融资担保、跟进投资三种模式引导基金都是以投资者的角色引导民间资本进入创业投资领域的，引导基金在运作过程中如果没有出现大的投资风险，一般都能保本微利，实现引导基金持续运营。这其中，跟进投资由于是一种"直接投资"方式，在实际操作中引导基金管理人容易产生投资冲动，偏离引导基金运作原则，不宜提倡，只能作为引导基金的一种辅助运作模式。风险补助和投资保障由于是引导基金纯粹支出，只能实现对创业投资事业的一次性支持，所以也并不是理想的引导基金运作模式，只能作为引导基金的辅助性运作模式（见表7-6）。

**表7-6　引导基金运作模式特征与适用范围比较**

| 模　式 | 投资对象 | 运营可持续性 | 适 用 对 象 | 地　位 |
|---|---|---|---|---|
| 参股基金 | 创业投资企业、创业企业 | 保本微利、能持续运营 | 国家级政府、地方政府，适用范围很广 | 主要模式 |
| 融资担保 | 创业投资企业、创业企业 | 保本微利、能持续运营 | 地方政府、适用范围较广 | 次主要模式 |
| 跟进投资 | 直接投资创业企业 | 保本微利、能持续运营 | 适用范围小、占引导基金很小的比例 | 辅助业务模式 |
| 投资保障 | 直接补贴创业企业 | 无偿支付、一次性支持 | 适用范围小，科技企业孵化器等中小企业 | 辅助业务模式 |
| 风险补助 | 补助创业投资企业 | 无偿支付、一次性支持 | 适用于规模较小的区域性引导基金 | 辅助业务模式 |

资料来源：赛迪投资顾问，2012-04.

从我国国情看，目前比较现实的选择是以参股模式为主，今后随着社会信用体系的逐步完善，也可考虑提供融资担保方式。

在选择引导基金的运作模式时，投资对象也是考虑的因素。对于创业投资业发展程度不同的地区可尝试不同的运作模式：①对创业投资发展处于初期阶段的地区，可采用引入"直接参股创业投资企业"的模式，以快速启动引导基金，尝试引导社会资本进入创业投资领域；②对创业投资发展处于成长阶段的地区，创业投资企业有一定实力并能进行资本经营时，可通过引入"融资担保"或者"直接参股"的模式打造融资平台，从而扩大融资规模，加速创业投资的发展；③对创业投资发展处于相对成熟阶段的地区，由于市场的成熟，政策法规的完善，资金人才的完备，就可以通过"跟进投资"或者"引导基金作为母基金来吸引社会投资"的方式，发挥其最大功效来促进创业投资的发展。

# 第三节　政府引导基金的发展策略

## 一、政府引导基金的性质与原则

### （一）性质与宗旨

引导基金是由政府设立并按市场化方式运作的政策性基金，主要通过扶持创业投资企业发展，引导社会资金进入创业投资领域。引导基金本身不直接从事创业投资业务。

根据《指导意见》，引导基金的宗旨是"发挥财政资金的杠杆放大效应，增加创业投资资本的供给，克服单纯通过市场配置创业投资资本的市场失灵问题。特别是通过鼓励创业投资企业投资处于种子期、起步期等创业早期的企业，弥补一般创业投资企业主要投资于成长期、成熟期和重建企业的不足"。随着国家对战略性新兴产业支持力度的加大，政府引导基金作为一种"支持自主创新的投资体制"，成为培育战略性新兴产业企业自主创新能力的重要途径。

### （二）运作原则与原理

引导基金的运作原则是，政府引导、市场运作和科学决策、防范风险。《指导意见》明确要求："引导基金应按照'政府引导、市场运作，科学决策、防范风险'的原则进行投资运作"。所谓"政府引导、市场运作"，是指引导基金在体现"引导社会资金设立子基金"和"引导子基金增加对创业早期企业投资"政策目标的同时，还应兼顾自身和所扶持子基金的"市场运作"。所谓"科学决策、防范风险"，是指引导基金必须建立起科学的决策机制，以有效防范运作风险。

政府引导创业投资基金的运作原理是：政府授权机构向由私人商业资本组成的创业投资基金提供资金支持，创业投资基金委托专业的管理团队运作，管理团队在政府授权机构设定的投资范围内，自主选择投资项目，向早期科技型中小企业投资或融资，帮助科技型中小企业发展。企业成长、扩大后，创业投资基金出售企业股权，获得投资收益，在私人资本收回本金和收益之前，首先返还政府的资金（见图7-2）。

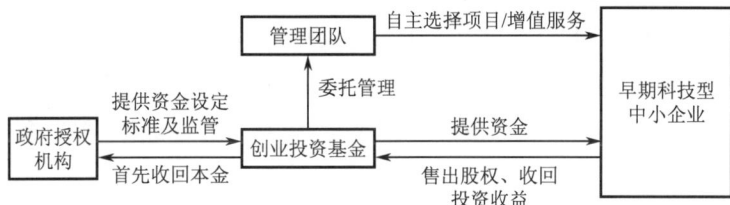

图7-2　政府引导基金运作原理

资料来源：赛迪投资顾问，2012-04.

## 二、政府引导基金投资策略

### （一）政府引导基金投资原则

1. 不直接从事创业投资

引导基金通过参股创业投资企业运作时，投资对象以投资于创业投资企业为主的创业投资企业，原则上不投资于以投资于其他创业投资企业为主的创业投资企业。但规模巨大的国家级引导基金，为保证区域平衡发展，可以适当参与地方政府引导基金或其他商业性"基金的基金"的设立，即参与设立新的引导基金（或基金的基金）。

2. 不控股子基金

引导基金设立的目的之一是发挥引导基金的引导放大作用，一般不控股子基金，以确保引导基金的市场化运作。一般约定引导基金股份不超过子基金总股本的30%，当然，为了鼓励子基金更多地投资于早期创业项目，对于以投资早期企业为主的子基金条件也可以放宽，但最高不能超过49%，以避免引导基金控股子基金。同时，为避免不同级别引导基金共同投资同一基金，应谨慎与同类性质的政府资金合作投资，防止失去引导基金的引导本意，引导基金股权比例合计也不应超过49%。

### 3. 引导子基金投资区域

地方政府设立引导基金的目的是为了扶持区域内科技创新企业的发展，因此，一般规定其所投资子基金必须有一定比例的资金投资于引导基金所在区域。这个比例不宜过高，也不能太低，比例过低不能发挥区域经济带动作用；比例过高限制了子基金的投资自由度，可能失去投资机会或难以寻找到优质项目，一般以引导基金投资的子基金投资于引导基金约定范围内高新技术企业的金额不少于引导基金出资额的两倍为宜。

### 4. 引导子基金投资阶段

政府引导基金设立的出发点之一是为了纠正创业投资资本配置的市场失灵，因此，通常要求其所投资的子基金主要投资于早期创业项目，并且限制子基金投资于成熟期企业的比例。

在特定的产业领域中，项目或企业都有一定的阶段性，创业投资项目引导基金应该定位在早期，包括种子期、创立期和成长期的早期，当然也不排除对成长期全过程的项目进行投资。

## （二）政府引导基金合作对象筛选

引导基金主要投资创业投资子基金，其合作对象主要是创业投资机构。引导基金应当制定科学的申请条件和帅选流程，对合作申请者进行公平、科学的评价和取舍。一般引导基金筛选合作对象的过程需经过寻找合作对象、初步筛选、审查、访谈到最终确定合作对象阶段（见图7-3）。

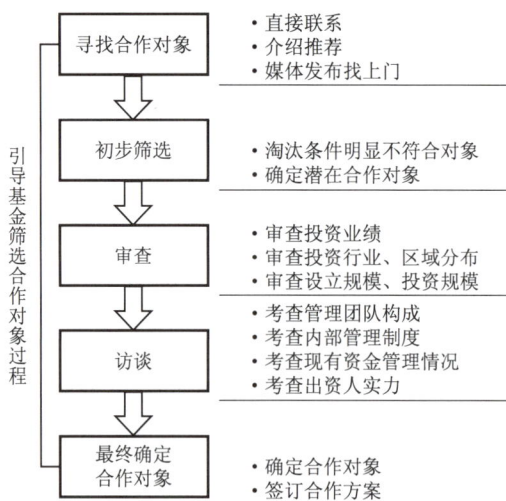

图7-3　政府引导基金合作对象筛选过程

资料来源：赛迪投资顾问，2012-04.

### （三）政府引导基金投资决策程序

为保证引导基金投资决策的科学性和民主性，引导基金应设置多级评审决策程序（通常为三级决策），以尽可能消除主观判断带来的决策风险（见图7-4）。三级决策程序包括：基金管理层初审、专家评审委员会专家评审和投资决策委员会最终决策。

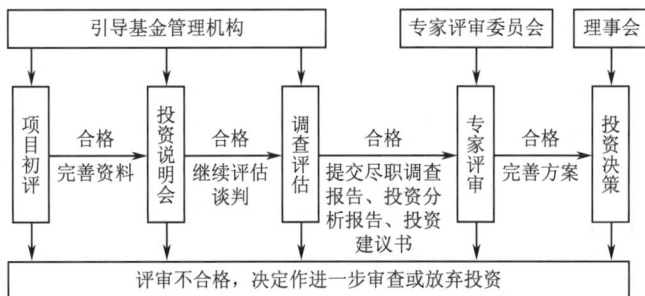

图7-4　政府引导基金投资决策流程

资料来源：赛迪投资顾问，2012-04.

## 三、政府引导基金风险控制与监管

政府引导基金应通过制定引导基金章程，明确引导基金运作、决策及管理的具体程序和规定，以及申请引导基金扶持的相关条件，以对引导基金进行风险控制与管理。具体来说，《指导意见》第六条从四个环节，提出了建立全过程风险控制机制的要求。

一是在管理风险防范环节，《指导意见》除了第二条有关"引导基金的设立与资金来源"条款要求引导基金在设立前，财政部门和负责推进创业投资发展的有关部门"应当结合本地实际情况制定引导基金管理办法"外，还在风险防范环节进一步要求引导基金理事会"应通过制定引导基金章程，明确引导基金运作、决策及管理的具体程序和规定，以及申请引导基金扶持的相关条件"。

二是在运作风险防范环节，《指导意见》要求"引导基金章程应当具体规定引导基金对单个创业投资企业的支持额度以及风险控制制度"。之所以要求规定"对单个创业投资企业的支持额度"，是为了引导更多的社会资金设立子基金，并更好地分散引导基金的运作风险。之所以还要规定"风险控制制度"，是为了通过相应的制度安排，来控制引导基金的运作风险。为给设计"风险控制制度"提供政策依据，《指导意见》还特别明确："以参股方式发起设立创业投资企业的，可在符合相关法律法规规定的前提下，事先通过公司章程或有限合伙协议，约定引导基金的优先分配权和优先清偿权，以最大限度控制引导基金的资产风险"。

三是在经营风险防范环节，《指导意见》要求"引导基金不得用于从事贷款或股票、期货、房地产、基金、企业债券、金融衍生品等投资以及用于赞助、捐赠等支出。闲置资金只能存放银行或购买国债。"这项要求不仅有利于确保引导基金通过专业化运作减少经营风险，也有利于促进引导基金集中精力扶持创业投资企业，以更好地实现引导基金的政策目标。

四是在制度风险防范环节，《指导意见》要求"引导基金的闲置资金以及投资形成的各种资产及权益，应当按照国家有关财务规章制度进行管理。引导基金投资形成股权的退出，应按照公共财政的原则和引导基金的运作要求，确定退出方式及退出价格。"这样，既有利于防范引导基金游离于国家公共财政管理体系之外，又能够适应引导基金的特点，避免将其作为经营性国有资产在投资退出时的各种制度性障碍。

## 四、政府引导基金投资退出与考核

### （一）政府引导基金的退出

我国《创业投资企业管理暂行办法》规定，创业投资基金可选择三种退出渠道：①通过股权上市转让；②通过股权协议转让；③被投资企业回购。对政府设立的创业投资引导基金而言，这三种退出机制也同样适用，但在退出的具体做法上应根据其自身特点进行适当调整。

引导基金退出时机的选择主要基于以下两个方面：一方面，当引导基金目标实现时，即当支持的子基金不再需要引导基金的支持时，引导基金应当适时退出；另一方面，当发现子基金违反协议约定，引导目标无法实现时，引导基金业应当及时退出。

引导基金退出方式主要有两个层面：一是引导基金在所投资的创业投资存续期内，可以在适当时机将其所持有股份优先转让给其他社会投资人或公开转让，但原始投资者在同等条件下具有优先购买权；二是引导基金投资的创业投资企业到期后清算退出。在引导基金退出子基金时，引导基金本着让利于民的原则，给予参与合作的民间资本以一定的让利或者给予一定的风险补偿，以弥补民间投资早期项目可能出现的较大风险。同时，也应当保证引导基金本金的完全或适当的增值，以保证引导基金的持续发展。

### （二）政府引导基金的考核

为加强对引导基金的考核和监管，《指导意见》要求"财政部门和负责推进创业投资发展的有关部门对所设立引导基金实施监管与指导，按照公共性原则，对引导基金建立有效的绩效考核制度，定期对引导基金政策目标、政策效果及其资产情况进行评估"。

在对政府引导基金进行评价时，不仅要考虑经营性指标，考核基金是否坚持了新国家利益观，即投资能否加强自主创新的知识产权，提高国家整体的经济核心竞争能力，能否弥补重点发展行业的产业链缺口；同时也要考虑引导基金的杠杆放大作用，看其对民间资本的加速和放大的作用程度，是否能起到应有的政策示范和引导效应。

对于创业资本引导基金的子基金，其重点投资应专注于中早期科技创新型企业、为骨干企业配套的中小型企业，以及能成为重点行业骨干的中大型企业。

因此，对这些子基金的评价，也要以市场化的绩效考核指标为主，同时要兼顾引导基金的政策性指标。

# 战略性新兴产业企业并购整合

## 第一节　战略性新兴产业并购整合规划

### 一、战略性新兴产业并购规划内容

企业并购作为公司资本运作的方式之一，在经过了若干年的发展总结后，如今已成为企业扩张的重要手段。并购规划的制定也为企业提供了业务发展的后台保障。一般来说，企业制定投资规划应包含以下内容。

#### （一）并购目标

制定并购规划重点要确定规划的目标，公司并购的目标可以分为短期目标和长期目标，通过短期目标促成长期目标的实现。公司并购目标要根据公司未来发展战略、所处行业的产业链情况、市场情况等因素综合制定，使目标兼具挑战性和可行性。

#### （二）实现目标周期

公司实施的并购规划要有时间要求，即短期目标达成的时间和长期规划预计完成的时间。这样既能增强企业实现目标的动力，又能给管理层提供良好的考核机制。对于公司管理层的考核既包括经营指标的考核，同时也包括并购规划和公司整体发展规划的完成情况。

#### （三）并购行业选择

公司首先要对所处的行业充分了解，并确定未来发展是否始终定位于现有行业。一般情况下，企业并购可分为横向并购、纵向并购和混合并购。横向并购即企业着眼于现有行业，对同行业企业开展并购活动；纵向并购即企业在现有行业的基础上，对行业的上下游进行整合，以加工类企业为例，企业既可以通过并购整合得到上游的原材料资源，从而降低原料成本，又可以通过并购获得下游销售渠道资源；混合并购是企业开拓外延式业务发展的重要方式之一，企业通过并购的方式进入其他行业，可能获得更高的毛利，也可能获得更好的公司形象等，最终促成企业的多元化发展。

### （四）并购成本效益分析

#### 1. 并购成本法分析

并购是实现企业之间资产重组的重要形式之一，也是企业实现快速扩张的重要手段。在企业并购过程中，并购成本主要来自三个方面：并购准备阶段成本、并购实施成本和并购后的整合成本。在实践中，有一种倾向就是绝大部分实施并购的企业都非常关注购买成本的高低，认为购买成本是决定实施并购与否的核心因素。实际上，购买成本只是并购成本的一部分，多数企业并购的准备成本、购买成本看起来很低，但总成本实际上却很高。在企业并购失败的诸多案例中，导致其失败的原因主要还是由于对并购后的整合成本认识不足。

整合成本，也被称为并购协调成本，是指并购企业为使被并购企业按计划启动、发展生产所需的各项投资。当并购完成后，由于并购企业与被并购企业作为两个不同的企业，在业务经营、管理模式、企业文化等方面都会存在显著的差异。要使它们成为一家企业，就必须对这些相异点进行整合，实现一体化运作。

在企业并购过程中，还有两种成本需要考虑，一个是退出成本，另一个是机会成本。退出成本主要是指企业通过并购实施扩张而出现扩张不成功必须退出，或当企业所处的竞争环境出现了不利变化，需要部分或全部解除并购所发生的成本。一般来说，并购力度越大，可能发生的退出成本就越高。这项成本是一种或有成本，并不一定发生，但企业应该考虑到这项成本，以便在并购过程中对并购策略做出更合适的安排或调整。

并购的机会成本是指企业为完成并购活动所发生的各项支出尤其是资本性支出相对于其他投资和收益而言的利益放弃。充分考虑这一项成本，可以对并购战略做出科学的判断。

总之，企业并购的成本是多样的，企业在实施并购战略时应充分考虑各项成本的性质和大小，权衡利弊，从企业实际情况出发选择合适的并购方案。

#### 2. 企业并购的效益分析

企业并购的动机来源于追求企业价值增值和行业整合，减少竞争对手。横向并购有利于降低竞争成本，形成规模经济；纵向并购有利于降低交易成本，形成协同效益；而混合并购能有效降低进入新行业的障碍，获得竞争优势。这些正是全球范围内企业并购兴盛不衰的主要原因。具体来说，企业并购的收益主要有以下几个方面。

1）获得规模经济的收益

企业并购可以获得企业所需要的产权及资产，实行一体化经营，达到规模经济。企业的规模经济是由生产规模经济和管理规模经济两个层次组成的。生产规模经济是指企业通过并购，对生产资本进行补充和调整，达到规模化生产的要求。在保持整体产业结构不变的情况下在各分厂实现集约化生产，达到专业化的要求。管理规模经济主要表现在由于管理费用可以在更大范围内分摊，使单位产品的管理费用大大减少。

2）合理避税的收益

税法中，不同类型的收益所征收的税率是不同的。例如，股息收入和利息收入、营业收益和资本收益的税率就有很大区别，因此企业可以利用并购来合理避税。企业可以利用税法中亏损递延条款来获得合理避税的收益。如果企业在一年中出现了严重亏损，或者企业连续几年不盈利，企业拥有相当数量的累计亏损时，这家企业往往会被考虑为并购对象，或者该企业考虑并购盈利企业，以充分利用它在纳税方面的优势。

3）寻找机会和分散风险的收益

在跨行业并购中，一些并购公司的主要目的不在于追求高收益，而在于通过并购其他行业的公司，寻求投资新领域和未来的发展空间，同时分散经营单一产品的风险。这种跨行业并购一定要以专业化为基础，不可盲目多元化经营。

4）获取融资渠道的收益

一些公司之所以并购上市公司或金融企业，主要在于为自己寻求一条比较方便的融资渠道，"买壳上市"就是这种方式。非上市公司通过证券市场收购已挂牌上市的公司，再以反向收购的方法注入自己的有关业务和资产，达到间接上市的目的。优势企业通过"买壳上市"，可以利用"壳"企业的配股和增发新股来较为便利地募集资金。

因此，企业需要全面、正确地对企业并购的成本和效益进行分析，盲目并购只会使企业背上沉重的负担。

## （五）风险评估

企业并购的风险是由并购中存在的各种不确定因素形成的。企业并购过程中需要评估风险的可控性，了解风险来自哪些方面和环节、风险的分布状况、风险造成影响的大小，明确下一步的风险防范和控制的目标和范围。

### 1.　并购决策风险

目标企业的选择和对自身能力的评估是一个科学、理智、严密、谨慎的分析过程，是企业实施并购决策的首要问题。如果对并购的目标企业选择和自身能力评估不当或失误，就会给企业发展带来不可估量的负面影响。在我国企业并购实践中，经常会出现一些企业忽略这一环节的隐性的风险而给自身的正常发展带来麻烦和困境的情况。概括而言，企业并购实施前的风险主要有以下两个方面。

1）并购动机不明确而产生的风险

一些企业并购动机的产生，不是从企业发展的总目标出发，通过对企业所面临的外部环境和内部条件进行研究，在分析企业的优势和劣势的基础上，根据企业的发展战略需要形成的，而是受舆论宣传的影响，只是在概略地意识到并购可能带来的利益，或是因为看到竞争对手或其他企业实施了并购，就非理性地产生了进行并购的盲目冲动。这种不是从企业实际情况出发而产生的盲目并购冲动，从一开始就潜伏着导致企业并购失败的风险。

2）盲目自信夸大自我并购能力而产生的风险

有的企业善于并购，有的企业不善于并购。并购可以说是基于提升和完善核心竞争力的要求，但并购本身也是一种能力。既然是一种能力，就不是"生而知之"的。从我国一些实例看，一些企业看到了竞争企业的弱势地位，产生了低价买进大量资产的动机，但却没有充分估计到自身改造能力的不足，如资金能力、技术能力、管理能力等，从而做出错误的并购选择，陷入了低成本扩张的陷阱。

## 2. 企业并购实施过程中的操作风险

企业实施并购的主要目标是为了协同效应，具体包括：管理协同、经营协同和财务协同，然而从实际情况来看，协同非常罕见。赛迪投资顾问认为，造成这种情况的主要原因是并购企业没有对企业实施并购过程中的风险加以识别和控制。这些风险主要包括以下两个方面。

1）信息不对称风险

所谓信息不对称风险，指的是企业在并购的过程中对收购方的了解与目标公司的股东和管理层相比可能存在严重的不对等问题给并购带来的不确定因素。由于信息不对称和道德风险的存在，被并购企业很容易为了获得更多利益而向并购方隐瞒对自身不利的信息，甚至杜撰有利的信息。企业作为一个由多种生产要素、多种关系交织构成的综合系统，极具复杂性，并购方很难在相对短的时间内全面了解、逐一辨别真伪。一些并购活动因为事先对被并购对象的盈利状况、资产质量（例如，有形资产的可用性、无形资产的真实性、债权的有效性）等缺乏深入了解，没有发现隐瞒着的债务、诉讼纠纷、资产潜在问题等关键情况，而在实施后落入陷阱，难以自拔。

2）资金财务风险

每一项并购活动背后几乎均有巨额的资金支持，企业很难完全利用自有资金来完成并购过程。企业并购后能否及时形成足够的现金流入，以偿还借入资金以及满足并购后企业进行一系列的整合工作对资金的需求是至关重要的。具体来说，财务风险主要来自几个方面：筹资方式的不确定性、多样性，筹资成本的高增长性，外汇汇率的多变性等。因此，融资所带来的风险不容忽视。

## 3. 并购整合风险

企业并购的一大动因是股东财富最大化。为了实现这一目标，并购后的企业必须要实现经营、管理等诸多方面的协同，然而在企业并购后的整合过程中，未必一定达到这一初衷，导致并购未必取得真正的成功，存在巨大的风险。

1）管理风险

并购之后管理人员、管理队伍能否得到合适配备，能否找到并采用得当的管理方法，管理手段能否具有一致性、协调性，管理水平能否因企业发展而提出更高的要求，这些都存在不确定性，都会造成管理风险。

2）规模经济风险

并购方在完成并购后，不能采取有效的办法使人力、物力、财力达到互补，不能使各项资源真正有机结合，不能实现规模经济和经验的共享补充，而是低水平重复建设。这种风险因素的存在将可能导致并购的失败。

3）企业文化风险

企业文化是在空间相对独立、时间相对漫长的环境下形成的特定群体一切生产活动、思维活动的本质特征的总和。并购双方能否达成企业文化的融合，形成共同的经营理念、团队精神、工作作风受到很多因素的影响，同样会带来风险。企业文化是否相近，能否融合，对并购成败的影响是极其深远的，特别是在跨国、跨地区的并购案中。

4）经营风险

为了实现经济上的互补性，达到规模经营，谋求经营协同效应，并购后的企业还必须改善经营方式，甚至生产结构，加大产品研发力度，严格控制产品质量，调整资源配置，否则就会出现经营风险。

## 二、战略性新兴产业并购整合的重要意义

### （一）战略性新兴产业推动中国产业进入并购整合时代

随着我国新兴产业化建设进程的加快，我国各大产业已经从基本的简单制造业转向高附加值、高技术含量的战略性新兴产业，同时也正从产业微笑曲线的底部向两端转移。在大的宏观经济环境下，伴随着国家相关产业并购整合政策的出台，战略性新兴产业的建设发展将推动我国的产业发展进入整合时代。

### （二）产业并购整合有利于行业利润率的提高

通常而言，产业整合程度的有效指标就是该产业的产业集中度。在产业链的细分市场中，上游涨价能力要明显强于下游，主要原因是上游行业的集中度一般较高。而下游行业集中度较低，提价程度明显较低（见表8-1）。

表8-1　主要产业上下游环节价格增速情况

| 价格涨幅 | PPI上游端（集中度相对较高） | PPI下游端（集中度相对较低） |
| --- | --- | --- |
| 30以上 | 石油和天然气开采、黑色金属矿采选 | |
| 20～30 | 煤炭开采和洗选、农副食品加工、黑色金属冶炼 | |
| 15～20 | 石油加工 | |
| 10～15 | 有色金属矿采选、化学原料、废弃资源 | |
| 5～10 | 非金属矿采选、非金属矿物、有色金属冶炼、燃气 | 食品制造、工艺品、金属制品 |
| 2.5～5 | 木材、化学纤维、橡胶、水 | 饮料制造、家具、造纸、医药设备、通用设备 |
| 0～2.5 | 烟草制品、纺织、塑料、电力热力 | 服装鞋帽、印刷、文教体育、专用设备、交通运输、电气机械、通信设备、仪器仪表 |

资料来源：赛迪投资顾问，2012-04.

我国的战略性新兴产业化道路明确提出要走一条经济效益好的可持续发展道路，而经济效益好主要体现为行业利润率的提高。通过对产业链的分析，验证了行业集中度较高的产业相比行业集中度低的产业整体利润率较高，行业的盈利能力和竞争能力都相对较强。因此，赛迪投资顾问认为，产业整合最直接的好处就是有利于提高整个行业的利润率，提高整个行业的竞争水平，从而提升整个产业的经济效益。

### （三）产业整合是提升产业竞争力的重要载体

促进市场的合理竞争是中国过去二十年改革的主旋律，在企业竞争中获得了安身立命的基础的一大批企业家群体正将目光放在更高层次的产业竞争战场上。以并购为主要形式的产业内整合正在成为中国产业重组和产业竞争的主流平台，大型国企集团的重组与并购应当建立在国家经济安全和全球竞争的战略设计体系中，而不是简单地重复中小企业重组与并购过程那种以改制和经营效率为主导的战略。

战略性新兴产业要坚持走一条经济效益好的高效道路，而产业竞争能力的提高是提升经济效益的重要前提。良好的产业结构是提升产业竞争力的基础。因此，沿着生产和服务一体化价值链延伸的产业整合必然成为提升我国产业国际竞争力的重要载体。

### （四）并购是产业整合的有效途径

当前，以并购为主的产业整合正在成为中国资本市场上的一个新热点。并购一直是企业实现成长和多元化的非常普遍的战略选择。企业并购是企业进行资本运作和经营的一种主要形式，通过并购来实现资源的优化配置是资本经营的重要功能之一，也是实现企业资本的低成本、高效率扩张，形成强大的规模效应的重要途径，这是多世纪以来世界市场经济发展的重要特点。而今天的企业并购已经不单纯是基于改制的国企重组途径，也不仅仅是民营企业低成本扩张的手段，更不是局限于外资快速进入中国市场的捷径。今天的企业并购是基于产业价值链的改造和整合，是大型国有企业集团构筑国家经济安全的底线，是全球资本资源配置在中国的延伸，是中国民营企业在主流市场的强劲破土。特别是在金融危机的大背景下，海外并购成本的降低使得跨境并购成为中国产业链整合的必然选择。总而言之，企业并购已经成为我国产业整合的重要途径。

作为企业资本运作方法之一的并购是一个复杂的系统工程，特别是在我国经济转型的特定历史条件下，企业家队伍身处计划经济与不成熟市场经济的转型交汇点，大量成功经验具有很强的历史过渡性，大多数企业处于系统失灵的状态，必须进行内容与形式合为一体的并购融合，并通过全方位的思维创新和管理创新，推动企业运营系统的根本变革，从而引导我国产业结构的快速、有效的整合。因此，以并购为主的资本运作将承担完成产业扩张、产业升级、产业延伸、产业转移和产业整合的重大历史任务。

# 第二节　战略性新兴产业并购方式与整合

## 一、战略性新兴产业并购方式

### （一）股权并购方式

股权并购指并购方通过协议购买目标企业的股权或认购目标企业增资方式，成为目标企业股东，进而达到参与、控制目标企业的目的。这种投资行为可以表现为股权受让、增资入股、公司合并等具体操作模式。股权并购交易的标的和内涵是股东对目标公司的权益，不仅股权受让如此，增资并购和合并并购也是如此，这是股权并购的本质特征，也是股权并购区别于资产并购的核心所在。

1. 股权并购的优点

1）节约流转税税款

在资产并购的情况下，交易的标的是目标企业的所有权，其中的不动产、土地使用权和无形资产因发生所有权转移，需要投资公司依法缴纳契税，需要目标公司依法缴纳营业税。而在股权并购的情况下，作为目标公司的不动产、土地使用权和无形资产不存在转移所有权的问题，即使因目标公司变更企业名称需要变更产权证照上所有人名称的，也不为所有权转移，均无须缴纳营业税和契税。

2）减少竞争对手，形成垄断利润

在选择横向并购的情况下，股权并购能够短时间内减少竞争对手，使竞争对手纳入并购方的管理范围，从而壮大自身队伍，扩大规模，改变竞争优势，获得垄断利润。

2. 股权并购的缺点

（1）由于并购前后目标公司作为民事主体是持续存在的，因而有关民事权利义务是延续的，因此，基于出让方披露不真实、不全面，导致目标公司遭受或然负债，使投资公司对目标公司的权益减损的风险是普遍存在的。这是股权并购的主要风险，也是最难防范的风险。

（2）由于目标公司的厂房、机器、设备往往是旧的，因此，虽然并购的现金流量相对新设投资较少，但并购后可能需要投入资金进行技术改造，否则可能难以提高目标公司产品的竞争力。

（3）由于目标公司与员工之间的劳动继续有效，并购后往往面临目标公司冗员的处理，这不仅容易激化劳资矛盾，而且会增加目标公司的经济负担。

（4）并购程序复杂，受让股权需要征得目标公司存续股东的同意，修改目标公司的章程需要与存续股东进行谈判，为防避或然负债需要进行大量的尽职调查工作，因此，股权并购的工作成本较高。

（5）并购后的整合难度大，投资公司对目标公司行使管理权的阻力大。在投资公司并购目标公司全部股权持有者特别是仅为相对控股的情况下，并购后的整合及投资公司对目标公司行使管理权都会遇到困难。有人把股权并购后对目标公司整合和行使管理权的难度，形象地比喻为"嫁姑娘"，意思是说投资公司是到别人家过日子，而把资产并购比喻为"娶媳妇"意思是说目标公司的资产到投资公司家中来。

### （二）资产并购方式

资产并购是指一个公司为了取得另一个公司的经营控制权而收购另一个公司的主要资产、重大资产、全部资产或实质性的全部资产的投资行为。被收购公司的股东对于资产并购行为有投票权并依法享有退股权，法律另有规定的除外。按支付手段不同，具体分为以现金为对价受让目标公司的资产和以股份为对价受让目标公司资产两种资产并购形式。资产并购是公司并购中的一种常见形式。

1. 资产并购的优点

（1）适用的对象即目标企业不受企业类型的限制。股权并购要求目标企业必须是公司类型的企业，而资产并购可以适用于各种类型的企业。合伙企业、私营个体企业、未改制的国营企业和未改制的集体企业均可采用资产并购的方式，只要这些企业可以有效地出售资产即可。这是因为，股权并购是投资公司以股东的身份加入目标企业，从而实现对目标企业的持股和控制；而资产并购是投资公司将并购资产从目标企业买出来，故可以不问目标企业的组织形式，只需问能否有效地购买资产。

（2）可以不要求目标企业对其经营状况做全面的披露。由于资产并购后，投资公司的经营活动并不借助目标公司这个经营平台，而是另起炉灶设立新的经营平台，因此可以不像股权并购那样必须对目标公司的经营状况进行最全面的了解，可以在目标企业对其资产、经营、财务、员工、管理机构等进行披露的情况下，对目标企业进行资产并购。从实务中来看，投资公司只要对并购资产的构成、性能、效率、状况、市场、品牌、竞争态势等有准确的了解，能够确定目标公司出让资产的行为合法、有效，就可以进行资产并购。

（3）资产并购并不会遭受目标企业或者负债的风险。投资公司不会因目标公司的或然负债而遭受损失。在股权并购的情况下，投资公司借助目标公司这个企业平台继续经营，并购前后的目标公司始终如一，不管事由或负债额在并购计划中出让方是否披露，目标公司都要依法承担义务，因此投资公司经常会因目标公司的或然负债遭受损失。而在资产并购的情况下，投资公司并不使用目标企业这个经营平台从事经营，目标企业作为资产的出让方仍是独立于投资公司而存在的，故目标公司的债权人不能向投资公司追及，投资公司也就无或然负债损失之虑。在资产并购的操作模式下，即使是投资公司、目标企业和债权人商定的投资公司受让目标企业的部分债务，这也是经债权人同意债务人转移债务，债务转移的债权人也无权要求投资公司承担他目标企业的债务。

（4）有利于提高投资公司的市场竞争地位。在资产并购方式下，资产和业务统由投资公司接管，不但削弱了竞争对手，而且壮大了投资公司自己。

（5）并购无须进行资产剥离。在采用资产并购的操作模式下，当投资公司不需要或者不能持目标公司的资产和业务时，业务和资产不用进行剥离。投资公司可以有选择性地购买目标公司。但是应当注意限制目标企业对投资公司的同业竞争问题。因此，就这一点来说，资产并购方式更适合于目标企业经营业务广泛，只出让一部分资产和业务，出让后目标公司仍做其他业务的情况。在这种情况下，实际是投资公司的资产并购和目标公司的资产、业务重新组合到一起。

（6）并购后整合的难度小于股权并购方式。这主要是因为在资产并购的情况下，公司的架构、决策层和管理团队往往是投资公司重新组织成立的，是全新的，是完全摆脱目标公司影响的。

### 2. 资产并购的缺点

（1）资产并购程序复杂，一般需要履行新公司设立和受让资产两个法律程序。从实务中看，绝大多数资产并购需要在资产所在地设立新的公司，以该新设公司为企业平台对并购资产进行运营。因此，从程序的角度说，资产并购要比简单的股权并购多履行一个法律程序。

（2）在多数情况下，目标公司需要履行清算程序。目标公司出让资产后，公司仅剩下一个壳，但股东或投资者未经清算程序不能从公司取回投资，所以很多目标公司会走向清算解散。目标公司的清算不仅需要时间，而且还需要人力和费用。

（3）需要聘用员工。在资产并购的情况下，员工需要与目标公司解除劳动合同，与接收资产的公司另行签订劳动合同。目标企业由于已经将资产出让，无法从事原有的生产经营活动，需要解除与员工的劳动合同，可能会发生相关费用。而投资公司要组织生产经营活动，往往需要招聘目标企业的原员工，这就需要与这些员工订立劳动合同。在这个过程中，如果处理得好，投资公司会甩掉处理目标企业冗员的麻烦和防避目标公司在用工方面遗留的潜在风险。

（4）资产并购不能摆脱物上的负担。上述所谓的"干净"的资产并不是指资产本身没有负担，如在资产上设定抵押。由于抵押权属于物权的范畴，具有法律上的追及效力，不会因为资产所有权的转移而丧失，若目标企业在其出售的资产上设定了抵押权，即使该设定了抵押的资产出卖给了并购方，或者约定设定抵押的债务将由目标企业清偿与并购方无关，这些都不能阻止抵押权人在不能得到债务人合理清偿时，向抵押物追及的权利，即抵押权人可以以抵押物拍卖、变卖或者折价优先受偿。这就要求投资者在买受目标企业资产时，应当查明各项资产的负担情况。

## （三）股权并购与资产并购方式选择

股权并购与资产并购方式的比较如表8-2所示。

表8-2　股权并购与资产并购方式的比较

| 项　目 | 股权并购 | 资产并购 |
|---|---|---|
| 交易主体和客体 | 股权收购的主体是收购公司和目标公司的股东，客体是目标公司的股权 | 资产并购的交易主体是并购方和目标公司，权利和义务通常不会影响目标企业的股东 |
| 负债风险 | 收购公司成为目标公司股东，收购公司仅在出资范围内承担责任，目标公司的原有债务仍然由目标公司承担。由于目标公司的缘由债务对今后股东的收益有着巨大的影响，因此在股权收购之前，收购公司必须调查清楚目标公司的债务状况 | 资产收购后，目标公司的原有债务仍由其承担，基本不存在或有负债的问题。但收购资产有可能被设定他物权等权利限制，因此，资产收购对收购公司而言，存在一定的他物权等实现风险 |
| 操作方式 | 程序相对简单。不涉及资产的评估，不需办理资产过户手续，节省费用和时间 | 需要对每一项资产尽职调查，然后就每项资产要进行所有权转移和报批，资产并购的程序相对复杂，需要耗费的时间更多 |
| 调查程序 | 需要对企业从主体资格到企业各项资产、负债、用工、税务、保险、资质等各个环节进行详尽的调查，进而争取最大限度地防范并购风险 | 一般仅涉及对该项交易资产的产权调查，无须对境内企业进行详尽调查，因此，周期较短，并购风险较低 |
| 审批程序 | 对于不涉及国有股权、上市公司股权并购的，通常情况下只需要到工商部门办理变更登记。<br>涉及外资并购的，还需要商务部门、国家发展和改革委员会部门等多个部门的审批。<br>涉及国有股权并购的，还需要经过国有资产管理部门的审批或核准或备案，并且经过评估、进场交易等程序。<br>涉及上市公司股权的，并购交易还需要经过证监会的审批，主要是确保不损害其他股东利益，并按照规定履行信息披露义务，等等 | 对于不涉及国有资产、上市公司资产的，资产并购交易完全是并购方和目标企业之间的行为而已，通常不需要相关政府部门的审批或登记。<br>若拟转让的资产属于曾享受进口设备减免税优惠待遇且仍在海关监管期内的机器设备，根据有关规定目标企业在转让之前应经过海关批准并补缴相应税款。<br>涉及国有资产的，还需要经过资产评估手续。<br>涉及上市公司重大资产变动的，上市公司还应报证监会批准 |
| 审批风险 | 由于外国投资者购买目标企业的股权后使目标企业的性质发生了变化，所以需要履行较为严格的政府审批手续，这使外国投资者承担了比较大的审批风险 | 资产并购过程中外国投资者承担的审批风险较小，因为需要审批的事项较少 |
| 税负因素 | 相对节省税收。股权并购情况下目标公司并未有额外收入，因此目标公司在此情况下不存在营业税和所得税的问题。<br>除了印花税，根据关于股权转让的有关规定，目标企业的股东可能因股权转让所得而需要缴纳个人或企业所得税。如果并购过程中发生土地、房屋权属的转移，纳税义务人还可能面临契税 | 税收有可能多缴。在资产并购情况下目标公司因有收入，因此有可能会存在就转让增加的价值而发生营业税和所得税的情形。<br>根据所购买资产的不同，纳税义务人需要缴纳税种也有所不同，主要有增值税、营业税、所得税、契税和印花税等 |
| 方式选择 | 如果吸引并购方的非其某些资产本身，股权并购优于资产并购 | 如果投资方感兴趣的是目标公司的无形资产、供应渠道、销售渠道等资源本身，采取资产并购 |

（续）

| 项　目 | 股权并购 | 资产并购 |
|---|---|---|
| 并购标的 | 　并购标的是目标企业的股权，是目标企业股东层面的变动，并不影响目标企业资产的运营 | 　并购的标的是目标企业的资产，如实物资产或专利、商标、商誉等无形资产，又如机器、厂房、土地等实物性财产，并不影响目标企业股权结构的变化。资产并购导致该企业资产的流出，但并不发生企业股东结构和企业性质的变更 |
| 交易性质 | 　交易性质实质为股权转让或增资，并购方通过并购行为成为目标公司的股东，并获得了在目标企业的股东权，如分红权、表决权等，但目标企业的资产并没有变化 | 　资产并购的主体是收购公司和目标公司，客体是目标公司的资产 |
| 交易效果 | — | 　资产并构不能免除物上的他物权，即并购的资产原来设定了担保，跟随资产所有权的移转而转移 |
| 第三方权益影响 | 　目标企业可能会有多位股东，而在很多股权并购中，并非所有股东都参与，但股权并购依然会对所有股东产生影响。　如果拟转让的股权存在质押或者曾经作为其他企业的出资，该项并购交易还可能影响到股权质押权人或其他企业的实际权益 | 　受影响较大的是对该资产享有某种权利的人，如担保人、抵押权人、租赁权人。转让这些财产，必须得到上述相关权利人的同意，或者必须履行对上述相关权利人的义务 |

资料来源：赛迪投资顾问，2012-04.

　　根据上述资产并购与股权并购方案的分析，可以看出，企业在选择并购策略时应考虑以下几个因素：

　　（1）需要考虑目标公司对于并购方的价值，是其资产本身还是其他的因素，如无形资产、供应渠道、销售渠道等资源，如果吸引并购方的，非其固定资产本身，从这一点而言，股权并购优于资产并购。

　　（2）从需要花费的时间来看，资产并购的程序相对复杂，需要耗费的时间更多。

　　（3）股权并购有潜在的债务风险，虽然部分风险可以通过协议的方式加以回避。

　　（4）根据中国法律规定，股权并购情况下，目标公司并未有额外收入，因此目标公司在此情况下不存在营业税和所得税的问题。而在资产并购情况下，目标公司因有收入，因此，有可能会存在就转让增加的价值而发生营业税和所得税的情形。

# 二、战略性新兴产业整合策略

## （一）产业整合的资产策略

　　资产整合是产业整合的首要环节。在产业整合以前，整合双方的部分资产可能不完全适用于产业整合以后的生产经营需要，尤其是那些资产不相关、产业关联度小、跨行业的产业整合，这就需要对生产要素进行有机整合。没用的资产应及时剥离、变现或转让，一些尚可使用但需要改造的资产或流水线应尽快改造。同时，要对整合目标注入优质资产，尽早使被整合的弱势企业走出困境，避免受其不良资产的拖累。通过资产整合，使整合后的生产要素发挥出最大的效益，最终盘活资产存量，提升公司的市场竞争力，实现产业整合的战略价值。具体操作方式包括资产置换、分割、出售、并购等。

首先，对上市公司内部或在母公司内部进行资产整合与分割重组，以股权为纽带，形成金字塔的控股体系，企业的资产、人员按照不同的业务需要进行分割重组，以形成多个专业化业务的子公司，从而形成一个庞大的企业集团。这种资产整合理念有助于上市公司内部或上市公司与集团进行资产调拨，加强专业化发展，提高各子公司资产的运作效率，同时可以在资产整合的基础上灵活地开展有关业务的分拆和合并等业务整合，实现资产和业务的优化组合。

其次，对上市公司不需要或不适应企业长远发展方向的部分资产予以出售转让，能够达到精干主业，筹措资金，培育企业核心竞争力的良好效果。最后，通过对外投资、兼并和收购等进行资本输出的资产扩张方式，可以使企业达到快速、低成本资源整合与资本扩张的目的。

企业资产整合的基本原则是资产划分与业务划分相匹配、资产与负债相匹配、净资产规模与股本结构相匹配、净资产规模与经营业绩相匹配。企业的资产整合必须以资产存量调配为突破口，促使生产要素向生产率高的业务部门转移，尤其应转向生产率高、产业关联度大和收入利润弹性高的业务部门转移，产业的升级应强调技术的升级和市场的开拓，以提高各个产业参与市场竞争的能力。

### （二）产业整合的业务策略

业务整合是保证产业成功整合的基础。企业在产业整合中，首先，应当制定明确的主业发展方向和经营发展目标，以强化主业为原则来进行业务整合。在进行主业整合时，需要注意以下几个方面的问题：企业新上的主营业务要与过去的业务之间具有一定的联系，以保持业务经营的连续性与相对稳定性；确定主业的整合目标需要考虑公司自身的经营能力；企业整合的主营业务应集中、突出。其次，业务整合要以优化业务流程为基本原则。业务流程的整合应以经营过程为中心和改造对象，以关心和改造客户或满足顾客的需求为目的，对现有的经营过程进行根本性的再思考和彻底的再重建。最后，业务流程要以业务优化组合为原则，做好对业务项目组合的优化调整。一方面，应加强优势业务项目或产品的保护与开发，寻找新的利润增长点；另一方面，要削减业务亏损项目，关闭效益不佳项目，及时处理多余资产，从而提高核心业务的获利能力。在企业的产业整过程合中，应当通过实施分工合作的业务整合策略，使各业务单元完成在设计、生产计划、营销、库存、运营和客户服务等职能的专业化运作及产业核心竞争优势的集成合作，从而在整个产业链范围发挥整体资源配置优势，达到优势互补，强强合作。

### （三）产业整合的组织策略

组织整合是产业整合执行力的重要保证。在产业整合中，企业组织沉重的惯性与体制力量会通过人的旧观念在新经济里面复制自身。因此，企业进行产业整合时必须把企业的组织整合放在提高执行力的重要位置。企业产业整合战略的基本组织结构是事业部制，企业在进行组织整合时，可以考虑合作型的多产品事业部、战略事业单位、竞争型的多产品事业部等结构。企业的产业整合的组织策略必须依据自身的业务结构和产品特点，研究产业整合战略与组织结构的关系，了解各个职能部门的作用和关系，选择适合自身产业发展的组织形式，以便更好地促进各部门之间的相互协调和合作，为产业整合的顺利进行构建坚实的组织基础。

### （四）产业整合的文化策略

文化整合是产业成功整合的核心和关键。企业文化是企业全体员工在长期的创业和发展过程中，培育形成并共同遵守的最高目标、价值标准、基本信念和行为规范。企业文化能够引领企业发展方向、增强企业凝聚力、激发企业活力并提升企业竞争力。产业整合将具有不同文化特质的企业和产业融合到一起，而文化固有的异质性、稳定性和回归性必然导致整合实施过程中不同文化之间的冲突，因此，产业整合过程中的文化整合应当站在企业战略的高度，由企业有计划地实施，并从以下几个方面入手。

（1）培养员工的整体意识。整合不仅仅是把不同企业不同行业的员工放在一起，还应该从思想上认识到自己是企业中平等的一员，并尊重双方的文化，创造相互尊重的氛围，平衡员工的各种心态，在新企业内逐渐形成一种整体意识。

（2）树立共同的企业目标。产业整合是由于共同的目标而融合到一起的，因此，企业文化的整合首先是企业目标的整合，并据此设计出新的目标文化模式。只有进行企业目标的整合，树立明确的企业目标，才可能把原来互不相干的员工群体集合在一起，促使大家围绕共同的目标而努力，并且在实现企业目标的过程中实现员工的个体目标。

（3）强化企业制度整合。作为企业文化中间层次的企业制度，是企业价值观、企业精神、企业宗旨、企业作风等精神层次要素的制度基础和根本保证。

## 第三节　战略性新兴产业并购整合流程

## 一、战略性新兴产业并购整合流程与实施要点

### （一）明确产业并购整合的目的

企业在进行产业并购整合的时候必须要明确产业整合的目的是什么。产业并购整合的最主要目的是从长远角度获取最大化利润，从而增强核心竞争力，并通过战略的统筹布局，赢得市场份额。具体来讲，行业企业并购的目的一般包括：①经营资源互补。整合企业着眼透过结

合，使并购与被并购双方互补性的经营资源，产生更高的经营成果，使企业可以进入新市场，强化企业的信誉或增进公信力。②达到规模经济。由一家公司来执行某一项业务比两家公司分别执行更有效能时，就能产生规模经济。这样可以减少竞争，增加或扩大市场占有率，降低运营成本。③其他产业企业并购整合目的。这类企业并购主要是企业为了获得目标企业的品牌价值、市场销售渠道、核心技术等。例如，吉利汽车对沃尔沃的整合是为了获取其领先的技术和欧洲的市场份额。

### （二）选择和评估产业并购整合的目标企业

并购的目标企业选择是指选择什么样的企业作为并购整合对象，实际上就是选择什么行业、什么规模的企业。产业整合前对目标企业进行充分的分析与筛选，可以增加产业整合方对潜在产业整合目标的了解，从而降低整合失败的风险。

企业根据其发展战略的需要制定其并购策略，初步设计出拟并购的目标企业轮廓，如所属行业、资产规模、生产能力、技术水平、市场占有率等，据此进行目标企业的市场搜寻，捕捉整合对象，并对可供选择的目标企业初步进行比较。一般来说，并购目标企业的选择基本原则是有利于整合方扩大规模、提高产品在国内外市场上的竞争能力、减少重复投资、提高投资效益、增加企业知名度、增加企业的商誉价值等。因此，被并购的目标企业一般应当具备投资环境良好、可利用价值大、具备核心竞争力等特点。

在确定好并购目标之后，应当对目标企业进行并购前的评估。整个评估过程应当从被并购对象的财务状况、产品和市场状况、团队及管理能力、企业文化等方面进行综合评估。

这种分析和评估可以使并购方认清每个并购对象的优势、劣势、机会和威胁，以及产业整合后可能潜在的重组问题，并且能够让整合后的新实体具有更好的产业协同效应。建立在科学、合理方法基础上的整合对象的选择和评估能够为整合过程提供科学的决策依据。

### （三）选择合适的产业并购模式

一般来说，产业并购分为横向并购、纵向并购和混合并购三种形式，它们都能提高企业的市场份额，但是它们的影响方式却有很大的不同。企业需要以规模经济为出发点合理地选择横向并购企业；需要以降低交易成本为出发点选则纵向并购企业；需要以多元化发展为出发点选择混合并购模式。但是，企业并购的模式选择也需要考虑到整合后的发展前景和企业发展现状。从西方国家几次并购整合浪潮可以看出，产业整合模式的选择与企业成长及产业发展之间存在着内在逻辑关系，因此，在企业成长之初，市场迅速增长，宜采取横向的并购整合战略，以扩大企业规模，增强企业核心竞争能力，促进产业集中度的提高；当企业成长达到一定规模，市场和核心能力达到相当水平时，通过纵向并购整合，可以充分利用已有的市场资源和企业资源，巩固已有的竞争地位，促进产业一体化，节约交易成本；当既有市场份额开始下降，但企业核心能力依然较强时，可以尝试混合并购整合，开展多元化经营，进入新的行业，从而促进新兴产业的产生和发展。

#### （四）选择并购整合的具体形式

并购整合的过程最终会落实到并购整合形式的选择，并购整合具体形式的选择是并购整合战略的最后一步，直接影响到并购整合战略的具体实施。

产业并购整合主要形式及特点如表8-3所示。

表8-3　产业并购整合主要形式及特点

| 产业并购整合形式 | 主要操作方法 | 特　点 | 使用情况 |
| --- | --- | --- | --- |
| 购买式 | 整合方出资购买企业资产 | 一般以现金将目标企业整体产权买断，在对其整合的同时，对其债务进行清偿 | 整合者具备充足的现金资产 |
| 承担债务式 | 在被整合方资产与债务等价的情况下，整合方以承担被整合方债务为条件接收其资产 | 债务与产权一并被吸收，产业整合不以价格为标准，而按债务和产权价值之比确定 | 被整合者具备潜力和可利用资源 |
| 吸收合并式 | 将被整合方的净资产作为股金投入整合方，成为整合企业的一个股东 | 被整合企业整体财产并入整合企业，被整合企业经济实体不复存在 | 被整合者资产大于负债 |
| 控股式 | 整合者购买目标企业的股份进而控制企业，被整合者经济实体依然存在，仍具有法人资格 | 整合者作为新股东对目标企业的原有债务仅以控股股金承担责任 | 被整合企业较有前途，且整合后能给产业整合者带来巨大的好处 |

资料来源：赛迪投资顾问，2012-04.

购买式和承担债务式操作相对简单，整合费用较低，一般在中小企业中使用。吸收式和控股式大都通过产权交易市场达到目的，要求有较高的操作技巧，产业整合的成本较高，一般适用于大中型企业之间的并购整合。

### 二、产业并购整合重点流程实施要点

#### （一）并购对象的选择与评估要点

通过前面对并购整合流程的梳理，对并购整合对象的选择和评估是关系到并购整合成败与否的关键环节。因此，赛迪投资顾问认为，并购前对目标的筛选与评估不容忽视，并购整合过程在完成前期的可行性论证和整合计划之后，接下来的重点环节是整合对象的筛选与评估。

1. 并购目标的筛选实施要点

并购目标筛选流程主要包括四个环节：设计甄选标准、建立潜在整合对象数据库、依据设定的甄选标准对潜在并购对象进行初步筛选、收集各个拟并购对象详细信息并为后期的战略尽职调查做好充足准备。

整合目标筛选程序如图8-1所示，整合目标筛选标准如表8-4所示。

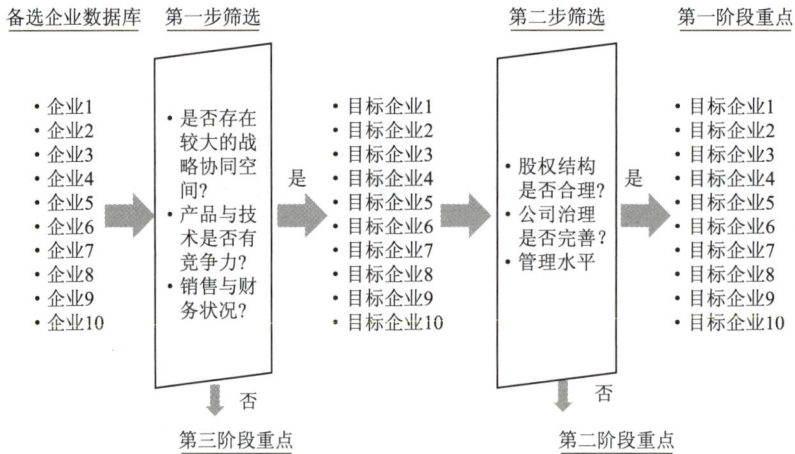

图8-1    整合目标筛选程序

资料来源：赛迪投资顾问，2012-04.

表8-4    整合目标筛选标准

| 并购目标筛选标准 | 评估指标 |
| --- | --- |
| 适当的公司规模 | 销售额、净资产、P/E |
| 一定的市场地位 | 市场份额、竞争优势 |
| 符合行业发展方向 | 产品组合、技术水平、营销方式等 |
| 良好的经营状况 | 净利润、净资产收益率、资产负债率 |
| 高素质的经理层 | 经营管理层评估 |
| 收购可能性 | 股权结构、目标对象意愿等 |

资料来源：赛迪投资顾问，2012-04.

### 2. 并购对象的评估要点

并购对象的评估主要是对其价值进行科学、合理的估计，是一项系统性的综合资产、权益评估，是对特定目的下整合对象整体价值、股东权益价值或部分权益价值进行分析、估算的过程。被并购对象价值评估常用方法如表8-5所示。

### 3. 并购对象尽职调查要点

根据对并购对象的评价结果、并购的有关限定条件（如支付成本和支付方式等），以及对目标企业的并购意图，进行各方面的分析评价，设计出相应的并购方案，对并购范围、并购程序、支付成本、支付方式、融资方式、税务安排、会计处理等进行筹划。该阶段的重点工作在于尽职调查。尽职调查角色如表8-6所示。

表8-5 被并购对象价值评估常用方法

| 方法体系 | 内　　容 | 主要方法 | 适用范围 |
|---|---|---|---|
| 收益法 | 将被评估企业预期收益资本化或折现至某特定日期，以确定评估对象的价值 | 贴现现金流量法（DCF）、内部收益率法（IRR）、CAPM模型和EVA估价法等 | 处于成长期或成熟期并具有稳定持久收益的企业 |
| 成本法 | 在目标企业资产负债表的基础上，合理评估企业各项资产价值和负债，从而确定评估对象的价值 | 重置成本（成本加和）法 | 仅进行投资或仅拥有不动产的控股企业，以及所评估的企业的评估前提为非持续经营 |
| 市场法 | 将评估对象与可参考企业或者在市场上已有交易案例的企业、股东权益、证券等权益性资产进行对比，以确定评估对象的价值 | 参考企业比较法、并购案例比较法和市盈率法 | 属于发展潜力型，同时未来收益又无法确定 |

资料来源：赛迪投资顾问，2012-04.

表8-6 尽职调查角色

| | 并购战略 | 目标公司搜寻 | 尽职调查 | 估价和谈判 | 整合 |
|---|---|---|---|---|---|
| 投行财务顾问 | × | √（根据交易架构、财务筛选） | √（组织协调） | √ | |
| 律师 | × | | √（法律尽职调查） | √ | |
| 咨询机构 | √ | √（根据战略和业务筛选目标公司） | √（商业尽职调查，如目标公司所在行业未来发展前景、目标公司在行业中的地位、是否具备竞争力、在哪些环节产生协同效应） | × | √ |
| 会计师 | × | × | √（财务尽职调查） | √ | × |

资料来源：赛迪投资顾问，2012-04.

### （二）并购整合中的金融策略实施要点

并购整合过程中往往会涉及不同的金融交易工具和财务行为，从而会导致不同的财务方式，而不同的财务方式将会对企业的资本结构甚至企业的整体价值带来不同的影响。并购整合的金融策略主要包括支付策略和融资策略两个方面。

#### 1. 支付策略实施要点

支付策略主要是指并购企业以何种资源获取目标对象的控制权。在具体操作层面上，并购的支付方式主要包括现金支付、债券支付、杠杆收购、股票支付及以上支付方式的组合等（见表8-7）。

股票支付中的换股吸收合并是上市公司之间进行并购整合的常用方法，其主要操作要点如图8-2所示。

**表8-7　产业整合支付策略实施方式**

| 支付方式 | 内　　容 |
|---|---|
| 现金支付 | 通过支付现金获得目标对象的资产或控制权 |
| 股票支付 | 发行新股，以购买目标对象的资产或股票 |
| 债券支付 | 发行债券，以获得目标对象的资产或股票 |
| 杠杆收购 | 少数投资者通过负债收购目标对象的资产或股份 |

资料来源：赛迪投资顾问，2012-04.

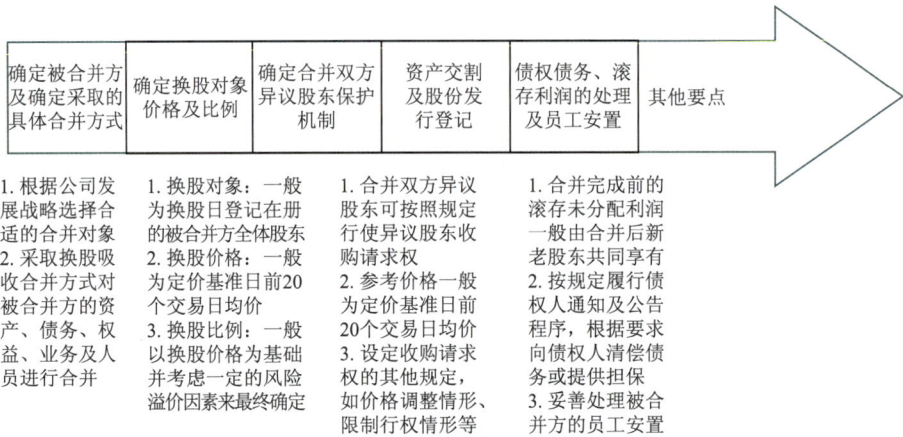

| 确定被合并方及确定采取的具体合并方式 | 确定换股对象价格及比例 | 确定合并双方异议股东保护机制 | 资产交割及股份发行登记 | 债权债务、滚存利润的处理及员工安置 | 其他要点 |
|---|---|---|---|---|---|
| 1. 根据公司发展战略选择合适的合并对象<br>2. 采取换股吸收合并方式对被合并方的资产、债务、权益、业务及人员进行合并 | 1. 换股对象：一般为换股日登记在册的被合并方全体股东<br>2. 换股价格：一般为定价基准日前20个交易日均价<br>3. 换股比例：一般以换股价格为基础并考虑一定的风险溢价因素来最终确定 | 1. 合并双方异议股东可按照规定行使异议股东收购请求权<br>2. 参考价格一般为定价基准日前20个交易日均价<br>3. 设定收购请求权的其他规定，如价格调整情形、限制行权情形等 | 1. 合并完成前的滚存未分配利润一般由合并后新老股东共同享有<br>2. 按规定履行债权人通知及公告程序，根据要求向债权人清偿债务或提供担保<br>3. 妥善处理被合并方的员工安置 | |

图8-2　换股吸收合并操作要点

资料来源：赛迪投资顾问，2012-04.

杠杆收购是企业资本运作方式的一种特殊形式，它的实质在于举债收购，即通过信贷融通资本，运用财务杠杆加大负债比例，以较少的股本投入（约占10%）融得数倍的资金，对企业进行收购、重组，并以所收购、重组的企业未来的利润和现金流偿还负债。这是一种以小搏大、高风险、高收益、高技巧的企业并购方式。杠杆收购策略的主要操作流程如图8-3所示。

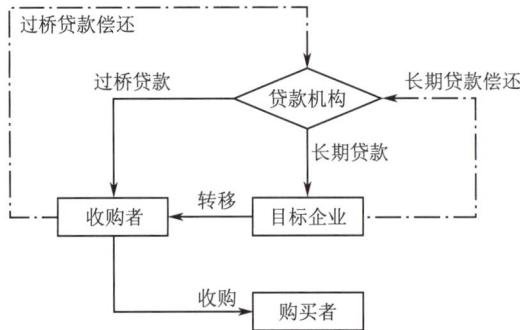

图8-3　杠杆收购流程

资料来源：赛迪投资顾问，2012-04.

### 2. 融资策略实施要点

融资策略主要是指并购企业运用何种金融工具筹集用以实施并购的资金。在具体操作层面上，并购整合的融资方式主要分为内部融资和外部融资，而外部融资又可分为股权融资和债权融资（见表8-8）。

表8-8　产业整合融资策略实施方式

| 融资方式 | | 内　容 |
|---|---|---|
| 内部融资 | — | 利用企业的留存收益进行并购支付，主要对应现金支付方式 |
| 外部融资 | 债权融资 | 通过举债来筹集并购所需资金，主要对应债券支付和杠杆收购方式 |
| | 股权融资 | 通过发行权益性证券筹集用于并购所需资金，主要对应股票支付和交换方式 |

资料来源：赛迪投资顾问，2012-04.

另外，创投及私募股权基金为企业的整合融资开辟了另一新的渠道，特别是对于具备潜力的成长期企业而言，创投及私募股权可以作为企业前期最重要的资金来源渠道之一。企业引进创投及私募股权基金操作流程如图8-4所示。

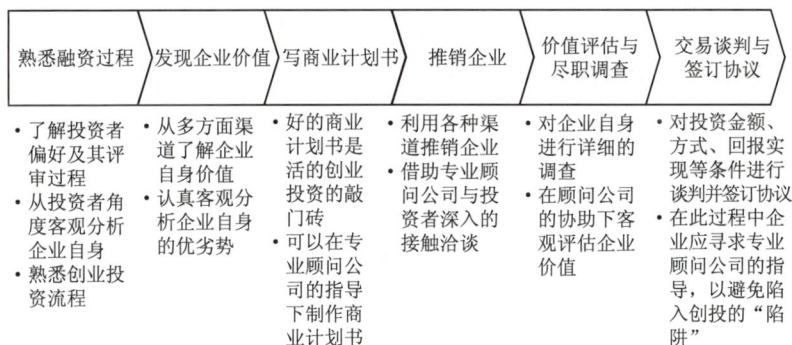

图8-4　企业引进创投及私募股权基金操作流程

资料来源：赛迪投资顾问，2012-04.

由于产业整合需要金融资本的大力支持，融资难成为阻碍我国企业大规模产业整合的重要瓶颈。赛迪投资顾问认为，随着我国产权交易市场的不断成熟，其逐渐成为企业融资的一种重要渠道。企业产权交易流程如图8-5所示。

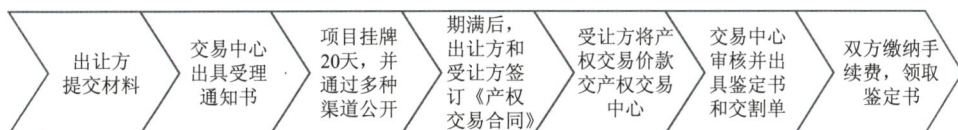

图8-5　企业产权交易流程

资料来源：赛迪投资顾问，2012-04.

企业在主动进行并购整合的过程中，除了通过股权融资方式筹集资金外，还可以通过债权方式筹集所需资金，而对于中小企业而言，集合债将是其债权融资的又一创新渠道。中小企业集合债发行流程如图8-6所示。

| 前期准备 | 企业筛选 | 组织申报 | 发行上市 |
|---|---|---|---|
| • 确定政府相关部门为牵头人<br>• 确定债券发行中介机构<br>• 相关部门下发通知汇总报名企业情况 | • 财务顾问对企业进行评估、筛选<br>• 财务顾问会同企业中介机构对企业展开尽职调查<br>• 政府部门、财务顾问与主承销商协调落实统一担保人及反担保人<br>• 财务顾问协助主承销商确定发行债券企业名单 | • 发行人与中介机构签订相关协议<br>• 中介机构对发行人进行尽职调查<br>• 财务顾问协助主承销商撰写上报发改委文件<br>• 财务顾问协助主承销商上报证监会及央行文件<br>• 主承销商对债券进行路演及询价、组建承销团，签署《承销团协议》<br>• 中介机构出具相关报告 | • 国家发改委对相关文件进行审核<br>• 国家发改委将债券申报文件转至证监会和央行会签<br>• 主承销商将相关核准文件报送至中国国债登记结算公司及中央证券登记结算公司<br>• 发行人与主承销商在指定报刊刊登债券募集说明书<br>• 承销团完成债券的分销工作<br>• 发行结束后，主承销商将情况汇报至国家发改委，并办理相关后续事宜<br>• 主承销商协助发行人向中国银行间市场交易商协会和证券交易所提交上市申请，办理债券上市流通事宜 |

图8-6　中小企业集合债发行流程

资料来源：赛迪投资顾问，2012-04.

### （三）整合中发挥新实体协同效应操作要点

并购是实施产业整合的主要方式，并购操作过程完成后，并不意味着整个整合过程就最终获得成功，只有有效地发挥并购后不同对象之间的协同效应，才能使整合前所预测的整合过程应带来的市场优势、技术优势、规模优势和成本降低等目标真正实现。各种研究统计表明，并购的失败率高达50%～80%，而并购的不同阶段对并购成功的影响也不尽相同，统计数据显示，并购后的整合阶段对并购成功与否影响最大（见图8-7）。

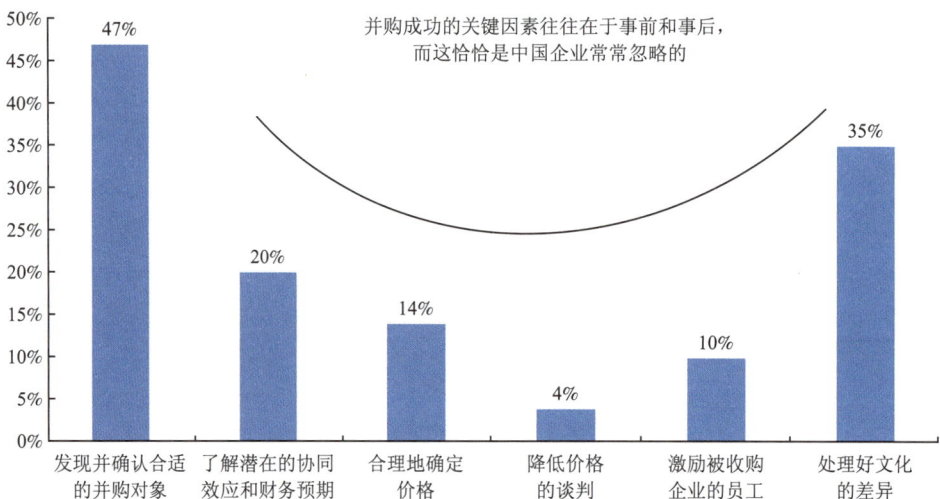

图8-7　并购整合关键因素

资料来源：赛迪投资顾问，2012-04.

在最重要的并购整合阶段，要求并购企业对并购后的新实体在业务流程、组织、人力资源、企业文化、财务和产品等方面实施有效的整合，从而使得整合后的企业能够真正地发挥协同效应。

### 1. 业务流程整合要点

业务流程整合即企业的业务流程再造，具体操作步骤如图8-8所示。

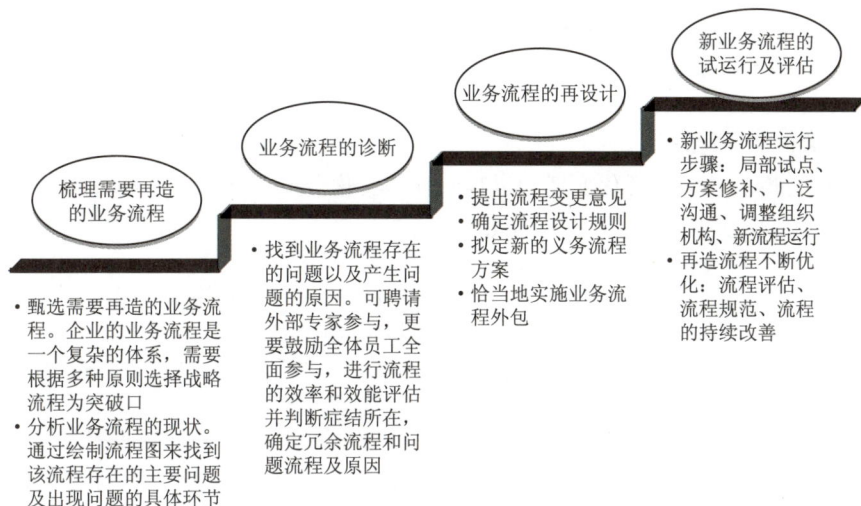

图8-8　并购业务流程整合操作要点

资料来源：赛迪投资顾问，2012-04.

### 2. 组织结构整合要点

并购完成后，企业战略发生了新的变化，为了适应新的企业战略的要求，需要对并购后的组织进行有效的整合（见图8-9）。

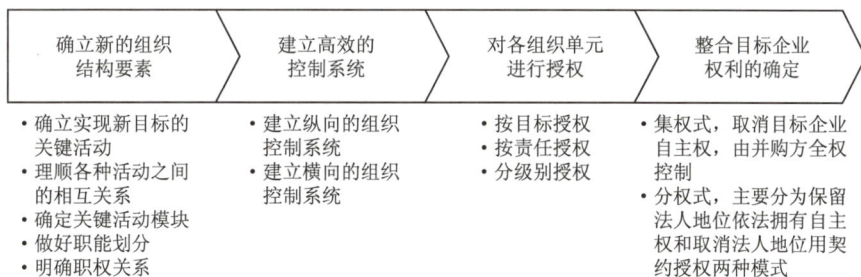

图8-9　并购组织整合操作要点

资料来源：赛迪投资顾问，2012-04.

### 3. 人力资源整合要点

企业并购后的人力资源的整合流程一般分为调查准备、快速整合和融合适应阶段，在不同的并购整合阶段会涉及不同的整合内容，产生不同的人力资源问题，因而应采取不同的人力资源整合措施（见图8-10）。

| 第一阶段，调查准备 | 第二阶段，快速整合 | 第三阶段，融合适应 |
| --- | --- | --- |
| ・人力资源状况调查<br>・制定人力资源整合计划<br>・裁员和核心员工的保留<br>・人员评估方案<br>・制定员工辅导计划<br>・成立整合小组 | ・组建管理团队<br>・优化配置人力资源<br>・帮助员工进行职业生涯规划<br>・人力资源政策整合 | ・凝聚领导力<br>・学习能力，组织能力培养<br>・评价新的人力资源政策 |

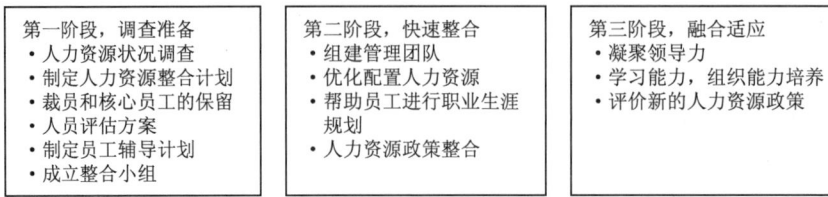

图8-10　并购人力资源整合操作要点

资料来源：赛迪投资顾问，2012-04.

### 4. 企业文化整合要点

企业文化的整合是一个文化变迁的过程，也是文化再造和文化创新的过程。并购后文化的整合要点可以分为以下六个步骤（见图8-11）。

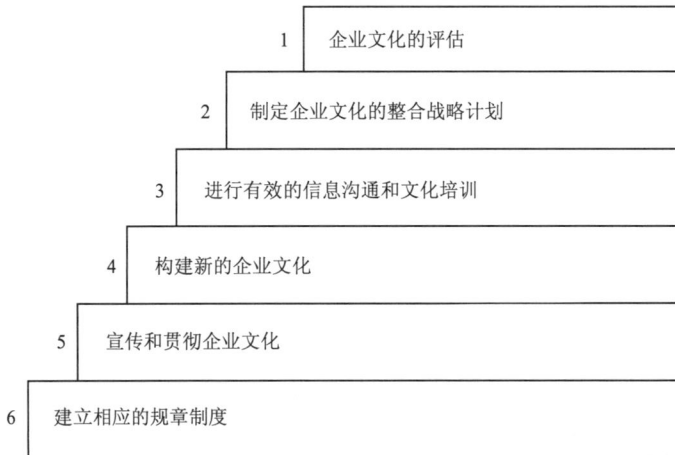

| | |
| --- | --- |
| 1 | 企业文化的评估 |
| 2 | 制定企业文化的整合战略计划 |
| 3 | 进行有效的信息沟通和文化培训 |
| 4 | 构建新的企业文化 |
| 5 | 宣传和贯彻企业文化 |
| 6 | 建立相应的规章制度 |

图8-11　并购企业文化整合操作要点

资料来源：赛迪投资顾问，2012-04.

### 5. 财务资源整合要点

财务整合是企业战略有效实施的基础，是企业资源有效配置的保证，是企业规避风险、化解危机的主要手段，财务整合具有非常重要的意义。并购后企业的财务整合的主要流程如图8-12所示。

从整个并购流程来看，并购后的整合对于一个成功的并购项目举足轻重，因此，一般需要第三方机构协助提供业务战略、财务整合、组织结构、管理流程、文化以及人力资源等整合方案，以保证企业整合的成功。

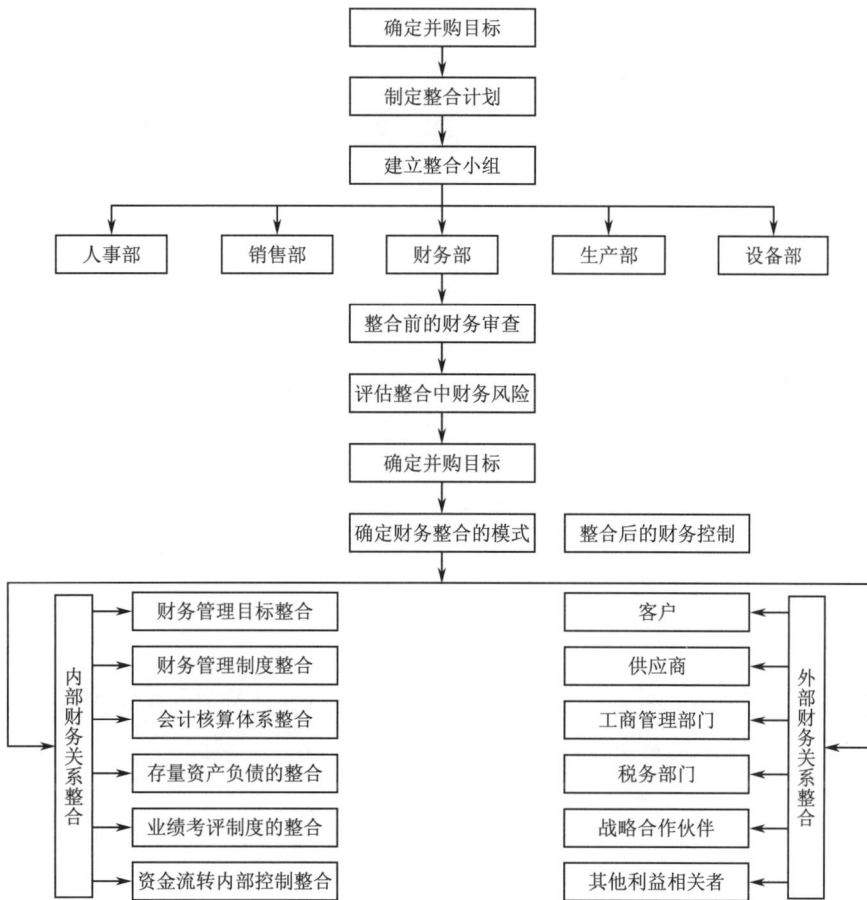

图8-12　并购财务资源整合操作要点

资料来源：赛迪投资顾问，2012-04.

产·业·篇

# 集成电路产业

## 第一节　集成电路产业投融资机遇

### 一、集成电路产业发展现状

自2000年以来，我国集成电路产业经历了飞速发展的阶段，2008年受金融危机影响，增长速率减慢。从2010年开始，产业规模迅速增大，产业内投融资活动也逐渐恢复。2011年1月28日，国务院办公厅发布《进一步鼓励软件产业和集成电路产业发展若干政策的通知》，进一步明确了集成电路产业的重要地位。在新政策的推动下，集成电路企业将进入下一轮快速发展阶段。

中国集成电路产业蓬勃发展的推动力是产业环境的不断完善和优化。基于集成电路对于国民经济和国家安全的高度重要性，中国政府对集成电路产业的发展给予了一贯的高度关注，并先后制定了多项促进政策和优惠措施，营造了良好的发展环境（见表9-1）。

表9-1　中国集成电路产业主要政策措施一览表

| 序号 | 政策措施 | 实施时间 |
|---|---|---|
| 1 | 四项优惠政策 | "七五"、"八五"期间 |
| 2 | 重大工程特事特办 | "八五"、"九五"期间 |
| 3 | IC发展战略、"十五"发展规划 | 1998年以来 |
| 4 | 《关于加强技术创新、发展高科技，实现产业化的决定》 | 1999年 |
| 5 | 《当前国家重点鼓励发展的产业、产品和技术目录》 | 2000年 |
| 6 | 《外商投资产业指导目录》 | 2000年 |
| 7 | 《鼓励软件产业和集成电路产业发展的若干政策》 | 2000年 |
| 8 | 《鼓励软件产业和集成电路产业发展有关税收政策》 | 2000年 |

（续）

| 序号 | 政策措施 | 实施时间 |
|---|---|---|
| 9 | 《集成电路布图设计保护条例》 | 2001年 |
| 10 | 《集成电路设计企业及产品认定管理办法》 | 2002年 |
| 11 | 超大规模集成电路和软件重大专项 | 2002年 |
| 12 | 关于提高部分信息技术（IT）产品出口退税率的通知 | 2004年 |
| 13 | 《关于企业所得税若干优惠政策的通知》 | 2008年1月 |
| 14 | 《电子信息产业调整振兴规划》 | 2009年 |
| 15 | 《关于加快培育和发展战略性新兴产业的决定》 | 2010年 |
| 16 | 《进一步鼓励软件产业和集成电路产业发展的若干政策》 | 2011年 |

资料来源：国家及各地统计局，工业和信息化部，中国半导体行业协会，赛迪顾问整理，2012-04.

　　2011年1—9月，中国集成电路总产量达到584.50亿块，同比增长14.3%。全行业实现销售收入1 110.5亿元，同比增速为12.4%（见图9-1）。进入第三季度以来，受欧美经济疲软、制造业产能过剩以及半导体产品库存过剩等诸多因素的影响，中国集成电路产业增长势头大幅放缓。

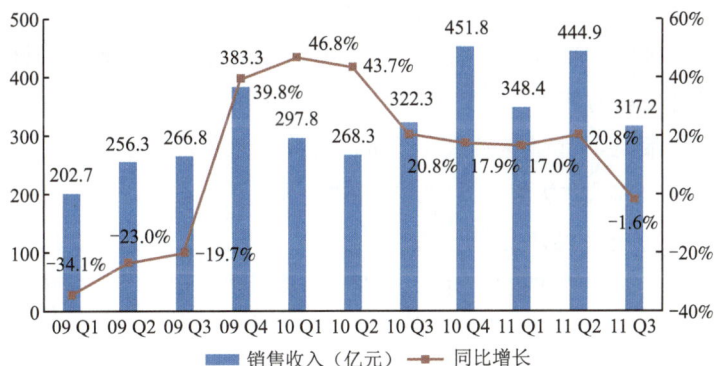

图9-1　2009年第一季度—2011年第三季度集成电路产业销售情况

资料来源：国家及各地统计局，工业和信息化部，中国半导体行业协会，赛迪顾问整理，2012-04.

　　近年来，我国集成电路产业发展呈现出以长三角、环渤海、珠三角三大区域集聚发展的总体产业空间格局。

　　1. 长三角地区产业链完备，是中国集成电路产业的"领军者"

　　包括上海、江苏和浙江的长三角地区是国内最主要的集成电路开发和生产基地，在国内集成电路产业中占有重要地位。目前国内55%的集成电路制造企业、80%的封装测试企业以及近50%的集成电路设计企业集中在该地区。长三角地区已形成了包括研发、设计、芯片制造、封装测试及支撑产业在内的较为完整的集成电路产业链。

　　上海市集成电路产业的发展无论从规模上还是速度上都在全国处于领先地位。目前上海市集成电路设计企业已有百家，主要分布于浦东张江、科技京城和漕河泾三地，企业的业务模式也已涵盖整个设计产业链，拥有上海华虹、展讯通信、复旦微电子等一批具有实力的设计企业。在芯片制造方面，上海是全国芯片制造业最为集中的地区，以中芯国际、华虹NEC、宏力半导体、台积电（上海）等项目为标志。在封装测试方面，安靠、日月光、星科金朋等世界排名前列的专业封装、测试企业已落户上海并正不断扩大产能。此外，上海市的集成电路支撑配套企业，包括材料、设备等已接近40家。

浙江省发挥自身技术和区位优势，对接和支撑上海芯片制造业配套的上下游需求，逐步壮大并提升了浙江省集成电路产业的经济规模和产业层次。近几年"天堂硅谷"战略的实施，更是使浙江省掀起了新一轮发展集成电路产业的高潮。浙江省的集成电路产业主要集中在杭州湾地区，尤其是杭州、宁波和绍兴三地。目前浙江省已经拥有杭州士兰、杭州友旺、杭州国芯、绍兴华越、绍兴芯谷、宁波康强、宁波比亚迪等一批具有较强实力的集成电路设计、芯片制造、封装测试及相关支撑企业。目前浙江省在集成电路设计和材料业方面的发展均处于国内前列。

江苏省集成电路产业目前也已经形成了设计、芯片制造、封装、测试、配套材料完整的产业格局，有着良好的基础，在国内同行业中具有明显的优势。以苏州、无锡、昆山为主的产业分布充分发挥了产业发展的聚集、辐射和示范作用。

### 2. 环渤海地区整合着力，引领国产芯片高端前沿

包括北京、天津、河北、辽宁和山东等省市的环渤海地区是国内重要的集成电路研发、设计和制造基地，该地区已基本形成了从设计、制造、封装、测试到设备、材料的产业链，具备了相互支撑、协作发展的条件。

北京已有集成电路设计企业近百家，是全国芯片设计力量最强的地区之一，在集成电路设计方面具有市场优势和人才优势。其中，中星微电子、中国华大、大唐微电子、同方微电子等都是全国著名的集成电路设计企业。目前，北京集成电路设计业瞄准了3G等高端领域并已经取得突破。在集成电路制造和封装方面，主要有首钢日电和瑞萨半导体（北京），此外还包括中芯国际在国内建设的首条12英寸芯片生产线。

### 3. 珠三角地区演绎后起之秀，助推区域电子信息产业升级

珠三角地区是国内重要的电子整机生产基地和主要的集成电路器件市场，集成电路市场需求一直占据全国的40%以上。海思半导体、中兴微电子、深圳国威、国民技术等设计企业的迅速发展，带动了珠三角地区集成电路产业的大规模提速，在国内集成电路产业中所占比重也逐年上升。目前该地区集成电路设计企业的数量已经超过100家。此外，深圳赛意法等大型封装测试企业也取得了快速的发展。

## 二、集成电路产业投融资发展机遇

### 1. 国发4号文的出台将进一步优化集成电路产业的投融资环境

2011年1月，国务院发布《进一步鼓励软件产业和集成电路产业发展的若干政策》（以下简称"4号文"）。作为对原18号文件的拓展和延伸，4号文加大了对集成电路产业的支持力度，有利于进一步提升集成电路产业的技术创新能力，为集成电路企业投融资发展带来了机遇。

（1）在财税优惠政策方面，4号文将集成电路产业链各环节都纳入支持范围，优化了投融资环境。集成电路设计企业享受免征营业税的优惠，而新办集成电路设计企业与软件企业同样享受"两免三减半"的企业所得税优惠；集成电路生产企业视具体情况享受"两免三减半"、"五免五减半"的企业所得税优惠，进口环节增值税进项税额占用资金问题采取专项措施予以解决；封装、测试、关键专用材料企业以及集成电路专用设备相关企业，根据产业技术状况动态调整所得税优惠。

（2）在重大专项扶持方面，4号文明确提出了要支持集成电路企业科技创新，支持技术改造。利用中央预算内投资，加大国家科技重大专项对集成电路关键技术的支持力度，有助于企业掌握自主可控的核心关键技术；加大对符合条件的集成电路企业引进先进技术、技术改造项目的投入，提升企业竞争力。

（3）在并购重组方面，4号文鼓励通过加强资源整合等方式做大做强集成电路企业。要求政策性金融机构给予重点支持，鼓励集成电路企业融资设立和合并；防止跨区域重组并购过程中的各种形式的障碍，努力培育集成电路龙头企业。促进集成电路企业增资扩建和技术创新，促使资本市场加速流动和发展，促使产业链协调发展。

（4）在贷款抵押与融资担保方面，4号文完善了集成电路企业知识产权质押和风险补偿机制。国家将支持和引导地方政府建立贷款风险补偿机制，充分发挥融资性担保机构和融资担保补助资金的作用，鼓励商业银行、金融机构和担保机构为符合条件的集成电路企业提供融资服务，拓宽集成电路企业的间接融资渠道。

（5）在直接融资方面，4号文支持集成电路企业采取股票、债券、产业基金等多种融资方式。鼓励地方政府在有条件的情况下，既可以采取设立专项产业资金，也可以采用市场化的方式，引导社会资本设立创业投资基金，更好地支持产业发展；积极支持符合条件的集成电路企业采取发行股票、债券等多种方式筹集资金，拓宽集成电路产业股权融资、债权融资等直接融资渠道。

## 2. 创业板的推出和完善促进集成电路企业利用资本市场加速发展

2009年中国创业板正式推出，定位于为"两高六新"——即为成长性高、科技含量高，为新经济、新服务、新农业、新材料、新能源和新商业模式的中小企业提供融资服务，IC设计企业正属于典型的高成长性、高科技含量的企业，鼓励IC设计企业在资本市场解决资金瓶颈，符合创业板设立的初衷。早在2000年，《鼓励软件产业和集成电路产业发展的若干政策》即明确规定集成电路企业为优先支持上市的企业。在政策的推动下，创业板的推出为IC设计企业融资拓宽了渠道，解决了IC设计企业快速发展面临的资金瓶颈，帮助IC设计企业快速实现了业务扩张和产品升级，极大地提高了IC设计企业的上市积极性。通过创业板上市所带来的财富效应，还将吸引更多的创业资金和创业人才投入到IC设计行业，进一步推动IC设计行业乃至整个集成电路产业的发展。上海新阳、北京君正、福星晓程、国民技术和欧比特五家领军企业已率先登陆创业板，借助登陆资本市场以及国家政策助推半导体产业链形成的契机，发挥行业及技术优势，占据有利竞争地位。

3. 自主标准产业化为国产集成电路提供了绝佳的发展机会

2011年，中国加速布局自主标准产业化。集成电路作为自主创新的上游，在政策扶持、重大专项、市场进入等方面都处于有利的发展环境。2011年10月，六个城市已经完成TD-LTE规模实验的第一阶段测试工作，计划在2012年年底实现商用；12月2日，2011年度第三颗北斗导航卫星发射成功，北斗二号导航卫星已经达到十颗，系统即将进入试运行阶段；CMMB网络覆盖在2010年全国31个省和331个地级以上城市的基础上，继续对网络深度优化进行覆盖，延伸至所有地级市、县级市及主要高速公路。TD-LTE、北斗、CMMB、智能电表等技术产业化加速，能够带动一批集成电路企业积累技术、推出产品，并借助市场实现良性循环。

# 第二节　集成电路产业股权融资

## 一、集成电路产业股权融资情况概述

### 1. 总体情况

2010—2011年，中国集成电路企业共披露股权融资案例数量12例，其融资渠道主要包括VC/PE投资和战略投资两类。已披露金额的融资案例9例，融资金额为32.87亿元，平均每笔融资金额为3.65亿元，高于2001—2009年历史平均值2.52亿元（见表9-2）。2010年以来，集成电路产业最大的几笔投资均发生在制造领域，中芯国际获得中国投资有限公司2.50亿美元投资以及大唐控股1.70亿美元投资（累计）。

表9-2　2010—2011年集成电路企业股权融资案例情况

| 融资类型 | 案例数（例） | 已披露金额案例数（例） | 融资金额（亿元） | 平均融资金额（亿元） |
|---|---|---|---|---|
| VC/PE | 10 | 7 | 22.79 | 3.26 |
| 战略投资 | 2 | 2 | 10.08 | 5.04 |
| 总计 | 12 | 9 | 32.87 | 3.65 |

资料来源：赛迪投资顾问，2012-04.

### 2. 细分领域

在2010—2011年披露的集成电路企业融资案例中，芯片设计企业7个，融资金额占比为10.13%，芯片制造企业5个，融资金额占比为89.87%（见表9-3）。

表9-3　2010—2011年股权融资的集成电路企业业务类型情况

| 所属行业 | 案例 | 占比 | 金额（亿元） | 占比 |
|---|---|---|---|---|
| 芯片设计 | 7 | 58.33% | 3.33 | 10.13% |
| 芯片制造 | 5 | 41.67% | 29.54 | 89.87% |
| 总计 | 12 | 100% | 32.87 | 100.00% |

资料来源：赛迪投资顾问，2012-04.

### 3. 企业区域

2010—2011年披露的集成电路企业融资的案例数量和金额地区分布非常集中，上海8例，占比为66.7%，金额31.44亿元，占比为95.7%；广东2例，占比为16.7%，金额0.73亿元，占比为2.2%；江苏和北京各1例（见图9-2和图9-3）。VC/PE投资机构更青睐于上海地区集成电路企业的主要原因如下：

第一，地域优势。上海作为经济、贸易、金融中心，经济基础良好，为企业搭建了多层面、多渠道的发展平台，营造了利于创新、利于发展的良好环境。

第二，产业优势。上海地区集成电路产业链完备，发展规模和速度处于全国领先地位。目前，上海市集成电路设计企业已有近百家，企业的业务模式也已涵盖整个设计产业链，拥有一批具有实力的代表性企业。

第三，人才优势。上海已聚集一大批经验丰富的专业技术人才。

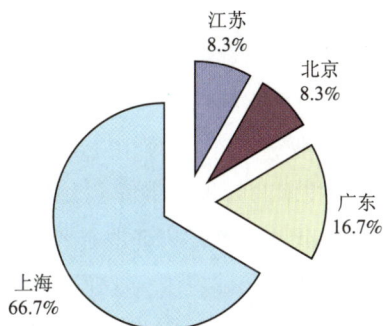

图9-2　2010—2011年集成电路企业股权融资案例地区分布

资料来源：赛迪投资顾问，2012-04.

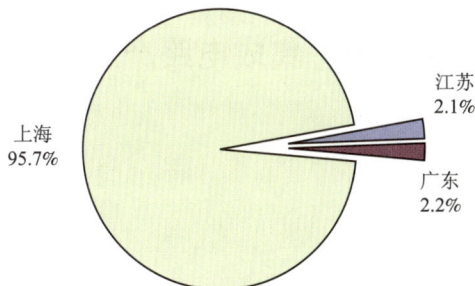

图9-3　2010—2011年集成电路企业股权融资金额地区分布

资料来源：赛迪投资顾问，2012-04.

## 二、集成电路企业股权融资方式分析

### 1. VC/PE股权融资分析

在股权融资类型中，主要是VC/PE对集成电路设计、制造企业的投资。VC/PE投资方式的案例总量为10例，披露融资金额的案例有7例，通过VC/PE进行股权融资的融资金额为22.79亿元，占融资总额的69.33%。

2010年3月，银湖投资集团以4 000万美元收购展讯通信约13%的股权，成为展讯通信主要股东以及战略合作伙伴。展讯通信主营业务为无线通信及多媒体终端核心芯片，并同时开发出相应的软件系统和终端参考设计方案，是中国2G和3G无线通信终端的核心芯片供应商之一。正是出于对中国移动互联网产业前景的看好，银湖投资选中展讯通信，投资移动互联网产业链上游核心芯片。

VC/PE在投资过程中，重点关注业务与市场、团队和商业模式，以VC/PE方式进行股权融资的集成电路企业主要分布在IC设计领域。IC设计投入高、难度大，早期发展阶段需要大量资金支持，一般均以VC/PE起步。目前国内芯片设计企业有数百家，但是规模、产品组合和应用领域都比较小，技术缺位和资本受困是IC设计企业普遍面临的双重难题。

### 2. 战略投资分析

2010—2011年，通过战略投资进行股权融资的案例总量仅为2例，大唐控股先后两次为中芯国际注入资金。作为国产3G标准TD-SCDMA和4G标准TD-LTE的主导者，大唐控股入股中芯国际最重要的目的是构建强有力的产业链支持，增强中芯国际对本土芯片产业的支持力度。

战略投资者一般是具有资金、技术、管理、市场、人才优势，能够促进产业结构升级，增强企业核心竞争力和创新能力，拓展企业产品市场占有率，致力于长期投资合作，谋求获得长期利益回报和企业可持续发展的企业。战略投资者必须具有较好的资质条件，拥有比较雄厚的资金、核心的技术、先进的管理等，有较好的实业基础和较强的投融资能力，能为融资企业的发展中提供较大帮助。

## 第三节　集成电路产业IPO

### 一、企业IPO情况概述

#### 1. 总体情况

2009年6月，IPO正式重启开闸，10月23日创业板正式开板。在此机遇下，集成电路企业IPO案例数量反弹，融资金额有所上涨。2010—2011年，集成电路企业IPO共8例，IPO金额总计61.47亿元，平均每起案例IPO金额为7.68亿元（见表9-4）。其中集成电路企业境内IPO 6例，融资总额53.21亿元；在美国进行IPO的企业有2家，融资金额8.26亿元。

2010—2011年，集成电路企业上市主要集中在深圳中小板、创业板和美国纳斯达克。其中，深圳中小板共有1例，募集资金5.46亿元，占境内外集成电路IPO融资总额的8.9%；深圳创业板共有5例，募集资金47.75亿元，占境内外集成电路IPO融资总额的77.7%；美国纳斯达克共有2例，募集资金8.26亿元，占境内外集成电路IPO融资总额的13.4%（见图9-4和图9-5）。

表9-4　2010—2011年集成电路企业IPO情况

| 公司名称（股票代码） | 资本市场 | 企业总部地区 | 发生时间 | 融资金额 |
|---|---|---|---|---|
| 上海新阳（300236） | 深圳创业板 | 上海 | 2011.6.29 | 2.38 |
| 北京君正（300223） | 深圳创业板 | 北京 | 2011.5.31 | 8.76 |
| BCD半导体（BCDS） | 纳斯达克 | 上海 | 2011.1.28 | 3.99 |
| 福星晓程（300139） | 深圳创业板 | 北京 | 2010.11.12 | 8.56 |
| 锐迪科（RDK） | 纳斯达克 | 上海 | 2010.11.10 | 4.27 |
| 国民技术（300077） | 深圳创业板 | 广东 | 2010.4.30 | 23.80 |
| 七星电子（002371） | 深圳中小企业板 | 北京 | 2010.3.16 | 5.46 |
| 欧比特（300053） | 深圳创业板 | 广东 | 2010.2.11 | 4.25 |

资料来源：赛迪投资顾问，2012-04.

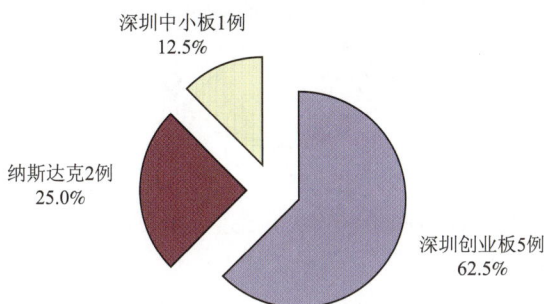

图9-4　2010—2011年集成电路企业境内/境外IPO数量分布

资料来源：赛迪投资顾问，2012-04.

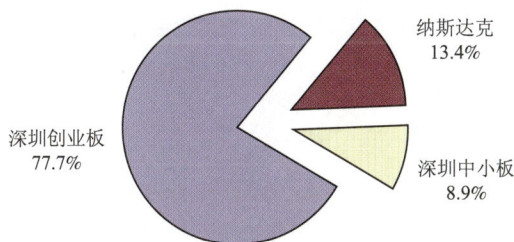

图9-5　2010—2011年集成电路企业境内/境外IPO金额分布

资料来源：赛迪投资顾问，2012-04.

## 2. 细分领域

2010—2011年，中国集成电路IPO事件有5例为芯片设计企业，1例为芯片制造企业，另外2例为相关支撑配套企业（见表9-5）。芯片设计企业IPO数量和金额都远远超过芯片制造企业。

## 3. 企业区域

2010—2011年，中国集成电路企业IPO上市覆盖北京、上海和广东3个省市。北京共有3家集成电路企业上市，融资资金22.78亿元，占IPO总额的37.06%；上海共有3家集成电路企业上市，融资资金10.64亿元，占IPO总额的17.31%；广东共有2家集成电路企业上市，融资资金28.05亿元，占IPO总额的45.63%（见图9-6和图9-7）。

表9-5    2010—2011年IPO集成电路企业业务类型情况

| 所属行业 | 数　量 | 占　比 | IPO金额（亿元人民币） | 占　比 |
|---|---|---|---|---|
| 芯片设计 | 5 | 62.50% | 49.64 | 80.75% |
| 芯片制造 | 1 | 12.50% | 3.99 | 6.50% |
| 支撑配套 | 2 | 25.00% | 7.84 | 12.75% |
| 总计 | 8 | 100.00% | 61.47 | 100.00% |

资料来源：赛迪投资顾问，2012-04.

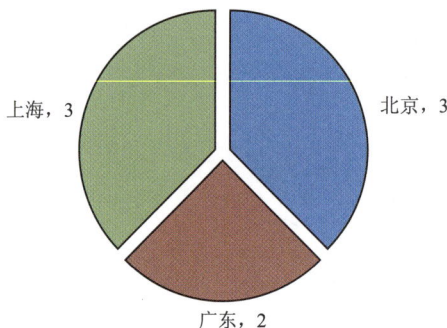

图9-6    2010—2011年集成电路企业IPO案例地区分布

资料来源：赛迪投资顾问，2012-04.

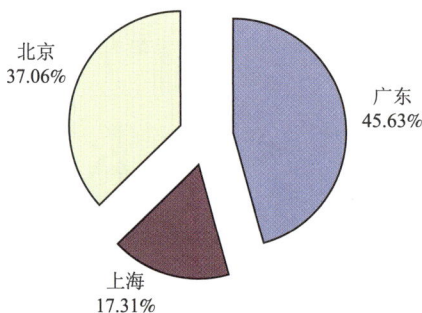

图9-7    2010—2011年集成电路企业IPO融资金额规模地区分布

资料来源：赛迪投资顾问，2012-04.

### 4. 募投项目分析

2010—2011年上市的集成电路企业中，对外公布的募集资金使用项目27例，其中，用于新建项目9例，改扩建项目7例，分别占项目总数的33.3%和25.9%（见图9-8）。在募集资金应用披露的案例中，募集最多的是在深圳创业板上市的国民技术，募集资金23.80亿元。

在募集资金运用金额统计中，用于新建项目投资的募集资金金额为9.62亿元，占募集资金总额的44.5%；用于改扩建项目投资的募集资金金额为5.26亿元，占募集资金总额的24.3%（见图9-9）。主要原因是：企业在上市募投项目选择过程中，首先会考虑满足现有市场的需求，这种项目建成后的风险较小，收益稳定。募集资金用于补充营运流动资金的比例为25.3%，用募集资金补充营运资金可以帮助企业大量节省利息成本，对企业净利润的提升带来较大帮助。

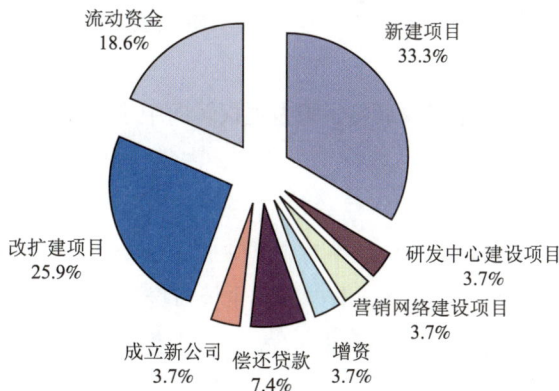

图9-8　2010—2011年集成电路企业IPO融资投向分布（数量）

资料来源：赛迪投资顾问，2012-04.

在选择内部建设项目和补充流动资金后，企业更倾向于用募集资金进行组建新公司、增资、建设研发中心和营销网络等。

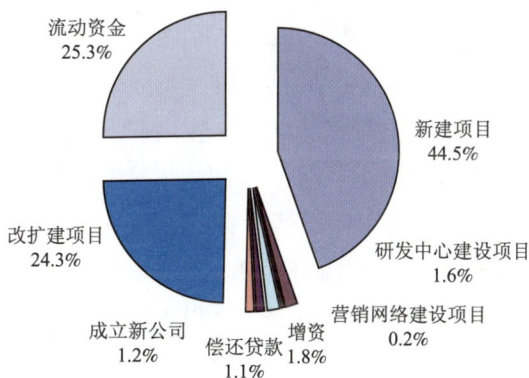

图9-9　2010—2011年集成电路企业IPO融资投向分布（金额）

资料来源：国赛迪投资顾问，2012-04.

## 二、IPO企业的特征

### 1. 集成电路企业IPO由芯片制造、封装测试转向IC设计

2000—2009年，IC设计企业在境内外上市6家，占集成电路上市企业的30.00%；2010—2011年，IC设计企业在境内外上市5家，占集成电路上市企业的62.50%。

早期的集成电路企业上市主要集中在芯片制造和封装测试领域，主要是因为当时国内IC设计基础还比较薄弱，相较于国外产品竞争力不足。IC设计的前期投入和风险都高于其他产业，但却是最能够体现产业核心竞争力、能够引领集成电路产业发展的环节。近年来，随着国内市场的迅速增长，政府充分发挥其政策导向功能，扶植、鼓励集成电路企业做大做强，因此出现了一批比较有竞争力的企业。自2005年中星微在纳斯达克上市开始，中国IC设计频频登陆美国

资本市场，而且出现了在深圳创业板上市的国民技术募集资金高达23.80亿元的情况，反映出资本市场对中国IC设计企业的期望。

### 2. 集成电路企业IPO由境外资本市场、国内主板转向中小板和创业板

2000—2009年，集成电路企业在境外上市12家，占集成电路上市企业的60.00%；2010—2011年，集成电路企业在境外上市只有2家，在境内上市有6家，占集成电路上市企业的75.00%，反映出国内资本市场较高的市盈率对中国集成电路企业具有很强的吸引力。

2009年以前IPO主要上市地为境外资本市场和主板市场。随着创业板的推出，众多中小型企业转向估值更高、交易更活跃的创业板和中小板。对于集成电路设计这类高风险、高回报的高新科技行业而言，及时取早期资金注入，补充营运资金非常重要。国内集成电路企业，特别是IC设计企业上市热情空前高涨，解决了快速发展面临的资金瓶颈，帮助企业快速实现了业务扩张和产品升级。而集成电路设计企业作为典型的高成长性、高科技含量的企业，也逐渐获得包括创业板在内的多层次资本市场的青睐，进一步推动了IC设计乃至整个集成电路产业的发展。

### 3. 集成电路企业IPO由全国各地向四大区域中心城市集中

2000—2009年，IPO成功的集成电路企业总部所在地位于北京、上海、广州、深圳的有8家，仅占集成电路上市企业的42.10%；2010—2011年，集成电路上市企业全部来自以上四地。

北京、上海、广州、深圳产业基础好、配套齐全，能够吸引优秀的集成电路人才，形成了一批具有竞争力的集成电路企业群，进而活跃于资本市场。随着国家政策的进一步支持，各地区实力雄厚的集成电路企业都会通过上市融资，获得扩大规模投入的机会，以保持其市场竞争优势。其他区域虽然总部基地的吸引力远落后四大区域中心城市，但承接了芯片制造、封装测试领域的产业转移，对完善产业链分工也起到了不可忽视的作用。

# 第四节　集成电路产业并购

## 一、企业并购情况概述

### 1. 总体情况

集成电路是一个典型的技术和资金密集型的产业，发展迅速、竞争激烈，具有全球化竞争的特点。近年来，中国集成电路产业快速发展，市场需求巨大，国外大企业纷纷涌入，中国本土公司面临着研发基础较弱、项目资金不足、人才缺乏的问题，特别是IC设计，前期投入和风险都高于其他产业。并购重组已经成为当前中国集成电路产业做大做强、产业链协调发展的必然趋势。

2010—2011年，集成电路企业并购案例共有11例，已披露并购资金21.22亿元（见表9-6）。整体而言，境内并购平均单笔并购金额要远大于跨境并购的平均单笔并购金额。并购案例中具

有代表性的主要有：展讯通信收购手机调制解调器芯片设计企业摩波彼克；展讯通信收购模拟电视芯片设计企业泰景科技；上海澜起收购摩托罗拉杭州芯片设计部，获得其数字电视机顶盒多项核心技术；中芯国际实现对武汉12英寸集成电路生产线的资源整合；苏州固锝电子收购专门从事MEMS-CMOS相关开发的美国明锐光电公司。预计，2012年受国际竞争压力不断加剧、企业竞争模式正式向"全产业链"转变的双重影响，中国集成电路产业资源整合将步入新一轮高峰期，具体表现为产能扩大、专利获取、业务领域延伸等多种形式。

表9-6　2010—2011年集成电路企业境内与跨境案例比较

| 类　　别 | 案例数（例） | 已披露并购金额案例数（例） | 已披露并购金额（亿元） | 平均每笔并购金额（亿元） |
|---|---|---|---|---|
| 境内 | 8 | 3 | 19.84 | 6.61 |
| 跨境 | 3 | 2 | 1.38 | 0.69 |
| 总计 | 11 | 5 | 21.22 | 4.24 |

资料来源：赛迪投资顾问，2012-04.

### 2. 细分领域

2010—2011年，集成电路企业并购案例中并购方和并购对象都以芯片设计企业为主，并购方中芯片设计企业数量占比为54.55%，并购对象中芯片设计企业占比为45.45%（见表9-7和表9-8）。并购方中上市企业8个，并购对象中上市公司2个。

表9-7　2010—2011年集成电路企业并购方业务类型情况

| 并购方业务类型 | 案例数（例） | 涉及金额（亿元） | 占　　比 |
|---|---|---|---|
| 芯片设计 | 6 | 5.71 | 26.92% |
| 芯片制造 | 2 | —— | —— |
| 其他 | 3 | 15.51 | 73.08% |
| 总计 | 11 | 21.21 | 100.00% |

资料来源：赛迪投资顾问，2012-04.

表9-8　2010—2011年集成电路企业并购对象业务类型情况

| 并购对象业务类型 | 案例数（例） | 涉及金额（亿元） | 占　　比 |
|---|---|---|---|
| 芯片设计 | 5 | 19.83 | 93.49% |
| 芯片制造 | 4 | 0.24 | 1.13% |
| 其他 | 2 | 1.14 | 5.38% |
| 总计 | 11 | 21.21 | 100.00% |

资料来源：赛迪投资顾问，2012-04.

### 3. 企业区域

2010—2011年，境内集成电路企业并购案例覆盖四个省市，其中主要并购案例发生在上海，共6例，占境内全部并购案例的54.55%。河北地区的并购规模占比远大于其并购数量占比，源于晶源电子以15.00亿元并购同方微电子（见图9-10和图9-11）。

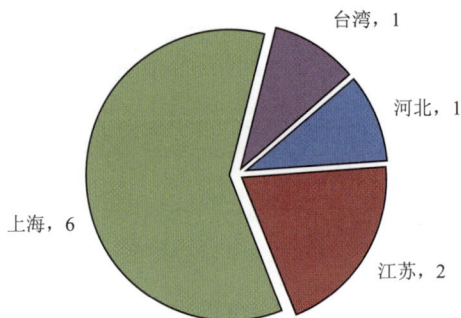

图9-10　2010—2011年集成电路企业并购案例地区分布

资料来源：赛迪投资顾问，2012-04.

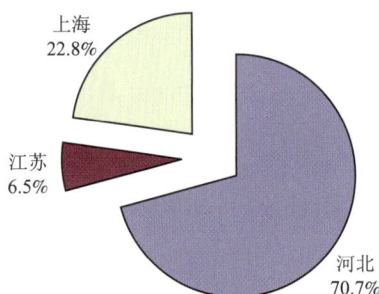

图9-11　2010—2011年集成电路企业已披露并购规模地区分布

资料来源：赛迪投资顾问，2012-04.

## 二、企业并购特征

### 1. 集成电路企业横向并购最为频繁，加强技术延伸和市场控制力

集成电路企业通过横向并购业务类似的公司，迅速减少竞争对手、弥补自身业务的技术短板，在产业整合过程中进行的最为频繁。2010—2011年，披露的11家并购几乎全部是横向并购，其中8家涉及IC设计，3家是芯片制造。由于芯片制造的投资高峰期已经过去，IC设计的横向并购目前要更加频繁。IC设计技术壁垒很高，核心资源是人才团队，因此IC设计并购是企业短期内快速实现业务整合、弥补技术短板的最佳方案，同时有助于克服市场进入障碍，进入高端芯片市场。

2010年8月31日，创锐讯公司正式收购普然通讯。在三网融合的大背景下，宽带接入成为竞争的焦点，PON作为高速增长的光纤到户（FTTH）市场的主要技术备受瞩目，而EPON是目前市场上最为成熟的PON技术。这次并购将创锐讯ETHOS以太网交换解决方案，与普然通讯领先的1G/10G EPON以及MUX产品相结合，优势技术间起到互补作用。创锐讯通过并购普然通讯进军PON市场，在高效的千兆以太网中紧密地融入光纤接入技术，为运营商客户提供下一代光纤宽带家庭和多用户单元接入方案，丰富了公司的以太网、无线宽带、电力线混合连接方案。

2011年8月8日，澜起科技正式完成对摩托罗拉杭州芯片设计部的收购，并获得摩托罗拉HM1521B/D芯片的所有技术授权。澜起科技主营业务之一为数字家庭领域，拥有高清、标清数字电视接收的全套解决方案，产品涵盖卫星、地面和有线等各个领域；而摩托罗拉的杭州芯片设计部多年来一直专注于数字电视机顶盒后端SOC解码芯片的设计与研发，具备丰富的设计和服务经验。此次收购将进一步完善和丰富澜起科技的音视频处理技术及相关产品，从而使澜起科技为客户提供更为全面的机顶盒整体解决方案。

## 2. 国内集成电路企业并购相比跨国企业仍有差距

创业板推出之后，对于中小企业的充实运营资金起到了非常重要的作用，但大多数本土集成电路企业资金仍不够雄厚，尤其是体现在与跨国企业的市场竞争中。2011年仅1—7月，全球IC设计并购发生80多起，全球五大IC设计公司均涉身其中。2011年上半年，手机芯片主要供应商高通先后并购Atheros、RapidBridge、GestureTek等，通信芯片主要供应商博通并购Provigent、SCSquare、Innovision等。中国本土集成电路企业虽然已经有一定规模，但整体仍未脱离单一产品、单一市场的窘境，因此，需要通过整合做大做强，否则很可能成为被并购方，或者被迫陷入价格战的恶性循环。

# 软 件 产 业

自2000年以来，我国软件产业经历了飞速发展的阶段，2008年受金融危机影响，增长速率减慢。从2010年开始，产业规模迅速增大，产业内投融资活动也逐渐恢复。2011年1月28日，国务院办公厅发布《进一步鼓励软件产业和集成电路产业发展若干政策的通知》，进一步明确了软件产业的重要地位。在新政策的推动下，软件产业将进入下一轮快速发展阶段。

中国软件产业蓬勃发展的推动力是产业环境的不断完善和优化。基于软件产业对于国民经济和国家安全的高度重要性，中国政府对软件产业的发展给予了一贯的高度关注，并先后制定了多项促进政策和优惠措施，营造了良好的发展环境。

## 第一节　软件产业投融资机遇

### 一、软件产业发展现状

2011年，我国软件产业保持快速发展态势，月均增速达30%，截至2011年8月底，软件行业收入规模已超过万亿元（见图10-1）。软件行业的快速增长态势在近几年尤显突出。2010年，我国软件产业实现业务收入13 364亿元，同比增长31%，营收规模首次突破万亿元大关。与2001年的751亿元相比，增幅近17.8倍，年平均增速达到37.7%。

2011年1月28日，国务院办公厅发布《进一步鼓励软件产业和集成电路产业发展若干政策的通知》，继续在财税、投融资、研究开发、进出口、人才、知识产权、市场等方面给予政策支持，为软件产业的长远、快速发展提供了有力的保障。

近年来，我国软件产业发展呈现出以下区域特点。

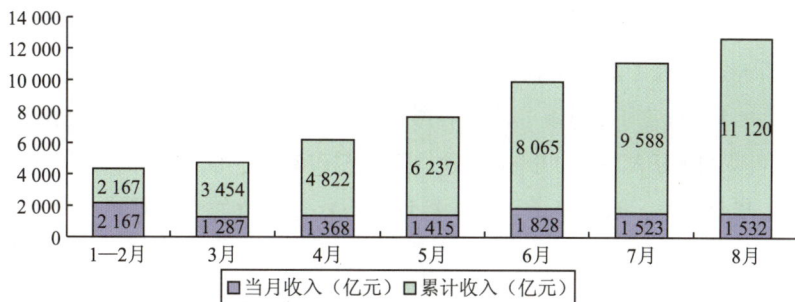

图10-1 2011年1—8月软件产业收入情况

资料来源：工业和信息化部，赛迪顾问整理，2012-04.

## （一）环渤海地区是中国软件产业链高端的引领者

2010年，环渤海地区软件业务总收入达4 531.9亿元，占全国软件业务收入的33.9%。该地区呈现出以下特点：

（1）产业集聚效应明显、人才优势突出；

（2）软件企业融资并购较为活跃，具有较强的发展优势；

（3）紧密跟踪产业发展动向和热点，把握新的发展机遇；

（4）占据着中国软件产业的制高点。

在这一聚集区中，北京是带动软件产业发展的龙头，聚集了中国最多的科研机构和高级软件人才，是众多国内外软件企业总部及主要核心研发机构所在地。2010年北京市软件业务收入仅次于广东省，位列全国第二。北京市拥有中关村软件园、中国科学院软件园、上地软件园、大兴经济开发区软件园、北京数字娱乐软件创新基地等。

中关村软件园已经成为国内龙头软件园，北京市软件与信息服务产业的核心区，并具有国际知名度和影响力，成为北京市乃至全国展示中国科技产业发展的重要窗口。中关村软件园先后被国家发展和改革委员会、工业和信息化部、商务部命名为"国家软件产业基地"和"国家软件出口基地"。2011年2月，被科学技术部认定为"国家火炬计划软件产业基地"。2011年4月，被科学技术部国际合作司确定为"国际科技合作基地"。作为我国软件领域最有影响力的自主创新中心，中关村软件园聚集了一批国家级研发中心，2010年知识产权超过2 300项，其中国家科技进步特等奖1项、一等奖5项，约占全中关村园区的一半；国家规划布局内重点软件企业园区内有21家，北京创新百强企业园区有5家。

## （二）长三角地区是中国软件产业多级联动立体发展的先行者

近年来，长三角地区注重内涵发展，政企合力多级联动推进软件产业蓬勃发展，整个地区的产业建设已经进入快车道。2010年，上海、江苏、浙江的软件业务收入之和已达3 868.5亿元，占全国软件业务收入的28.9%。特别是随着南京等城市软件产业的快速崛起，地区产业势能不断提升。

2010年南京市成为国内首个"中国软件名城",拥有中国（南京）软件谷、江苏软件园、南京软件园等。中国（南京）软件谷已初步建成了中国首条软件大道,汇聚了IBM中国软件授权培训中心、戴尔、中兴通讯、华为科技、东软研发、文思创新等国内外知名软件企业250家左右,软件人才5万人左右,2010年软件产值突破300亿元,形成了通信软件、软件外包和信息服务三大产业集群,被批准为国家火炬计划现代通信软件产业基地、国家服务外包示范区、国家级科技企业孵化器。

### （三）珠三角地区是中国软件创新环境突出的示范者

珠三角地区在软件发展中注重营造良好的产业发展氛围和创新环境,汇聚了业内众多知名企业,行业应用软件实力突出。珠三角地区强大的电子制造业基础为嵌入式软件的迅速发展提供了天然的腾飞平台;领先的电子政务、城市信息化建设、面向行业的产业公共技术开发平台的建设为软件产业发展提供了优良的创新支撑环境。珠三角地区具备相当的软件产业创新发展后劲。

近年来,深圳、广州等软件产业发达城市对珠三角地区软件的拉动愈发明显。2010年深圳市软件业务收入达到1 891.4亿元,10年共增长30倍,增速全国排名第二。广州2010年软件业务收入规模达到723.8亿元,位居全国城市前列。广州软件产业发展基础雄厚,且拥有天河软件园等知名的软件产业园区。

天河软件园集国家高新技术产业开发区、国家软件产业基地（CSIB）、国家火炬计划软件产业基地、国家网游动漫产业基地、国家软件出口创新基地以及中国软件出口欧美工程（COSEP）试点基地和中国服务外包基地城市广州示范区于一身,是中国最重要的软件产业园区之一。近年来,园区内大力发展研发中心建设,现有十几个以企业形式成立的研发中心,面向核心技术的研发。包括与国家863高技术合作项目和企业需求的产业化项目,如嵌入式软件研发中心、广东Linux应用技术支持中心、美国硅谷软件外包研发中心、爱立信新研发中心、微软技术支持中心等。

### （四）西三角地区是我国软件产业后发优势强劲的追赶者

"中心城市带动产业发展"这一全国整体性趋势在西部地区表现尤为明显,成都、西安、重庆三个城市软件业务收入占西部地区的90%,形成了中国软件产业区域分布中的"西三角"格局。

成都以研发与应用为两大抓手,促进软件产业快速发展,目前已拥有众多500强企业研发中心,其中不乏软件产业巨头,同时成都在信息安全、IC设计、数字娱乐、外包服务、嵌入式产品、行业应用软件等应用领域具有良好的发展基础。目前,成都市建有成都高新区、创新中心软件基地、都江堰软件园等软件产业发展载体。

成都高新区于2000年被批准为中国亚太经济合作组织（APEC）科技工业园区,2001年成为中国西部第一个通过ISO14001中国认证和英国皇家UKAS国际认证的区域。2006年,成为全国首批"创建世界一流园区"试点单位。吸引了全球软件前20强中的11家、服务外包前100强中的20家在区内设立分支机构。成都高新区的电子信息产业已形成软件及服务外包产业集群、集成电路产业集群、通信产业集群（3G关键技术研发、制造）、光电显示产业集群、软件产业及服务外包产业，拥有国家软件产业基地、国家软件出口基地等12个国家级基地授牌，培育了卫士通、迈普、杰华科技等一批本土软件企业，引进了IBM、SAP、赛门铁克、法国育碧、中国台湾昱泉、印度威普罗、瑞典泰立嘉、芬兰普兰威尔、智乐、金山、盛大、腾讯等一批国内外知名企业。

## 二、软件产业投融资发展机遇

### （一）国发4号文的出台将进一步推动软件产业投融资的发展

2011年1月国务院发布《进一步鼓励软件产业和集成电路产业发展的若干政策》，对软件产业和集成电路产业发展的投融资政策等进行进一步的补充和完善，为软件产业投融资的发展带来大好时机。

（1）国家鼓励、支持软件企业和集成电路企业加强产业资源整合，积极支持引导软件企业和集成电路企业为实现资源整合和做大做强进行的跨地区重组并购。这势必会使软件企业的并购活动更加畅通和活跃，引来软件产业并购高潮。

（2）国家将引导社会资本设立创业投资基金，积极支持符合条件的软件企业和集成电路企业采取发行股票、债券等多种方式筹集资金。这将进一步拓宽软件产业股权融资、债权融资等直接融资渠道，助推直接融资渠道的发展。

（3）国家将支持和引导地方政府建立贷款风险补偿机制，充分发挥融资性担保机构和融资担保补助资金的作用，鼓励商业银行金融机构和担保机构为符合条件的软件企业和集成电路企业提供融资服务，这势必会给软件产业的担保市场等间接融资渠道功能的进一步实现带来良好的发展时机。

（4）国家支持软件企业的新设和先进技术的引进，国家对符合条件的软件企业技术进步和技术改造项目、中央预算内投资给予适当支持，这将激发软件企业融资设立和合并的热潮，促进软件企业增资扩建和技术创新，促使资本市场加速流动和发展。

### （二）创业板的推出和日渐成熟带动软件产业创新发展

2000年6月，国务院发布《鼓励软件产业和集成电路产业发展的若干政策》，提出要尽快开辟证券市场创业板，软件企业不分所有制性质，凡符合证券市场创业板上市条件的，应优先予以安排。在政策的推动下，创业板的推出，为软件企业融资拓宽了渠道。软件创新前期是需要大量资金支持的，尤其是那些重大关键的技术创新，软件企业如果用自有资金作为创新投入，往往很难满足创新的需求，创新投入将影响企业资金周转和生产经营。创业板的推出，能够使上市企业获得创新发展的资金，帮助企业快速实现业务扩张和产品升级。创业板带动软件企业快速得到发展的机制，就像纳斯达克造就微软和谷歌等世界级软件企业一样，我国创业板也将给我国众多软件企业提供良好的发展机会。

### （三）新三板扩容推动软件园区产业升级

国务院近日明确提出拓宽小型微型企业融资渠道，进一步推动交易所市场和场外市场建设，市场关注已久的新三板将实现加速发展。新三板在原有中关村科技园区试点的基础上实现扩容，将范围扩大到其他具备条件的高新技术园区。为了成为新三板试点园区，福州软件园、南京徐庄软件园、浦东软件园等全国各地软件产业园区积极准备。园区入围评审办法将主要考量两个方面：一是园区经济总量；二是拟挂牌企业以及后备企业资源情况。经济总量的首要参考指标便是园区是否属于国家级园区，为了达到这个要求，软件产业园必将加快发展，做大做强。另外，高端软件作为我国战略性新兴产业的一个重要领域，作为国家政策支持的重点方向，在新三板扩容园区评选中将作为一个参考指标。因此，软件产业园在做申报准备工作时，必将加大对软件产业的建设，促进软件产业升级，提高和巩固软件产业在园区中的地位，这也将给软件企业发展提供更加广阔的平台和空间。

## 第二节　软件产业股权融资

### 一、软件产业股权融资情况概述

2010年—2011年10月，中国软件企业共披露股权融资案例数量74例，其融资渠道包括天使投资、VC/PE投资和战略投资三类。已披露金额的融资案例45例，融资金额为65.6亿元，平均每笔融资金额为1.46亿元（见表10-1）。其中，腾讯以3亿美元入股DST案例金额占2010年已披露融资总额的46.62%。

表10-1　2010年—2011年10月软件企业股权融资案例情况

| 年　　度 | 融资类型 | 案例数量（亿元） | 已披露金额案例数（例） | 融资金额（亿元） |
|---|---|---|---|---|
| 2010 | VC/PE | 23 | 16 | 17.4 |
| | 天使投资 | 8 | 1 | 0.1 |
| | 战略投资 | 11 | 7 | 23.7 |
| 2011年1—10月 | VC/PE | 25 | 16 | 11.2 |
| | 天使投资 | 1 | 0 | 0 |
| | 战略投资 | 6 | 5 | 13.2 |
| 合计 | | 74 | 45 | 65.6 |

资料来源：赛迪投资顾问，2012-04.

在股权融资类型中，主要是VC/PE对软件企业的投资。其中，2010年VC/PE投资方式的案例总量为23例，披露融资金额的案例有16例，占VC/PE投资案例总量的69.57%。通过VC/PE进行股权融资的融资金额为17.40亿元，占2010年融资总额的42.23%。2010年10月，赛伯乐基金斥资3.82亿元投资工大首创，获得工大首创的实际控制权。一般而言，以股权投资为主要盈利手段的私募基金并不会成为投资标的的实际控制人。上市公司引进私募基金大多时候只是为了引入发展所需资金，而非放弃控制权。但此次工大首创的股权融资案例则表明，私募基金很可能根据自己的战略规划改变对投资标的一贯的控制方式。塞伯乐制定了产业运作平台、金融服务体系和产业孵化园三者互动的三维互动模式，工大首创很可能就是赛伯乐三维互动模式中金融服务体系的一个上市平台。

2010年至今，股权融资规模最大的案例为4月腾讯以3亿美元入股DST，投资金额全部以现金支付，在完成投资后，腾讯将持有DST约10.26%的经济权益，以及DST约0.51%的总投票权。这是国内互联网公司在海外最大的一笔投资，此举将是实现和受益于俄罗斯互联网市场快速增长迈出的重要一步。

2010年—2011年10月，通过天使投资进行股权融资的案例总量为9例，仅有1例披露了股权融资金额，金额较小，且是一次性投资。在天使投资的案例中，投资机构主要有创新工场、麦刚等，还包括天使投资人。天使投资一般为参与性投资，投资后，天使投资往往积极参与被投企业战略策划和战略设计，为被投资企业提供咨询帮助及其他有助于企业成长的有利资源。因此，天使投资人不但可以带来现金，同时也带来企业发展的机会。

## 二、软件企业股权融资方式分析

### （一）天使投资分析

#### 1. 天使投资主体分析

在2010年—2011年10月统计的9例天使投资案例中，有3家企业是创新工场投资，麦刚投资、险峰华兴和个人投资者分别投资了2家软件企业（见表10-2和图10-2）。

表10-2　2010年—2011年10月天使投资方式进行股权融资的软件企业业务类型情况

| 融资公司 | 发生时间 | 投资机构 |
| --- | --- | --- |
| 超速浏览器 | 2010年3月 | 天使投资（陈艺光） |
| 友盟统计 | 2010年4月 | 创新工场 |
| 应用汇 | 2010年8月 | 创新工场 |
| E店宝 | 2010年8月 | 天使投资（险峰华兴） |
| 红火网 | 2010年8月 | 麦刚投资 |
| 圣特尔科技 | 2010年8月 | 天使投资（险峰华兴） |
| 魔图精灵 | 2010年9月 | 创新工场 |
| 商印网 | 2010年10月 | 麦刚投资 |
| 挖财 | 2011年6月 | 天使投资（李治国） |

资料来源：赛迪投资顾问，2012-04.

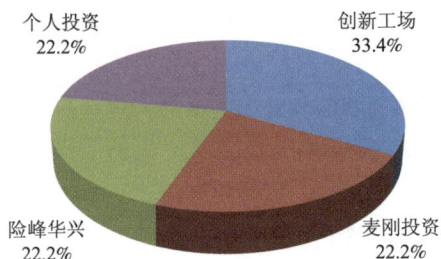

图10-2　2010年—2011年10月软件行业天使投资企业分布

资料来源：赛迪投资顾问，2012-04.

### 2. 业务类型分析

以天使投资方式进行股权融资的软件企业业务类型主要有：行业应用、管理软件与互联网应用及服务。在统计的9例案例中，互联网应用及服务的企业数量最多，企业数量为5家，占案例数量总额的55.6%；其次为行业应用企业，占比为33.3%（见图10-3）。

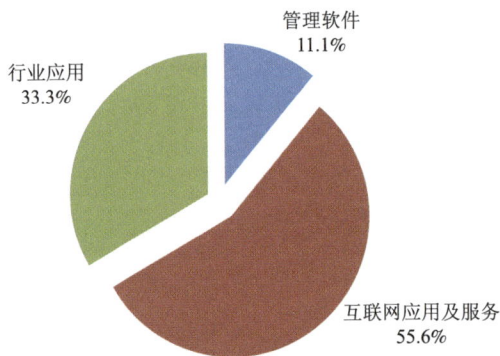

图10-3　2010年—2011年10月软件行业获得天使投资企业的业务类型

资料来源：赛迪投资顾问，2012-04.

天使投资最关注的投资因素包括企业当前的团队凝聚力、未来成长空间等。目前，天使投资在我国发展较缓慢，虽然民间资本金额较大，但仍然存在着以下制约因素。

第一，天使投资的专业性不高。目前许多具备天使投资条件的投资人或投资机构缺乏投资的专业知识和创新能力，对天使投资的特征和运作模式没有深入了解，这就阻碍了天使投资活动的开展。

第二，创业者的信用度缺失。创业者在引入天使投资的资金注入后，由于市场和企业自身的变化，融资金额未能用于指定的项目中，或存在未能兑现分红等情况，使天使投资的资金回报风险增加。

第三，天使投资人与企业之间的信息不对称。由于天使投资人的分散性，使天使投资与项目之间的信息传播渠道不是很充分，降低了天使投资的选择效率。

因此，天使投资在寻找投资项目时，可借助第三方中介机构的专业能力，寻找合适的投资项目。

### （二）VC/PE股权融资分析

#### 1. 企业地域分析

在2010年—2011年10月披露的软件企业通过VC/PE进行股权融资的48例案例中，地区分布较集中，主要分布在北京、广东、上海等地。其中，北京地区的融资案例为27例，占案例总量的56.3%（见图10-4）。

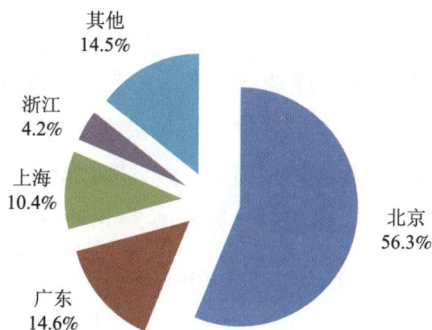

图10-4　2010年—2011年10月软件行业引入VC/PE进行股权融资案例地区分布

资料来源：赛迪投资顾问，2012-04.

从软件企业融资的地域分布可以看出，发达城市进行股权融资相对集中，其他城市主要包括福建、河北、江苏等地（见图10-5）。VC/PE投资机构更青睐于北京地区软件企业的主要原因如下：

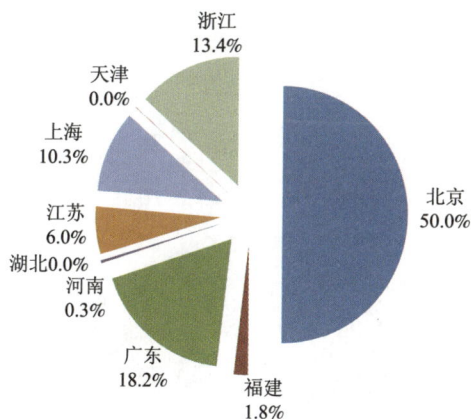

图10-5　2010年—2011年10月软件行业VC/PE方式股权融资规模地区分布

资料来源：赛迪投资顾问，2012-04.

第一，北京地区已基本实现了软件产业聚集。北京中关村汇集了国内外众多软件企业，打造了一批国内外知名的软件企业。

第二，人才优势与地域优势兼备，北京地区为软件企业发展搭建了良好的平台。VC/PE在投资过程中，重点关注业务与市场、团队和商业模式。随着物联网、三网融合的兴起，软件企业将开拓更大的业务和市场空间。而北京的人才结构优势也为软件这一高科技企业提供了发展的必要支持。北京具有开放式的企业运作交流平台，能够帮助软件企业通过标杆学习的方式完善自身商业模式，吸引VC/PE投资者的资金投入。

从股权融资规模看，北京地区为融资规模最大的地区，占案例总量的50%。广东地区融资规模位居第二，占规模总额的18.2%。北京地区披露金额的股权融资案例19例，融资金额达到14.28亿元。

2. **业务类型分析**

以VC/PE方式进行股权融资的软件企业业务类型主要有：行业应用、管理软件、安全与存储、互联网应用及服务、外包服务、基础软件及游戏软件。在2010年—2011年10月统计的案例中，行业应用的企业数量最多，企业数量为13家，占案例数量总额的27.08%；其次为管理软件企业和互联网应用及服务企业，各占18.75%（见表10-3和图10-6）。

表10-3　2010年—2011年10月VC/PE方式进行股权融资的软件企业业务类型情况

单位：亿元

| 行业类型 | 案例数（例） | 披露金额案例数（例） | 融资金额 | 融资比例 |
|---|---|---|---|---|
| 行业应用 | 13 | 9 | 4.5 | 6.3% |
| 管理软件 | 9 | 7 | 5.3 | 18.6% |
| 互联网应用及服务 | 9 | 3 | 6.2 | 21.7% |
| 游戏软件 | 6 | 6 | 4.9 | 19.3% |
| 安全与存储 | 5 | 3 | 1.8 | 1.0% |
| 基础软件 | 4 | 3 | 5.5 | 15.7% |
| 外包服务 | 2 | 1 | 0.3 | 17.3% |
| 合计 | 48 | 32 | 28.6 | 100% |

资料来源：赛迪投资顾问，2012-04.

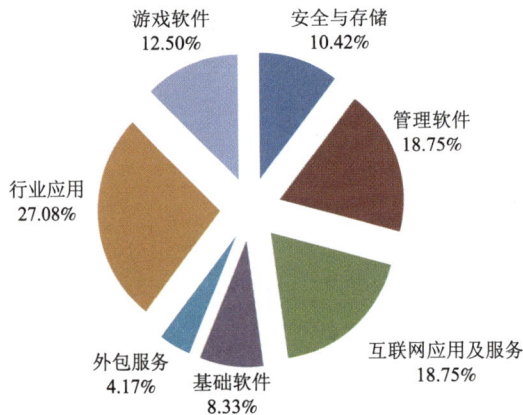

图10-6　2010年—2011年10月软件行业VC/PE方式股权融资业务类型

资料来源：赛迪投资顾问，2012-04.

2010年—2011年10月，行业应用软件依旧是投资的热点，在已披露的软件企业VC/PE股权融资案例中，共有13例属于行业应用领域，占总融资案例数量的27.08%；实现软件服务化、移动网络和基于互联网的软件服务模式是2010年至今的另一大热点，管理软件与互联网应用及服务股权融资案例各9例，游戏软件案例6例。

从已披露融资金额规模来看，2010年—2011年10月，互联网应用及服务领域股权融资规模达6.21亿元，占全部已披露金额的21.7%；其次为基础软件融资，融资规模为5.52亿元（见图10-7）。

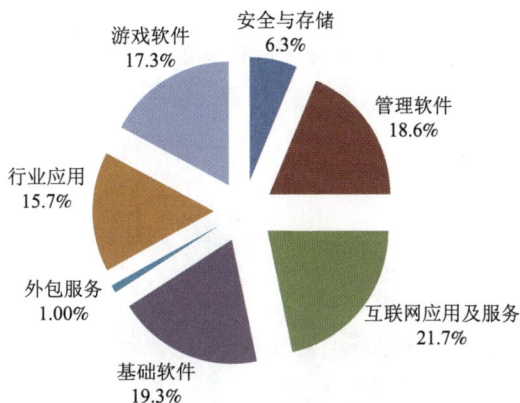

图10-7　2010年—2011年10月软件行业VC/PE方式股权融资业务规模

资料来源：赛迪投资顾问，2012-04.

### （三）战略投资分析

1. 引入战略投资企业地域分析

2010年—2011年10月披露的软件企业通过引入战略投资者进行股权融资的17例案例主要分布于北京、广东、江苏和上海。其中，北京地区的融资案例为11例，占案例总量的64.7%（见图10-8）。

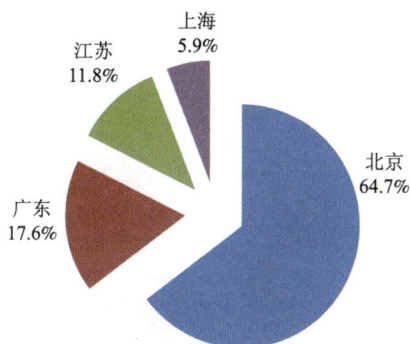

图10-8　2010年—2011年10月软件行业获得战略投资企业地区分布

资料来源：赛迪投资顾问，2012-04.

战略投资者一般是具有资金、技术、管理、市场、人才优势，能够促进产业结构升级，增强企业核心竞争力和创新能力，拓展企业产品市场占有率，致力于长期投资合作，谋求获得长期利益回报和企业可持续发展的企业。战略投资者最大的特点是具备投资企业所需的优势资源，能够为投资企业的发展提供较大帮助。

2010年—2011年10月已披露战略融资金额的软件企业统计显示，引入战略投资者的企业主要集中在北京和广东两地，虽然北京地区的企业分布密集，但从规模来看，广东地区的融资额达到19.23亿元，占战略投资融资总额的52.06%，而北京地区融资额为17.51亿元，占融资总额的47.41%（见图10-9）。广东地区单笔融资规模偏高主要是受到2010年腾讯以3亿美元投资俄罗斯DST影响。去除该案例的影响，广东地区已披露的融资金额仅为300万元，北京地区的规模最大，占融资总额的98.70%。

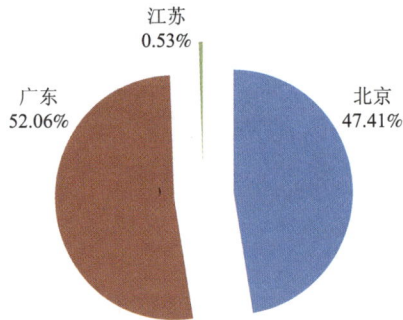

图10-9    2010年—2011年10月软件行业获得战略投资企业规模分布

资料来源：赛迪投资顾问，2012-04.

### 2.　业务类型分析

以引入战略投资者方式进行股权融资的软件企业业务类型主要有：行业应用、管理软件、安全与存储、互联网应用及服务、外包服务、基础软件及游戏软件。在2010年—2011年10月统计的17例案例中，行业应用的企业数量最多（6家），占案例数量总额的35.3%；其次为管理软件企业，占比为23.5%（见图10-10）。

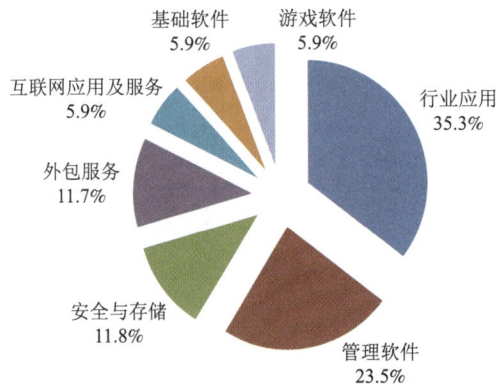

图10-10    2010年—2011年10月软件行业获得战略投资企业的业务类型

资料来源：赛迪投资顾问，2012-04.

在2010年—2011年10月的战略投资案例中，腾讯先后投资入股了DST、金山软件及金山网络，拟通过长期的战略合作关系，与投资企业形成业务和技术的优势互补，在软件开发、互联网、游戏软件等领域开发出更加丰富、可靠的产品。

## 第三节　软件产业IPO

### 一、企业IPO情况概述

#### （一）IPO总体情况

2009年6月IPO正式重启开闸，2009年10月23日创业板正式开板。在此形势下，2010年至今软件企业IPO案例数量激增，融资金额大幅上涨。2010年—2011年10月，软件企业IPO共52例，其中软件企业内地IPO共43例，融资总额294.46亿元；在香港进行IPO的企业有2家，融资金额7.26亿港元；在美国进行IPO的企业7家，融得资金7.34亿美元（见图10-11）。

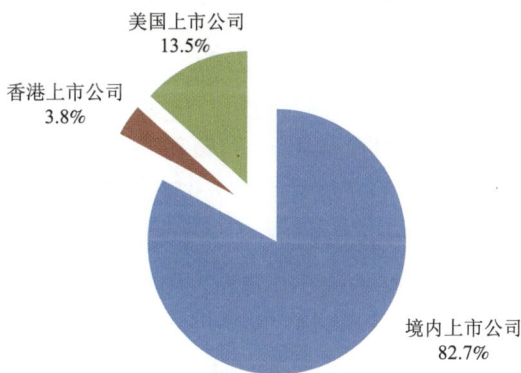

图10-11　2010年—2011年10月软件企业境内/境外IPO案例数量

资料来源：赛迪投资顾问，2012-04.

软件企业境内IPO主要分布在深圳创业板、深圳中小板和香港交易所。2010年—2011年10月，深圳中小企业板共有14家软件企业IPO上市，融得资金107.74亿元，占境内软件IPO融资金额的36.59%；深圳创业板共有28家软件企业IPO上市，融得资金161.22亿元，占境内软件IPO融资金额的54.75%。大智慧于2011年成功登陆上海证券交易所，融资25.5亿元，是软件企业中IPO融资金额最多的企业。2010年—2011年10月软件企业境内外IPO金额分布如图10-12所示。

2010年—2011年10月，共有5家软件企业在纳斯达克IPO上市，融得资金28.54亿元；2家软件企业在纽约证券交易所上市，融得资金18.43亿元（见表10-4）。

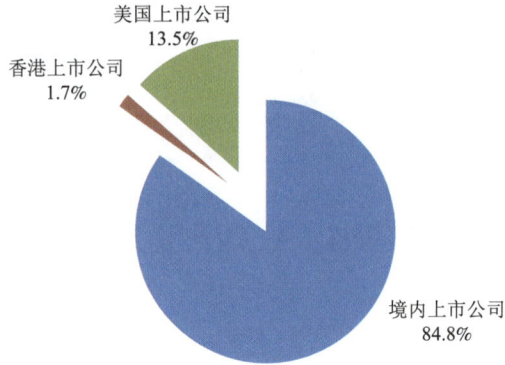

图10-12　2010年—2011年10月软件企业境内外IPO金额分布

资料来源：赛迪投资顾问，2012-04.

表10-4　2010年—2011年10月软件企业境外IPO规模比较

单位：亿元

| 资本市场 | IPO数量 | IPO金额 | 平 均 金 额 |
|---|---|---|---|
| 纳斯达克 | 5 | 28.54 | 5.7080 |
| 纽约证券交易所 | 2 | 18.43 | 9.2150 |

资料来源：赛迪投资顾问，2012-04.

## （二）企业区域

2010年—2011年11月，中国软件企业IPO上市覆盖10余个省市。上市企业主要分布在北京、广东、上海和福建四地，共有44家软件企业上市，融得资金313.4亿元，占上市公司总额的90.16%。其中，北京依旧是IPO上市软件企业的主要地区，共有IPO案例25例，融资资金183.9亿元，占全部融资规模的52.90%（见图10-13和表10-5）。

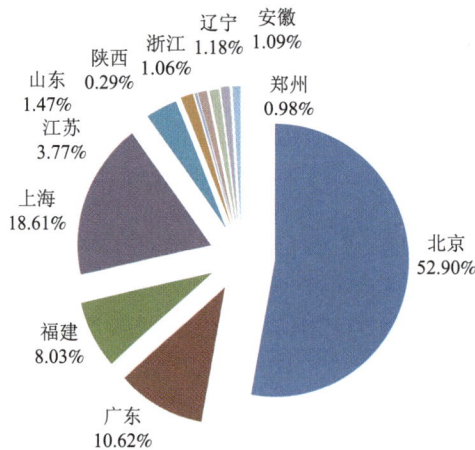

图10-13　2010年—2011年10月软件企业IPO融资规模地区分布

资料来源：赛迪投资顾问，2012-04.

表10-5 2010年—2011年10月软件企业IPO规模地区分布

单位：亿元

| 地 区 | IPO案例数 | 融资金额 | 融资金额比例 |
|---|---|---|---|
| 北京 | 25 | 183.9 | 52.0% |
| 广东 | 7 | 36.9 | 10.62% |
| 福建 | 5 | 27.9 | 8.03% |
| 上海 | 7 | 64.7 | 18.61% |
| 江苏 | 2 | 13.1 | 3.77% |
| 山东 | 1 | 5.1 | 1.47% |
| 陕西 | 1 | 1.0 | 0.29% |
| 浙江 | 1 | 3.7 | 1.06% |
| 辽宁 | 1 | 4.1 | 1.18% |
| 安徽 | 1 | 3.8 | 1.09% |
| 郑州 | 1 | 3.4 | 0.98% |
| 合计 | 52 | 347.6 | 100.00% |

资料来源：赛迪投资顾问，2012-04.

## （三）募投项目分析

据统计的2010年—2011年10月上市的软件企业中，对外公布的募集资金使用项目280例，其中，用于新建项目138例，占项目总数的49.29%；用于资本运作（增资、收购）的37例，占项目总数的13.22%（见图10-14）。

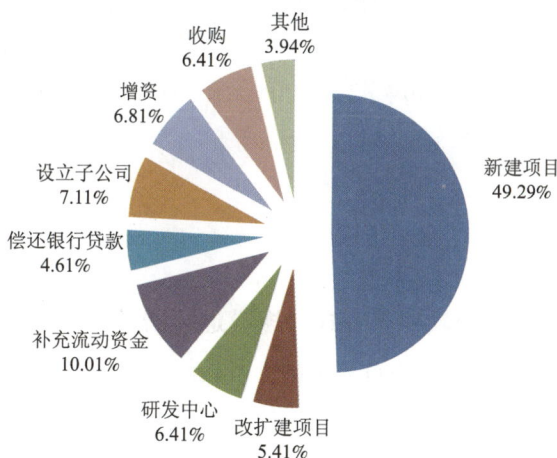

图10-14 2010年软件企业IPO融资投向分布（数量）

资料来源：赛迪投资顾问，2012-04.

在募集资金应用的披露案例中，项目最多的是创业板上市公司——天源迪科，天源迪科自2010年1月上市以来，共披露募投项目16例，涉及募集资金6.24亿元。其中，内部投资建设项目6项，运用募集资金金额2.60亿元，占募集资金总额的41.67%；收购项目5项，收购对象均为信息技术与数码科技公司，运用募集资金1.15亿元，占募集资金总额的18.43%；增资项目1项，运用资金0.12亿元；其余募投项目为研发中心建设、基地建设、设立子公司及补充流动资金。

在募集资金运用金额统计中，用于新建项目投资的募集资金金额为86.72亿元，占募集资金总额的48.0%，主要原因是，企业在上市募投项目选择过程中，首先会考虑满足现有市场的需求，这种项目建成后的风险较小，收益稳定。募集资金用于补充营运流动资金的比例为13.3%，用募集资金补充营运资金可以帮助企业大量节省利息成本，对企业净利润的提升带来较大帮助（见图10-15）。企业并购是获得优势资源的捷径。软件企业属于技术密集型企业，对技术研发的要求较高，企业在研发实力有限的情况下，会选择并购方式获得前沿技术，既能节省建设与研发成本，又能快速地使新技术应用于市场而产生效益，因此，在选择新建项目和补充流动资金后，企业更倾向于用募集资金进行增资、并购等资本运作。

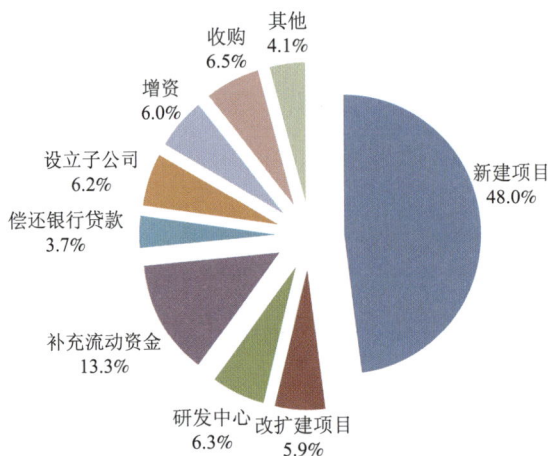

图10-15　2010年软件企业IPO融资投向分布（金额）

资料来源：赛迪投资顾问，2012-04.

## 二、IPO企业的特征

### （一）创业板开启，推动软件企业IPO规模迅速增长

创业板作为国家鼓励创新的一个重要举措，对软件企业有着特殊的意义。以前成功上市的软件企业基本上都是大型的IT服务和系统集成厂商，而一些新兴软件企业由于资产规模和业务规模较小等原因很难达到上市的要求。创业板开启后，作为"低碳经济"和高科技产业的代表，软件业逐渐获得包括创业板在内的多层次资本市场的青睐。另外，传统上大部分软件企业埋头于技术，创业板的启动极大地激发了它们与资本结合的热情。

### （二）IPO企业地区分布广泛，资本市场多样化

IPO软件企业已从北京、上海和广东等地区扩散到全国各个地区，2010年—2011年10月

IPO软件企业涉及10余个省市，福建、安徽、陕西、辽宁等地区均有软件企业IPO成功。这说明，各地区实力雄厚的软件企业都开始通过上市融资获得在地区或者全国范围内的规模经营和竞争优势。此外，2010年至今，更多的软件企业开始国外上市，以获得更多的融资渠道。

# 第四节　软件产业并购

## 一、企业并购情况概述

### （一）并购总体情况

软件产业是一个科技含量高的产业，高投入、高风险一直是软件产业发展的显著特点。进入21世纪以来，我国软件业一直保持快速发展，特别是"十一五"期间国家对软件产业发展的政策支持，使软件产业在资本市场中的地位日益提高。企业在发展壮大到一定阶段，自身积聚了大量现金或急需市场拓展的情况下，收购和并购频率将逐步提高。

2010年—2011年10月中国软件行业披露并购案例101例，其中已披露并购金额案例73例，涉及并购金额98.6亿元（见表10-6）。

表10-6　2010年—2011年10月年软件产业并购规模

| 年　　份 | 案例数（例） | 已披露并购金额案例数（例） | 已披露并购金额（亿元） | 平均每笔并购金额（亿元） |
|---|---|---|---|---|
| 2010年 | 56 | 39 | 61.6 | 1.6 |
| 2011年1—10月 | 45 | 34 | 37.0 | 1.1 |
| 合计 | 101 | 73 | 98.6 | 1.4 |

资料来源：赛迪投资顾问，2012-04.

### （二）地区分布

在2010年—2011年10月软件企业并购案例中，跨境并购16例，已披露并购资金17.60亿元，占全部已披露并购金额的17.85%。整体而言，跨境并购规模较大，平均单笔并购金额要远大于境内并购的平均单笔并购金额（见表10-7）。

表10-7　2010年—2011年10月软件企业境内与跨境案例比较

| | 案例数（例） | 已披露并购金额案例数（例） | 已披露并购金额（亿元） | 平均每笔并购金额（亿元） |
|---|---|---|---|---|
| 境内 | 85 | 64 | 81.0 | 1.3 |
| 跨境 | 16 | 8 | 17.6 | 2.2 |
| 总计 | 101 | 72 | 98.6 | 1.4 |

资料来源：赛迪投资顾问，2012-04.

在境内企业并购中，金额最大的案例为2010年1月华东电脑斥资18.03亿元收购华讯网络，收购完成后，华讯网络成为华东电脑的全资子公司。华东电脑作为上海市的龙头企业全面进军云计算领域，在上海市经信委发布《上海推进云计算产业发展行动方案（2010—2012）》的政策受益下迅速完成了市场扩张，通过这一大额并购，华东电脑将在国家政策的推动下成为云计算的先行者。

在境外企业并购中，盛大游戏在2010年完成了两次境外并购。2010年1月，盛大游戏以8 000万美元收购了美国网页游戏分销平台麻吉传媒（Mochi Media），其中包括6 000万美元现金及2 000万美元股权，这是盛大游戏自独立上市以来迄今为止最大的一笔投资项目。通过盛大游戏拥有的较完备的产品体系和麻吉传媒的用户群优势，使双方实现业务互补。2010年9月，盛大游戏又以9 500万美元收购《龙之谷》开发商Eyedentity Games，通过此次收购，盛大游戏更加巩固了自身在游戏软件行业的优势地位。

2010年—2011年10月，境内软件企业并购案例覆盖20余个省市，其中主要并购案例发生在北京、广东和上海，三地并购案例数量为61例，占境内全部并购案例的71.7%。北京和广东地区是软件企业并购的重点区域，软件企业并购案例分别是30例和19例（见图10-16）。

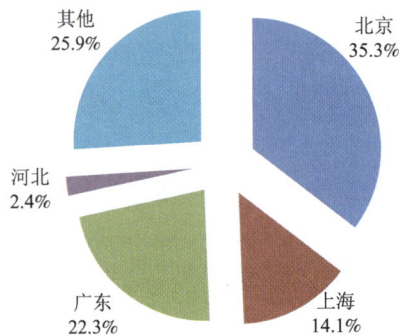

图10-16　2010年—2011年10月软件企业并购案例地区分布

资料来源：赛迪投资顾问，2012-04.

在2010年—2011年10月已披露金额的软件企业并购案例中，北京、广东和上海三地并购金额63.87亿元，占并购总额的78.89%（见图10-17）。其中，上海地区的并购规模占比远大于其并购数量占比，主要是受到华东电脑以18.03亿元并购华讯网络这一案例影响。

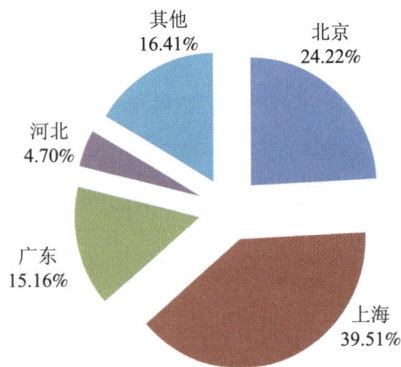

图10-17　2010年—2011年10月软件企业并购规模地区分布

资料来源：赛迪投资顾问，2012-04.

## （三）细分领域

从软件细分领域来看，2010年—2011年10月重点并购领域是行业应用软件、软件服务、游戏软件及网络与信息服务，共有并购案例65例，占全部境内并购案例数量的76.5%（见图10-18）。2010年12月，金蝶软件斥资3 000万元并购了国内餐饮娱乐行业专业软件厂商——中山市食神网络科技有限公司，正式进军服务行业信息化市场。金蝶2010年1月以2 000万元收购房地产行业专业软件公司——深圳嘉码信息系统有限公司，可见目前软件企业的收购已打破了界限，呈现多元化趋势。

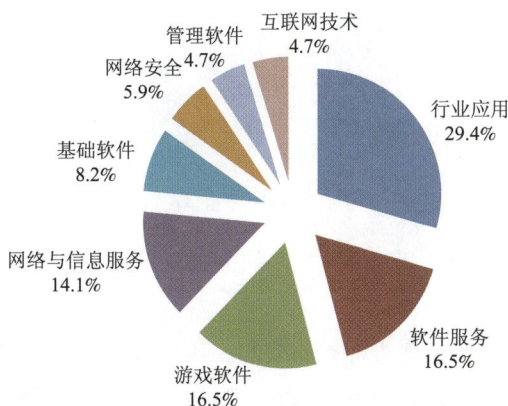

图10-18　2010年—2011年10月软件细分领域并购案例分布

资料来源：赛迪投资顾问，2012-04.

从已披露并购金额来看，基础软件、行业应用、软件服务和游戏软件并购规模较大，其中基础软件占2010年—2011年10月已披露金额软件并购的28.6%，主要是受到华东电脑并购华讯网络这一案例影响（见图10-19）。

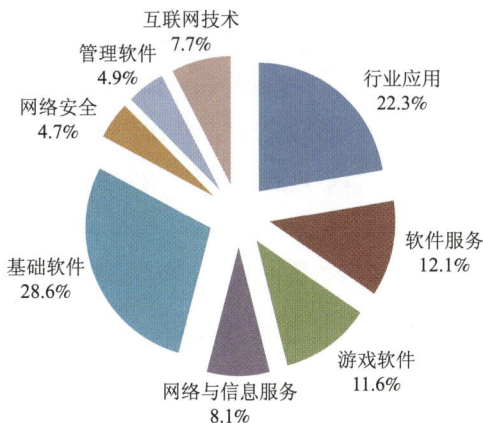

图10-19　2010年—2011年10月软件行业各细分领域并购规模比较

资料来源：赛迪投资顾问，2012-04.

## （四）收购方分析

2010年—2011年10月上市软件企业并购案例共70例（包括1例上市软件企业之间并购案例），其中披露金额的案例51例，占并购案例数的72.86%；未上市软件企业并购案例共15例，占并购案例数的17.6%（见图10-20）。

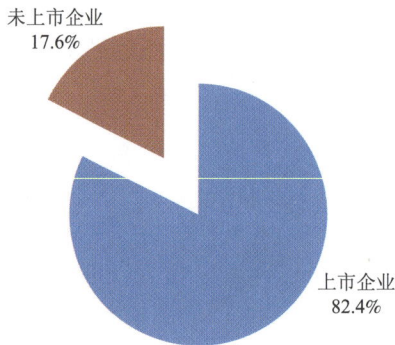

图10-20    2010年—2011年10月上市与未上市企业并购案例比较

资料来源：赛迪投资顾问，2012-04.

企业完成上市后，在资本运作方面较有实力，因此可以根据自身发展规划选择自建和并购方式进行扩张，而非上市企业资金规模有限，很难有大量资金用于企业并购，因此，企业只有具备资本市场运作的资本才能实现迅速扩张，占领市场优势。

# 二、企业并购特征

## （一）软件企业通过并购打破界限，管理软件龙头迅速切入行业

2010年—2011年10月软件业上演了一幕幕并购大戏。管理软件、行业软件和软件外包企业之间的界限开始变得模糊。并购已成为中国软件产业发展的必由之路。

金蝶软件2010年迈出了向娱乐行业专业软件和房地产行业专业软件领域进军的步伐，而同为管理软件厂商的用友软件也正在切入房地产、汽车、政务、医疗、烟草、审计等行业。2010年年初，用友集团的战略规划就以行业来划分，用友将业务领域分为用友软件、用友政务、用友医疗、用友烟草、用友审计、用友华表、用友畅捷通和伟库网八大版块，用友正在加快对各产业纵深布局的速度，使管理软件在各个行业实现有效结合。

## （二）通过资本运作完成技术延伸和市场拓展，三类软件企业将成并购热点

2010年—2011年10月，上市公司并购数量是未上市公司并购数量的4.7倍，企业只有具备资本运作的能力，才能通过并购的方式迅速获得技术延伸，减少研发和管理成本，实现市场的快速扩张。根据目前软件企业并购情况来看，三类软件企业将成为并购热点。

第一，具有业务特色的软件企业。用友公司收购北京时空超越，看中的就是其在医疗零

售行业的市场潜力，而金蝶收购深圳市嘉码信息系统有限公司，看中的则是其在国内房地产行业的影响力。

第二，有独特技术和研发能力的企业。独特的技术将成为软件企业的核心竞争力，使企业在未来具备一定的盈利能力。

第三，客户IT系统的外包合作伙伴，例如，给某个政府部门或者企业客户提供流程管理、运维服务、容灾备份等业务的外包商，也是收购时的关注对象。

### （三）行业与外包竞争加剧，管理软件和互联网应用软件并购持续增长

2010年至今，行业软件和软件外包的跨界并购也是资本市场关注的重点。以软通动力和东南融通为例，软通动力主要是软件外包领域，东南融通则扎根于本土金融行业。随着客户的IT管理越来越深入，信息化的企业要达到的是业务与IT的融合。在这一趋势下，市场较大的业务流程外包（BPO）成为行业软件与软件外包企业狭路相逢的第一战场。行业软件的杀手锏是核心业务系统，而软件外包拿手的是服务外包，两者正向两个不同的方向发展。

软件企业并购的热门领域仍然是行业应用、管理软件和游戏软件。从并购数量上看，行业应用软件并购案例占比较大；从并购规模上看，基础软件和游戏软件企业并购规模较大。未来，随着市场需求的增加和政策的导向推动，行业应用、管理软件、游戏软件将实现并购的持续增长。

# 第十一章 CHAPTER 11

# 云计算产业

## 第一节　云计算产业投融资机遇

### 一、云计算产业发展现状

云计算产业泛指与云计算相关联的各种活动的集合。根据这一原则确定云计算产业范畴，主要包括以下三个方面。

（1）与云计算五大特征（按需自助服务、随时随地网络访问、资源池化、弹性、服务可量化）关联紧密的，以云计算为特征的电子信息设备与产品的销售和租赁活动，主要包括用以搭建云计算数据中心的服务器、存储、网络设备、通信设备、机房设备等硬件设备的销售和租赁，以及用以实现云计算资源访问的专用云终端的销售与租赁，同时也包括基础软件、平台软件、应用软件等软件的销售和租赁。

（2）将云计算服务提供给用户的支撑服务，主要包括云计算数据中心集成与运维、云计算数据中心带宽服务等。

（3）云计算服务，主要包括IaaS、PaaS、SaaS等相关云计算服务。

云计算产业由电子信息产品制造业、软件与服务业、互联网产业、通信产业等产业融合交汇产生。通过技术创新及服务模式创新，云计算产业日益成为移动互联网、物联网、三网融合等新兴领域的重要支撑，云计算所带来的低成本、灵活、快速部署与交付等特性为新业务的产生与拓展提供了可能。云计算已经成为引导未来经济社会发展的重要力量，发展云计算产业正在成为世界主要国家抢占新一轮经济和科技发展制高点的重大战略。2010年中国云计算产业整体规模达到了1 003.8亿元，未来5年中国云计算产业年复合增长率将超过60%。到"十二五"末，中国云计算产业规模将达到13 973.2亿元（见图11-1）。

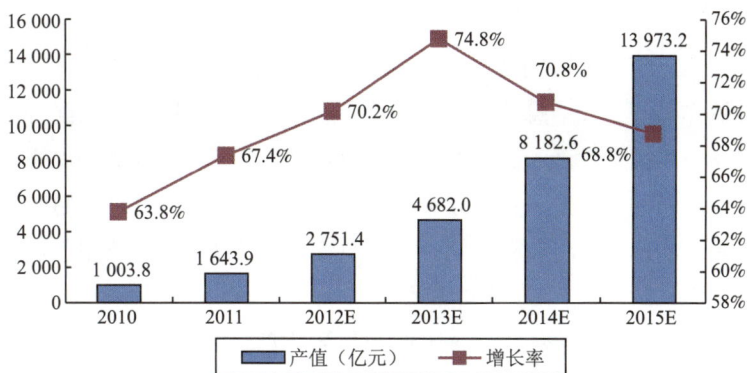

图11-1 2010—2015年中国云计算产业规模与增长

资料来源：赛迪顾问云计算产业数据库，2012-04.

近年来，我国各地纷纷抢位布局云计算产业，谋求先发优势，目前已有20余个地方公布了云计算产业发展规划，相继出台了行动计划和实施方案，制定了土地、税收、资金等方面的优惠政策，鼓励建设示范试点工程。从云计算产业区域分布来看，已经初步形成环渤海区域、长三角区域、珠三角区域和成渝地区四大区域集聚发展的格局，并呈现以下总体特征。

1. 云计算基础设施主要集中在经济发达地区

经济发达地区的社会、经济信息化水平较高，对云计算基础设施支撑能力的需求较大，且可以为建设和运营云计算基础设施提供强大的资金、技术保障。环渤海、长三角和珠三角地区是我国三大经济区，经济发展水平较高，各种资源要素集聚，是我国云计算基础设施部署最密集的地区。

2. 中心城市成为云平台和软件产业发展集聚点

中心城市人才、资金等要素密集，且具有良好的软件研发和应用的基础，2010年全国4个直辖市和15个副省级城市软件业务收入10 643亿元，同比增长32%，占全国的比重为80%。依托软件产业优势，中心城市在云平台和软件发展方面保持核心地位。

3. 成渝区域成为云端设备制造新的重要集聚区

随着沿海区域生产成本的不断攀升，电子信息制造业向西梯度转移态势明显。成渝地区在重庆大力发展笔记本电脑及配套举措的带动下，产业基础迅速做大，从而形成云端设备制造的主要集聚区。

## 二、云计算产业投融资发展机遇

### （一）密集出台的国家政策将进一步推动云计算产业投融资的发展

云计算被认为是继大型机、个人计算机、互联网之后，又一个能够对产业发展带来深远影响的新型计算模式。虽然云计算出现的时间较短，但发展非常迅速，其应用已从数据托管、网络数据存储扩展到在线办公软件、在线企业管理软件等领域。在我国，云计算也驶入了发展的快车道。

事实上，"十二五"规划纲要及《国务院关于加快培育和发展战略性新兴产业的决定》，均把云计算作为新一代信息技术产业的重要部分来强调。同时，为配合与落实国务院决定，工业和信息化部与国家发展和改革委员会两部委也联合下发了《关于做好云计算服务创新发展试点示范工作的通知》，进一步从政策实施层面上给予落实。此外，财政部下发了2011年政府采购工作要点，明确表示将积极探索合同能源管理、云计算等新型服务业态的政府采购工作，不断拓展服务类采购领域。

2011年，国家发展和改革委员会、工业和信息化部、科学技术部等多部委共同参与的《加快发展高技术服务业的指导意见》进入起草阶段，其中，云计算产业被作为未来高技术服务业的主角。2011年12月12日，国务院办公厅发布了《关于加快发展高技术服务业的指导意见》，要求重点推进包括信息技术服务等在内的8个领域高技术服务业加快发展，具体到投融资政策措施方面，主要包括两点：

（1）加大财税支持。积极发挥财政资金杠杆作用，利用创业投资引导基金、科技型中小企业创新基金等资金渠道加大对高技术服务企业的支持力度，引导社会资金投向高技术服务业；鼓励有条件的地区设立高技术服务业发展专项资金。

（2）拓展融资渠道。完善知识产权价值评估制度和管理规定，积极推行知识产权质押等融资方式。继续推动高技术服务产业基地发行中小企业集合债和集合票据。推动各类融资担保机构按照商业原则加大对高技术服务企业提供融资担保的力度。引导社会资本设立创业投资企业，支持符合条件的高技术服务企业在境内外特别是境内创业板上市，加快推进全国性证券场外交易市场建设，拓展高技术服务企业直接融资渠道。

### （二）云计算企业将进一步得到包括创业板等资本市场的服务

云计算是基于互联网、通过虚拟化方式共享信息资源的新型计算模式，是信息技术融合趋势、网络化趋势、服务化趋势的具体体现，云计算产业对于整个IT产业的重构，包括应用模式的创新都将起到一个很重大的推动作用。

调查显示，多数机构看好云计算的投资概念。统计显示，无论是只把云计算当做一部分业务的大公司亚马逊，还是专注于SaaS的小公司salesforce，都已经实现了商业模式上的成功。此外，率先受益的虚拟化技术提供商VMware以及为绩效评估提供云计算服务的SuccessFactors也在美国资本市场受到热捧，被机构重仓持有。这也从一个侧面反映出美国资本市场对云计算主题的认可程度和行业发展趋势。

由于国外厂商在基础设施和关键领域的优势地位难以撼动，国内厂商的机会主要在软件服务应用，主要包括安全、地理信息服务、中小企业应用软件、电子商务、电子政务、网络安全等应用领域。目前活跃在资本市场的包括启明星辰、卫士通、四维图新、华胜天成、用友软件、焦点科技、数字政通、超图软件和中兴通讯等，其中很大一部分近期成功登陆创业板和中小板市场。

近两年的统计数据显示，创业板市场开启以来，对创新型企业发展的支持效果逐步显现，截至2011年年底创业板已上市企业共融资近2 000亿元。同时，创业板对战略性新兴产业的促进作用也逐步发挥。根据统计，创业板推出后已上市企业中，以云计算为代表的战略性新兴产业的企业占比为88.19%。使科技创新企业与资本市场实现良好对接，创业板是个很好的平台。可以看到，创业板市场的推出，进一步完善了新兴业态、新商业模式的企业的融资链条，提供了企业发展所急需的资金，使得许多上市前因资金瓶颈难以启动的项目得以实施。同时，企业上市后品牌影响力大幅提升，运作更加规范，吸引了更多优秀人才，发展迈上了新的台阶。而以云计算为代表的科技创新企业进入资本市场，为资本市场注入了更多新鲜的血液，促进资本市场的不断壮大、发展；资本市场的发展壮大，也能吸引更多的优秀企业融入其中。

此外，除了创业板等上市融资渠道以外，其他的融资渠道对云计算业务也是青睐有加。2011年12月，中关村发展集团联合深创投等7家社会投资机构组成"资本群"，对云计算产业链关键环节的14家企业进行"产业群"投资，总额达2.03亿元，这也是国内首次以"群对群"投资模式为云计算产业注入资金。

此外，由于云计算实质上并不完全是技术创新，而是让"老"技术通过重新组合发挥出更大的商业价值，这也将会带动相关产业并购重组。

### （三）云计算产业基地及园区持续推动行业投资和企业发展

对于任何行业发展而言，中央和地方政府的双重支持是产业发展的重要推动力。正是在国家政策的明确扶持下，我国云计算市场才能保持高速增长。同时，在国家加快发展战略性新兴产业以及云计算服务创新发展试点示范政策的支持和引导下，各地积极布局、抢位发展，重点企业加快投资跟进，地方政府正在成为新一代云计算基础设施建设的主要推动者，云计算中心也在全国"遍地开花"。

目前我国已有20多个地方公布了云计算产业发展规划，相继出台了产业发展规划、行动计划，鼓励建设示范试点工程，制定了土地、税收、资金等方面的优惠政策，2011年云计算在地方的布局更为广泛。据不完全统计，截至目前，由中国地方政府主导建设的云计算产业基地，数量已接近20个，其发展思路基本可以归纳为：建立数据中心园区，搭建信息化平台，聚拢更多的IT软件企业，形成完善的IT产业链条，以此创造更多的信息服务创新模式，促进地方的经济效益提升。

一旦地方政府所主导建设的云计算产业基地能够形成规模化、集群化发展，涌现出多家日渐成熟的云计算产业生态链基地，就非常有可能推动产业链相关主体在这一轮IT浪潮中找到自身的优势定位，加速自身业务优化升级，在其产业群中形成一批包括硬件设备生产、云计算基础软件提供、云计算产业链应用领域具有较强实力的企业，而这些产业基地及基地中的优秀企业必将能够聚集一批知名的专注于投资云计算领域的投资机构。最终形成一种"基地+基金"的模式，实现产业聚集的优势，也将会活跃产业基地或园区的云计算产业创新氛围，进一步增强产业基地或园区在云计算领域的研发能力和竞争实力。

# 第二节　云计算产业股权融资

## 一、云计算产业股权融资情况概述

2010—2011年，中国云计算企业共披露股权融资案例数量387例，其融资渠道包括天使投资、VC/PE投资和战略投资三大类。已披露金额的融资案例总共217例，融资金额为468.32亿元，平均每笔融资金额为2.16亿元（见表11-1）。其中，京东商城从DST、KPCB融资15亿美元金额占已披露融资总额的21.14%。

**表11-1　2010—2011年云计算企业股权融资案例情况**

| 年　　度 | 融资类型 | 案例数（例） | 已披露金额案例数（例） | 融资金额（亿元） |
|---|---|---|---|---|
| 2010年 | VC/PE | 110 | 76 | 111.46 |
| | 天使投资 | 26 | 8 | 0.58 |
| | 战略投资 | 18 | 9 | 30.10 |
| 2011年 | VC/PE | 187 | 102 | 261.70 |
| | 天使投资 | 12 | 2 | 0.14 |
| | 战略投资 | 34 | 20 | 64.34 |
| 合计 | | 387 | 217 | 468.32 |

资料来源：赛迪投资顾问，2012-04.

在股权融资类型中，主要是VC/PE对云计算企业的投资。其中，2010年VC/PE投资方式的案例总量为110例，披露融资金额的案例有76例，占VC/PE投资案例总量的69.09%，通过VC/PE进行股权融资的融资金额为111.46亿元，占2010年融资总额的78.42%。

2010年9月20日，泛大西洋资本集团宣布，斥资1.63亿美元从Telstra手中收购搜房19%的股份，本次收购价格相当于搜房IPO的发行价，泛大西洋资本集团将与Apax Partners合作。搜房于2010年9月17日在纽约证券交易所进行了IPO，首次公开发行价为每股42.5美元。

2010年10月，赛伯乐基金斥资3.82亿元投资工大首创，获得工大首创的实际控制权。一般而言，以股权投资为主要盈利手段的私募基金并不会成为投资标的的实际控制人。上市公司引进私募基金大多时候只是为了引入发展所需资金，而非放弃控制权。但此次工大首创的股权融资案例则表明，私募基金很可能根据自己的战略规划改变对投资标的的一贯的控制方式。塞伯乐制定了产业运作平台、金融服务体系和产业孵化园三者互动的三维互动模式，工大首创很可能就是赛伯乐三维互动模式中金融服务体系的一个上市平台。

2010年至今股权融资规模最大的案例为2011年3月，由DST、老虎等共6家基金和一些个人投资者，融资总额共计15亿美元。其中，俄罗斯投资集团DST Global是其此轮融资中最大的出资方，共投资了5亿美元。根据规划，新的15亿美元融资将几乎全部投入到物流和技术研发的建设项目中。这也是目前中国互联网史上最大一笔融资额。

在天使投资的案例中，投资机构主要有创新工场、麦刚投资等，还包括天使投资人。天使投资一般为参与性投资，投资后，天使投资往往积极参与被投企业战略策划和战略设计，为被投资企业提供咨询帮助及其他有助于企业成长的有利资源。因此，天使投资人不但可以带来现金，同时也带来企业发展的机会。

## 二、云计算企业股权融资方式分析

### （一）天使投资分析

#### 1. 天使投资主体分析

在2010—2011年统计的38例天使投资案例中，有6家企业是个人投资者投资，创新工场和麦刚投资分别各投资了5家企业，其他天使投资相对比较均衡，其中还有11家不公开的天使投资者（见表11-2和图11-2）。

#### 2. 业务类型分析

以天使投资方式进行股权融资的云计算企业业务类型主要有：互联网云服务、云行业应用、云集成与服务和云应用软件。在统计的38例案例中，互联网应用及服务的企业数量最多，企业数量为31家，占案例数量总额的81.58%；其次为云行业应用、云集成与服务企业，占比均为7.89%（见图11-3）。

表11-2　2010—2011年天使投资方式进行股权融资的云计算企业业务类型情况

| 投资机构 | 发生时间 | | 案例数（例） | 披露金额案例数（例） | 融资金额（亿元） | 融资比例 |
|---|---|---|---|---|---|---|
| | 2010年 | 2011年 | | | | |
| 个人投资者 | 3 | 3 | 6 | 1 | 0.10 | 13.9% |
| 创新工场 | 3 | 2 | 5 | | | |
| 麦刚投资 | 5 | | 5 | | | |
| 天使投资（李治国） | | 2 | 2 | | | |
| 天使投资（险峰华兴） | 2 | | 2 | | | |
| 泰山天使资金 | 2 | | 2 | | | |
| 天使投资（陈艺光） | 1 | | 1 | 1 | 0.05 | 7.0% |
| 阿里巴巴 | 1 | | 1 | 1 | 0.03 | 4.2% |
| 德同资本 | | 1 | 1 | | | |
| CAI | 1 | | 1 | | | |
| 盟动力 | 1 | | 1 | 1 | 0.13 | 18.4% |
| 其他 | 7 | 4 | 11 | 6 | 0.41 | 56.5% |
| 合计 | 26 | 12 | 38 | 10 | 0.72 | 100% |

资料来源：赛迪投资顾问，2012-04.

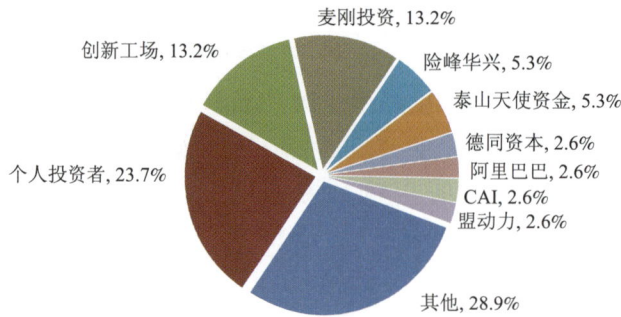

图11-2    2010—2011年云计算行业天使投资企业分布
资料来源：赛迪投资顾问，2012-04.

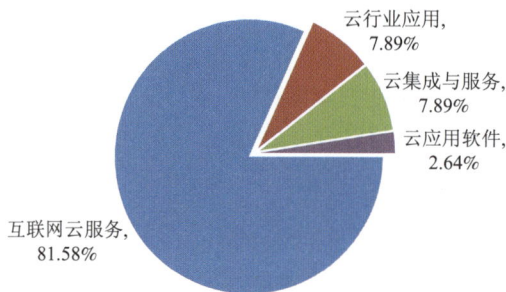

图11-3    2010—2011年云计算行业获得天使投资企业的业务类型
资料来源：赛迪投资顾问，2012-04.

### （二）VC/PE股权融资分析

#### 1. 企业地域分析

在2010—2011年披露的云计算企业通过VC/PE进行股权融资的297例案例中，地区分布较集中，主要分布在北京、广东、上海等地。其中，北京地区的融资案例为160例，占案例总量的53.9%（见图11-4）。

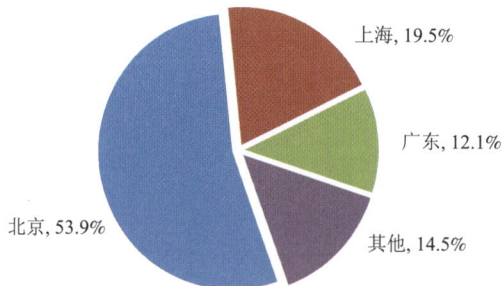

图11-4    2010—2011年云计算行业引入VC/PE进行股权融资案例地区分布
资料来源：赛迪投资顾问，2012-04.

从云计算企业融资地区分布可以看出，发达城市进行股权融资相对集中，其他城市主要包括浙江、江苏、福建等地。VC/PE投资机构更青睐于北京地区云计算企业的主要原因如下：

第一，北京地区已基本实现了云计算产业聚集。北京中关村汇集了国内外众多云计算企业，打造了一批国内外知名的云计算企业。

第二，人才优势与地域优势兼备，北京地区为云计算企业发展搭建了良好的平台。VC/PE在投资过程中，重点关注业务与市场、团队和商业模式。随着物联网、三网融合的兴起，云计算企业将开拓更大的业务和市场空间。而北京的人才结构优势也为云计算这一高科技企业提供了发展的必要支持。北京具有开放式的企业运作交流平台，能够帮助云计算企业通过标杆学习的方式完善自身商业模式，吸引VC/PE投资者的资金投入。

从股权融资规模看，北京地区为融资规模最大的地区，占案例总量的71.7%。上海地区融资规模位居第二，占规模总额的12.4%（见图11-5）。北京地区披露金额的股权融资案例122例，融资金额达到267.72亿元。

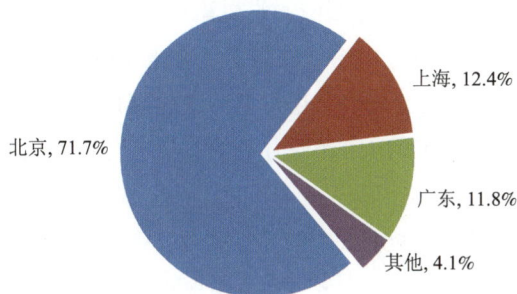

图11-5　2010—2011年云计算行业VC/PE方式股权融资规模地区分布

资料来源：赛迪投资顾问，2012-04.

### 2. 业务类型分析

以VC/PE方式进行股权融资的云计算企业业务类型主要包括：互联网云服务、云行业应用、云基础软件、云集成与服务、云应用软件、云运营和云基础设施。在2010—2011年统计的案例中，互联网云服务的企业数量最多，企业数量为235家，占案例数量总额的79.13%；其次为云集成与服务企业和云行业应用企业，占比分别为7.07%和6.06%（见表11-3和图11-6）。

表11-3　2010—2011年VC/PE方式进行股权融资的云计算企业业务类型情况

| 行业类型 | 案例数（例） | 披露金额案例数（例） | 融资金额（亿元） | 融资比例 |
|---|---|---|---|---|
| 互联网云服务 | 235 | 138 | 342.35 | 91.74% |
| 云行业应用 | 18 | 14 | 10.32 | 2.77% |
| 云基础软件 | 8 | 5 | 5.98 | 1.60% |
| 云基础设施 | 1 | 1 | 1.05 | 0.28% |
| 云集成与服务 | 21 | 11 | 7.33 | 1.97% |
| 云应用软件 | 9 | 7 | 5.33 | 1.43% |
| 云运营 | 5 | 2 | 0.80 | 0.21% |
| 合计 | 297 | 178 | 373.17 | 100% |

资料来源：赛迪投资顾问，2012-04.

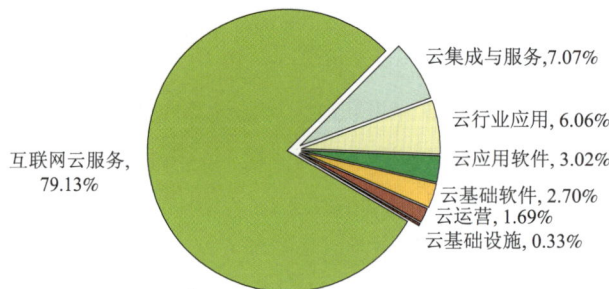

图11-6　2010—2011年云计算行业VC/PE方式股权融资业务类型

资料来源：赛迪投资顾问，2012-04.

　　2010—2011年，互联网云服务是投资的热点，在已披露云计算企业VC/PE股权融资案例中，共有138家属于互联网云服务应用领域，占总融资案例数量的77.53%。从目前国内外云计算服务领域来看，基于互联网应用的云服务是发展最快的，包括互联网领域的搜索、社交网络、电子商务、在线视频及游戏等，还包括传统领域的媒体服务、传统电视、广播等也开始逐渐转向云计算架构，以使其应用和服务更为有效、更节约成本，同时也能够覆盖更多客户。

　　从已披露融资金额规模来看，2010—2011年互联网云服务领域股权融资规模达到了342.35亿元，占全部已披露金额的91.74%；其次为云行业应用领域，融资规模为10.32亿元（见图11-7）。

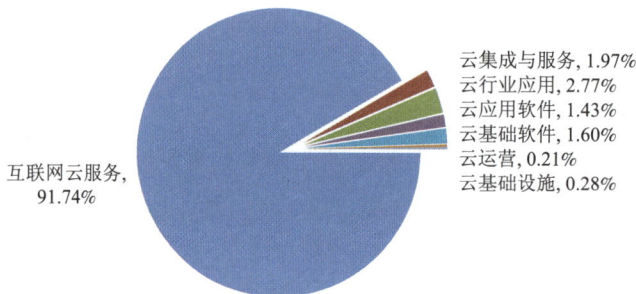

图11-7　2010—2011年云计算行业VC/PE方式股权融资业务规模

资料来源：赛迪投资顾问，2012-04.

### （三）战略投资分析

#### 1. 引入战略投资企业地域分析

　　2010—2011年披露的云计算企业通过引入战略投资者进行股权融资的52例案例主要分布于北京、上海、广东、浙江、江苏和其他地区。其中，北京地区的融资案例为24例，占案例总量的46.2%（见图11-8）。

　　对2010—2011年已披露战略融资金额的云计算企业统计显示，引入战略投资者的企业主要集中在北京、广东和上海这三地，从规模来看，北京地区的融资额达到了50.77亿元，占战略投资融资总额的53.8%，广东地区融资额为26.58亿元，占融资总额的28.1%（见图11-9）。

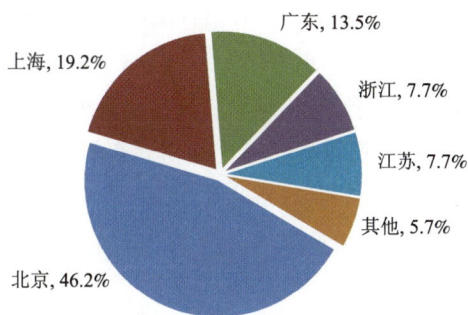

图11-8　2010—2011年云计算行业获得战略投资企业地区分布

资料来源：赛迪投资顾问，2012-04.

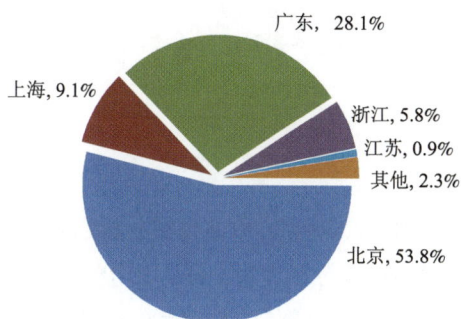

图11-9　2010—2011年云计算行业获得战略投资企业规模分布

资料来源：赛迪投资顾问，2012-04.

## 2. 业务类型分析

以引入战略投资者方式进行股权融资的云计算企业业务类型主要包括：互联网云服务、云行业应用、云基础软件、云集成与服务、云应用软件和云运营。在2010—2011年统计的52例案例中，互联网云服务的企业数量最多，企业数量为31家，占案例数量总额的59.6%；其次为云行业应用企业，企业数量为7家，占比为13.5%（见图11-10）。

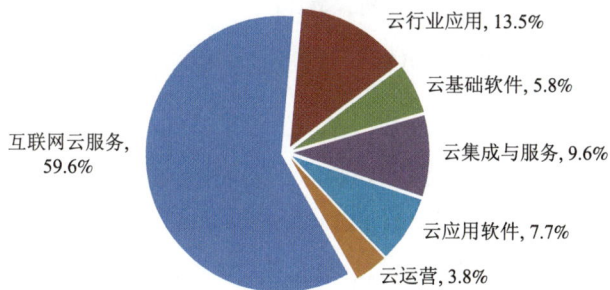

图11-10　2010—2011年云计算行业获得战略投资企业的业务类型

资料来源：赛迪投资顾问，2012-04.

在2010—2011年的战略投资案例中，腾讯先后投资入股了DST、爱帮网、艺龙网、妈妈网、金山软件、金山网络等，拟通过长期的战略合作关系，与投资企业形成业务和技术的优势互补，在云计算开发、互联网、游戏云计算等领域开发出更加丰富、可靠的产品。

与此同时，阿里巴巴也先后投资入股了上海尊宝、名鞋库，根据阿里巴巴披露的信息来看，阿里巴巴的投资分为两个方面：一是投资物流、电子商务提供商等公司，如上海尊宝电商就是一家电子商务营销、IT服务、物流提供商；二是互联网平台企业，如名鞋库等，都是在垂直领域进行的布局。

# 第三节　云计算产业IPO

## 一、企业IPO情况概述

### （一）IPO总体情况

2009年6月IPO正式重启开闸，2009年10月23日创业板正式开板。在此形势下，2010年至今云计算企业IPO案例数量激增，融资金额大幅上涨。2010—2011年，云计算企业IPO共93例，其中云计算企业内地IPO共71例，融资总额513.87亿元；在香港进行IPO的企业有2家，融资金额为7.20亿港元；在美国进行IPO的企业20家，融得资金30.82亿美元（见图11-11）。

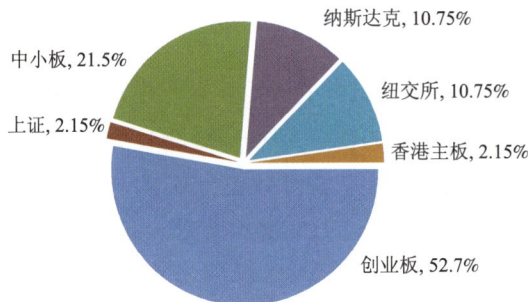

图11-11　2010—2011年云计算企业境内/境外IPO案例数量

资料来源：赛迪投资顾问，2012-04.

云计算企业境内IPO主要分布在深圳创业板、深圳中小板和上海证券交易所。2010—2011年，深圳创业板共有49家云计算企业IPO上市，融得资金301.33亿元，占境内云计算IPO融资金额的58.64%；深圳中小企业板共有20家云计算企业IPO上市，融得资金168.14亿元，占境内云计算IPO融资金额的32.72%（见图11-12）；四方股份、大智慧分别于2010年、2011年成功登陆上海证券交易所，各自融资金额分别为18.9亿元和25.5亿元。此外，海康威视于2010年5月成功登陆深圳中小企业板，融资金额达到34亿元，是云计算企业中IPO融资金额最多的企业。

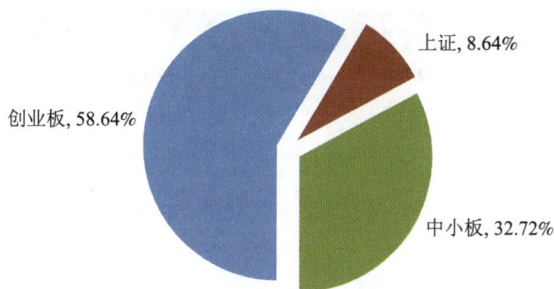

图11-12　2010—2011年云计算企业境内IPO金额分布

资料来源：赛迪投资顾问，2012-04.

2010—2011年，共有10家云计算企业在纳斯达克IPO上市，融得资金为9.231亿美元；10家云计算企业在纽约证券交易所上市，融得资金为21.587亿美元（见表11-4）。

表11-4　2010—2011年云计算企业境外IPO规模比较

| 资 本 市 场 | IPO数量 | IPO金额（亿美元） | 平均金额（亿美元） |
| --- | --- | --- | --- |
| 纳斯达克 | 10 | 9.231 | 0.9231 |
| 纽交所 | 10 | 21.587 | 2.1587 |

资料来源：赛迪投资顾问，2012-04.

## （二）企业区域

2010—2011年，中国云计算企业IPO上市覆盖10余个省市。上市企业主要分布在北京、广东和上海三地，共有71家云计算企业上市，融得资金569.21亿元，占上市公司总额的78.6%。其中，北京依旧是IPO上市云计算企业的主要地区，共有IPO案例37例，融资资金349.10亿元（见图11-13和表11-5）。

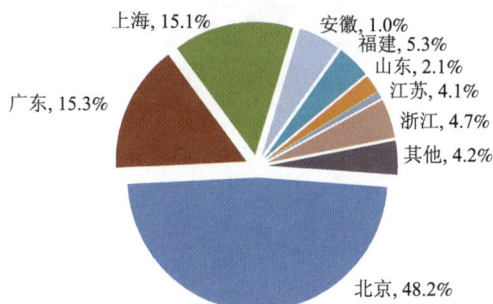

图11-13　2010—2011年云计算企业IPO融资规模地区分布

资料来源：赛迪投资顾问，2012-04.

表11-5　2010—2011年云计算企业IPO规模地区分布

| 地　区 | IPO案例数 | 融资金额 | 融资金额比例 |
|---|---|---|---|
| 北京 | 37 | 349.10 | 48.2% |
| 广东 | 21 | 111.03 | 15.3% |
| 上海 | 12 | 109.08 | 15.1% |
| 福建 | 6 | 38.65 | 5.3% |
| 江苏 | 5 | 29.72 | 4.1% |
| 山东 | 2 | 15.54 | 2.1% |
| 安徽 | 2 | 7.35 | 1.0% |
| 浙江 | 1 | 34.00 | 4.7% |
| 其他 | 7 | 30.03 | 4.2% |
| 合计 | 94 | 724.50 | 100% |

资料来源：赛迪投资顾问，2012-04.

### （三）募投项目分析

据统计，在2010—2011年上市的云计算企业中，对外公布的募集资金使用项目330例，其中，用于新建项目178例，占项目总数的53.94%；用于改扩建项目41例，占项目总数的12.42%；用于资本运作（增资、收购）的30例，占项目总数的9.09%；设立子公司的项目有15例，占项目总数的4.55%（见图11-14）。

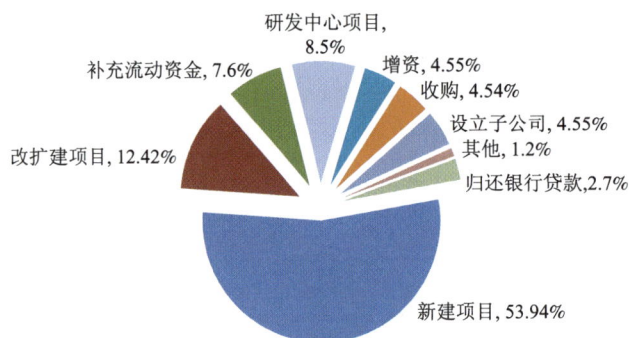

图11-14　2010—2011年云计算企业IPO融资投向分布（数量）

资料来源：赛迪投资顾问，2012-04.

在募集资金应用的披露案例中，项目最多的是创业板上市公司——天源迪科，天源迪科自2010年1月上市以来，共披露募投项目16例，涉及募集资金6.24亿元。其中，内部投资建设项目6例，运用募集资金金额2.60亿元，占募集资金总额的41.67%；收购项目5例，收购对象均为信息技术与数码科技公司，运用募集资金1.15亿元，占募集资金总额的18.43%；增资项目1例，运用资金0.12亿元；其余募投项目为研发中心建设、基地建设、设立子公司及补充流动资金。

　　在募集资金运用金额统计中，用于新建项目投资的募集资金金额为113.69亿元，占募集资金总额的54.3%。主要原因是，企业在上市募投项目选择过程中，首先会考虑满足现有市场的需求，这种项目建成后的风险较小，收益稳定。募集资金用于补充营运流动资金的比例为9.6%，用募集资金补充营运资金可以帮助企业大量节省利息成本，对企业净利润的提升带来较大帮助。企业并购是获得优势资源的捷径。云计算企业属于技术密集型企业，对技术研发的要求较高，企业在研发实力有限的情况下，会选择并购方式获得前沿技术，既节省建设与研发成本，又能快速地使新技术应用于市场而产生效益，因此，在选择新建项目和补充流动资金后，企业更倾向于用募集资金进行增资、并购等资本运作（见图11-15）。

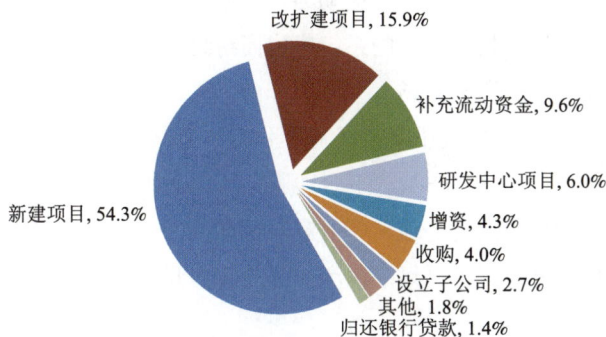

图11-15　2010—2011年云计算企业IPO融资投向分布（金额）

资料来源：赛迪投资顾问，2012-04.

## 二、IPO企业的特征

### 1. 创业板开启推动云计算企业IPO规模迅速增长

　　让科技创新企业与资本市场实现良好对接，创业板是个很好的平台。创业板市场的推出，进一步完善了这类企业的融资链条，提供了企业发展所急需的资金，因此，创业板对于以云计算为代表的科技创新企业就有着更为特殊的意义。以前成功上市的云计算企业基本上都是传统的IT服务和系统集成厂商，而一些新兴的提供云计算应用和服务的企业由于资产规模和业务规模较小等原因很难达到上市的要求。创业板开启后，作为"低碳经济"和高科技产业的代表，云计算业逐渐获得包括创业板在内的多层次资本市场的青睐。另外，传统上大部分云计算企业埋头于技术，创业板的启动极大地激发了他们与资本结合的热情。

### 2. IPO企业地区分布广泛，资本市场多样化

　　IPO云计算企业已从北京、上海和广东等地区扩散到全国各个地区，2010—2011年IPO云计算企业涉及10余个省市，福建、安徽、陕西、辽宁等地区均有云计算企业IPO成功。这说明，各地区实力雄厚的云计算企业都开始通过上市融资获得在地区或者全国范围内的规模经营和竞争优势。此外，2010年至今，更多的云计算企业开始在国外上市，以获得更多的融资渠道。

**3. IPO企业主要集中在产业链的应用开发、系统集成等下游环节**

云计算由传统IT产业、通信产业、广电传媒和互联网产业相互融合而产生，它引发了技术、产品服务、商业模式、价值链的全面革新。革新波及众多行业，传统IT产业的应用开发和系统集成行业就是其中之一。需求增长空间主要来自于传统IT架构的改造和转型、移动互联网爆发性需求、传统工业的信息化普及与升级的持续增量需求，这也给本土系统集成商和本土云计算应用开发商带来了巨大的机遇，为了寻求利益的突破，为适应未来云计算的发展，这些传统IT企业加快了变革，并把云计算应用和开发作为他们未来业务的发展方向。

伴随着中国资本市场的逐步完善，包括中小板、创业板在内的资本市场给了这些企业更大的舞台，也给了这些企业更大的业务推进动力。在经历了2010年的概念普及后，包括万达信息、荣之联、广联达、银信科技为代表的系统集成商纷纷加大云计算方面的研发投入，同时依托各自的竞争优势，成功登陆资本市场。

总体而言，云计算产业链主要由基础设施提供商、系统集成商、服务提供商和应用开发商组成，分别提供基础即服务（IaaS）、平台即服务（PaaS）、软件即服务（SaaS）。由于国外厂商在基础设施和关键领域的优势地位一时难以撼动，而国内厂商对于客户需求有着深刻理解，因此，国内云计算上市公司主要集中在产业链的应用开发、系统集成等下游环节。

# 第四节　云计算产业并购

## 一、企业并购情况概述

### （一）并购总体情况

未来我国云计算产业将一直保持快速发展，特别是国家对云计算产业的政策支持，使云计算产业在资本市场中的地位日益提高。同时，云计算不仅仅可以推动产业的技术进步和变革，更为重要的是将会带来一种商业模式或者管理模式的创新，而这种创新必将引致产业内的企业洗牌，也会推动企业间的横向业务整合或者业务的垂直整合等，显而易见，云计算产业的收购和并购频率将逐步提高。

2010—2011年中国云计算行业披露并购案例127例，其中已披露并购金额案例89例，涉及并购金额157.88亿元（见表11-6）。

表11-6　2010—2011年云计算产业并购规模

| 年　份 | 案例数（例） | 已披露并购金额案例数（例） | 已披露并购金额（亿元） | 平均每笔并购金额（亿元） |
|---|---|---|---|---|
| 2010年 | 65 | 45 | 70.33 | 1.56 |
| 2011年1—12月 | 62 | 44 | 87.55 | 1.99 |
| 合计 | 127 | 89 | 157.88 | 1.77 |

资料来源：赛迪投资顾问，2012-04.

## （二）地区分布

在2010—2011年的云计算企业并购案例中，跨境并购23例，已披露并购资金19.15亿元，占全部已披露并购金额的11.42%。整体而言，境内并购规模和跨境并购规模之间差异不大，平均单笔并购金额都比较接近（见表11-7）。

**表11-7　2010—2011年云计算企业境内与跨境案例比较**

| | 案例数（例） | 已披露并购金额案例数（例） | 已披露并购金额（亿元） | 平均单笔并购金额（亿元） |
|---|---|---|---|---|
| 境内 | 105 | 78 | 138.73 | 1.78 |
| 跨境 | 23 | 12 | 19.15 | 1.74 |
| 总计 | 128 | 90 | 157.88 | 1.77 |

资料来源：赛迪投资顾问，2012-04.

在境内企业并购中，金额最大的案例为2011年11月15日华为宣布出资5.3亿美元购买华为赛门铁克合资公司中赛门铁克49%的股份，交易完成后，华为将完全持有华赛100%的股权。

在境外企业并购中，盛大游戏在2010年完成了两次境外并购。2010年1月，盛大游戏以8 000万美元收购了美国网页游戏分销平台麻吉传媒（Mochi Media），其中包括6 000万美元现金及2 000万美元股权，这是盛大游戏自独立上市以来迄今为止最大的一笔投资项目。通过盛大拥有的较完备的产品体系和麻吉传媒的用户群优势，使双方实现业务互补。2010年9月，盛大游戏又以9 500万美元收购《龙之谷》开发商Eyedentity Games，通过此次收购，盛大游戏更加巩固了自身在游戏云计算行业的优势地位。

2010年—2011年12月，境内云计算企业并购案例覆盖16个省市，其中主要并购案例发生在北京、广东和上海，三地并购案例数量为81例，占境内全部并购案例的77.1%。北京和广东地区是云计算企业并购的重点区域，云计算企业并购案例分别是39例和26例（见图11-16）。

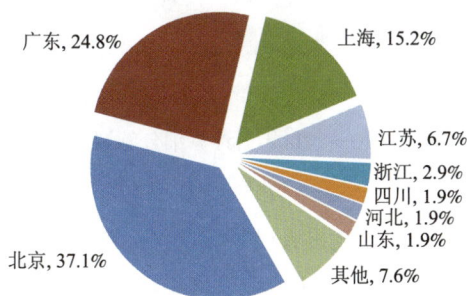

**图11-16　2010—2011年云计算企业并购案例地区分布**

资料来源：赛迪投资顾问，2012-04.

在2010年—2011年12月已披露金额的云计算企业并购案例中，北京、广东和上海三地并购金额86.43亿元，占并购总额的62.3%。其中最为突出的还是四川地区，并购数量不多，但并购金额相对较大，这是由于华为出资5.3亿美元购买华为赛门铁克合资公司中赛门铁克49%的股份，这直接导致四川地区的并购金额占比达到24.9%，成为仅次于上海地区的并购地区。上海地区的并购规模占比也是远大于其并购数量占比，主要是受到华东电脑以18.03亿元并购华讯网络这一案例影响（见图11-17）。

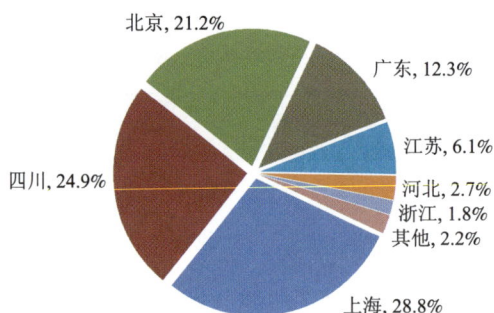

图11-17　2010—2011年云计算企业并购规模地区分布

资料来源：赛迪投资顾问，2012-04.

### （三）细分领域

从云计算细分领域来看，2010—2011年的重点并购领域是互联网云服务、云行业应用、云集成与服务，共有并购案例92例，占全部境内105个并购案例数量的87.6%（见图11-18）。

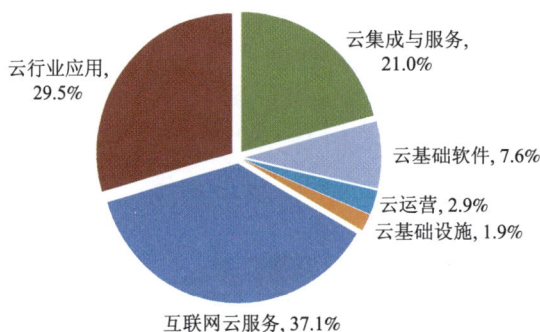

图11-18　2010—2011年云计算细分领域并购案例分布

资料来源：赛迪投资顾问，2012-04.

2010年6月，用友公司斥资4.91亿元人民币收购上海英孚思为信息科技股份有限公司100%的股权，英孚思为是国内汽车流通与零售行业软件市场领导厂商。英孚思为专注于汽车行业的连锁销售与后市场服务领域，这也标志着用友软件全面正式进军汽车行业信息化领域，进一步强化了汽车行业的覆盖，扩展了业务范畴，完成了行业经营的纵深布局。通过近年来一系列成功的收购，用友已经有能力在汽车、房地产、医疗、政务、制造、流通、连锁等最广泛的行业中提供信息化解决方案，满足客户一站式获取产品及服务的需求。

从已披露并购金额来看，除了云运营以外，云基础设施、云基础软件、云行业应用、云集成与服务和互联网云服务的并购规模也都较大（见表11-8）。

表11-8　2010—2011年境内云计算细分领域比较

| 细分领域 | 案例数（例） | 已披露并购金额案例数（例） | 已披露并购金额（亿元） | 平均单笔并购金额（亿元） |
|---|---|---|---|---|
| 互联网云服务 | 39 | 25 | 35.58 | 1.42 |
| 云行业应用 | 31 | 25 | 18.25 | 0.73 |
| 云集成与服务 | 22 | 17 | 24.70 | 1.45 |
| 云基础软件 | 8 | 6 | 22.51 | 3.75 |
| 云运营 | 3 | 3 | 3.12 | 1.04 |
| 云基础设施 | 2 | 2 | 34.57 | 17.29 |
| 总计 | 105 | 78 | 138.73 | 1.78 |

资料来源：赛迪投资顾问，2012-04.

从78例境内已披露并购金额的数量来看，互联网云服务数量最多，共有并购案例25例，但平均单笔金额较低，而云基础设施虽然只有2笔已披露金额，但平均单笔金额最高，主要是受到华为并购华赛这一案例的影响（见图11-19）。

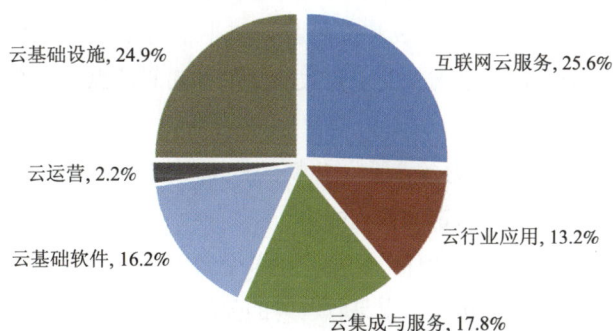

图11-19　2010—2011年云计算行业各细分领域并购规模比较

资料来源：赛迪投资顾问，2012-04.

### （四）收购方分析

2010—2011年上市云计算企业并购案例共111例（含境内并购和跨境并购），其中披露金额的案例80例，占并购案例数的72.1%；未上市云计算企业并购案例共16例，占并购案例数的27.9%（见图11-20）。

企业完成上市后，在资本运作方面较有实力，因此可以根据自身发展规划选择自建和并购方式进行扩张，而非上市企业资金规模有限，很难有大量资金用于企业并购，因此，企业只有具备资本市场运作的资本才能实现迅速扩张，占领市场优势。

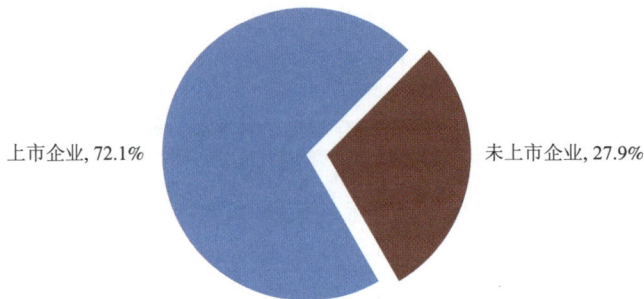

图11-20　2010—2011年上市与未上市企业并购案例比较

资料来源：赛迪投资顾问，2012-04.

## 二、企业并购特征

### 1. 通过资本运作完成技术延伸和市场拓展，三类企业将成为并购热点

2010—2011年上市公司并购数量是未上市公司并购数量的6.9倍，企业只有具备资本运作的能力，才能通过并购的方式迅速获得技术延伸，减少研发和管理成本，实现市场的快速扩张。根据目前云计算企业并购情况来看，三类云集成和应用服务企业将成为并购热点。

第一，具有业务特色的云计算集成和应用服务企业。用友公司收购北京时空超越，看中的就是其在医疗零售行业的市场潜力，而金蝶收购深圳市嘉码信息系统有限公司，看中的则是其在国内房地产行业的影响力。

第二，有独特技术和研发能力的企业。独特的技术将成为云计算集成和应用服务企业的核心竞争力，使企业在未来具备一定的盈利能力。

第三，客户IT系统的外包合作伙伴，例如，给某个政府部门或者企业客户提供流程管理、运维服务、容灾备份等业务的外包商，也是收购时的关注对象。

### 2. 基于互联网应用的云计算不断加速融合发展，移动云服务的跨界并购重组将成为常态

2010年至今，以手机在线存储、手机在线音乐、手机在线游戏、手机SNS、手机安全为典型应用的"移动云服务"呈现出强劲发展势头。在众多种类的云服务中，移动互联网环境下的云服务已经成为成长最快的领域之一。

互联网企业、终端厂商和ISV是移动云服务最积极的推动者。互联网企业作为最贴近用户的群体，对于云服务的需求有着直观的了解，一直引领移动云服务的发展。腾讯Q+就是典型的移动云服务应用雏形，腾讯当前大力推进的是基于Q+的APP应用，开放架构的强大吸引力正不断凸显，并且应用数量呈现几何式增长趋势。Q+已经加入影音、游戏、微博、团购、旅游等一系列的APP应用，通过云计算的助力，这些原本隶属于不同开发商的应用，在Q+平台实现互联互通，无缝衔接。根据腾讯云计算官方微博解释，腾讯的云端服务包括五个部分：云存储、云转换、云安全、云账号和云开放。从外界目前可以看到的实例就是，2010年8月腾讯全

面收购中国最大的社区软件平台及服务提供商康盛创想之后推出的QQ互联。QQ互联包含QQ账号登陆和面向中小站长的云服务器服务。同年8月，腾讯继续收购一家从事网络电影票销售的网站卖座网。

此外，终端厂商、ISV等也是移动云服务的中坚力量，尽管互联网厂商、终端厂商、ISV的利益诉求点各不相同，但都看好移动云服务市场巨大的发展前景和庞大的潜在客户群。在云计算产业高度重视应用落地的今天，移动互联网成为云计算广泛应用的催化剂。移动云服务并不是概念的炒作，而是已经付诸于实践并被广泛接受，这将从需求端自下而上地推动云计算的普及和发展。

移动云服务是云计算加速落地的生力军，将推动云计算与移动互联网这两大产业的融合发展，推动云计算真正落地与普及。展望未来，云计算个人应用市场将迅速膨胀，来自移动终端用户的需求将成为主要驱动力。云计算相关企业将在此轮发展中积聚市场经验和技术实力，为下一轮的技术进步和市场成长积蓄力量。正因如此，国内外IT巨头都抢先布局云计算的产业制高点，凭借各自雄厚的技术实力和资本实力，跨界并购重组在移动云服务领域将会成为常态。

### 3. 行业应用及外包服务竞争加剧，云行业应用和云集成服务的并购将持续增长

2010年至今，行业软件和软件外包的跨界并购也是资本市场关注的重点。以软通动力和东南融通为例，软通动力主要是软件外包领域，东南融通则扎根于本土金融行业。随着客户的IT管理越来越深入，信息化的企业要达到的是业务与IT的融合。在这一趋势下，市场较大的业务流程外包（BPO）成为行业软件与软件外包企业狭路相逢的第一战场。行业软件的杀手锏是核心业务系统，而软件外包拿手的是服务外包，两者正向两个不同的方向发展。

在云计算产业领域，运行服务层和应用层的业务并购整合仍然是重点，企业并购青睐的还是云行业应用、云集成与服务。从并购数量上看，云行业应用并购案例占比较大；从并购规模上看，云集成与服务企业并购规模较大。未来，随着市场需求增加和政策的导向推动，云行业应用、云集成与服务将实现并购的持续增长。

第十二章 **CHAPTER 12**

# 物联网产业

## 第一节　物联网产业投融资机遇

### 一、物联网产业发展现状

物联网是战略性新兴产业的重点发展领域。发展物联网产业不仅是提高信息产业核心竞争力，改造提升传统产业、提升社会信息化水平的重要举措，也成为各地加快发展方式转变，推进自主创新的重要突破口。

2011年，中国物联网产业规模超过2 500亿元（不含应用层）。产业分布上，国内物联网产业已初步形成环渤海、长三角、珠三角，以及中西部地区等四大区域集聚发展的总体产业空间格局。其中，长三角地区产业规模位列四大区域的首位。

#### （一）环渤海地区技术研发实力强劲

环渤海地区是国内物联网产业重要的研发、设计、设备制造及系统集成基地。该地区关键支撑技术研发实力强劲、感知节点产业化应用与普及程度较高、网络传输方式多样化、综合化平台建设迅速、物联网应用广泛，并已基本形成较为完善的物联网产业发展体系架构。

北京物联网技术研发及标准化优势明显，区域综合科研实力强劲。北京拥有中科院、清华大学、北京大学、北京邮电大学等众多高等科研院校，以及全国信息技术标准化技术委员会、中国电子技术标准化研究所等标准化组织。同时，北京拥有中星微电子、大唐电信、清华同方、时代凌宇等业务领域涉及物联网体系各架构层的物联网企业，在核心芯片研发、关键零部件及模组制造、整机生产、系统集成以及软件设计等领域已经形成较为完整的产业链。

天津、山东以RFID应用开发为主体，围绕传感器、智能芯片、无线网络发展物联网综合解决方案。天津重点发展智能感知装备产业、物联网传输产业以及信息安全产业；山东将物联网与传统产业相结合，重点突破交通运输、农牧业、节能环保、城市管理等领域物联网重大示范工程。

## （二）长三角地区聚焦产业链高端环节

长三角地区是中国物联网技术和应用的起源地，在发展物联网产业领域拥有得天独厚的先发优势。凭借该地区在电子信息产业深厚的产业基础，长三角地区物联网产业发展主要定位于产业链高端环节，从物联网软硬件核心产品和技术两个核心环节入手，实施标准与专利战略，形成全国物联网产业核心与龙头企业的集聚。

上海是国内物联网技术和应用的主要发源地之一，在技术研发和产业化应用方面具有一定的基础。上海设立了上海物联网中心，抢占物联网产业链高端环节。在推广应用方面，防入侵传感网防护系统已在上海机场成功应用，基于物联网技术的电子围栏已在世博园区安装，实现了智能安防。

江苏以无锡产业核心区建设为重点，打造物联网应用先行区。无锡物联网产业研究机构牵头制定国家标准，技术主导物联网产业标准化进程，推动物联网发展成为中国在信息技术领域少数与国外处于同等技术发展水平的领域。

浙江已初步形成物联网产业集聚，关键技术和传感元器件制造领域优势明显，坚持"强两端，优中间"策略，完善网络构架体系，努力成为全国物联网关键技术研发、产业高端发展和商业化应用的领先区域。

## （三）珠三角地区区域创新发展活跃

珠三角地区是国内电子整机的重要生产基地。在物联网产业发展上，珠三角地区围绕物联网设备制造、软件及系统集成、网络运营服务以及应用示范领域，重点进行核心关键技术突破与创新能力建设，着眼于物联网基础设施建设、城市管理信息化水平提升，以及农村信息技术应用等方面。

广州已基本形成数字家庭、信息服务、软件、光电、通信设备、集成电路、计算机、汽车电子及船舶电子等电子信息产业集群，构建了较为完善的电子信息产业链条，形成了"一核多点、南北主轴"的区域布局，形成了以广州科学城为产业核心基地，以番禺区、南沙区、花都区、从化市为主轴的产业发展带。

深圳是中国电子信息产业国际化的领军城市，电子信息产业链条完善，企业创新能力强劲。目前，深圳已经形成通信设备、数字视听产品、计算机及软件四大产业的聚集，并形成了较强的竞争力和上下游产业配套能力。战略性新兴产业发展快速，相继出台了物联网、互联网等新兴产业发展规划和产业政策。

## （四）中西部地区产业发展迅速

中西部地区物联网产业发展迅速，各重点省市纷纷结合自身优势，布局物联网产业，抢占市场先机。湖北、四川、陕西、重庆、云南等中西部重点省市依托其在科研教育和人力资源方面的优势，以及RFID、芯片设计、传感传动、自动控制、网络通信与处理、软件及信息服务等领域较好的产业基础，构建物联网完整产业链条和产业体系，重点培育物联网龙头企业，大力推广物联网应用示范工程。

成都是国家电子元器件制造和信息产品生产基地，也是国家集成电路设计产业化、信息安全成果产业化和软件及服务外包产业基地。成都作为国家电子信息高技术产业基地，拥有物联网前沿研究和技术创新的科技优势，初步形成了满足数据可靠传输和智能处理的基础体系，率先开展了物联网试点应用并取得初步成效。

重庆市发展物联网产业起步较早。中国移动和中国联通的物联网基地已相继落户重庆，中国物联网基地落户重庆南岸茶园新区。物联网基地建设为重庆的物联网产业发展打下了基础。2011年，重庆市政府出台了《重庆市人民政府关于加快推进物联网发展的意见》，提出"十二五"期间要全力推进物联网研发应用，建设完善研发体系，使物联网产业的技术研发和应用能力处于国内前列。

## 二、物联网产业投融资发展机遇

### （一）《物联网"十二五"发展规划》将进一步推动物联网产业投融资的发展

2011年12月8日，工业和信息化部发布了《物联网"十二五"发展规划》（以下简称《规划》），促进物联网快速发展。在投融资方面，《规划》明确指出，将加大财税支持力度，增加物联网发展专项资金规模，加大产业化专项等对物联网的投入比重，鼓励民资、外资投入物联网领域。

《规划》为中央财政支持物联网产业发展提供了政策指导。中国物联网尚处于发展初期，财政政策需要全方位、宽领域、多层次地对中国物联网发展给予全面支持，注重龙头骨干企业与中小企业、发达区域与欠发达地区之间资源的平衡。应充分发挥财政政策的杠杆作用，鼓励和引导市场机制更好地发挥配置资源的基础性作用，调动各类社会资本持续加大对物联网的投入。财政资金安排要充分体现国家战略意图和政策取向，为各类社会资本支持物联网发展树立信心。《规划》推出后，中央财政将合理配置政策资源，建立持续稳定增长的财政投入机制，发挥政府采购引导市场需求的突出作用，加快形成以物联网发展专项资金为主导的财政政策体系，营造全面推进中国物联网发展的良好政策环境。

### （二）创业板的推出和日渐成熟带动物联网产业创新发展

2009年中国创业板正式推出，定位于"两高六新"——成长性高、科技含量高，为新经济、新服务、新农业、新材料、新能源和新商业模式的中小企业提供融资服务，物联网企业正属于典型的高成长性、高科技含量的企业。从现实情况来看，创业板的推出极大地促进了高科技企业的发展，在加强物联网企业在资本市场解决资金瓶颈的能力上，符合创业板设立的初衷。通过创业板上市所带来的财富效应，还将吸引更多的创业资金和创业人才投入物联网行业，进一步推动物联网产业的发展。

### （三）物联网专项基金的设立开辟了新的融资渠道

物联网专项基金指专门用于鼓励物联网企业进行技术创新，优化物联网企业的股权结构的资金。中国目前已形成基本齐全的物联网产业体系，网络通信相关技术和产业支持能力与国外差距相对较小，但高端传感器、超高频RFID等感知端制造产业、高端软件与集成服务与国外差距相对较大。为了缩小与国外技术的差距，优惠民生、科技强国，国家预计在5年内发放物联网专项基金总计50亿元，首批5亿元物联网专项基金申报工作已经基本完成。

除了国家对物联网技术进行研发投入外，企业也设立物联网股权投资基金。例如，大唐电信与江苏物联网研究发展中心、无锡市国联发展（集团）有限公司、无锡新区创新创业投资集团有限公司通过发起设立股权投资基金，对物联网等相关产业的非上市企业进行直接股权投资，以及对各类上市或非上市的技术领先型企业进行以产业整合为目的的并购重组，共同促进物联网产业发展并实现资本增值，基金规模为50亿元人民币。

专项基金的设立一方面给物联网企业提供了一个新的融资渠道；另一方面也从资本、技术、管理、人才等要素出发，规范和促进了物联网企业合理、快速发展。

## 第二节　物联网产业股权融资

### 一、物联网产业股权融资情况概述

#### （一）整体情况

2010—2011年，物联网产业股权融资案例18例，披露金额的案例12例，涉及金额达25.89亿元，平均每例2.1575亿元（见表12-1）。行业内重大股权融资事件主要集中于IT服务行业，包括2010年5月，刘益谦以10.5亿元投资同方股份，以及摩根大通以1.6亿元投资方正国际。

表12-1　2010—2011年物联网企业股权融资案例情况

| 融资类型分布 | 案例数（例） | 已披露金额案例数（例） | 融资金额（亿元） | 平均融资金额（亿元） |
|---|---|---|---|---|
| 战略投资 | 3 | 3 | 7.76 | 2.586 7 |
| VC/PE | 15 | 9 | 18.12 | 2.013 4 |
| 总计 | 18 | 12 | 25.89 | 2.157 5 |

资料来源：赛迪投资顾问，2012-04.

国家政策支持物联网企业股权融资，鼓励社会资本向物联网产业流动。《物联网"十二五"发展规划》的发布，从政策上支持物联网企业借助资本市场，多渠道、多层次地鼓励产业投资基金、创业风险投资基金、私募基金等各类社会资本向物联网集聚。对于一些大型产业化项目，鼓励物联网企业引入战略投资者，走现代产融结合的道路。

## （二）细分领域

从物联网股权融资细分领域来看，在2010—2011年发生的18例案例中，主要集中于IT服务和半导体芯片上，数量占比分别为44.4%和22.2%，金额占比分别为51.26%和39.36%（见表12-2）。

表12-2　2010—2011年股权融资的物联网企业业务类型情况

| 所属行业 | 数　量 | 比　例 | 金额（亿元） | 比　例 |
|---|---|---|---|---|
| IT服务 | 8 | 44.4% | 13.27 | 51.26% |
| 半导体芯片 | 4 | 22.2% | 10.19 | 39.36% |
| 传统制造 | 1 | 5.6% | 未披露 | — |
| 电信运营 | 2 | 11.1% | 未披露 | — |
| 软件服务 | 3 | 16.7% | 2.43 | 9.38% |
| 总计 | 18 | 100% | 25.89 | 100% |

资料来源：赛迪投资顾问，2012-04.

从物联网产业链来看，现阶段中国物联网产业VC/PE股权融资主要集中在平台层和感知层，其中又主要以硬件IT服务为主，应用层和软件平台层利用VC/PE股权融资还远远不足，这些领域的投资潜力很大。

## （三）企业区域

2010—2011年，物联网企业股权融资主要集中在北京、广东和上海等地，其中，北京发生股权融资事件7例，融资金额占总股权融资金额的41.2%；上海发生股权融资事件4例，占总股权融资金额的23.5%；广东发生股权融资事件2例，占总股权融资金额的11.7%（见图12-1）。

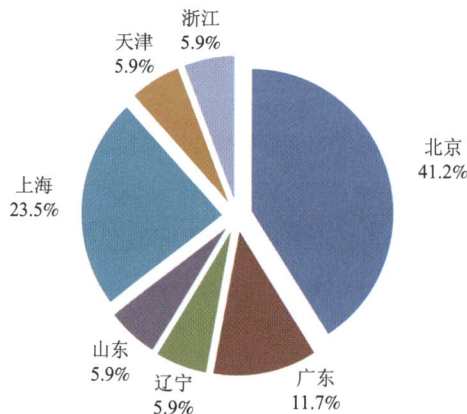

图12-1　2010—2011年物联网产业股权融资金额分布情况

资料来源：赛迪投资顾问，2012-04.

物联网企业股权融资区域分布与产业布局有关。披露的物联网企业股权融资案例几乎全部集中在环渤海、长三角、珠三角以及中西部地区，这与物联网产业的空间格局一致，从侧面体现了区域产业发展的活跃程度。

## 二、物联网企业股权融资方式分析

### （一）VC/PE股权融资分析

2010—2011年披露的物联网VC/PE股权融资企业15家，其中披露金额的9家，融资金额达18.10亿元，平均融资额为2.011 2亿元（见表12-3）。就VC/PE股权融资的行业分布上来看，主要集中于IT服务、半导体芯片和软件服务；就VC/PE股权融资的区域分布来看，主要集中于北京、上海两地。

表12-3 2010—2011年物联网企业VC/PE融资情况

| 融资公司 | 所属行业 | 涉及资金（亿元） | 地 区 | 投资机构 |
|---|---|---|---|---|
| 立德高科 | IT服务 | 0.3 | 天津 | 天图创投 |
| 兆信股份 | IT服务 | 0.3 | 北京 | 鑫百益创投 |
| 方正国际 | IT服务 | 1.6 | 北京 | 摩根大通 |
| 东软载波 | IT服务 | 0.2 | 山东 | 金石投资 |
| 达华智能 | IT服务 | 0.1 | 广东 | 永宣创投 |
| 同方股份 | IT服务 | 10.5 | 北京 | 刘益谦 |
| 盛科网络 | 半导体芯片 | 0.7 | 浙江 | 英飞尼迪 |
| 方正国际 | 软件服务 | 1.7 | 北京 | 摩根大通 |
| 展讯通信 | 半导体芯片 | 2.7 | 上海 | 银湖投资集团 |
| 软通动力 | 软件服务 | — | 北京 | 光大控股 |
| Miartech | 半导体芯片 | — | 上海 | 英特尔投资 |
| 安徽海特 | 传统制造 | — | 安徽 | 深圳创新投 |
| 上海博康 | 电信运营 | — | 上海 | 深圳创新投 |
| 联嘉祥 | IT服务 | — | 深圳 | 深圳创新投 |
| 博康智能 | 电信运营 | — | 上海 | 英特尔投资 |

资料来源：赛迪投资顾问，2012-04.

### （二）战略投资分析

与VC/PE股权融资相比，战略投资数量相对较少，在统计期共披露3例，其中北京发生2例，辽宁发生1例，涉及金额7.80亿元，平均每例融资额为2.60亿元（见表12-4）。

表12-4 2010—2011年物联网企业战略投资融资情况

| 融资公司 | 所属行业 | 涉及资金（亿元） | 地 区 | 投资机构 |
|---|---|---|---|---|
| 辰安伟业 | IT服务 | 0.3 | 北京 | 同方股份 |
| 中芯国际 | 半导体芯片 | 6.8 | 北京 | 大唐控股 |
| 大连华信 | 软件服务 | 0.7 | 辽宁 | 神州泰岳 |

资料来源：赛迪投资顾问，2012-04.

## 第三节　物联网产业IPO

### 一、企业IPO情况概述

#### （一）IPO总体情况

2009年10月23日创业板正式开板。在此机遇下，2010—2011年物联网产业共上市29例，涉及金额151.66亿元，平均每例5.23亿元。其中物联网企业境内IPO 26例，融资总额145.04亿元；在香港进行IPO的企业有3家，融资金额6.62亿元（见图12-2）。

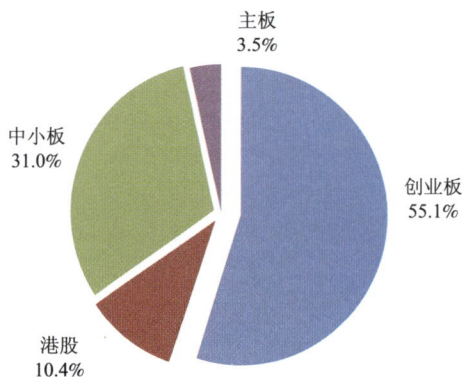

图12-2　2010—2011年物联网企业境内/境外IPO数量分布

资料来源：赛迪投资顾问，2012-04.

2010—2011年，物联网企业上市主要集中在深圳中小板、创业板和香港主板。其中，深圳中小板共有9例，募集资金46.74亿元，占境内外物联网IPO融资总额的30.82%；深圳创业板共有16例，募集资金85.38亿元，占境内外物联网IPO融资总额的56.30%；香港主板共有3例，募集资金6.62亿元，占境内外物联网IPO融资总额的4.37%；上交所主板上市1例，募集资金12.92亿元，占总IPO金额的8.51%（见图12-3和表12-5）。

#### （二）企业区域

2010—2011年，中国物联网产业IPO上市覆盖广东、江苏、北京和上海等13个省市。其中，广东共有7家物联网企业上市，融资资金51.35亿元，占IPO总额的33.9%，在所有地区中名列前茅（见图12-4和图12-5）。主要原因在于广东IC设计企业活跃，在这一轮IPO浪潮当中表现抢眼。

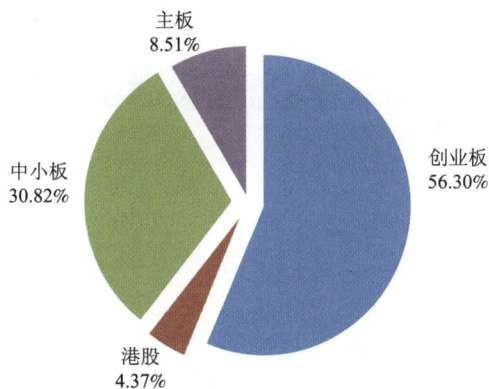

图12-3　2010—2011年物联网企业境内/境外IPO金额分布

资料来源：赛迪投资顾问，2012-04.

表12-5　2010—2011年物联网企业IPO情况

| 股 票 名 | 股票代码 | 时 间 | 融资金额（亿元） |
|---|---|---|---|
| 荣之联 | 002642 | 2011.12.20 | 5.7 |
| 海联讯 | 300277 | 2011.11.23 | 3.6 |
| 三丰智能 | 300276 | 2011.11.15 | 3.4 |
| 梅安森 | 300275 | 2011.11.2 | 3.4 |
| 科诺威德 | 01206 | 2011.10.27 | 0.7 |
| 通光线缆 | 300265 | 2011.9.16 | 3.70 |
| 捷顺科技 | 002609 | 2011.8.15 | 3.9 |
| 林洋电子 | 601222 | 2011.8.8 | 12.9 |
| 初灵信息 | 300250 | 2011.8.3 | 2.2 |
| 依米康 | 300249 | 2011.8.3 | 3.0 |
| 新开普 | 300248 | 2011.7.29 | 3.0 |
| 天玑科技 | 300245 | 2011.7.19 | 3.2 |
| 飞力达 | 300240 | 2011.7.6 | 5.4 |
| 奥拓电子 | 002587 | 2011.6.10 | 3.4 |
| 科大智能 | 300222 | 2011.5.25 | 4.9 |
| 美亚柏科 | 300188 | 2011.3.16 | 5.4 |
| 东软载波 | 300183 | 2011.2.22 | 10.4 |
| 力源信息 | 300184 | 2011.2.22 | 3.3 |
| 万达信息 | 300168 | 2011.1.25 | 3.8 |
| 亨鑫科技 | 01085 | 2010.12.2 | 1.1 |
| 达华智能 | 002512 | 2010.12.3 | 7.8 |
| 银河电子 | 002519 | 2010.12.7 | 6.1 |

（续）

| 股 票 名 | 股票代码 | 时 间 | 融资金额（亿元） |
|---|---|---|---|
| 中国智能交通 | 01900 | 2010.7.15 | 4.9 |
| 和而泰 | 002402 | 2010.5.11 | 5.9 |
| 国民技术 | 300077 | 2010.4.30 | 23.0 |
| 联信永益 | 002373 | 2010.3.18 | 3.40 |
| 太极股份 | 002368 | 2010.3.12 | 7.3 |
| 赛为智能 | 300044 | 2010.1.20 | 3.9 |
| 皖通科技 | 002331 | 2010.1.6 | 3.45 |

资料来源：赛迪投资顾问，2012-04.

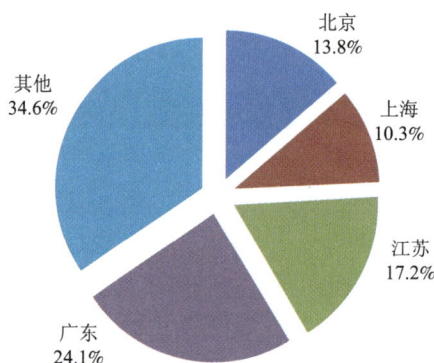

图12-4  2010—2011年物联网企业IPO案例地区分布

资料来源：赛迪投资顾问，2012-04.

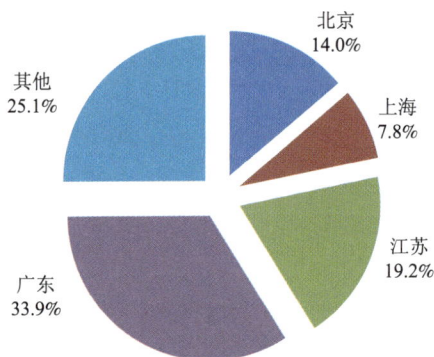

图12-5  2010—2011年物联网企业IPO融资金额规模地区分布

资料来源：赛迪投资顾问，2012-04.

## （三）细分领域

2010—2011年物联网企业上市广泛分布于IT服务、半导体芯片、传统制造、交通运输和软件服务等多个行业，但主要集中在IT服务和半导体芯片业。其中IT服务业IPO事件14例，涉及金额66.1亿元，占物联网企业IPO融资总额的43.6%；半导体芯片业IPO事件5例，涉及金额38.9亿元，占物联网企业IPO总额的25.6%，二者的融资量占总融资额的69.2%（见表12-6）。

表12-6 2010—2011年物联网企业IPO业务类型情况

| 所属行业 | 数 量 | 占 比 | IPO金额（亿元） | 占 比 |
|---|---|---|---|---|
| IT服务 | 14 | 48.3% | 66.1 | 43.6% |
| 半导体芯片 | 5 | 17.2% | 38.9 | 25.6% |
| 传统制造 | 2 | 6.9% | 4.1 | 2.7% |
| 机械制造 | 3 | 10.3% | 20.2 | 13.3% |
| 交通运输 | 1 | 3.5% | 5.4 | 3.6% |
| 能源服务 | 1 | 3.5% | 4.9 | 3.2% |
| 软件服务 | 1 | 3.5% | 3.9 | 2.6% |
| 终端制造 | 2 | 6.9% | 8.3 | 5.5% |
| 总计 | 29 | 100% | 151.7 | 100% |

资料来源：赛迪投资顾问，2012-04.

### （四）募投项目分析

在2010—2011年上市的物联网企业中，对外公布的募集资金使用项目96例，其中，用于新建项目34例，改扩建项目33例，分别占项目总数的35.4%和34.4%（见图12-6）。

在募集资金运用统计中，金额最多的是新建项目和改扩建项目，分别涉及金额30.40亿元和21.86亿元，占比分别为47.4%和34.1%；其次则主要应用于营销网络和研发中心的建设；此外，物联网IPO募投项目中有4.0%的金额用于企业并购，这也体现了行业整合发展的态势（见图12-7）。

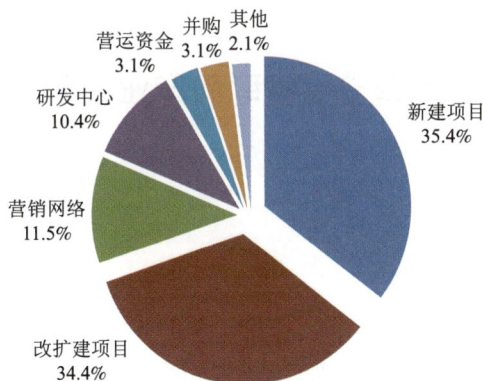

图12-6 2010—2011年物联网企业IPO融资投向分布（数量）

资料来源：赛迪投资顾问，2012-04.

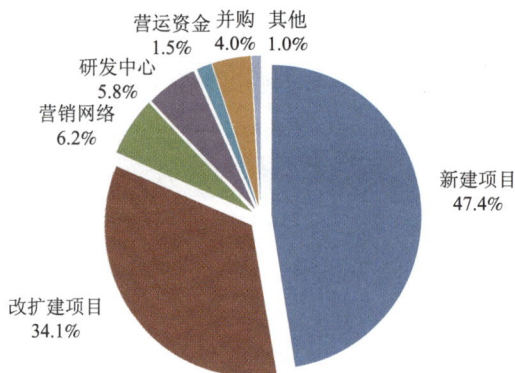

图12-7　2010—2011年物联网企业IPO融资投向分布（金额）

资料来源：赛迪投资顾问，2012-04.

## 二、IPO企业的特征

### 1. 物联网平台层企业集中上市

2010—2011年，IT运维、软件服务类物联网企业上市共15例，涉及金额70亿元，占比46.15%。可以看到，将近一半的IPO融资金额集中于平台层，这也是整个物联网产业投融资情况的一个缩影。

### 2. 创业板和中小板是物联网企业上市的集聚地

2010—2011年，物联网企业在中小板、创业板上市25例，共募集资金132.12亿元，占IPO总数量的86.21%和总金额的87.12%，这一方面说明创业板和中小板的开设为企业融资提供了巨大的便利性，也说明了物联网企业主要为中小型成长性企业，随着行业的推进，行业集中度将进一步提升，逐步产生行业龙头。

## 第四节　物联网产业并购

## 一、企业并购情况概述

### （一）并购总体情况

近年来，物联网应用领域并购活跃，包括中国电信集团公司收购天讯瑞达，广州海格通信集团股份收购爱尔达电子设备和海格机械，北京神州泰岳软件股份有限公司收购普天通信技术，深圳日海通讯技术股份有限公司收购杰森技术设备等。

具体来看，2010—2011年，物联网行业披露金额的并购事件共21例。其中，境内并购事件18例，涉及金额54.07亿元，平均每例3亿元；境外并购事件3例，涉及金额1.97亿元，平均每例0.66亿元，境内并购的平均金额远远高于境外并购（见图12-8）。

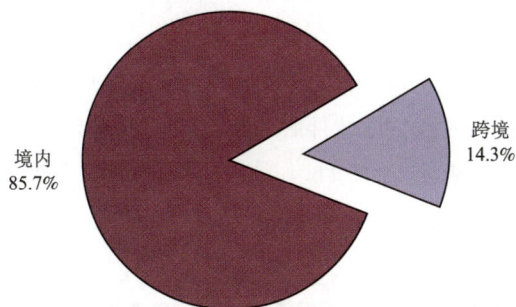

图12-8 2010—2011年物联网行业并购情况

资料来源：赛迪投资顾问，2012-04.

## （二）地区分布

2010—2011年物联网行业并购企业分布较广，但主要集中于北京（9家，11.60亿元，占比为20.7%）、广东（4家，6.55亿元，占比为11.7%）和上海（2家，19.10亿元，占比为34.1%）。同时，河北地区的并购规模占比远大于其并购数量占比，主要原因在于晶源电子以15亿元并购同方微电子（见图12-9和图12-10）。

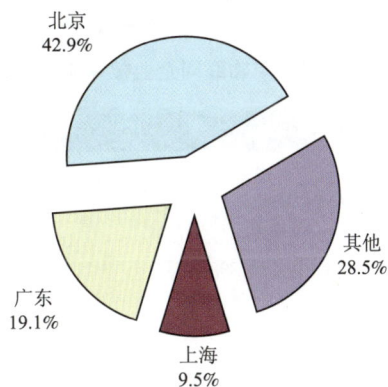

图12-9 2010—2011年物联网企业并购案例地区分布

资料来源：赛迪投资顾问，2012-04.

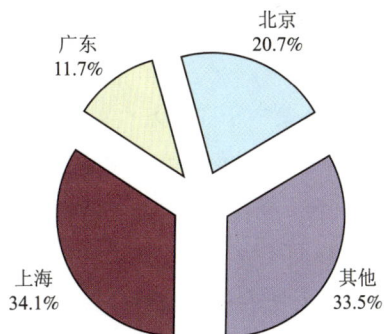

图12-10 2010—2011年物联网企业并购金额地区分布

资料来源：赛迪投资顾问，2012-04.

### （三）细分领域

2010—2011年，物联网企业并购方以IT服务企业为主，共11例，涉及金额32.26亿元，占比为57.6%（见表12-7）；被并购方以软件服务企业为主，共9例，涉及金额为10.04亿元，占比为17.9%，被并购方涉及金额最高的是IT服务和半导体芯片，分别为22.9亿元和21.2亿元，占比分别为40.8%和37.8%（见表12-8）。

表12-7　2010—2011年物联网企业并购方业务类型情况

| 并购方行业分布 | 数　量 | 比　例 | 涉及金额（亿元） | 比　例 |
|---|---|---|---|---|
| IT服务 | 11 | 52.4% | 32.2 | 57.6% |
| 半导体芯片 | 1 | 4.8% | 1.2 | 2.1% |
| 光电科技 | 1 | 4.8% | 15.0 | 26.8% |
| 机械制造 | 1 | 4.8% | 0.6 | 1.0% |
| 交通运输 | 2 | 9.5% | 4.3 | 7.6% |
| 软件服务 | 5 | 23.8% | 2.8 | 4.9% |
| 总计 | 21 | 100% | 56.1 | 100% |

资料来源：赛迪投资顾问，2012-04.

表12-8　2010—2011年物联网企业被并购方业务类型情况

| 被并购方行业分布 | 数　量 | 比　例 | 金额（亿元） | 比　例 |
|---|---|---|---|---|
| IT服务 | 7 | 33.3% | 22.9 | 40.8% |
| 半导体芯片 | 3 | 14.3% | 21.2 | 37.8% |
| 光电科技 | 1 | 4.8% | 0.6 | 1.0% |
| 交通运输 | 1 | 4.8% | 1.4 | 2.5% |
| 软件服务 | 9 | 42.9% | 10.0 | 17.9% |
| 总计 | 21 | 100% | 56.1 | 100% |

资料来源：赛迪投资顾问，2012-04.

## 二、企业并购特征

### 1. 以横向并购为主，并购方主要集中于IT服务

2010—2011年，物联网企业横向并购15例，涉及金额30.01亿元；纵向并购6例，涉及金额26.03亿元。其中IT服务涉及并购11例，横向并购8例，纵向并购3例，而披露的5家软件服务企业全部为横向并购。可以看到，物联网平台层企业投融资活跃，并有横向扩张的巨大需求，预计随着物联网应用领域的继续拓宽，对平台层企业规模的要求将进一步提高，企业并购浪潮仍将持续。

### 2. 产业链整合和专业化程度加强需求增强，核心技术能力被重点关注

目前，物联网行业重在感知层和平台层的建设，这类企业目前规模不大，行业集中度不高，但内在规模化发展驱动力的作用，将使得以IT运维、软件服务和半导体芯片等为代表的企业成为今后并购的重点。在感知层和平台层的并购案例中，并购方对并购对象各种资源都很看重，但最为重视的仍然是并购对象在物联网领域的专业技术能力。例如，美新半导体斥资1 800万美元并购无线传感器网络方案解决商 Crossbow，使美新半导体向物联网技术研发和应用领域跨出了坚实的一步，Crossbow在MEMS领域突出的技术优势成为并购谈判中的重要筹码。

# 第三方支付产业

## 第一节 第三方支付产业投融资机遇

### 一、第三方支付产业发展现状

#### （一）网络支付

##### 1. 发展现状

近年来，在电子商务快速发展的背景下，网络支付行业市场规模呈现出快速增长的趋势。赛迪投资顾问认为，一方面，随着网络支付的安全性和易用性的提高，网络支付越来越受到网民的青睐，已有用户的黏性进一步提高；另一方面，网络支付平台积极、踏实的深耕和拓展应用行业，使得网络支付的应用领域延伸至日常生活的各个方面，因而提高了交易规模。更为重要的是，随着中国人民银行将网络支付企业逐步纳入监管范围，网络支付企业的运营将逐步得到规范，整个网络支付行业将驶入正规化发展的快车道。

##### 2. 竞争格局

网络支付行业是一个相对比较集中的行业，近十家运营商占据了整个市场九成以上的份额，并呈现出一家独大的现象。交易份额排名在十名以内的网络支付公司无论在客户端和用户端都存在比较激烈的竞争，而一些较小的公司则生存比较困难。

从主要竞争企业的市场份额来看，支付宝处于绝对领先优势，占据全部市场份额的一半左右，而财付通、银联和快钱分别占据第二、三、四的市场份额。

##### 3. 发展趋势

截至2012年1月，中国网民规模已突破5亿，网民数量在五年内保持了高速增长的势头。未来电子商务的快速发展、网民数量和银行卡发卡量的持续增长将推动网络支付市场交易规模快速增长。另外，监管政策的落地实施以及网络支付的多元化发展将给行业创造更加广阔的市场空间，产业结构将逐步优化。

### （二）预付卡

#### 1. 发展现状

预付卡是指以营利为目的发行的，在发行机构之外购买商品或服务的预付价值，包括采取磁条、芯片等技术以卡片、密码等形式发行的预付卡。当前国际市场上预付卡行业体系日渐成熟，应用范围日益广泛，预付卡已经成为一种占据重要市场地位的支付产品。

据不完全统计，目前国内预付卡消费主要集中于零售业。全国有30个省市的283个地级以上城市的主要商场都发行过封闭式专用预付卡，国内规模以上的零售企业中，预付卡的渗透率已经超过90%，涵盖零售百货、超市、餐饮娱乐等多个行业及领域。

#### 2. 竞争格局

随着预付卡发卡主体的多样化，支付公司、数据处理商、网络公司、预付款公司等各种类型的预付卡参与主体也逐渐增多，预付卡已经渐成产业体系。预付卡发行和使用数量快速扩张，使用范围日渐延伸，功能不断创新，其对社会和经济的影响渐强。

从全国范围来看，预付卡市场发展地区性差异明显。北京、上海等地起步早，参与者众多，竞争也最激烈，在当地已形成了一些有影响力的主导品牌，例如，上海的"联华OK"、"斯玛特"，北京的"资和信"。截至2012年1月，获得支付牌照的第三方支付企业中，涉及预付卡业务的企业共有55家，专营预付卡业务的企业共有37家。

#### 3. 发展趋势

随着预付卡技术和产业的发展，参与方和消费者的需求的多样化，以及服务和业务模式的创新，预付卡产业的分工将进一步细化。随着第三方支付牌照的逐步发放，未来将可能出现融合制卡、发卡、商户拓展、分销、转接等为一体的经营预付卡的大型企业；此外，预付卡通过与银行借记卡、信用卡以及各种电子商务模式的有机结合，实现与其他支付工具的互动，创造了新的业务模式。

### （三）银行卡收单

#### 1. 发展现状

银行卡收单是指通过销售点（POS）终端等为银行卡特约商户代收货币资金的行为。近年来，中国POS刷卡消费总额不断扩大。根据中国人民银行的统计数据显示，2010年中国通过银联和非银联两个部分的POS机刷卡消费的总额达到104 300亿元，较2009年增长52%。

#### 2. 竞争格局

除了工、农、中、建、邮政储蓄和农信社等传统金融机构在从事银行卡收单业务外，同时还有本次列入中国人民银行政策监管范围的第三方收单服务机构，如银联商务、上海杉德、广东汉鑫、数字王府井等，形成了第三方支付企业层面的银行卡支付业务竞争格局。

### 3. 发展趋势

由于支付技术与经济活动密切相关，部分非金融行业具备在行业内建设电子支付网络的基础，因此特定行业的POS终端需求将成为除金融行业之外的重要需求。第三方收单服务机构的出现和POS终端电子支付向非金融行业的延伸将使得银行卡收单市场的多元化趋势更加明显。在当前银行卡收单机构较为分散，特别是收单业务的市场供给达到一定量的情况下，会出现供求关系的变化，收单机构之间的经营因管理水平及业务运营水平而出现分化，从而出现部分有网点价值或设备基础的收单机构被具有领先资本优势和品牌优势的收单机构所兼并或收购的可能。

## 二、第三方支付产业投融资发展机遇

### 1. 行业地位获得法律肯定，第三方支付获得资本青睐

2010年6月21日，央行制定的《非金融机构支付服务管理办法》（以下简称《办法》）正式对外公布，在第三方支付行业洗牌无可避免的同时，亦悄然酝酿着新的市场机遇。在《办法》公布之前，业界对第三方支付的市场地位和发展前景尚存疑虑，但现在游走在法律和监管灰色地带的第三方支付地位正式确认合法化。很显然，不确定性的消除，也让第三方支付更受资本青睐。当前，第三方支付行业资本运作的路径主要分为两条——战略投资者和财务投资者。没有第三方支付经验的基金、保险等公司欲以战略投资者的身份入股现有第三方支付企业，参与市场竞争；而此前尚未涉足第三方支付的公司，则欲以财务投资的方式分得一杯羹。

### 2. 牌照发放带来良机，行业将迎并购、上市浪潮

支付业务许可证的颁发是支付行业上的一次重大机遇，央行颁布支付牌照使支付行业从原来无明确法律认可变为央行正式监管，支付行业将形成一个完整的产业链。将第三方支付市场的发展纳入制度化的范围内，一方面有利于行业的自律，另一方面也有利于维护市场竞争秩序；而对于广大消费者而言，第三方支付市场乱象的肃清，无疑将为其利益提供更有力的保障。

同时，支付牌照的发放将带来行业并购的机遇。按照央行申请第三方支付牌照的规定，预计将有大量的支付公司达不到获牌的要求。从产业层面来讲，一方面通过支付公司之间的重组和兼并，可增强企业实力，达到申请牌照的标准，也会避免中小企业倒闭造成的资源浪费；另一方面真正有实力的企业在拿到牌照之后，为进一步发展，必将整合一些实力相对较差、未获得牌照的中小企业，从而会推动产业向更好的方向发展。

另外，支付牌照的发放也将给行业带来上市融资的机遇。牌照的发放促进了第三方支付企业的快速发展，未来支付企业的核心竞争力能够向投资者展现其良好的发展前景，盈利能力也将逐步提高。这时，相关企业可以通过发行股票在证券市场上进行融资，从而获取更大的发

展空间。

### 3. 移动支付进入起飞阶段，竞争蓝海吸引资本关注

在传统互联网领域支付市场格局已基本确定的形势下，无线应用将为第三方支付产业带来新的发展方向。目前，移动应用成为TMT领域投资者最为关注的细分行业，但由于盈利模式的不确定，该行业的投资规模远远落后于被关注热度。而未来移动互联网要构建成熟的盈利模式，支付渠道将是其面临的首要问题。各方面综合考量，移动支付无疑将迎来它的发展黄金时期。而面对如此庞大的市场，工业和信息化部已与央行共同启动移动支付标准制定工作，可以预见的是移动支付的行业标准将呼之欲出。

目前来看，在智能手机、移动互联网快速普及的推动下，电信运营商、银行和第三方支付平台都已积极地进入了移动支付领域。支付宝已经决定2012年将加大移动支付的布局力度，在手机支付慢慢规模化的当下，支付宝将会在无线方面加大投入，不断完善移动支付终端；汇付天下首期计划投入1亿元布局移动支付领域，并同时发布了名为"Asi@"的移动支付战略；中国银联计划在2011年年底拥有200万持SD卡的用户，目前已经完成90%的指标；另外，快钱发布的"快刷"等也都在纷纷试水手机近场支付。

移动支付涉及很多行业和环节，且运营模式各不相同，将不可避免地面临着各种发展难题。而各方首要面临的问题则是如何把市场做大做强。由于移动支付产业的参与者众多，单凭某一方的力量难以推动移动支付产业快速发展。但是，放眼未来，业界对移动支付成为支付行业的新蓝海已经达成了基本共识，目前移动支付产业也已处在一个起飞的临界点上，真正的起飞并不遥远。而手机支付庞大的前景也必将吸引越来越多的参与者关注。

## 第二节  第三方支付产业股权融资

### 一、第三方支付产业股权融资情况概述

从市场表现来看，包含第三方支付的互联网领域日益得到创投及私募股权的青睐。随着第三方支付企业在政府规范引导下逐步前行，创投和私募股权投资机构在该领域的投资呈现快速增长态势，未来随着第三方支付企业技术及商业模式的成熟，其投资价值将得到更多认可。

2001年至今，共有19家企业34次获得股权融资，其融资渠道包括天使投资、VC/PE投资和战略投资三类。已披露金额的融资案例24例，融资金额为3.4亿美元，平均每笔融资金额为1 417万美元。捷银、银联商务和拉卡拉分别融资1.13亿美元、4 717万美元和3 493万美元，为融资规模最大的三家（见表13-1）。

表13-1    部分已获牌第三方支付企业融资事件统计

| 受资企业 | 地区 | 事件类型 | 业务类型 | 投资机构 | 涉及资金 | 发生时间 |
|---|---|---|---|---|---|---|
| 汇付天下 | 上海市 | VC/PE | 互联网支付、银行卡收单 | 富达亚洲、凯旋创投、华登国际 | USD 6.7M | 2011.9 |
| 银联商务 | 上海市 | 战略投资 | 银行卡收单、互联网支付、预付卡 | 雅戈尔 | RMB 2.25亿 | 2011.3 |
| | | VC/PE | | 赛富合伙人 | USD 12.9M | 2004.5 |
| 立佰趣 | 上海市 | VC/PE | 电子支付 | 中金、联想投资、鼎晖创投 | RMB 5亿 | 2011.1 |
| | | VC/PE | | 麦顿投资、润盛基金、鼎晖创投 | USD 2.25M | 2007.5 |
| 爱农卡 | 北京市 | VC/PE | 预付卡 | 景林资产 | RMB 1 000万 | 2009.7 |
| 通联支付 | 上海市 | VC/PE | 电子支付 | 同威创投 | RMB 3 000万 | 2008.12 |
| 拉卡拉 | 北京市 | VC/PE | 银行卡收单 | 联想投资、富鑫国际、晨兴创投 | USD 25M | 2008.8 |
| | | VC/PE | | 联想投资、和通国际 | USD 8M | 2007.3 |
| | | 天使投资 | | 雷军、联想投资 | RMB 1 600万 | 2004.12 |
| 易宝电子支付 | 北京市 | VC/PE | 互联网支付、移动支付、银行卡收单 | 嘉丰资本 | USD 2.5M | 2007.7 |
| | | VC/PE | | 德丰杰龙脉中国基金、嘉丰资本、德丰杰、龙脉创投、英特尔投资、W.R.Hambrecht | USD 4M | 2006.8 |
| 捷银 | 上海市 | VC/PE | 互联网支付、移动支付、银行卡收单、预付卡发行与受理 | RRE、云月投资、Evolution | USD 10M | 2006.12 |
| | | VC/PE | | RRE | N/A | 2006.7 |
| | | VC/PE | | Accel、Icon、云月投资、RRE | USD 20M | 2005.8 |
| | | VC/PE | | 云月投资 | USD 8.3M | 2004.7 |
| | | VC/PE | | 云月投资 | N/A | 2001.6 |
| 首信易支付 | 北京市 | VC/PE | 互联网支付 | 中经合 | USD 14.5M | 2006.11 |
| 快钱 | 上海市 | VC/PE | 互联网支付、移动支付、银行卡收单 | 光速创投、Peninsula、DCM | N/A | 2006.4 |
| | | VC/PE | | DCM、半岛资本 | N/A | 2005.8 |

资料来源：赛迪投资顾问，2012-04.

## 二、第三方支付产业股权融资方式分析

### （一）天使投资分析

天使投资一般为参与性投资，投资后，天使投资往往积极参与被投企业战略策划和战略设计，为被投资企业提供咨询帮助及其他有助于企业成长的有利资源。因此，天使投资人不但可以带来现金，同时也可以带来企业发展的机会。

在已披露的股权融资案例中，天使投资案例只有1例。2004年年底，孙陶然创办拉卡拉，雷军和联想投资共同投资了拉卡拉1 600万元，2006年开发完成了中国首个电子账单服务平台。目前，拉卡拉已成为中国最大的线下支付公司，并已获得了央行首批发布的支付业务许可证。

天使投资最关注的投资因素包括企业当前的团队凝聚力、未来成长空间等。目前，天使投资在我国发展较缓慢，虽然民间资本金额较大，但仍然存在着部分制约因素，主要包括投资环境不完善、文化氛围确实、创业者信用度及企业精神缺失、天使投资人与企业信息不对称等方面。赛迪投资顾问认为，天使投资在寻找投资项目时，可借助第三方中介机构的专业能力，寻找合适的投资项目。

### （二）VC/PE股权融资分析

在股权融资类型中，主要是VC/PE对第三方支付企业的投资。在已披露的融资案例中，除了1例拉卡拉的天使投资和1例银联商务的战略投资之外，其余32个案例均为VC/PE对第三方支付企业的投资案例，占股权融资案例总量的94.1%。通过VC/PE进行股权融资的融资金额为3.05亿美元，占融资总额的89.4%。

在2001年—2011年12月披露的第三方支付企业通过VC/PE进行股权融资的32例案例中，地区分布较集中，主要分布在上海、北京、浙江等地。其中，京沪地区的融资案例为28例，占案例总量的87.5%（见图13-1）。

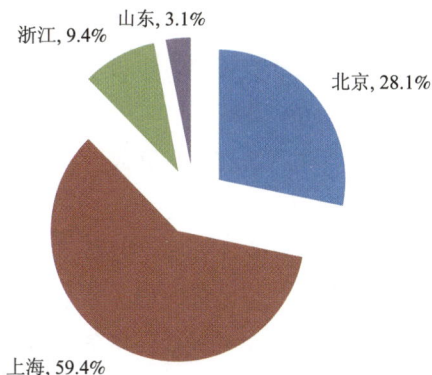

图13-1　2010年—2011年12月第三方支付企业引入VC/PE进行股权融资案例的地区分布

资料来源：赛迪投资顾问，2012-04.

从第三方支付企业融资地域分布可以看出，股权融资相对集中于经济发达区域。VC/PE投资机构更青睐于京沪地区支付企业的主要原因如下。

第一，京沪地区已基本实现了第三方支付产业聚集。从已获得牌照企业的空间分布来看，上海地区获得牌照的第三方支付企业共有34家，占全部牌照数量的34%，居全国之首；北京则有24家企业获得支付许可证，居第二位。

第二，人才优势与地域优势兼备，京沪地区为第三方支付企业发展搭建了良好的平台。VC/PE在投资过程中，重点关注业务与市场、团队和商业模式。随着电子商务、移动互联网的兴起，第三方支付企业将开拓更大的业务和市场空间。而京沪地区的人才结构优势也为第三方支付企业的发展提供了必要支持，吸引VC/PE投资者的资金投入。

从股权融资规模看，上海地区为融资规模最大的地区，规模达到2.21亿美元，占案例总量的72.49%。北京地区融资规模位居第二，规模达到0.57亿美元，占规模总额的18.85%（见图13-2）。

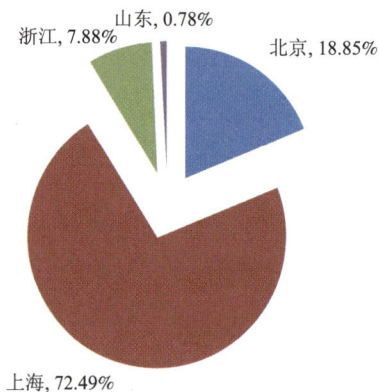

浙江, 7.88%　山东, 0.78%　北京, 18.85%　上海, 72.49%

图13-2　2010年—2011年12月第三方支付企业VC/PE方式融资规模地区分布

资料来源：赛迪投资顾问，2012-04.

### （三）战略投资分析

目前，在已披露的融资案例中，战略投资案例也仅有1家。2011年3月8日，雅戈尔出资2.25亿元受让SAIF持有的银联商务1 500万股股权。本次股权收购前，雅戈尔持有银联商务1 000万股股权，占其总股本的2.02%。本次股权收购完成后，雅戈尔将持有银联商务2 500万股股权，占其总股本的5.05%。

银联商务的这次战略投资事件不仅仅是一次普通的投资事件，同时也反映出第三方支付行业特殊的政策背景。2010年6月中国人民银行颁布的《非金融机构支付服务管理办法》中规定："外商投资支付机构的业务范围、境外出资人的资格条件和出资比例等，由中国人民银行另行规定，报国务院批准。"为了顺利获取牌照，多家支付企业积极清退外资，转身全内资。雅戈尔正是在这样的背景下接手外资SAIF所持股份的。2011年5月26日，银联商务顺利获得了央行颁发的首批《支付业务许可证》，其牌照业务内容涵盖银行卡收单、互联网支付、预付卡受理三项。

## 第三节　第三方支付产业IPO

### 一、企业IPO情况概述

随着第三方支付企业的快速发展，产业内相关企业在各种利好政策下也进入了高速发展阶段，企业的经营状况已经逐渐稳定，管理能力逐步提高，其核心竞争力已经形成并向投资者展现其良好的发展前景，并且拥有足够的业绩记录和资产规模来证明企业自身的信用，各种风险大幅度降低，盈利能力逐步提高。这时，相关企业可以通过改制变更为股份有限公司，并通过发行股票的方式在证券市场上进行融资。

随着支付牌照的发放，第三方支付企业将加速壮大，但是，赛迪投资顾问认为，一两年内，支付企业抢滩上市的可能性目前还不大，两年之后IPO风潮或将到来。这主要是因为，首先，国内第三方支付市场仍处于发展初期阶段，与发达国家现在的水平尚存在一定的差距；其次，短期内第三方支付企业面临的首要问题是行业洗牌以及资源整合，目前企业需要招揽高端专业人才，大力发展研发运营基地和风险控制部门，同时尽快将规模做大。

### 二、IPO企业的特征

#### （一）支付企业尚无独立上市，身后隐伏上市公司

目前，国内尚无第三方支付企业独立上市。但是，随着电子商务行业的快速发展，第三方支付相关企业也进入了高速发展阶段，加之央行加强了对第三方支付企业的监管，并通过发放支付许可证的方式使之正式纳入央行的监管体系，第三方支付企业将迎来飞速发展时期。

综合分析101家已获牌企业，第二、三批获牌企业以区域性公司居多，并将第三方支付企业的范围从第一批集中于京沪地区进一步扩展至山东、内蒙古、江苏，以及西南地区及华中地区，并且不少支付企业的背后还有着上市公司的身影，且参股或运营第三方支付企业的上市公司以互联网支付企业居多（见表13-2）。

#### （二）支付企业加紧筹备，两年后或迎IPO盛宴

2011年5月获得第三方支付牌照后，环迅高层多次表达了启动IPO筹备进程，计划于2013年登陆资本市场。在"后牌照时代"，这是第一家明确IPO预期的第三方支付企业。而事实上，环迅支付为IPO也做了一系列长期铺垫。2010年11月，环迅支付的牌照企业上海迅付将

**表13-2　参股或运营第三方支付企业的上市公司一览**

| 第三方支付企业 | 所属上市公司 | 交易所 | 上市时间 |
|---|---|---|---|
| 深圳市财付通科技有限公司 | 腾讯控股（0700.hk） | 香港主板 | 2004.6 |
| 上海环迅电子商务有限公司 | 环球实业科技（1026.hk） | 香港主板 | 2010.6（转板） |
| 北京互联汇众科技有限公司<br>北京互联视通科技有限公司 | 中国掌付（8047.hk） | 香港主板 | 2007.9 |
| 成都摩宝网络科技有限公司 | 卫士通（002268.sz） | 深交所 | 2008.8 |
| 深圳市网购科技有限公司 | 腾邦国际（300178.sz） | 深交所 | 2011.2 |

资料来源：赛迪投资顾问，2012-04.

15%股权售予A股上市公司石基信息。引入石基信息一方面是为了获取支付牌照的需要（避免单一股东）；另一方面则迅速地调整了优化迅付的股权结构，帮助环迅支付从有限责任公司转制为股份有限公司。通过石基信息这样在全国酒店信息系统业领先的企业入股，环迅支付在酒店支付领域抢得先机，并将实现资金流和信息流的整合。

除环迅支付外，汇付天下眼下也在内部筹划IPO，此外，快钱也在为IPO开始准备。与此同时，第三方支付企业在金融领域和互联网领域的交叉领域已得到快速发展，并形成了一股不容忽视的变革力量。未来的几年内，随着已获牌第三方支付企业规模的持续扩大，高端人才储备、研发运营基地和风险控制体系的不断改善，IPO将成为第三方支付行业的一场盛宴。

在后牌照时代，第三方支付企业应充分发挥所获许可优势，以支付系统为核心，向全套供应链方案集成平台方向演进，在今后的"动作"中加强对"资金流、信息流、物流"的整合。

# 第四节　第三方支付产业并购

## 一、企业并购情况概述

随着政策面上的发展障碍被扫除，第三方支付企业获得了一个良好的行业发展环境。未来取得相关业务许可的支付企业，只要在技术创新、客户服务、客户价值等方面不断提升，就将有很大的市场空间，同时行业也对支付企业的运营管理提出了更高要求，过去一些相对不规范的市场行为将受到央行的严控，第三方支付企业未来必须具备优秀的资金风险管理、安全服务能力。而技术创新、服务水平、客户价值、风控能力将会是贯穿整个行业竞争发展的关键词。

在此基础上，第三方支付行业发展到一定阶段都会出现兼并整合，支付牌照和《办法》的出台只是加速了这种整合的趋势。例如，上海市近期发布的《关于促进本市第三方支付产业发展若干意见的通知》中也多次提到，将重点扶持特色鲜明、自主创新能力强、具有一定国际竞争力、以网络支付为主营业务的第三方支付企业，鼓励第三方支付企业间资源整合，合理引导第三方支付企业间开展市场化兼并重组。因此，将第三方支付企业纳入国家政策监管体系，有利于第三方支付行业朝着更加规范、健康的方向发展。这表明监管机构已给第三方支付企业开启了"正规军"的大门，未来将有更多的资本注入市场，掀起新一轮的收购、兼并浪潮。

截至2012年1月，国内目前已披露的第三方支付行业并购案例有4例（见表13-3）。

表13-3　第三方支付行业并购案例统计

| 并购方 | 所在地 | 被并购方 | 主要业务 | 所在地 | 发生时间 |
|---|---|---|---|---|---|
| 捷银 | 上海 | 英斯克 | 无线应用、移动增值服务 | 上海 | 2005.1 |
| 易宝支付 | 北京 | 西部支付 | 电子支付 | 成都 | 2006.3 |
| 上海富友 | 上海 | 佰通卡 | 预付卡 | 福州 | 2011.8 |
| 支付宝 | 杭州 | 安卡支付 | 航空支付 | 上海 | 2011.9 |

资料来源：赛迪投资顾问，2012-04.

## 二、企业并购趋势

### （一）"大吃小"，实力雄厚的大企业并购无牌小企业

央行虽然未对第三方支付的资本性质做出限制，却对注册资本、申请人等做了严格规定。在此双重制约下，达不到注册资本要求的小支付企业将会向资本实力雄厚的大企业寻求融资，第三方支付业将可能迎来兼并潮。

另外，截至2012年1月，全国已提交牌照申请并公示的支付企业总数已近300家，而获得牌照的企业只有101家，但目前仍有近七成的企业被挡在了许可证大门之外。大量企业未获牌的现实显然为行业并购整合潮的出现提供了可能的想象空间。

快钱、易宝支付、汇付天下等多家第一批拿到牌照的企业均释放出正在寻找合适的收购对象的信号。2011年9月5日，第三方支付企业支付宝宣布与安卡国际集团旗下的第三方支付服务公司安卡支付达成收购协议，该案例只是"后牌照时代"第三方支付领域内收购和兼并浪潮的一个开始，随着第三方支付企业业务范围的扩展，以及获牌支付企业规模化发展的需要，大规模并购即将开始。

### （二）"融合支付"趋势加速，快速获取核心服务能力

以第三批牌照的发放为节点，支付行业的并购潮已悄然来到。作为获牌企业，其并购动机主要来自市场扩张的需要，业务范围不同的企业进行战略合并，以扩展线下支付、预付费卡、国际支付等业务区域；另外，面对高成长性的第三方支付行业，资本的逐步介入将不可避免，未获牌企业出于支付牌照的制约收购已获牌照的支付企业也会出现。

以易宝支付（YeePay）并购西部支付为例，2006年3月，专业从事创新的多元化电子支付平台提供商易宝支付宣布成功并购西部第一在线支付平台——西部支付，拓展全国性运营及销售平台。本次收购主要是易宝支付出于全国性战略发展的需要，借助西部支付在西南地区的市场基础和优秀人才，拓展易宝支付在西南的业务。通过本次收购，易宝支付强化了品牌效应，获取了资源、高效的精英管理团队，加强了对支付市场未来发展方向的把握能力。

### （三）兼并支付产业链上下游，打造行业竞争新航母

第三方电子支付企业要想继续做强做大，除了对现有业务的持续深耕之外，还要加强自身产业链的发展，为客户提供更多的增值服务，比如向为企业提供综合业务解决方案。企业通过纵向并购上下游关联的企业，可以控制大量关键技术和销售渠道，从而有力地控制竞争对手的活动，提高企业所在领域的进入壁垒和企业的差异化优势。

国内主营移动支付业务的上海捷银信息技术有限公司（以下简称"捷银"）2005年1月宣布，在符合惯例性成交条件的情况下，整合DT英斯克信息技术有限公司（以下简称"英斯克"）。英斯克是中国无线行业的开创者之一，也是开发增值服务市场的推动者，在服务供应、系统维护和实施领域的表现尤其突出。通过本次并购，极大地巩固了捷银在中国移动支付领域的领导地位。英斯克的平台业务不仅加强了捷银对移动运营商的合作地位，还赋予了捷银在支付、系统集成和服务管理方面的强大能力。此外，英斯克快速增长的无线增值服务业务加强了捷银的移动支付服务，确保捷银能够成功提供2.5G服务。

### （四）资本运作加速市场拓展，预付卡将成并购热点

随着第三方支付牌照的落地，预付卡业务获得了全面突破。截至目前，获批预付卡发行与受理业务（含受理业务）的企业数量达到了55家，在所有的获批的业务类型中占比达到了38%，其中地方预付卡申请企业成为央行牌照申请的主力军（见图13-3）。

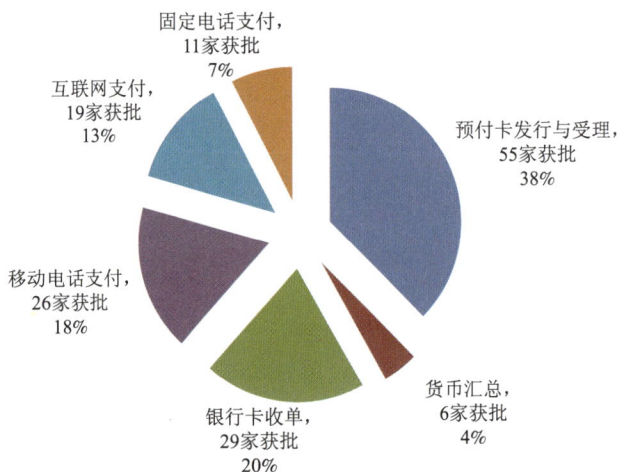

图13-3    目前已获牌企业申请业务细分领域分布

资料来源：赛迪投资顾问，2012-04.

在此次并购浪潮中，预付卡领域将成为支付行业并购的重点。此外，《关于规范商业预付卡管理的意见》规定所有申请牌照企业的系统必须自建，发卡机构之间不得互相托存资金、转移支付。每套系统的初始成本较高，有些规模较小的预付卡企业因此很有可能放弃自建系统而转将自己的业务出售。因此，预付卡领域很可能将成为支付行业并购的重点。

在央行首批发放的6张预付卡牌照中，只有海航集团旗下的电子商务服务商——海南新生信息技术有限公司获得了全国牌照。第二批发放的7张预付卡牌照的经营范围均为省级或跨省业务，并没有全国业务。例如，上海富友金融业务覆盖了上海市、江苏省、浙江省和福建省；上海畅购覆盖区域是上海市、江苏省和浙江省；上海得仕业务范围仅在上海市；山东鲁商、四川商通、南京市市民卡等企业则是在当地市场。另外，支付宝、盛付通都可以"限制性"地使用预付卡业务。拿到预付卡业务牌照之后，这些企业可以快速并购省级预付卡企业，以打开当地市场。

2011年8月31日，就在上海富友金融网络技术有限公司刚刚获得第二批央行颁发的第三方支付许可证的第二天，其与预付卡企业福建信和通公司成功达成合作意向，对福建信和通公司的"佰通卡"业务进行战略并购，双方将共同发行与受理"佰通卡"的业务，这很有可能拉开预付卡并购浪潮的序幕。

# 第十四章 CHAPTER 14

# 工业节能产业

## 第一节　工业节能产业投融资机遇

### 一、工业节能产业发展环境

在2010年10月18日发布的《国务院关于加快培育和发展战略性新兴产业的决定》中，节能产业在七大战略性新兴产业中高居首位。中国正处于经济社会发展的战略转型期，工业化、城镇化加速发展，面临着日趋紧迫的人口、资源、环境压力，现有发展方式的局限性、经济结构状况以及资源环境矛盾也越来越突出。就"节能"而言，工业、建筑业、交通运输业并列为中国三大高能耗行业，而工业企业能源消费占全国能源消费的70%，由于工业作为第二产业占中国GDP比重达40%以上，并承担着国家经济结构调整的重任，其节能减排难度大、任务重。

#### （一）"十二五"节能减排形势严峻，政策频出力促工业节能

"十二五"时期，随着工业化、城镇化进程的加快和消费结构的持续升级，中国能源需求呈刚性增长，受国内资源保障能力和环境容量制约，以及全球性能源安全、应对气候变化影响，资源环境约束日趋强化，"十二五"时期节能减排形势仍然十分严峻，任务十分艰巨。作为"十二五"开局之年，2011年中国单位GDP能耗同比下降2.01%，距离3%～3.5%的年度目标差距较大。2010年中国主要区域单位工业增加值能耗分布如图14-1所示。

基于中国节能减排工作还存在责任落实不到位、推进难度增大、激励约束机制不健全、基础工作薄弱、能力建设滞后、监管不力等问题，近年来国家节能减排政策频出，通过加大政策规制力度与相关产业扶持力度，力求加快推进中国节能减排，尤其是工业节能的相关工作（见表14-1）。

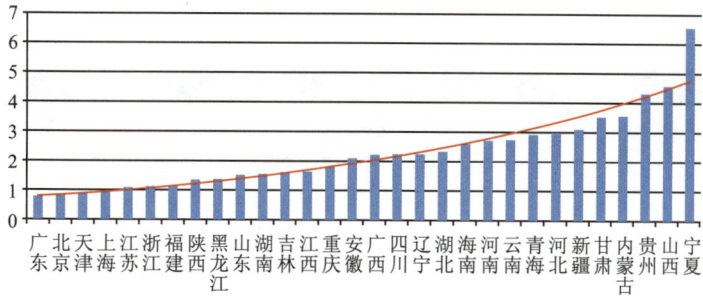

图14-1　2010年中国主要区域单位工业增加值能耗分布

数据来源：国家及各地统计局，国家发展和改革委员会，赛迪投资顾问整理，2012-04.

表14-1　中国节能减排相关政策一览

| 序号 | 政　策　名 | 时间 | 核　心　内　容 |
|---|---|---|---|
| 1 | 《能源节约与资源综合利用"十五"规划》 | 2001 | 到2005年，每万元国内生产总值能耗降至2.2吨标准煤（1990年不变价），累计节约和少用能源3.4亿吨标准煤，年均节能率为4.5%。节约和替代燃料油1 600万吨、成品油500万吨 |
| 2 | 《节能中长期专项规划》 | 2004 | 以大幅度提高能源利用效率为核心，以转变增长方式、调整经济结构、加快技术进步为根本，以法治为保障，以提高终端用能效率为重点，健全法规，完善政策，深化改革，创新机制，强化宣传，加强管理，逐步改变生产方式和消费方式 |
| 3 | 《"十一五"十大重点节能工程实施意见》 | 2006 | 确定燃煤工业锅炉（窑炉）改造工程、区域热电联产工程、余热余压利用工程、节约和替代石油工程、电机系统节能工程、能量系统优化工程、建筑节能工程、绿色照明工程、政府机构节能工程、节能监测和技术服务体系建设工程十大工程 |
| 4 | 《国务院关于加强节能工作的决定》 | 2006 | 指出首先要着眼于宏观节能，大力调整产业结构，促进经济增长由主要依靠工业带动和数量扩张带动，向三次产业协同带动和优化升级带动转变，立足节约能源推动发展 |
| 5 | 《节能减排综合性工作方案》 | 2007 | 综合运用经济、法律和必要的行政手段，控制增量、调整存量，依靠科技、加大投入，健全法制、完善政策，落实责任、强化监管，加强宣传、提高意识，突出重点、强力推进 |
| 6 | 《关于加快推行合同能源管理促进节能服务产业发展意见的通知》 | 2010 | 推行能源合同管理，发展节能服务产业，预计到2010年发展一批专业节能服务公司，2015年建立完善节能服务体系 |
| 7 | 《中央企业节能减排监督管理暂行办法》 | 2010 | 国资委按企业污染程度将央企分为重点类（32家），关注类（51家），一般类（45家）三类进行分类节能减排监督管理，将节能减排目标纳入企业负责人绩效考核体系，促进国资委对央企的节能减排的管理监督 |

（续）

| 序号 | 政策名 | 时间 | 核心内容 |
|---|---|---|---|
| 8 | 《2010年工业节能与综合利用工作要点》 | 2010 | 狠抓工业节能降耗，促进节约发展；大力推行清洁生产，切实加强减排治污；推进资源综合利用，大力发展循环经济；加强"两型"工业建设，积极应对气候变化；加强形势分析，积极开展教育培训；加强组织领导，强化协调指导，切实做好工业节能与综合利用工作 |
| 9 | 《关于进一步加强中小企业节能减排工作的指导意见》 | 2010 | 以国家重点行业调整和振兴规划涉及的中小企业为重点，加大节能减排力度，争取用3~5年时间，培育一批节能减排示范中小企业，推动重点节能减排技术在中小企业中的应用，切实做好中小企业的节能减排工作 |
| 10 | 《国务院关于加快培育和发展战略性新兴产业的决定》 | 2010 | 节能环保、新一代信息技术、生物、高端装备制造、新能源、新材料和新能源汽车七个产业将被重点培育 |
| 11 | 《"十二五"节能减排综合性工作方案》 | 2011 | 明确"十二五"期间节能减排总体要求和主要目标，要强化节能减排目标责任，调整优化产业结构，实施节能减排重点工程，加强节能减排管理，大力发展循环经济，加快节能减排技术开发和推广应用，完善节能减排经济政策，强化节能减排监督检查，推广节能减排市场化机制，加强节能减排基础工作和能力建设，动员全社会参与节能减排 |

资料来源：赛迪投资顾问，2012-04.

## （二）节能将分"三步走"，"十二五"工业节能将以技术节能为主

针对中国不同行业、地区间的节能现状，结合中国现阶段以及中、长期的节能目标，节能从途径上主要分为结构节能、技术节能、管理节能三种路径，不同路径具有不同特点（见表14-2）。

表14-2　不同节能途径及其特点

| 节能途径 | 特　点 |
|---|---|
| 结构节能 | 从宏观角度通过经济结构的调整，向节能型工业体系发展 |
| 管理节能 | 通过加强计量检测，优化能源分配，强化管理维护，实现节能目标，主要针对节能服务方向 |
| 技术节能 | 通过新技术、新工艺、新材料、新设备、新器件的开发应用来取得节能效益 |

资料来源：赛迪投资顾问，2012-04.

从过程来看，三种路径将相互支撑，形成中国节能工作路径的螺旋式上升态势："十二五"前期，中国节能减排和"十一五"期间的实现途径并无本质区别，将继续以依靠技术节能为主、初级结构节能为辅的模式，随着产业环境的不断改善，管理节能将后来居上，将与技术节能一同成为工业节能的主要实现途径，并最终达到高级结构节能的长远目标。

作为最重要的节能领域，中国工业体系在"十二五"节能减排任务的重压下，将以技术节能为主，通过支持工业节能产业、发展节能技术实现节能目标。工业节能的发展阶段如表14-3所示。

表14-3　工业节能的发展阶段

| 阶　段 | 时　期 | 备　注 |
|---|---|---|
| 技术节能+<br>初级结构节能 | 2012年之前 | （1）采用强制性手段，如关停淘汰高耗能企业的落后产能、缩减耗能产业直接和间接出口等，以实现能源消化的区域扁平化变革。见效最快、投资少，但非治本之策。<br>（2）开发相关技术与设备，以为将来实现最终的结构节能做技术铺垫，其投资相对较小、见效快 |
| 技术节能+<br>管理节能 | 2012—2025年 | （1）首先落在技术节能上，但在可再生能源大规模投运之后，对GDP能耗影响度会相对减弱。<br>（2）管理节能在逐步完善了融资和信用体制之后，将和技术节能渗透融合共同成为节能主力 |
| 高级结构节能 | 2025年之后 | （1）煤炭在一次能源消费中的比重进一步下降。<br>（2）可再生能源将进入大规模释放期，占比将迅速提升 |

资料来源：赛迪投资顾问，2012-04.

### （三）工业节能核心产业加速发展，推动工业技术节能改造

工业节能技术主要分为工业锅炉（窑炉）节能、区域热电联产节能、余热余压利用节能、电机系统节能四大类，涉及高效节能电机、变频器、变压器、余热锅炉等多个核心产品及技术。近年来，随着国家政策的密集出台，相关核心产业发展迅速，不断推动工业领域的技术节能改造，为"十二五"工业节能奠定了良好基础。

## 二、工业节能产业投融资发展机遇

### （一）"十二五"期间工业节能将形成"自下往上"的刚性需求

"十二五"期间，中国仍处于工业化加速发展的重要阶段，资源和环境约束更趋强化，工业转型升级和绿色发展的任务十分繁重。工业节能减排面临的形势十分严峻：一是加快转变发展方式对工业节能减排提出了更高要求；二是抓好工业节能减排是实现工业转型升级的重要任务；三是应对全球气候变化，提升产业竞争力，工业节能减排面临更大压力；四是完成全国节能目标，工业节能的任务较"十一五"更加艰巨。面对"十二五"工业节能减排指标的重压，相关重点企业不得不加快自身减排步伐，从而对工业节能技术及产品形成自需求端到供应端"自下而上"的刚性需求，促进工业节能产业的快速发展。

### （二）节能服务产业的快速发展为上游企业提供良好渠道

为帮助减排企业解决节能运营改造的技术和执行问题，提高企业减排效率，中国20世纪

90年代末引进合同能源管理机制，通过示范、引导和推广，节能服务产业迅速发展，专业化的节能服务公司不断增多，服务范围已扩展到工业、建筑、交通、公共机构等多个领域。作为节能减排第三方机构（能源管理机构），节能服务公司让用能企业在不投入资金、不承担风险的前提下，通过为合作企业进行规划、设计、投资、管理，使其达到节能减排，降低能耗，能源深度利用的效益。这种节能专项领域的投资模式不但大大加强了用能企业在节能项目上的积极性，还为上游工业节能核心产业提供了良好的产品渠道，从而推动了整个工业节能产业的发展。

### （三）资本市场不断完善，工业节能企业融资日渐多元化

近年来，中国资本市场不断发展壮大，多层次资本市场体系不断完善，有力地支持了实体经济又好又快发展。资本市场在拓宽融资渠道、促进资本形成、优化资源配置、分散市场风险方面发挥了不可替代的重要作用，已成为支持中国经济社会持续健康发展的重要平台。目前，企业融资已由单纯的银行间接融资逐渐发展成债权融资、股权融资齐头并进，在信贷市场错配问题尚未改善的形势下，企业利用资本市场直接融资则显得更为重要，直接融资已经是节能企业重要的融资方式之一。随着多层次资本市场的进一步完善，工业节能企业融资渠道将得到进一步拓展，从而从源头上支撑工业节能产业健康发展。

## 第二节　工业节能产业股权融资

### 一、工业节能产业股权融资情况概述

2010—2011年，中国工业节能产业共披露股权融资案例数量14例，披露金额的融资案例12例，融资金额为7.11亿元，平均每笔融资金额约为0.59亿元（见表14-4）。在融资企业类型方面，融资企业多为制造企业或工业节能服务企业，且多为技术型企业，其原因是制造类企业多为经营稳定的传统企业，公司估值难度较小，易获得投资方青睐，而技术型企业为产品设置了较高的技术壁垒，短期内市场竞争者较少，成长性易获得投资方肯定。

表14-4　2010—2011年工业节能企业VC/PE融资案例情况

| 融资类型 | 案例数（例） | 已披露金额案例数（例） | 融资金额（亿元） | 平均融资金额（亿元） |
|---|---|---|---|---|
| 技术服务 | 4 | 3 | 0.80 | 0.27 |
| 节能产品制造 | 10 | 9 | 6.31 | 0.70 |
| 共计 | 14 | 12 | 7.11 | 0.59 |

资料来源：赛迪投资顾问，2012-04.

## 二、VC/PE股权融资地域分布

2010—2011年披露的工业节能企业融资的案例数量和金额地区较为分散，但仍以北京、浙江为主要区域。其中，浙江地区融资案例4例，占比近28.6%；北京与重庆融资案例各2例，占比分别为14.3%；江苏、河南、湖北、辽宁、陕西、福建各1例（见图14-2）。

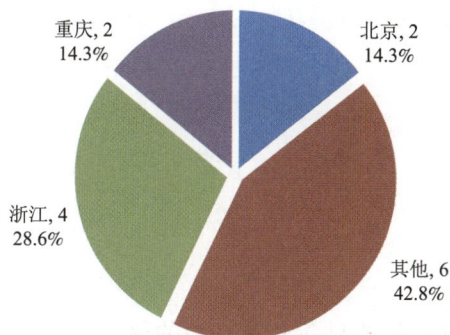

图14-2 工业节能企业VC/PE融资案例地区分布（截至2011年12月）

资料来源：赛迪投资顾问，2012-04.

# 第三节 工业节能产业IPO

## 一、企业IPO情况概述

截至2011年12月，中国工业节能企业上市29家，其中主板13家，中小板10家，创业板6家，IPO共计融资172.8亿元（见图14-3）。2010年以来，工业节能企业IPO共计8例，融资总额72.5亿元，平均每起融资9.07亿元（见表14-5）。

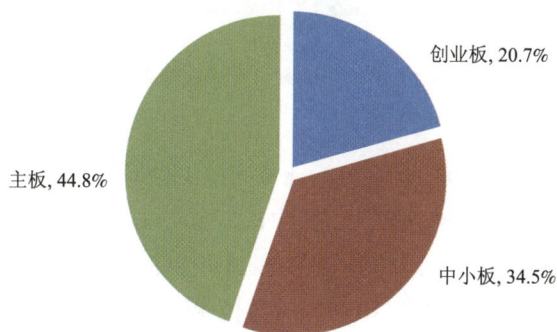

图14-3 中国A股工业节能企业数量分布（截至2011年12月）

资料来源：赛迪投资顾问，2012-04.

表14-5　2010—2011年工业节能企业上市情况

| 股票代码 | 公司名称 | 地　区 | 发生时间 | 融资金额（万元） |
|---|---|---|---|---|
| 300040 | 九洲电气 | 黑龙江 | 2010.1.8 | 59 400 |
| 002334 | 英威腾 | 广东 | 2010.1.13 | 76 800 |
| 300048 | 合康变频 | 北京 | 2010.1.20 | 102 480 |
| 002350 | 北京科瑞 | 北京 | 2010.2.3 | 64 800 |
| 300105 | 龙源技术 | 山东 | 2010.8.20 | 116 600 |
| 300125 | 易世达 | 辽宁 | 2010.10.13 | 82 500 |
| 300156 | 天立环保 | 北京 | 2011.1.7 | 116 290 |
| 002534 | 杭锅股份 | 浙江 | 2011.1.10 | 106 600 |

资料来源：赛迪投资顾问，2012-04.

## 二、IPO企业的特征

### （一）余热利用与变频器行业是近年来IPO的热点

截至2011年12月，在中国工业节能产业的29家上市公司中，节能变压器行业6家，变频器与高效节能电机行业各7家，余热利用行业9家（见图14-4）。由于各行业发展较为稳定，细分行业上市时间与数量分布较为均匀，但2010年受国家节能政策利好影响，工业节能公司上市数量达到6家，创下年内上市数量新高。

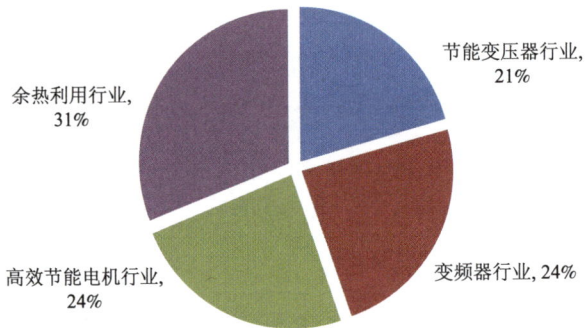

图14-4　工业节能上市公司细分行业情况（截至2011年12月）

资料来源：赛迪投资顾问，2012-04.

在板块分布上，由于工业节能各细分行业从本质上仍属于传统制造业，因此上市公司多集中于主板与中小板，且融资额普遍较大。其中，节能电机与节能变压器行业发展较早，行业内公司上市也多集中在2009年前，因此上市公司集中于主板与中小板；余热利用与变频器行业则在2010—2011年有7家公司上市，其中5家登陆创业板，从而使创业板工业节能公司达到6家（见图14-5）。

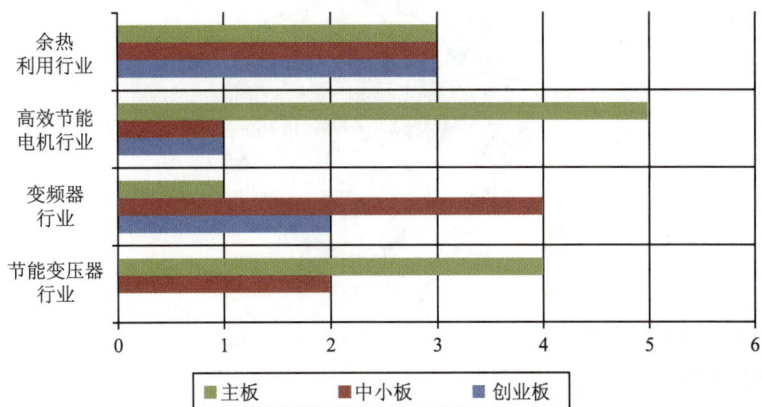

图14-5　2011年工业节能各细分行业在A股各板块分布情况

资料来源：赛迪投资顾问，2012-04.

## （二）北京、广东、浙江、江苏分享近7成IPO蛋糕

中国工业节能上市公司覆盖北京、广东、浙江、江苏等13个省市。其中，北京凭借区域资源优势拥有6家上市公司，占比为20.7%；广东、浙江均拥有4家，占比分别为13.8%；江苏拥有3家，占比为10.3%，其余9省市分别拥有1～2家不等（见图14-6）。

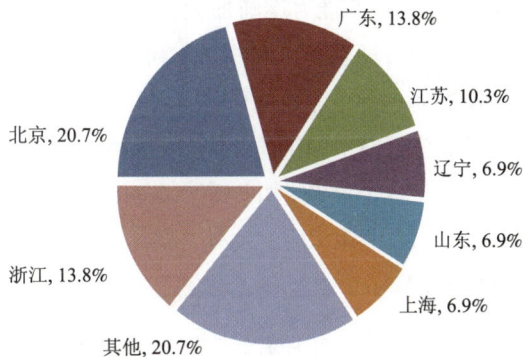

图14-6　工业节能企业IPO案例地区分布（截至2011年12月）

资料来源：赛迪投资顾问，2012-04.

融资额度上，在172.8亿元的IPO总融资额中，北京、上海、广东、浙江四省市工业节能企业IPO融资总额达到116.6亿元，占比接近70%（见图14-7）。其中，北京市2010—2011年就出现3家工业节能企业登陆A股，共计募得28.4亿元，占2010—2011年工业节能企业IPO募集资金总额的40%，企业资本运作势头强劲。

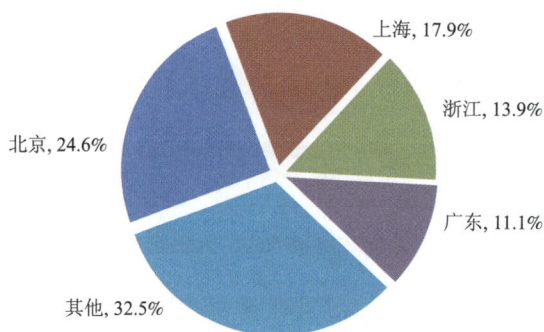

图14-7　各地区工业节能企业IPO融资金额分区域占比情况（截至2011年12月）

资料来源：赛迪投资顾问，2012-04.

# 第四节　工业节能产业并购

## 一、企业并购情况概述

### （一）总体情况

近年来，随着中国工业节能的政策推力逐渐加大，工业节能市场迅速发展，国内外大企业纷纷涌入该领域抢占不断释放的市场空间。海外企业利用自身完善的产品体系与技术优势，试图挤压本土企业的市场规模；而本土企业也凭借已有规模以及技术的持续提升，与海外企业展开成本竞争。并购重组已经成为当前中国工业节能产业做大做强、全面发展的必然趋势。

2010年—2011年12月已披露工业节能企业并购事件共5例，其中境内并购3例，涉及境外公司并购2例，并购金额达52.96亿元。整体而言，境外并购平均单笔并购金额要远大于境内并购的平均单笔并购金额（见表14-6）。

表14-6　2010年—2012年12月工业节能企业境内与跨境案例比较

| 类　　别 | 案例数（例） | 已披露并购金额案例数（例） | 已披露并购金额（亿元） | 平均每笔并购金额（亿元） |
|---|---|---|---|---|
| 境内 | 3 | 3 | 2.94 | 0.98 |
| 跨境 | 2 | 2 | 50.02 | 25.01 |
| 总计 | 5 | 5 | 52.96 | 10.60 |

资料来源：赛迪投资顾问，2012-04.

### （二）并购对手分析

在5起并购案例中，并购方均为国内外上市公司，这说明并购方多数管理较为成熟、发展已具规模，拥有较宽松的资金支持公司进行资本运作。与此同时，在5起并购案例中，涉及境外公司并购的2起案例金额达7.94亿美元。其中以卧龙控股收购ATB，以及施耐德收购利德华福为代表。以上并购事件足见国内外工业节能企业在中国市场的竞争十分激烈。

## 二、企业并购特征

### （一）并购呈现"横纵并举"之势，多点布局是落脚点

工业节能的核心是传统产业的技术提升，面对工业节能领域逐渐释放的庞大市场空间，各细分领域均亟须进行持续的技术提升，以面对不断涌入的竞争对手。因此，发展较为成熟的传统制造企业更多的是利用资金优势，通过收购新技术对自身产品进行技术更新，使其在节能方面更具竞争力。另一方面，由于工业节能涉及细分领域较多，多数工业节能企业提供的节能产品类别较少，给节能方带来诸多不便，造成节能动力不足。基于以上问题，国内外工业节能企业逐渐向提供全套解决方案迈进，通过大量资金投入并购其他业务类型企业，对产业链进行多点布局，以实现企业的整体协同发展。例如，近年来施耐德频频出手，布局中国工业节能产业，目前已联合德力西、阿海珐、中材集团等多个企业，实现了在变压、变频、余热利用等多个领域的布局，以抢占中国市场。

### （二）跨境并购数额庞大，国内外企业展开全面竞争

随着企业市场规模的扩大、技术的持续提升，国内企业已占领中低端市场，并不断渗入高端市场，对外资企业形成巨大挑战。拥有全产品体系优势的外资巨头纷纷将并购作为全面切入工业节能领域的方式，与本土企业展开全面竞争。2011年6月，全球电气巨头施耐德更是以6.5亿美元收购北京利德华福，布局中国变频市场，同年10月卧龙控股集团以1.44亿美元收购奥地利最大电机制造企业ATB，进一步提升电机制造水平，抢占国际市场。由此可见，中国本土企业已具备与国际巨头展开竞争的实力，双方在工业节能市场的竞争势必更加激烈。

# 第十五章 CHAPTER 15

# 环 保 产 业

## 第一节  中国环保产业投融资机遇

### 一、环保产业发展现状

#### （一）发展进入黄金增长期，产业规模已超万亿元

伴随着环保意识的增强和环境保护工作力度的加大，环保产业正日益成为业界乃至全社会关注的焦点和热点，中国环保产业被纳入重点培育发展的战略性新兴产业之后，进入了外部发展环境最为良好的黄金期。

在国家和各级政府不断加大投入的背景下，近年来，中国环保产业始终保持着较快水平的增长。2010年中国环保产业产值较上年大幅增长18.1%，规模突破1万亿元。2011年环保产业产值提高到13 170亿元，比2010年增长17.4%（见图15-1）。"十二五"期间，预计中国环保产业产值规模增长率将保持在15%~20%。

#### （二）"十二五"期间产业投资继续保持高增长

改革开放三十多年来，中国对环境保护越来越重视，环保治理投入不断上升，环保投入在GDP中的比重逐年增加。中国环保产业起步于"七五"期间，环保投资规模随后逐渐扩大。"十五"以来，环保产业投入年增长率都在15%以上，"十一五"期间，在"建设资源节约型、环境友好型社会"总体规划的指引下，环保产业投资总额1.375万亿元，较"十五"期间增加96.4%，占GDP比例上升到1.35%。"十二五"期间，环保产业投资将会继续增长，投资总额规划达到3.4万亿元，较"十一五"期间投资额翻一番以上，"十二五"期间环保产业投资额占GDP比重也会达到1.5%以上（见图15-2）。

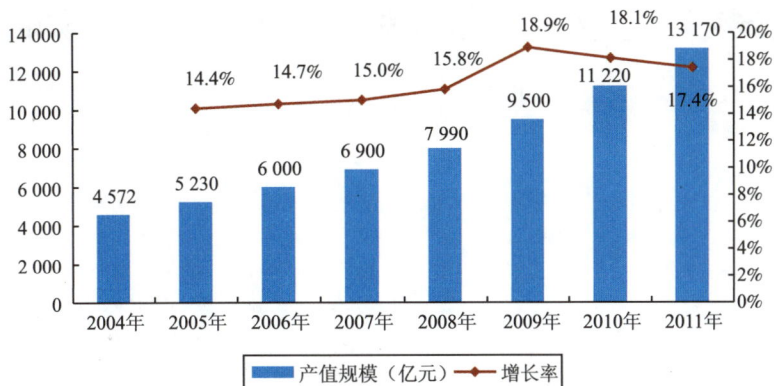

图15-1　2004—2011年中国环保产业产值规模及增长率

数据来源：赛迪顾问环保产业数据库，2012-04.

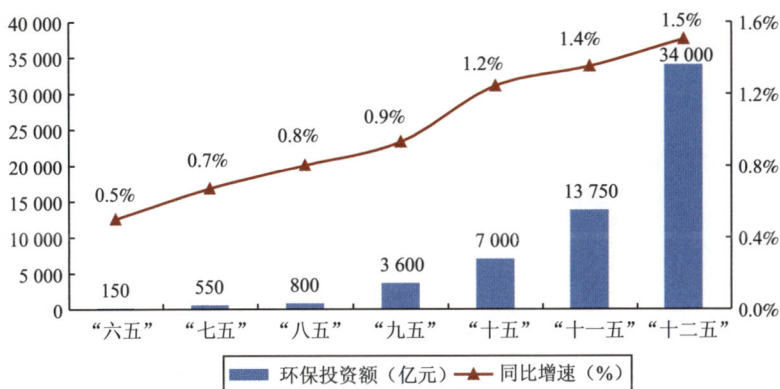

图15-2　中国环保产业投资额及占GDP比重

数据来源：赛迪顾问环保产业数据库，2012-04.

## 二、环保产业投融资发展机遇

### （一）环保刺激政策密集发布，产业投融资机制不断完善

2010年9月8日，《国务院关于加快培育和发展战略性新兴产业的决定》第一次明确提出将"节能环保产业"作为七大战略性新兴产业之一予以重点培育发展；2011年3月16日，《中华人民共和国国民经济和社会发展第十二个五年规划纲要》明确提出将"节能环保产业"列为重点发展的七大战略性新兴产业之首。自环保产业上升到我国重点发展的战略性新兴产业以来，国务院、国家发展和改革委员会、环保部、住建部等部委出台了一系列政策支持环保产业发展（见表15-1）。

表15-1　环保产业相关支持政策

| 部　门 | 政策名称 | 政策内容 |
|---|---|---|
| 环保部 | 《关于加强城镇污水处理厂污泥污染防治工作的通知》 | 污水厂应对污泥（含初沉污泥、剩余污泥和混合污泥）承担处理责任 |
| 环保部 | 《关于进一步加强危险废弃物和医疗废弃物监管工作的意见》 | 到2015年，摸清全国重点危险废物产生单位以及利用、处置单位情况，建立健全危险废物管理信息系统；产生单位危险废物规范化管理抽查合格率达到90%；经营单位危险废物规范化管理抽查合格率达到95%；大、中城市医疗废物基本实现无害化处理 |
| 环保部 | 《关于环保系统进一步推动环保产业发展的指导意见》 | （1）"十二五"期间，要将污水处理厂脱氮除磷等升级改造和中小城镇污水处理，高浓度难降解工业废水处理，重金属污染防治，大型城市垃圾焚烧处理，污染场地与生态修复，环境监测与预警等作为产业发展的重点领域；（2）着重发展环境服务总包、专业化运营服务、咨询服务、工程技术服务等环境服务业 |
| 住建部等15部委 | 《关于进一步加强城市生活垃圾处理工作意见》 | （1）2015年城市生活垃圾无害化处理率要达到80%以上；（2）城市生活垃圾资源化利用比例达到30%，直辖市、省会城市和计划单列市达到50%；（3）进一步加强餐饮业和单位餐厨垃圾分类收集管理，建立餐厨垃圾排放登记制度 |
| 国家发展和改革委员会财政部 | 《关于印发循环经济发展专项资金支持餐厨废弃物资源化利用和无害化处理试点城市建设实施方案的通知》 | 按新增总投资额的一定比例核定中央财政补助资金，并下拨50%作为启动资金。地方政府若在5年内达到设定目标90%以上，可提出考核和余款拨付申请。若考核合格，财政部、国家发展和改革委员会拨付剩余资金，不合格则停止拨付并收回已拨付资金的80%；3年内无实质进展的，将已拨付部分收回 |

资料来源：赛迪投资顾问，2012-04.

### （二）环保产业基金陆续成立，为企业提供投融资新平台

随着环保产业发展上升到国家战略性的高度，环保产业市场规模不断扩大，发展前景被市场普遍看好，这也使得环保产业成为政府产业基金投资的热点领域之一，各种政府环保产业引导基金在此背景下应运而生。

环保产业投资基金主体主要有两大类：一是政府或国有企业，二是社会产业资本。环保产业投资基金主要的融资渠道包括财政资金、企业自有资金、国际金融机构以及外国政府组织等支持性贷款、国债等。近年来，在环保投融资领域，财政资金受财政收入及预算的制约，融资量有限；国债只是一种体现政策的支持性投资，规模有限，投向受限，无法满足目前的市场需求。

国家支持社保基金及各类保险资金对环保产业基金进行投资，鼓励外资以环保产业基金的形式进入环境产业经济实体进行投资。各地政府或国有大型企业已牵头发起环保产业引导基金，以此来带动社会资金，包括PE、VC以及一些信托的资金等，投入环保产业（见表15-2）。

表15-2　近年成立的主要环保产业基金

| 基金名称 | 成立日期 | 规模（亿元） | 主 要 内 容 |
|---|---|---|---|
| 宜兴中科环保产业基金 | 2012年2月 | 50 | 宜兴环保科技工业园与深圳市中科招商创业投资管理有限公司签订基金合作协议，双方将募集、设立总规模为50亿元的环保产业基金，主要投资环保产业领域优质项目 |
| 中日节能环保投资基金 | 2011年12月 | 10 | 基金主要为中国的节能环保相关企业提供资本性资金供给支持 |
| 绿色环保产业基金募集 | 2011年11月 | 10 | 晨鸣纸业投资3亿元，经营范围包括股权投资绿色环保产业，包括但不限于新能源、新材料、节能、绿色地产、绿色金融、污染防治等盈利子行业 |
| 中能绿色基金 | 2011年7月 | 20 | "广东绿色产业投资基金"旗下合同能源管理联盟的成员之一，专注中国节能减排、污染治理、环境保护等绿色节能环保行业的股权投资基金 |
| 广东绿色产业投资基金 | 2010年2月 | 50 | 由政府5 000万元引导基金和49.5亿元社会资金共同组成。基金的投资方向主要是运用合同能源管理模式进行节能减排项目 |
| 建银城投环保基金 | 2010年7月 | 200 | 建银国际联合上海城投共同设立，首期募集资金18亿元已完成，长远目标规模为200亿元，专注于环保项目投资 |

资料来源：赛迪投资顾问，2012-04.

### （三）环保企业亟待做大做强，需借力资本运作实现扩张

环保产业目前的发展水平与需求相比还有很大差距，投融资渠道单一、投资结构不尽合理、技术创新能力不强、产业集中度低等是它目前面临的一些问题，而这些问题和差距同时也是环保产业未来发展的机遇所在。

中国环保产业发展起步晚，企业主要是中小型企业，业务不同程度存在地域性特点，与国外环保产业巨头相比，无论在技术上还是在规模上都还有很大的差距。从国外环保企业的发展历程看，大型环保企业的发展基本上都是通过资本运作实现扩张的，企业通过资本运作，比如股权融资，获得充裕的资金，扩展自己的品牌，以实现外延式扩张。当前，中国环保产业才刚刚进入快速发展期，企业的发展壮大还有很长的路要走，而产业整合和资本运作是环保企业实现跨越式发展的重要手段。

## 第二节　环保产业股权融资

### 一、环保产业股权融资情况概述

2001—2011年，共有37家环保企业46次获得股权融资，其融资渠道包括VC/PE投资和战略投资两类。已披露金额的融资案例为32例，融资金额为7.17亿美元，平均每笔融资金额为2 109

万美元（见表15-3）。

表15-3　2001—2011年环保产业股权融资案例数

| 融 资 类 型 | 案例数（例） | 已披露融资案例数（例） | 融资金额（亿美元） |
|---|---|---|---|
| VC/PE | 41 | 28 | 2.69 |
| 战略投资 | 5 | 4 | 4.48 |
| 总计 | 46 | 32 | 7.17 |

数据来源：赛迪投资顾问，2012-04.

　　在股权融资类型中，VC/PE对环保产业的投资案例数量最多，达到41例，占总披露案例数量的89.13%。但是，通过VC/PE进行股权融资的融资金额为2.69亿美元，仅占披露融资金额的37.5%。与之相反，环保产业已披露的股权融资案例中，战略投资案例数仅有5例，占全部已披露案例总数的10.87%，但是从披露的融资金额来看，其融资规模达到4.48亿美元，占已披露融资金额的62.5%。

　　而从历年披露股权融资案例的数量来看，私募股权基金自2007年起对环保行业给予了更多的关注（见图15-3）。在经济发展方式转型的大背景下，节能环保受到了高度重视，未来大有可为。在七大战略性新兴产业中，节能环保产业更是被放到了首要位置。根据国务院《国家环境保护"十二五"规划》，"十二五"期间全社会环保投资需求约为3.4万亿元，其中，优先实施8项环境保护重点工程，开展一批环境基础调查与试点示范，投资需求约为1.5万亿元。

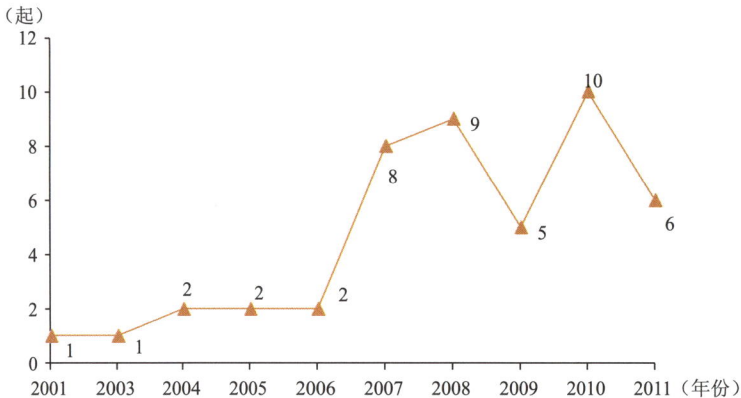

图15-3　历年环保产业已披露股权融资案例数

数据来源：赛迪投资顾问，2012-04.

# 二、环保产业股权融资方式分析

## （一）VC/PE股权融资分析

### 1. 企业地域分析

　　赛迪投资顾问《中国环保产业地图白皮书（2011）》指出，中国环保产业呈"一带一轴"分布格局，即以环渤海、长三角、珠三角三大核心区域聚集发展的环保产业"沿海发展带"和东起上海沿长江至四川等中部省份的环保产业"沿江发展轴"。在2001—2011年披露的环保企业通过VC/PE进行股权融资的41例案例中，地区分布也主要集中于这"一带一轴"区域。其中，环渤海地区的融资案例为18例，占案例总量的43.9%（见图15-4）。

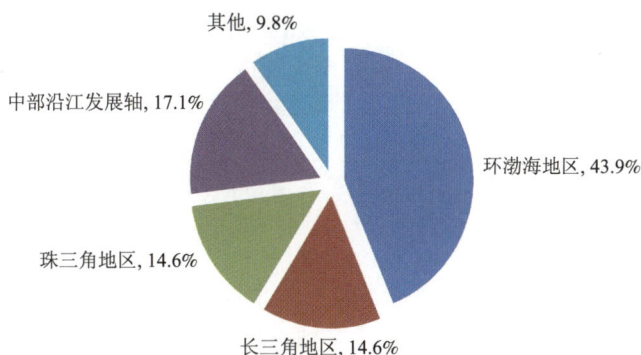

图15-4　2001—2011年环保产业引入VC/PE进行股权融资案例地区分布

数据来源：赛迪投资顾问，2012-04.

从股权融资规模来看，环渤海地区依然是融资规模最大的地区，披露金额的股权融资案例9例，融资金额达到1.17亿美元，占融资规模总额的43.4%；珠三角地区融资规模位居第二，占规模总额的20.5%（见图15-5）。

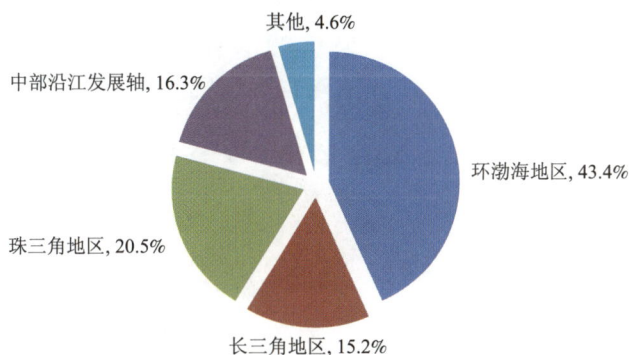

图15-5　2001—2011年环保产业VC/PE方式股权融资规模地区分布

数据来源：赛迪投资顾问，2012-04.

## 2. 业务类型分析

以VC/PE方式进行股权融资的软件企业业务类型主要包括：水处理、固废处理、废气处理、噪声与振动治理、清洁生产设备研制和环保技术咨询及推广。在2001—2011年统计的案例中，涉及水处理业务的企业融资案例数量最多，为17例，占案例数量总额的41.5%；涉及固废处理业务的企业融资案例数量和涉及环保技术咨询及推广业务的企业融资案例数量分居第二、第三位，占比分别为26.8%和17.1%（见图15-6）。

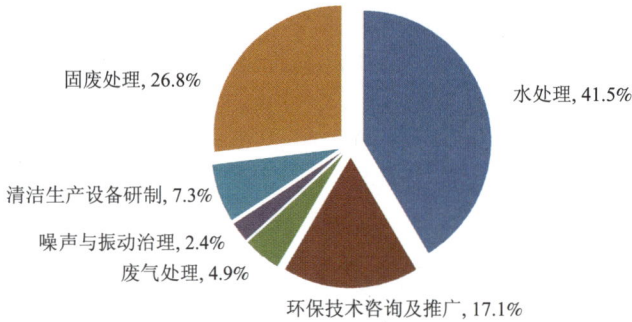

图15-6 2001—2011年环保产业VC/PE方式股权融资业务类型

数据来源：赛迪投资顾问，2012-04.

根据世界银行的最新统计数据，中国人均水资源的占有量低于世界平均值的1/3，为水资源短缺及污染问题提供可行性解决方案的水处理型环保企业因而受到了私募股权基金的格外青睐。

近年来，涉及固废处理业务的企业所获PE/VC投资不断增加，披露的案例数达到了11例。过去固废污染因其较大气污染和水污染更强的隐蔽性和持久性，不为人们所关注，但是随着固废污染事件的不断披露和人们环保意识的不断增强，固废处理正在逐渐成为下一个"污水处理产业"（见图15-7）。

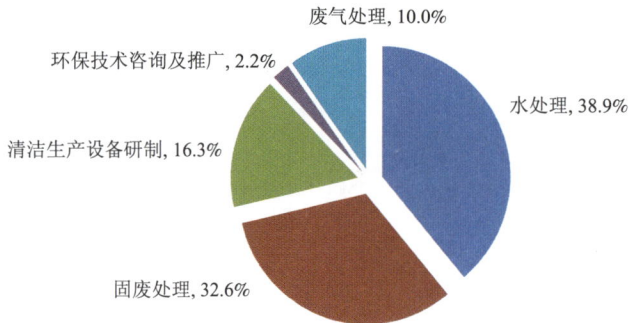

图15-7 2001—2011年环保产业VC/PE方式股权融资业务规模

数据来源：赛迪投资顾问，2012-04.

从已披露融资金额规模来看，2001—2011年，水处理业务领域股权融资规模达到了1.05亿美元，占全部已披露金额的38.9%；其次为固废处理领域融资，融资规模为0.88亿美元。

### （二）战略投资分析

2001—2011年，环保产业已披露的战略投资案例有5例，其中披露金额的案例4例，共涉及资金4.48亿美元，占环保产业已披露股权融资金额的62.5%。而且，这5例披露的战略投资案例全部集中于水处理业务（见表15-4）。

表15-4　2001—2011年环保产业战略投资案例统计

| 企业 | 所在地 | 主要业务 | 发生时间 | 涉及金额 | 涉及机构 |
|------|--------|----------|----------|----------|----------|
| 联合环境 | 广东 | 水处理 | 2011.8.1 | 1.1亿美元 | KKR |
| 银川自来水 | 宁夏 | 水处理 | 2010.8.25 | 7亿元人民币 | 中国中铁、创业环保 |
| 国祯环保 | 安徽 | 水处理 | 2010.1.26 | — | 丸红株式会社 |
| 重庆水务 | 重庆 | 水处理 | 2008.4.7 | 16亿元人民币 | 苏伊士环境集团、香港新创建集团 |
| 中能环科 | 北京 | 水处理 | 2008.4.6 | 4 700万元人民币 | 绵世股份 |

数据来源：赛迪投资顾问，2012-04.

就水处理细分领域来说，目前主要有以下几类：一是淡水来源的水处理产业，如海水淡化，如在核电、大型火电领域，均有海水淡化的业务模式，其主要是通过海水淡化后为发电厂提供原水；二是工业废水或工业生产过程中节水的水处理行业，如中能环科即属于此类；三是为水处理提供设备的相关细分水处理行业，如碧水源；四是生活污水处理领域，如联合环境、银川自来水、国祯环保、重庆水务等。

就目前而言，战略投资者偏好生活污水处理领域，但未来海水淡化相关细分行业具有较大潜力，因为该领域目前尚处在爆发式增长的前夕，一旦产业化大规模铺开，那么，该领域的相关公司业绩将出现爆发式增长。此外，工业废水、污水处理设备、垃圾渗透液等已实现产业化的细分领域，同样具有一定高成长潜能。

基于对污水处理及环保行业未来前景的看好，全球知名私人股权投资基金KKR在2011年8月向中国水处理及再生解决方案提供商上海联合环境技术有限公司投资1.138亿美元可转换债券，期限5年，年利率2.5%。如果到期把购入的可转换债券全部转换为股票，KKR将可获得联合环境38.4%的股权。无独有偶，李嘉诚旗下的长江基建也拟收购英国最大水务公司之一Northumbrian，交易涉及标的约309亿港元，污水处理也是该公司的核心业务之一。随着中国加大支出以解决自身的缺水问题，水务领域近年来正逐渐成为投资者竞相追逐的目标。

# 第三节　环保产业IPO

## 一、企业IPO情况概述

### （一）IPO总体状况

2000—2011年，环保企业IPO共38例，其中环保企业内地IPO共24例，占总数的63.2%，融资金额为235.8亿元；在香港进行IPO的企业有6家，占总数的15.8%，融资金额为57.2亿港元；在美国进行IPO的企业4家，占总数的10.5%，融得资金10.1亿美元；在新加坡IPO的企业有2

家，占总数的5.3%，融资金额3.1亿新加坡元；在英国和日本IPO的企业各有1家，融资额分别为0.2亿英镑和220.8亿日元（见表15-5、图15-8和图15-9）。

表15-5　2000—2011年环保企业IPO数量及金额统计

| 上市地点 | IPO数量 | IPO金额 |
| --- | --- | --- |
| 中国内地 | 24 | 235.8亿元人民币 |
| 中国香港地区 | 6 | 57.2亿港元 |
| 美国 | 4 | 10.1亿美元 |
| 新加坡 | 2 | 3.1亿新加坡元 |
| 英国 | 1 | 0.2亿英镑 |
| 日本 | 1 | 220.8亿日元 |
| 总计 | 38 | 338.9亿元人民币 |

数据来源：赛迪投资顾问，2012-04.

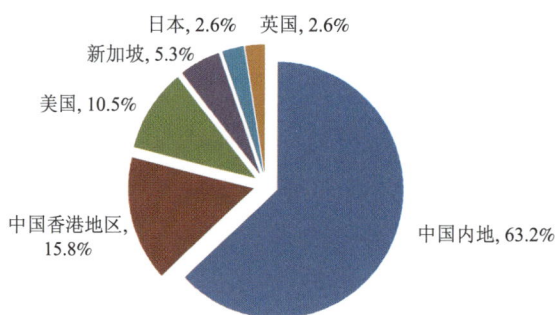

图15-8　2000—2011年环保企业IPO数量分布

数据来源：赛迪投资顾问，2012-04.

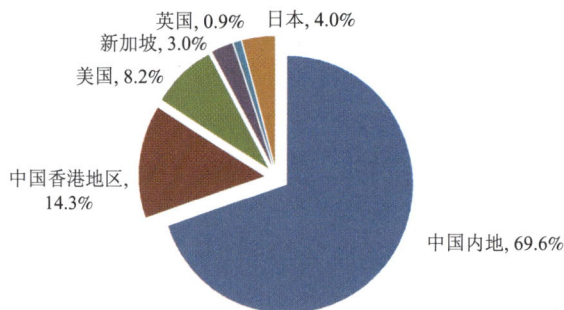

图15-9　2000—2011年环保企业IPO金额分布

数据来源：赛迪投资顾问，2012-04.

## （二）IPO区域分布

2000—2011年，中国环保企业IPO上市覆盖10多个省市。上市企业主要分布在北京、江苏、浙江、广东、上海、湖南、福建七个地区，七省市共有32家环保企业上市，占上市公司总数的84.2%，这与中国环保产业以环渤海、长三角、珠三角三大区域聚集发展"沿海发展带"和东起上海沿长江至重庆"沿江发展轴"的"一带一轴"的总体分布格局基本一致。

在环保企业IPO区域分布中，北京是IPO案例数最多的地区，共有13例，占环保企业上市总数的34.2%，这与北京地区环保技术和研发优势，以及致力于形成集环保技术开发、孵化、产品展示交易、技术服务等于一体的环保技术开发转化中心是分不开的。其次，长三角地区是中国环保产业最为聚集的地区，也是中国环保企业IPO案例数较为聚集的地区，江苏、浙江、上海三地共有11家环保企业上市，占环保企业上市总数的28.9%（见图15-10）。

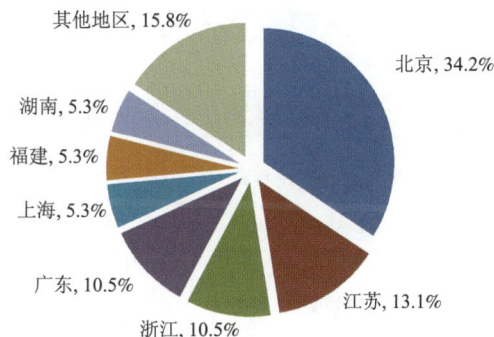

其他地区, 15.8%
北京, 34.2%
湖南, 5.3%
福建, 5.3%
上海, 5.3%
广东, 10.5%
江苏, 13.1%
浙江, 10.5%

图15-10  2000—2011年环保企业IPO数量地区分布

数据来源：赛迪投资顾问，2012-04.

## （三）企业募集资金使用

根据《首次公开发行股票并上市管理办法》和《首次公开发行股票并在创业板上市管理办法》规定，企业上市募投项目原则上应投资于主营业务，募集资金数额和投资项目应当与发行人现有生产规模、财务状况、技术水平和管理能力等相适应。

从已经成功上市的环保企业来看，其募集资金投向大部分为新建项目。例如，聚光科技募集资金投资的四个项目均为新建项目，拟用资金占募集资金总额的71.94%，三聚环保所募集的资金全部投资于新建的三个项目，占用资金总额达到2.43亿元（见表15-6）。此外，改扩建项目、研发中心项目以及补充流动资金也是环保企业上市募集资金常见使用方向。

**表15-6    环保上市企业新建项目募集资金及占比**

| 公司名称 | 募投项目名称 | 募集金额（万元） | 占募集总额百分比 |
|---|---|---|---|
| 三聚环保 | 年产10 000吨高硫容粉及脱硫剂成型装置 | 14 056.66 | 57.77% |
| | 年产500吨新型分子筛及催化新材料合成装置 | 6 426.61 | 26.41% |
| | 年产500吨FP–DSN降氮硫转移剂生产装置 | 3 847.07 | 15.81% |
| 碧水源 | 超/微滤膜系列产品生产线 | 27 059.00 | 47.80% |
| 聚光科技 | 环境监测系统建设项目 | 8 375.00 | 23.71% |
| | 工业过程分析系统建设项目 | 5 227.00 | 14.80% |
| | 光纤传感安全监测系统建设项目 | 5 014.00 | 14.20% |
| | 数字环保信息系统建设项目 | 6 793.00 | 19.23% |
| 龙源技术 | 等离子体低$NO_x$燃烧推广工程项目 | 5 000.00 | 3.64% |
| 三维丝 | 高性能微孔滤料生产线建设项目 | 9 722.16 | 38.20% |
| 盛运股份 | 年产6万米带式输送机项目 | 7 160.00 | 36.42% |
| | 年产40台（套）干法脱硫除尘一体化尾气净化处理设备项目 | 12 500.00 | 63.58% |
| 天立环保 | 工业炉窑炉气高温净化与综合利用项目 | 5 283.00 | 31.95% |
| | 节能环保密闭矿热炉产能建设项目 | 8 467.00 | 51.20% |
| 维尔利 | 垃圾渗滤液处理装备产业化项目 | 12 837.00 | 77.41% |
| 先河环保 | 饮用水水质安全在线监测系统及预警信息管理装备产业化项目 | 10 337.84 | 51.75% |
| 中电环保 | 水处理设备系统集成中心 | 14 632.40 | 70.31% |
| | 水处理管控一体化中心 | 3 633.50 | 17.46% |
| 富春环保 | 污泥焚烧资源综合利用工程 | 39 483.00 | 100.00% |

.数据来源：赛迪投资顾问，2012-04.

## 二、IPO企业的特征

### （一）创业板开启推动环保企业转向境内上市

在创业板开启之前，中国环保企业以境外上市为主，在2000—2009年上市的14家环保企业中，在美国纳斯达克、新加坡主板、港交所等境外上市的企业有9家，占上市总数的64.3%。

自2009年年底创业板开启以及环保产业被列为国家重点培育发展的七大战略性新兴产业之后，环保产业受到国家政策的重点扶持，国内新三板、创业板等多层次资本市场的建立为环保企业资本运作开辟了更多的道路。在2010—2011年上市的25家环保企业中，在创业板上市的企业有13家，占上市总数的52%，深圳中小板上市的企业有6家，占上市总数的24%（见表15-7），而境外上市的企业只有6家，占上市总数的24%。

表15-7 2010—2011年在深圳创业板和中小企业板上市的环保企业

| 序号 | 上市企业 | 交易所 | 募资金额（亿元） | 上市时间 |
|------|----------|--------|------------------|----------|
| 1 | 华宏科技 | 深圳中小企业板 | 4.50 | 2011.12.20 |
| 2 | 开能环保 | 深圳创业板 | 2.78 | 2011.11.2 |
| 3 | 兴源过滤 | 深圳创业板 | 3.23 | 2011.9.27 |
| 4 | 巴安水务 | 深圳创业板 | 3.00 | 2011.9.16 |
| 5 | 国电清新 | 深圳中小企业板 | 17.10 | 2011.4.22 |
| 6 | 维尔利 | 深圳创业板 | 7.80 | 2011.3.16 |
| 7 | 永清环保 | 深圳创业板 | 6.70 | 2011.3.8 |
| 8 | 凯美特气体 | 深圳中小企业板 | 5.10 | 2011.2.18 |
| 9 | 中电环保 | 深圳创业板 | 6.30 | 2011.2.1 |
| 10 | 天立环保 | 深圳创业板 | 11.60 | 2011.1.7 |
| 11 | 先河环保 | 深圳创业板 | 6.60 | 2010.11.5 |
| 12 | 科林环保 | 深圳中小企业板 | 4.80 | 2010.11.9 |
| 13 | 易世达 | 深圳创业板 | 8.25 | 2010.10.13 |
| 14 | 富春环保 | 深圳中小企业板 | 13.90 | 2010.9.21 |
| 15 | 碧水源 | 深圳创业板 | 25.20 | 2010.4.21 |
| 16 | 三聚环保 | 深圳创业板 | 8.00 | 2010.4.27 |
| 17 | 三维丝 | 深圳创业板 | 2.51 | 2010.2.26 |
| 18 | 万邦达 | 深圳创业板 | 14.50 | 2010.2.26 |
| 19 | 格林美 | 深圳中小企业板 | 7.50 | 2010.1.22 |

数据来源：赛迪投资顾问，2012-04.

### （二）上市企业业务类型呈现多元化态势

在中国环保产业发展历程中，污水处理和大气污染治理行业发展较早，投资较为成熟，因此早期的企业，如首创股份（600008）、南海发展（600323）、龙净环保（600388）、菲达环保（600526）的业务范围主要集中在水处理和大气污染治理领域。伴随创业板开启及环保产业上升到国家重点发展的战略性新兴产业后，上市环保企业业务类型呈现多元化趋势，细分领域不断出现上市企业。例如，2010年后上市的格林美（002340）的主营业务是回收利用废旧电池、电子废弃物等废弃资源，循环再造高技术产品；先河环保（300137）为环境监测仪器专业生产企业；维尔利（300190）为专业的生活垃圾处理和垃圾渗滤液处理的高新技术企业。

## 第四节 环保产业并购

### 一、企业并购总体情况

国内环保产业尚处于起步阶段，产业结构分散，业内多以中小企业为主，集中度低。国内大型环保企业规模至多也就数百亿元，而于1853年成立的法国威立雅集团，产值则在数千亿元以上，同属法国的苏伊士集团，产值也在千亿规模以上。目前，国内环保产业开始进入快速发展期，企业的发展壮大还需要走很长的路，而并购是环保企业实现跨越式发展的重要手段。

2008—2011年，中国环保产业披露的并购案例共有13例，总金额超过30亿元。从并购双方细分领域来看，并购方主要是水处理类型的环保企业，被并购方除污水处理领域外，固废处理由于市场增长较快，也成为一个新兴的重要领域（见表15-8）。

表15-8　环保企业并购案例

| 并购方 | 业务类型 | 发生时间 | 被并购方 | 业务类型 | 涉及资金 |
| --- | --- | --- | --- | --- | --- |
| 万邦达 | 水处理 | 2011.11.22 | 吉林固废 | 固废处理 | 1.50亿元人民币 |
| 桑德环境 | 固废处理、污水处理 | 2011.10.25 | 咸宁兴源 | 再生物处理利用 | 0.95亿元人民币 |
| 碧水源 | 水处理 | 2011.3.4 | 北京久安 | 水处理 | 0.51亿元人民币 |
| 首创股份 | 污水处理 | 2011.3.29 | 新环保能源 | 废物处理 | 3.00亿港元 |
| 盛运股份 | 机械制造、废气处理 | 2010.11.13 | 中科通用 | 垃圾焚烧发电 | 0.44亿元人民币 |
| 大众环境 | 生态环保 | 2010.1.27 | 源泉环保 | 废水处理 | 0.92亿元人民币 |
| 日本丸红株式会社 | 大型综合商社 | 2010.1.22 | 国祯环保 | 污水处理、固废处理 | — |
| 美国废物管理公司 | 固废处理 | 2009.12.1 | 上海环境 | 固废处理 | 1.42亿美元 |
| 大连东泰 | 废弃物处理 | 2009.10.10 | 瀚洋环保 | 废弃物处理 | 0.15亿元人民币 |
| 桑德环境 | 固废处理、污水处理 | 2009.6.3 | 咸宁甘源水务 | 污水处理 | 0.12亿元人民币 |
| 中科成环保 | 污水处理 | 2008.9.8 | 华强创新投资 | 投资 | 1.92亿元人民币 |
| 泰达股份 | 生态环保 | 2008.5.13 | 蓝盾集团 | 石化产业 | 0.39亿元人民币 |
| 法国苏伊士、香港新创建集团 | 水务处理 | 2008.4.6 | 重庆水务 | 水务处理 | 9.49亿元人民币 |

数据来源：赛迪投资顾问，2012-04.

# 二、企业并购特征

## （一）并购成国外环保巨头进入国内市场的重要方式

从国外环保企业的发展历程来看，大型环保企业的发展基本上是通过资本并购发展壮大的，国外跨国公司为进入中国环保市场，也不乏并购行为。

2002年年中，威立雅投资2.66亿欧元收购上海浦东自来水公司50%的股权。2004年年底，威立雅联合其合资公司首创威水投资公司出资4亿美元（折合人民币33.1亿元）获得深水集团45%的股权，成为中国水务行业当时为止最大的一宗并购交易。此后，威立雅还陆续出资收购常州自来水、昆明自来水、柳州水务、兰州供水、海口第一水务等集团，所占股份份额多接近50%。2009年年底，日本五大综合商社之一的丸红株式会社收购了安徽国祯环保节能科技股份有限公司30%的股份。同期，美国的固废处理巨头Waste Management斥资1.42亿美元收购上海环境集团40%的股份。

### （二）横向并购成国内环保企业拓展异地业务的重要手段

由于环保业务受地域限制，国内环保企业往往需通过与当地城投公司合作新设公司或通过横向并购才能实现业务跨区域扩张，如桑德环境（原合加资源）2009年6月以1 204.45万元收购咸宁甘源水务有限公司85%的股权，2010年10月，以954.80万元收购咸宁市兴源物资再生利用有限公司80%的股权，实现向固废处理产业链延伸和跨区域业务拓展。

此外，环保企业通过私募股权或上市融资，获得充裕的资金，通过资本运作实现自身业务的扩张，也是常见方式。例如，碧水源（300070）上市融资后，通过资本运作不断拓展异地市场，复制与云南水投合作模式，先后开拓湖南、江苏、湖北等地区的市场，实现跨区域发展。

然而，除少数龙头企业外，对于中国多数环保企业来说，开展资本并购的前提多是建立在修炼内功、加强自己的技术研究的基础上。这些企业的共同特征都是在内功修炼好之后，进入行业的上下游，通过纵向并购完善产业链，进而通过横向并购突破区域壁垒、实现跨区域发展。

第十六章 **CHAPTER 16**

# 电 池 产 业

## 第一节 电池产业投融资机遇

### 一、电池产业发展现状

电池主要分为原电池、二次电池和燃料电池。二次电池又可以分为铅酸蓄电池、镍镉电池、镍氢电池、锂离子电池和锂聚合物电池。不同类型的电池在性能、能量密度、功率、使用寿命、成本、环保和技术成熟度方面各具特点，并且都有着各自的优缺点（见表16-1）。

表16-1 不同种类电池性能比较

|  | 原电池 | 铅酸蓄电池 | 镍镉、镍氢电池 | 锂离子电池 | 燃料电池 |
|---|---|---|---|---|---|
| 性能 | 性能适中 | 性能适中 | 高功率放电 | 能量密度高 | 能量密度极高 |
| 能量密度 | 中 | 差 | 中 | 好 | 好 |
| 功率 | 差 | 中 | 较好 | 好 | 中 |
| 使用寿命 | 差 | 中 | 好 | 好 | 好 |
| 成本 | 好 | 好 | 中 | 较差 | 差 |
| 环保型 | 差 | 差 | 中 | 好 | 好 |
| 技术成熟度 | 好 | 好 | 较好 | 较差 | 差 |
| 优点 | 技术成熟、性价比高、巧便携 | 性价比优异、技术成熟、安全好 | 高倍率充放电、技术成熟 | 能量密度高、无记忆效应、循环寿命长、自放电小、环保性好 | 能量密度高、能量转换效率高、低污染 |
| 缺点 | 能量密度低、环境污染 | 能量密度低。循环寿命较低。铅污染环境 | 自放电明显、镍镉电池有记忆效应、镍、镉污染环境 | 成本高、安全性未完全解决、高功率放电性能差 | 技术尚未成熟 |

资料来源：赛迪投资顾问，2012-04.

通过对不同类型电池的对比分析，赛迪投资顾问认为，虽然目前铅酸蓄电池、镍氢电池在动力电池领域中仍占据主导地位，但是随着锂离子电池技术的不断成熟以及制造成本和安全性能的逐渐提高，锂离子电池在未来5～10年内将成为主流动力电池，传统的铅酸蓄电池和镍氢电池由于污染性和续航能力等问题将逐渐被淘汰。2020年，燃料电池技术的成熟将对锂离子电池行业造成一定的冲击，但是就目前而言，锂离子电池将是最具发展潜力的动力电池。

## （一）铅酸蓄电池

从中国范围来看，2010年国内铅酸蓄电池的产量为1.44亿千瓦时，占全球的40%左右，同比增长20.84%，增幅较2009年的31.43%有所下降。2011年整个行业受到"血铅事件"的影响，大量的铅酸蓄电池企业关停和整顿，使得全年1—11月国内铅酸蓄电池的产量为1.29亿千瓦时，同比仅增长2.95%（见图16-1）。

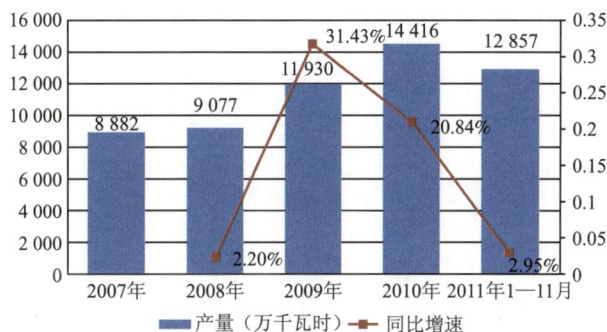

图16-1　2007年—2011年11月中国铅酸蓄电池产量及增速

资料来源：中国电池工业协会，赛迪投资顾问整理，2012-04.

赛迪投资顾问认为，随着国家对铅酸蓄电池行业整治的不断加剧，大量不合格的铅酸蓄电池企业将被迫停产，再加上铅酸蓄电池面临着来自镍氢电池和锂离子电池的替代，整个铅酸蓄电池行业的产量增速将逐步趋缓。

国内铅酸蓄电池企业共2 000余家，其中产值超过20亿元的企业约10家，超过1亿元的企业约260家，整个行业的集中度非常分散，前四家企业市场份额之和仅为25%左右，远远低于美国、日本等国家。随着国家环保部门对行业整顿力度的加大，大量的铅酸蓄电池企业被迫停产整顿，根据工业和信息化部出台的《铅酸蓄电池准入条例》，未来3年该行业将有2/3落后产能面临淘汰，铅酸蓄电池的厂商将由2 000家减少到不超过300家，整个行业的集中度有望得到提高。

## （二）镍氢电池

受益于镍氢电池技术的不断成熟以及下游需求领域的不断扩大，镍氢电池在2007—2009年期间保持了较为快速的增长趋势。随着能量密度更高的锂离子电池的问世，其在移动电话、便携式电脑等领域逼退镍氢电池，使得镍氢电池的产量增速出现下滑的趋势，2011年中国镍氢电池产量为18.5亿只，增速仅为5.11%，为历史最低点（见图16-2）。

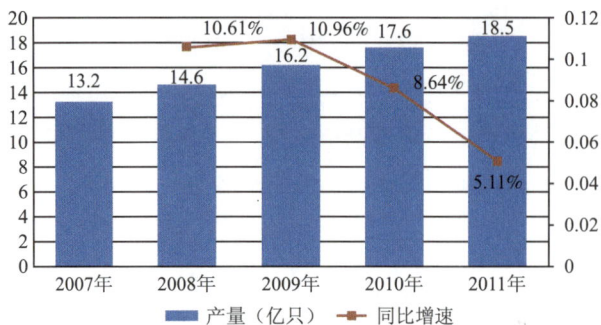

图16-2　2007—2011年中国镍氢电池产量及增速

资料来源：赛迪投资顾问，2012-04.

随着锂离子电池技术的不断成熟，小型镍氢电池的市场份额将进一步减少。未来锂离子电池对镍氢电池的替代攻势将进一步加快，镍氢电池在小型二次电池市场的份额将继续下降，传统领域发展受限，但是在动力电池领域，镍氢电池仍将具备一定的竞争力。

目前，中国从事镍氢电池生产的企业有150多家，大部分为小型镍氢电池，主要生产企业有GP公司（深圳、惠州、东莞）、深圳豪鹏、比亚迪、深圳力可兴、量能、倍特力、格瑞普、联科、海太阳、佛山新力、实达、广州鹏辉、三洋公司（苏州、天津）、天津GS汤浅等，但是，大部分企业普遍存在研发和技改投入不足，产品同质化严重等问题，恶性价格竞争更是导致行业利润率低下，资源严重浪费。就镍氢动力电池而言，目前国内的主要生产商有春兰、神州科技、凯恩电池、中炬森莱、科力远、和平海湾等企业。

在镍氢动力电池技术研究方面，国内已有超过10年的历史，研究实力较强的机构包括中科院上海微系统与信息技术研究所、北京有色金属研究总院、湖南神舟科技、春兰集团、鞍山三普等。目前产业化较为领先的厂商有春兰集团、湖南神舟科技、中炬森莱、科力远等。

## （三）锂离子电池

2011年，锂离子电池产业受到智能手机、平板电脑、新能源汽车、储能电站等下游需求的带动，整个产业的市场规模达到397.4亿元，同比增长43.93%（见图16-3）。预计随着整个锂离子电池技术的不断成熟，其对镍氢电池和铅酸蓄电池的替代作用将逐步明显，整个产业的市场规模在未来将保持快速增长的趋势。

从竞争格局来看，2000年以前，全球88%以上的锂离子电池产自日本，之后，中国及韩国相继投入锂离子电池产业并陆续量产。目前，中国、日本及韩国生产的锂离子电池占全球产量的99%左右，其中日本仍是全球占据领先地位的锂离子电池生产基地，中国和韩国的产量境长迅速且所占比重不断提高。从厂商来看，日本的三洋电机、索尼、松下，韩国的三星和LG，中国的比亚迪、比克电池、力神、ATL、中信国安、中航锂电、深圳邦凯等公司处于行业前列。

图16-3 2007—2011年中国锂离子电池市场规模及增速

资料来源：赛迪投资顾问，2012-04.

## （四）燃料电池

中国燃料电池行业受到宏观环境和政府政策的刺激，近年保持强劲的增长速度。即使在2008年全球燃料电池因金融风暴增速下降时，中国燃料电池市场因国内新能源动力电池市场仍保持强劲的高速增长态势。据赛迪投资顾问估算，2010年中国燃料电池的市场规模达到了24.5亿元，同比增长49.39%，2011年燃料电池市场规模继续保持了47.88%的高速增长的趋势，达到36.2亿元（见图16-4）。

图16-4 2007—2011年中国燃料电池市场规模及增速

资料来源：赛迪投资顾问，2012-04.

从燃料电池应用领域和机构研究热点来看，根据赛迪投资顾问统计，与国外不同的是，中国燃料电池市场重点在运输工具领域，占到整个应用领域的74%，便携式电源占16%，而发电系统电源占10%左右。与此相对应的是，中国燃料电池投入最大的领域在于PEM，以适用于车用燃料电池市场。同时，制约燃料电池另外两大瓶颈——燃料储存和燃料基础设施的研究投入也占相当大的比例，分别占投入的15%和8%。

## 二、电池产业投融资发展机遇

### （一）工业和信息化部出台产业发展规划，进一步推动电池产业投融资发展

工业和信息化部在《电子信息制造业"十二五"发展规划》的子规划《电子基础材料和关键元器件"十二五"规划》中明确提出，要实现"锂电池隔膜，特别是动力型及储能型锂离子电池隔膜材料；新型电极材料，如磷酸铁锂、钛酸锂、锰酸锂及其他新型正负极材料；新型电解质、溶剂和添加剂，如锂离子电池用的含氟化合物六氟磷酸锂、氟代碳酸乙烯酯、双亚铵锂等"产业化技术突破。"大力发展新能源汽车用高效节能无刷电机、高性能磁性元件和动力电池，推动锂离子动力电池的产业化，提高锂离子动力电池安全性、提升循环寿命、降低成本；开发电池管理系统和电池成组技术，开发适合新能源汽车使用的电池系统；推动快速充电技术研发及产业化。"明确提出要"充分发挥技术改造专项资金、电子发展基金等各类财政资金的引导和带动作用，促进产业发展；推动建立政府导向的产业投资基金，发挥财政资金带动作用，引导社会资源支持产业发展；积极促进企业与资本市场的结合，创造有利于产业发展的投融资环境。"

另外，工业和信息化部在《新材料产业"十二五"发展规划》中提出要"组织开发高效率、大容量（≥150mAh/g）、长寿命（大于2 000次）、安全性能高的磷酸盐系、镍钴锰三元系、锰酸盐系等锂离子电池正极材料，新增正极材料产能4.5万吨/年，推进石墨和钛酸盐类负极材料产业化，新增负极材料产能2万吨/年，加快耐高温、低电阻隔膜和电解液的开发，积极开发新一代锂离子动力电池及材料，着力实现自主化。""加强政府、企业、科研院所和金融机构合作，逐步形成'政产学研金'支撑推动体系。制定和完善有利于新材料产业发展的风险投资扶持政策，鼓励和支持民间资本投资新材料产业，研究建立新材料产业投资基金，发展创业投资和股权投资基金，支持创新型和成长型新材料企业，加大对符合政策导向和市场前景的项目支持力度。鼓励金融机构创新符合新材料产业发展特点的信贷产品和服务，合理加大信贷支持力度，在国家开发银行等金融机构设立新材料产业开发专项贷款，积极支持符合新材料产业发展规划和政策的企业、项目和产业园区。支持符合条件的新材料企业上市融资、发行企业债券和公司债券。"

### （二）巨大市场空间将激发电池产业新的投资热潮

电池广泛地运用于笔记本、数码相机、手机、电动自行车、电动工具、新能源汽车、储能电站等领域。随着智能手机、平板电脑等消费类电子产品出货量的大幅度增长，小型电池特别是锂离子电池将保持快速增长的幅度。另外，《节能与新能源汽车发展规划（2011年至2020年）》明确提出，中央财政将投入1 000亿元用于扶持新能源汽车产业，而《新材料产业"十二五"发展规划》中提及，至2015年新能源汽车累计产销辆超过50万辆，从而将给电池产业带来成倍的增长空间。在储能领域，随着风力发电和太阳能光伏发电比重的逐步提升，其给储能电池带来的市场空间也将呈现出翻倍式的增长。

巨大的市场空间使得大量厂商进入该领域，现有汽车整车厂商、汽车零部件厂商，以及

其他相关厂商纷纷通过投资和并购进入该领域。现有电池厂商也纷纷加大对生产线的投资，以扩大产能，满足日益增长的市场需求。赛迪投资顾问认为，巨大的市场空间将激发整个电池产业新的投资热潮。

### （三）逐步完善的多层次资本市场为电池企业实现产融融合提供了畅通的渠道

2003年，《中共中央关于完善社会主义市场经济体制若干问题的决定》提出建立多层次资本市场的概念，强调建立多层次资本市场体系，完善资本结构，丰富资本市场交易产品，规范和发展主板市场，推进风险投资和创业板市场建设。通过建立多层次资本市场体系，可以满足多元化的投融资需求，分散管理风险，解决中小企业特别是科技型中小企业股权融资与资本形成的需求。我国资本市场主要由主板、中小板、创业板及场外三板组成。其中，主板、中小板和创业板是在场内交易所市场进行交易，主要是上海证券交易所和深圳证券交易所。各层次的市场遵循互补原则，协同发展。

随着电池企业的快速发展，产业内相关企业在各种利好政策下也进入了高速发展阶段，企业的经营状况已经逐渐稳定，管理能力逐步提高，其核心竞争力已经形成并向投资者展现其良好的发展前景，并且拥有足够的业绩记录和资产规模来证明企业自身的信用，各种风险大幅度降低，盈利能力逐步提高。而逐步完善的多层次资本市场为电池企业提供了资本运作的良好平台，为电池企业通过产融融合实现跨越式发展提供了畅通的渠道。

## 第二节　电池产业股权融资

### 一、电池产业股权融资情况概述

据赛迪投资顾问不完全统计，2010—2011年，中国电池产业共披露包括天使投资、VC/PE投资和战略投资三类股权融资33例。已披露金额的融资案例31例，融资金额为21.96亿元，平均每笔融资金额为7 084万元（见表16-2）。其中，单笔最大融资金额为中国电子以7亿元人民币入股中电振华，占2010年已披露融资总额的31.88%。

表16-2　2010—2011年中国电池企业股权融资案例情况

| 年度 | 融资类型 | 案例数（例） | 已披露金额案例数（例） | 融资金额（元） | 占比 |
|---|---|---|---|---|---|
| 2010年 | VC/PE | 7 | 5 | 22 284.8 | 10.2% |
| | 天使投资 | 0 | 0 | 0 | 0% |
| | 战略投资 | 3 | 3 | 75 134.1 | 34.2% |
| 2011年 | VC/PE | 9 | 9 | 69 128.2 | 31.5% |
| | 天使投资 | 2 | 2 | 2 680 | 1.2% |
| | 战略投资 | 12 | 12 | 50 397.7 | 22.9% |
| 合计 | | 33 | 31 | 219 624.8 | 100% |

资料来源：赛迪投资顾问，2012-04.

战略投资是中国电池产业在股权融资类型中的主要渠道。2010—2011年，战略投资案例总量为15例，披露融资金额的案例有15例，融资总金额为125 531.8万元，占全部融资总额的57.16%。

战略投资为了公司未来的长远发展目标，通过股权投资获得融资公司的实际控制权，从而获得公司未来的经济增长点。中国电子是中央直接管理的国有独资特大型集团公司，是中国最大的国有IT企业。2010年11月，中国电子以7亿元人民币入股中电振华，最终达到51%的控股比例，获得对中电振华的绝对控制权，从而实现间接控股振华科技。此次中电振华的股权融资案例也是2010年至今电池领域内股权融资规模最大的案例。通过战略投资，中国电子获得了锂离子电池材料、汽车动力电池的生产和研发能力，成功进军锂电行业。

电池企业引进VC/PE大多时候只是为了引入发展所需资金，而非放弃控制权。对于投资公司来说，进行风险较大的股权投资则是为了获得更高的利益回报。以锂离子电池为代表的新型电池在2010—2011年间受到大量资本的追捧。两年内VC/PE共为中国电池企业提供了92 983万元的股权融资，占到全部电池企业融资总额的44.63%。

相对于战略投资和VC/PE，天使投资的数量和规模较小，案例总量为2例，融资金额仅为2 680万元，且均为自然人投资。在天使投资的案例中，投资机构主要以创新工厂为代表，还包括以麦刚投资为代表的天使投资人。天使投资一般为参与性投资，投资后，天使投资往往积极参与被投企业战略策划和战略设计，为被投资企业提供咨询帮助及其他有助于企业成长的有利资源。

## 二、电池企业股权融资方式分析

### （一）天使投资分析

#### 1. 天使投资主体分析

2010—2011年，中国电池行业共发生2例天使投资，全部为个人投资，投资金额与投资业务类型如表16-3所示。

表16-3　2010—2011天使投资方式进行股权融资的二次电池企业业务类型情况

| 融资公司 | 业务类型 | 发生时间 | 投资机构 | 投资金额（万元） |
|---|---|---|---|---|
| 煜城鑫电源科技有限公司 | 动力锂电池生产 | 2011.11 | 天使投资（张恩锐） | 2 000 |
| 浙江贝能新材料科技有限公司 | 磷酸盐体系锂离子电池正极材研发、生产 | 2011.7 | 天使投资（王坚） | 680 |

资料来源：赛迪投资顾问，2012-04.

从长期来看，天使投资最关注的投资因素包括企业当前的创业团队的能力、企业所处行业、未来成长空间等，以天使投资方式进行股权融资的电池企业业务类型与战略投资和VC/PE投资的主要方向相同，主要集中在锂电池生产和其上游的正负极材料的研发和生产上。目前，天使投资在我国发展较缓慢，从总体上看，天使投资在电池企业股权融资中所占的比例极小，仅为1.16%，在目前所起的作用不大。

### 2. 天使投资存在的问题分析

天使投资的专业性不高。目前许多具备天使投资条件的投资人或投资机构缺乏投资的专业知识和创新能力，对天使投资的特征和运作模式没有深入了解，这就阻碍了天使投资活动的开展。

创业者的信用度缺失。创业者在引入天使投资的资金注入后，由于市场和企业自身的变化，融资金额未能用于指定的项目中，或存在未能兑现分红等情况，使天使投资的资金回报风险增加。

天使投资人与企业之间的信息不对称。由于天使投资人的分散性，使天使投资与项目之间的信息传播渠道不是很充分，降低了天使投资的选择效率。

因此，天使投资在寻找投资项目时，可借助第三方中介机构的专业能力，寻找合适的投资项目。

## （二）VC/PE股权融资分析

### 1. 企业地域分析

2010—2011年，共披露16例电池企业通过VC/PE进行股权融资的案例。从地域分布来看，呈现出较为分散的区域格局。通过VC/PE进行股权融资的企业主要分布在江西、北京、山东和河南等地。其中，江西地区的融资案例为4例，占案例总量的25%（见图16-5）。

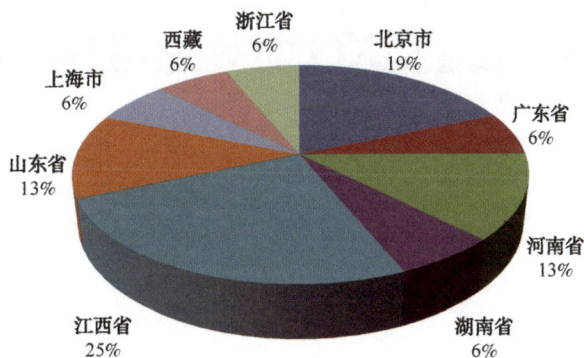

图16-5　2010—2011年中国电池行业引入VC/PE案例区域分布（按数量）

资料来源：赛迪投资顾问，2012-04.

从电池企业VC/PE融资区域分布可以看出，其特点与电池产业集聚地密切相关。华北地区以北京为代表，VC/PE主要投资于锂离子电池、钒电池等具有技术优势的电池生产企业；中部地区以江西、河南为代表，VC/PE主要投资于锂电池材料等相关企业；而西部地区以西藏为代表，VC/PE主要投资于锂矿等矿产资源。

从股权融资规模看，江西为融资规模最大的省份，披露金额的股权融资案例为4例，融资金额达到37 422万元，占案例总量的36.21%；北京融资规模位居第二，占规模总额的21.29%（见图16-6）。

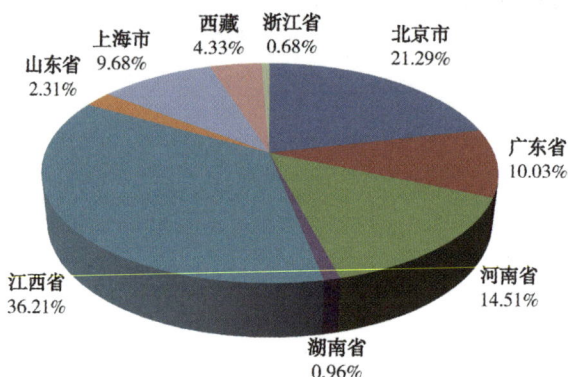

图16-6　2010—2011年中国电池行业VC/PE案例区域分布（按金额）

资料来源：赛迪投资顾问，2012-04.

### 2. 细分领域分析

以VC/PE方式进行股权融资的电池企业主要集中在矿产资源开采、电池正负极材料、电池单体研发和生产、矿产资源、铅酸蓄电池和钒电池等领域。在2010—2011年统计的案例中，电池正负极材料生产的企业数量最多，达到5家，占案例数量总额的31%；其次为电池单体生产及研发企业，占比为25%（见表16-4和图16-7）。

表16-4　2010—2011年以VC/PE方式进行股权融资的电池企业业务类型情况

| 行业类型 | 案例数（例） | 披露金额案例数（例） | 融资金额（万元） | 融资比例 |
| --- | --- | --- | --- | --- |
| 电池正负极材料 | 5 | 5 | 38 422 | 37.18% |
| 电池单体生产及研发 | 4 | 2 | 17 000 | 16.45% |
| 矿产资源 | 1 | 1 | 4 472 | 4.33% |
| 铅酸蓄电池生产 | 2 | 2 | 2 382.8 | 2.31% |
| 钒电池生产 | 1 | 1 | 20 000 | 19.35% |
| 其他 | 3 | 3 | 21 068.2 | 20.39% |
| 合计 | 16 | 14 | 103 345 | 100.00% |

资料来源：赛迪投资顾问，2012-04.

目前，锂电池生产及其上游的锂电池正负极材料生产依旧是VC/PE投资的热点行业，在已披露的31例电池企业股权融资案例中，共有9家属于锂电池正负极材料生产企业，占总融资案例数量的29.04%，不管在战略投资还是VC/PE投资中均居于首位；对于锂矿的投资，两者存在一定的差距，这与两者投资的目的和获益的时间特点密切相关，战略投资更注重长期效益，而一般的VC/PE则更希望投资的企业尽快给予最大的回报。

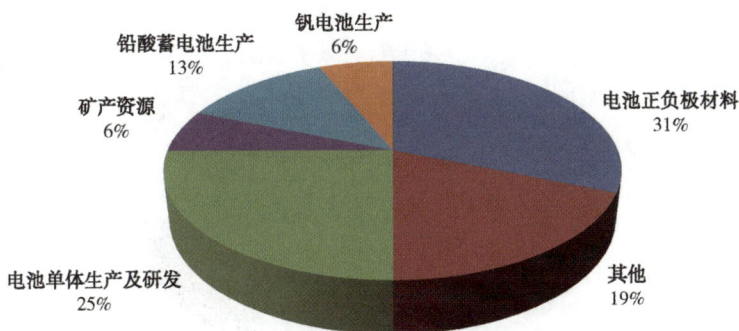

图16-7 2010—2011年中国电池企业VC/PE融资业务分布情况（按数量）

资料来源：赛迪投资顾问，2012-04.

从已披露融资金额规模来看，电池生产行业共融资109 382.8万元，占全部已披露金额的38.11%。总体来说，目前的融资主要还是集中在电池生产领域（见图16-8）。

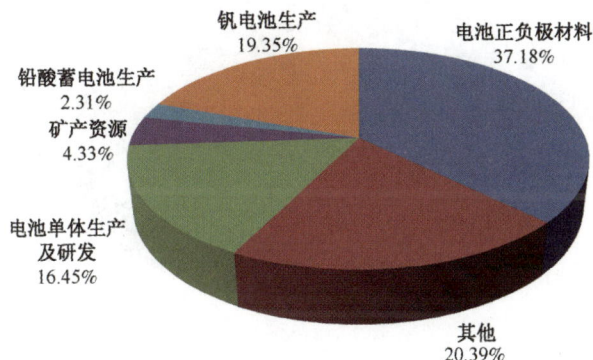

图16-8 2010—2011年中国电池企业VC/PE融资业务分布情况（按金额）

资料来源：赛迪投资顾问，2012-04.

### （三）战略投资

#### 1. 引入战略投资者地域分析

2010年和2011年披露的电池企业通过引入战略投资者进行股权融资的15例案例，主要分布于江苏和广东等经济发达的东部地区。其中，江苏省的融资案例为3例，占案例总量的20%（见图16-9）。

战略投资者对电池行业的发展方向有自己的判断，其通过对原材料、技术或者商业模式的投资，目的是获得企业未来的核心竞争力，谋求获得长期利益回报和企业的可持续发展。从电池行业的战略投资者的地区分布图可以看出，江苏省、广东省、河南省等电池生产大省是近两年投资的主要集中地区，以锂矿原材料开采为主的西藏、四川等地，也日渐成为战略投资的重点（见图16-10）。

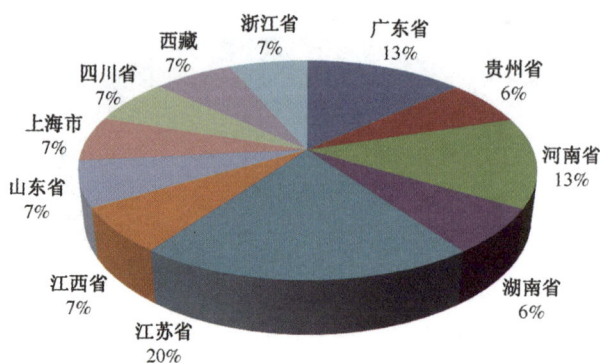

图16-9　2010年和2011年中国电池行业获得战略投资企业地区分布（按数量）

资料来源：赛迪投资顾问，2012-04.

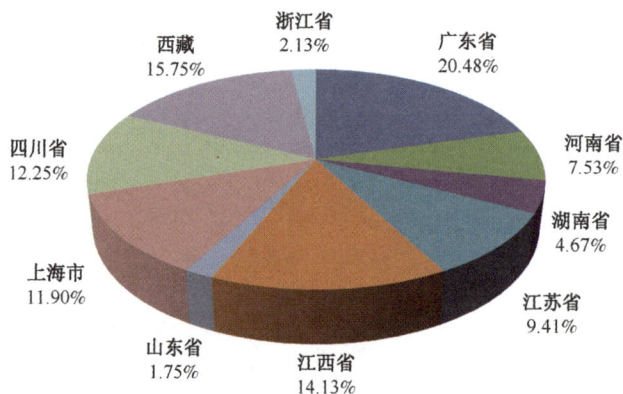

图16-10　2010年和2011年中国电池行业获得战略投资企业的区域分布（按规模）

资料来源：赛迪投资顾问，2012-04.

剔除2010年11月重庆融资案例的变异数据，根据2010年和2011年已披露战略投资金额案例统计，引入战略投资者的企业主要集中在广东、西藏和江西，虽然江苏地区的企业分布密集，但从规模来看，广东的融资额达到11 701万元，占总额的20.48%，而江苏的融资额为5 374.12万元，占总额的9.41%。由于广东是中国电池产业的主要生产基地，而西藏和江西则是锂矿资源的主要产地，可见战略投资者为了确保企业未来在电池，尤其是锂电池产业的发展，对于上游投资力度明显增强。

2. 细分领域分析

以引入战略投资者方式进行股权融资的电池企业业务类型主要包括矿产资源开采、电池正负极材料、电池单体研发和生产、电池隔膜、电池电解液等。从数量来看，2010—2011年，电池电解液引入战略投资者的企业数量最大，达到6家，占全部数量的40%；其次为电池正负极材料和电池单体研发与生产，分别为4家和3家（见图16-11）。

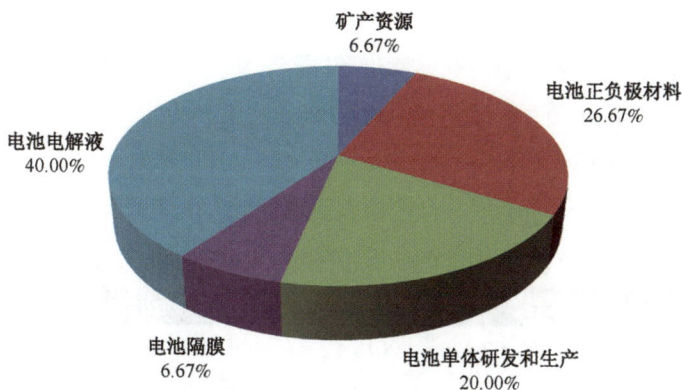

图16-11　2010—2011年中国电池行业战略投资事件业务分布情况（按数量）

资料来源：赛迪投资顾问，2012-04.

　　按照金额来看，电池单体研发和生产占全部战略投资金额的61.99%，达到了77 800万元，主要原因在于中国电子对中电振华70 000万元的战略投资。电池正负极材料和电池电解液获得的战略投资金额分别为18 958万元和16 755万元（见图16-12）。

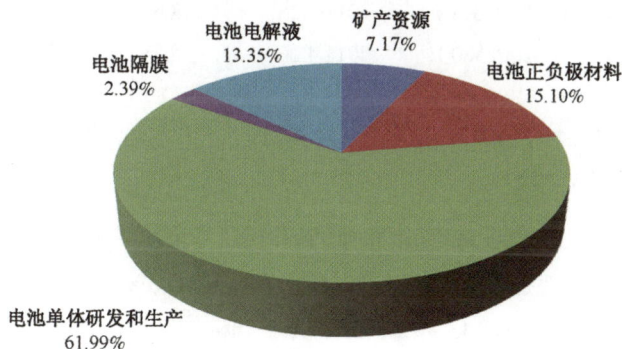

图16-12　2010—2011年中国电池行业战略投资事件业务分布情况（按金额）

资料来源：赛迪投资顾问，2012-04.

　　目前，我国电池产业的投入主要集中在电池单体的研发与生产上，随着我国对电池产业研究的逐步深入，上游电池材料的投资将在未来呈现出上涨的趋势。

# 第三节　电池产业IPO

## 一、电池产业IPO情况概述

### （一）IPO总体情况

　　2009年6月IPO正式重启开闸，2009年10月23日创业板正式开板。在此背景下，我国资本市场形成了以主板、中小板、创业板和场外三板为代表的综合性多层次的资本市场体系。其中，主板、中小板和创业板是在场内交易所市场进行交易，主要是上海证券交易所和深圳证券交易所，各层次资本市场遵循互补原则，协同发展。

从IPO数量来看，2010—2011年，电池企业总共发生IPO数量为12起，其中仅有三俊电池一家在美国纳斯达克上市，其余11家均在国内的主板、中小板和创业板上市（见表16-5）。

表16-5　2010—2011年中国电池企业IPO总体情况

| 类　别 | 企业名称 | 上市日期 | 发行价（元） | 市盈率 | 募集资金（万元） |
|---|---|---|---|---|---|
| 锂离子电池 | 当升科技（SZ.300073） | 2010.4.27 | 36 | 78.26 | 65 537 |
| | 赣锋锂业（SZ.300073） | 2010.7.28 | 20.7 | 69.42 | 47 874 |
| | 天齐锂业（SZ.002466） | 2010.8.18 | 30 | 90.36 | 67 756 |
| | 多氟多（SZ.002407） | 2010.5.4 | 39.39 | 59.68 | 99 084 |
| | 比亚迪（SZ.002594） | 2011.6.21 | 18 | 20.47 | 135 383 |
| | 九九久（SZ.002411） | 2010.5.11 | 25.8 | 71.95 | 52 370 |
| | 南洋科技（SZ.002389） | 2010.3.31 | 30 | 50.85 | 47 715 |
| | 欣旺达（SZ.300207） | 2011.4.13 | 18.66 | 58.94 | 82 334 |
| 铅酸蓄电池 | 骆驼股份（SH.601311） | 2011.5.25 | 18.6 | 30 | 147 824 |
| | 圣阳股份（SZ.002580） | 2011.4.26 | 25.8 | 46.91 | 43 837 |
| | 南都电源（SZ.300068） | 2010.4.8 | 33 | 54.1 | 196 564 |
| 镍氢电池 | 三俊电池（TMK Battery） | 2010年2月 | | | |

资料来源：赛迪投资顾问，2012-04.

2010—2011年，深证中小板共有6家企业完成IPO上市融资，占全部IPO数量的50%，分别为天齐锂业、多氟多、比亚迪、九九久、南洋科技和圣阳股份；深证创业板共有4家企业完成IPO上市融资，占全部IPO数量的33.33%，分别为当升科技、赣锋锂业、欣旺达和南都电源；上证主板和纳斯达克各有1家企业完成IPO，分别为骆驼股份和三俊电池（见图16-13）。

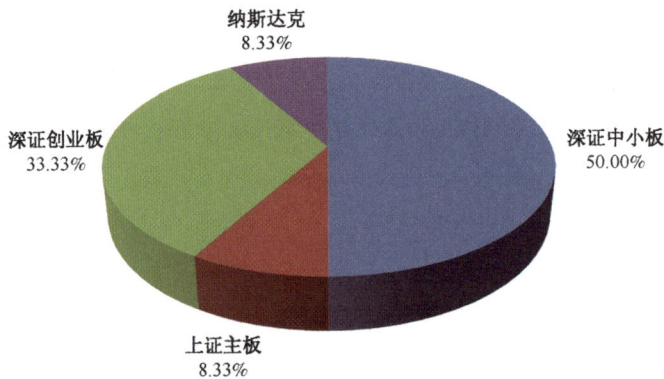

图16-13　2010—2011年中国电池企业IPO案例分布

资料来源：赛迪投资顾问，2012-04.

从IPO募集资金的金额来看，由于三俊电池在纳斯达克采用IPO借"壳"上市，其融资金额不详，故募集资金金额仅统计国内IPO上市的11家电池企业。2010—2011年，国内11家IPO电池企业共募集资金98.63亿元。

2010—2011年，深证中小板共有6家企业完成IPO上市融资，共募集资金44.61亿元，占全部募集资金总额的45.23%；深证创业板共有4家企业完成IPO上市融资，共募集资金39.23亿元，占全部募集资金总额的39.78%；上证主板有一家企业完成IPO上市融资，募集资金14.78亿元，占全部募集资金总额14.99%（见图16-14）。

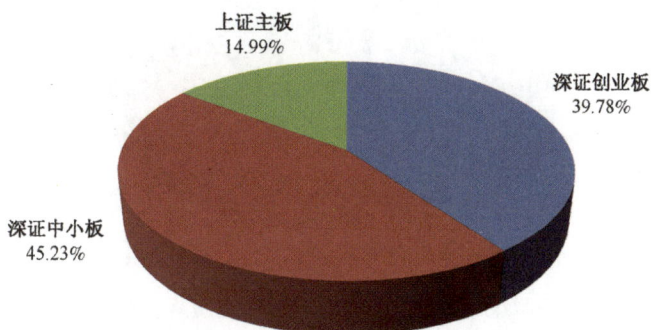

图16-14　2010—2011年电池企业IPO募集资金分布

资料来源：赛迪投资顾问，2012-04.

从电池企业类型来看，2010—2011年实现IPO上市融资的电池企业集中在锂离子电池、铅酸蓄电池和镍氢电池三类，暂时没有燃料电池企业实现IPO上市融资。

在2010—2011年IPO上市的企业中，锂离子电池为8家，占全部数量的66.67%；铅酸蓄电池为3家，占全部数量的25%；镍氢电池1家，占全部数量的8.33%（见图16-15）。从以上数据可以看出，锂离子电池代表未来电池工业的发展方向，其上市公司数量远远高于铅酸蓄电池和镍氢电池。而铅酸蓄电池的上市时间全部集中在"血铅事件"大规模爆发之前，从而也可以看出，在今后很长一段时间内，铅酸蓄电池企业实现IPO上市融资在环保方面将很难达标。

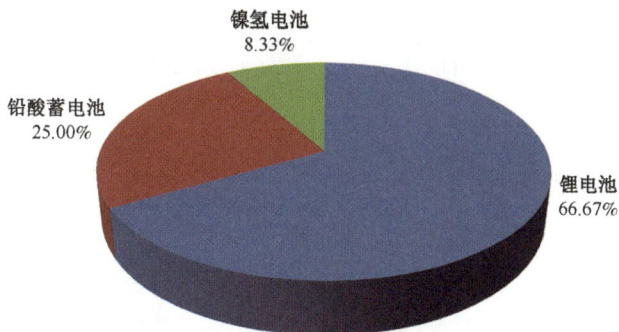

图16-15　2010—2011年电池企业IPO电池类型分布

资料来源：赛迪投资顾问，2012-04.

## （二）企业区域

2010—2011年，中国电池企业IPO上市覆盖9个省市。上市企业主要分布在浙江、湖北、广东、河南和北京等地，其中前6个省份共有8家电池企业上市，融得资金84.22亿元，占上市公司总额的85.39%。其中，浙江和广东为IPO上市电池企业的主要地区，共有IPO案例4例，融资金额23.10亿元，占全部融资金额的46.84%（见图16-16和表16-6）。

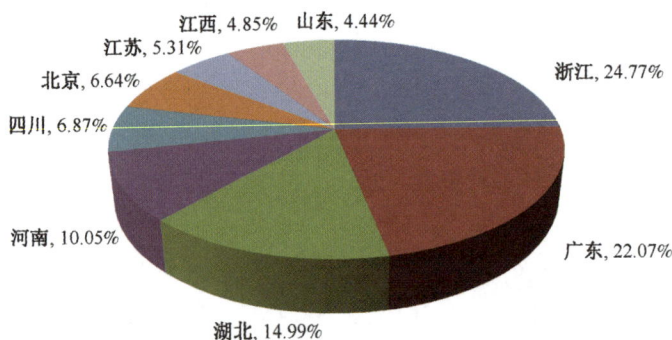

图16-16　2010—2011年电池企业IPO融资规模地区分布

资料来源：赛迪投资顾问，2012-04.

表16-6　2010—2011年电池企业IPO地区分布情况

| 地　　区 | IPO案例数 | 融资金额（万元） | 融资金额比例 |
|---|---|---|---|
| 浙江 | 2 | 244 279 | 24.77% |
| 广东 | 2 | 217 717 | 22.07% |
| 湖北 | 1 | 147 824 | 14.99% |
| 河南 | 1 | 99 084 | 10.05% |
| 四川 | 1 | 67 756 | 6.87% |
| 北京 | 1 | 65 537 | 6.64% |
| 江苏 | 1 | 52 370 | 5.31% |
| 江西 | 1 | 47 874 | 4.85% |
| 山东 | 1 | 43 837 | 4.44% |
| 合计 | 11 | 986 278 | 100.00% |

资料来源：赛迪投资顾问，2012-04.

## （三）募投项目分析

证监会在《首次公开发行股票并上市管理办法》中第五节专门对企业上市募集资金运用做出了相关规定，并在《公开发行证券的公司信息披露内容与格式准则第1号——招股说明书》（以下简称《准则1号》）中对募集资金运用做了详细的说明。拟上市动力电池企业在选择募集资金投向时，应按照证监会的相关要求，投资于其主营业务，并且投资项目应当符合国家产业政策、投资管理、环境保护、土地管理以及其他法律、法规和规章的规定。在选定好募投项目之后，发行人应当对募集资金投资项目的可行性进行认真分析，确信投资项目具有较好的市场前景和盈利能力。从已成功上市的动力电池企业募集资金投向来看，其募投项目大致可以分为新建项目，改扩建项目、技术研发中心、补充流动资金和增资收购等（见表16-7）。

表16-7　动力电池上市企业募集资金投向及投资金额

| 公司名称 | 项目名称 | 总投资额（万元） |
|---|---|---|
| 比亚迪（SZ.002594） | 深圳市比亚迪锂电池有限公司锂离子电池生产项目 | 40 000 |
| | 深圳汽车研发生产基地项目 | 433 100 |
| | 比亚迪汽车有限公司扩大品种及汽车零部件建设项目 | 65 205 |
| 当升科技（SZ.300073） | 年产3 900吨锂电正极材料生产基地项目 | 17 196.91 |
| | 其他与主营业务相关的营运资金 | |
| 多氟多（SZ.002407） | 年产6万吨高性能无机氟化物项目 | 25 026 |
| | 氟资源综合利用项目 | 6 002 |
| | 年产1万吨再生冰晶石项目 | 2 776 |
| | 氟化学技术研发中心项目 | 3 160 |
| 赣峰锂业（SZ.300073） | 增资奉新赣锋用于改扩建650吨金属锂及锂材加工项目 | 9 500 |
| | 增资赣锋有机锂用于年产150吨丁基锂项目 | 3 800 |
| | 研发中心建设项目 | 1 500 |
| 九九久（SZ.002411） | 7-氨基-3-去乙酰氧基头孢烷酸生产线搬迁扩建项目 | 10 500 |
| | 年产500吨7-苯乙酰胺基-3-氯甲基头孢烷酸对甲氧苄酯项目 | 10 500 |
| 骆驼股份（SH.601311） | 年产600万千瓦时新型高性能低铅耗免维护蓄电池项目 | 60 184.40 |
| | 谷城骆驼塑胶制品异地新建工程项目 | 16 300.00 |
| | 混合动力车用蓄电池项目 | 37 672.96 |
| 南都电源（SZ.300068） | 新建南都阀控密封电池生产线项目 | 53 000 |
| | 研发基地建设项目 | 2 500 |
| | 其他与主营业务相关项目 | |
| 南洋科技（SZ.002389） | 年产2 500吨电容器用超薄型耐高温金属化薄膜项目 | 16 396 |
| 新宙邦（SZ.300037） | 铝电解电容器化学品项目 | 9 900 |
| | 锂离子电池化学品项目 | 6 400 |
| | 固态高分子电容器化学品项目 | 2 000 |
| | 超级电容器化学品项目 | 1 500 |
| | 新型电子化学品工程技术研究中心项目 | 1 800 |
| 圣阳电源（SZ.002580） | 高性能阀控式密封胶体蓄电池建设项目 | 20 841 |
| 天齐锂业（SZ.002466） | 新增年产5 000吨电池级碳酸锂和1 500吨无水氯化锂技改扩能项目 | 23 630 |
| | 技术中心扩建项目 | 2 867 |
| 亿纬锂能（SZ.300014） | 绿色高性能锂/亚硫酰氯电池项目 | 11 820 |
| | 绿色高性能锂/二氧化锰电池项目 | 4 950 |
| | 锂电池工程技术研发中心 | 3 850 |

资料来源：赛迪投资顾问，2012-04.

新建项目不应导致主营业务发生变化。根据《首次公开发行股票并上市管理办法》和《首次公开发行股票并在创业板上市管理办法》的规定，募投项目原则上应投资于主营业务，募集资金数额和投资项目应当与发行人现有生产规模、财务状况、技术水平和管理能力等相适应。因此，拟上市动力电池企业在新建项目选择时，一定要注意判断其是否为公司主营业务，是否导致主营业务和经营模式发生重大变化，并应清楚地说明如何保障新建项目产品能够实现预计的销售。通过对13家动力电池相关企业募集资金投向的分析可以看出，其在投资新建项目时主要集中在企业自身的主业范围之内。以骆驼股份（SH.601311）为例，其募集资金主要投资于年产600万千瓦时新型高性能低铅耗免维护蓄电池项目、谷城骆驼塑胶制品异地新建工程项目和混合动力车用蓄电池项目三个项目，其中年产600万千瓦时新型高性能低铅耗免维护蓄电池项目是在公司原有铅酸蓄电池的基础上，利用已经成熟的工艺和技术扩大其产能，风险较小，而谷城骆驼塑胶制品异地新建工程项目和混合动力车用蓄电池项目两个新建项目也是在原有铅酸蓄电池的基础上的相关多元化发展，所面临的技术风险较小。

改扩建项目重点关注扩建后产能的消耗。关于改扩建项目，证监会的审核要点在于公司改扩建项目达产后，公司是否有能力来消耗增大的产能。以当升科技（SZ.300073）为例，在上市之前，其具备年产4 400吨正极材料的产能，其募集资金1.7亿元用于投资年产3 900吨正极材料项目，产能增长率高达88.64%。为了保证公司新增的产能能够很好地消化，当升科技（SZ.300073）通过巩固挖掘大客户和稳步开拓具有潜质的中小客户两个方面来保障产能的释放。在当升科技（SZ.300073）的招股说明书中，其分别针对钴酸锂、多元材料和锰酸锂等正极材料分开阐述产能的保障措施，从而能够让证监会有足够的理由认为迅速扩大的产能能够被市场消耗，产能扩建项目所面临的市场风险较小。因此，赛迪投资顾问认为，动力电池企业募集资金用于现有项目的改扩建应在可行性研究报告中详细分析公司在渠道、市场营销、管理能力等方面为应对扩大的产能拟采取的措施。

研发中心是动力电池企业"两高六新"的重要体现。创业板和中小板上市公司相对于主板而言，具备高成长和高科技含量等特点。证监会在审核相关公司时，更关注公司产品或服务的科技含量和成长性。而动力电池行业作为新能源、新材料和新能源汽车三大新兴产业的交叉性行业，其技术的先进性更是推动企业高成长的主要动力。因此，在创业板和中小板上市的动力电池企业都注重研发中心的建设，平均将募集资金的10%左右投入研发中心建设项目中，从而体现证监会要求的"两高六新"。以多氟多（SZ.002407）为例，其为国内首家氟化工上市企业，其核心产品之一六氟磷酸锂为锂离子电池电解液不可缺少的电解质。该产品目前大部分依靠进口，国内仅有天津金牛、多氟多等企业能够产业化生产。为了提供公司在氟化工领域的竞争力，公司的募投项目之一选定为氟化学技术研发中心项目，投资总额为3 160万元。该研发中心的研发内容主要包括利用磷肥副产的氟硅酸生产系列氟化盐技术、无水氟化氢、五氯化磷、氟化锂法制六氟磷酸锂、无水氟化氢生产电子级氢氟酸、氢氟酸与碳酸锂反应得到高纯氟化锂产品和氟石膏制硫酸联产水泥等五个项目。该研发中心的建立巩固了公司在氟化工领域内的领先地位。由于研发中心相对于新建和改扩建项目而言，不能带来直接的收益。因此，拟上市动力电池企业在做研发中心项目的投资可行性研究时，应重点阐述研发中心项目通过对公司技术研发水平和创新实力的提升、对业务范围的扩大而间接给公司带来的经济效益。

流动资金是动力电池企业资金实力的体现。充足的流动资金是动力电池企业正常运作的重要保证。特别是对于电池材料企业而言，其下游客户为大型的电池生产企业，在产品议价能力和付款周期等方面相对而言比较强势，因此，电池材料企业在生产过程中需要预留大量的运营资金，并且下游客户在选择上有电池材料供应商时也会将资金实力作为重要的参考因素，在其他主要条件相当的供应商中选择资金实力更强的一方。鉴于此，补充流动资金成为电池类上市企业重要的募投项目之一。创业板上市的当升科技（SZ.300073）就将其募集资金的一部分用于补充公司的流动资金。拟上市动力电池企业在对补充流动资金项目进行可行性论述时，应结合动力电池企业的特点，重点分析流动资金对公司业务的重要性，并详细阐述公司的流动资金管理制度，以保证所募集的资金用于公司的主营业务，从而提高动力电池企业获取客户的能力。

"合资、增资、收购"是动力电池上市企业快速做大做强的捷径。《准则1号》第107、108和109条规定，上市公司募集资金可用于合资、增资和收购，并对应披露的信息做了详细的规定。2010年8月上市的赣锋锂业（SZ.300073）将其募集资金的1.33亿元分别用于增资奉新赣锋改扩建650吨金属锂及锂材加工项目和赣锋有机锂年产150吨丁基锂项目。赣锋锂业在增资可行性研究中按照证监会的要求对公司基本情况、财务报表、盈利模式、增资必要性及用途、增资协议与经济效益等进行了详细的披露。

在企业上市必须实行增量发行的背景下，募集资金的投向和选择关系到企业IPO融资的必要性和上市公司今后的长远发展，同时也成为证监会审核的重点，并且募投项目的顺利达产是动力电池企业在电池行业中做大做强的基本保障。因此，拟上市动力电池企业在选择募投项目时，要深刻体现行业的特点和企业自身战略意图，利用专业机构编制详细的可行性研究报告，分析拟投资项目的市场前景和经济效益，从而减少盲目投资，降低市场风险。

## 二、IPO企业的特征

### （一）电池企业上市募集金额相对较小，深交所成为主要交易场所

2010—2011年，内地共有11家电池企业上市融资98.63亿元，平均融资额仅为8.97亿元，仅有比亚迪和骆驼股份分别融资13.54亿元和14.78亿元。相对于其他行业而言，电池企业规模较小，并且大都属于成长性企业。对于以锂离子电池和燃料电池为代表的新型电池企业而言，其处于行业发展的初期，相关技术的不成熟使得整个行业面临较大的风险。鉴于此，中小板和创业板成为电池企业上市的最佳选择地点，从2010—2011年上市的11家企业来看，仅有骆驼股份选择在上交所上市，其余均选择在深交所上市。

### （二）电池材料相关企业成上市主力军，铅酸蓄电池受"血铅事件"影响上市进程

2010—2011年，在内地上市融资的11家企业中，电池材料相关企业总共6家，占全部上市公司的54.54%，且在后备上市企业中，以贝特瑞和星源材质为代表的电池材料企业占据了绝大

部分。赛迪投资顾问认为，电池的性能取决于电池材料，而电池材料属于国家鼓励的新材料产业，其技术含量相对较高，是未来创业板主要吸纳的产业之一，相关企业必将迎来新一轮的上市高潮。从具体的电池种类来看，骆驼电池、圣阳电源、南都电源和南洋科技等铅酸蓄电池企业上市均是在"血铅事件"大规模爆发前，"血铅事件"的爆发使得大量的铅酸蓄电池企业面临环保的压力，因此，其上市进程将在短期内受到影响。

# 第四节　电池产业并购

## 一、企业并购情况概述

### （一）并购总体情况

电池产业是一个正在高速发展的的产业，前期投入大、经营风险高一直是电池产业发展的显著特点。进入21世纪以来，我国电池业一直保持快速发展，特别是"十一五"期间国家对电池产业发展的政策支持，使电池产业在资本市场中的地位日益提高。企业在发展壮大到一定阶段，自身积聚了大量现金或急需市场拓展的情况下，收购和并购频率将逐步提高。2010年和2011年中国电池行业披露并购案例28例，其中已披露并购金额案例27例，涉及并购金额51.11亿元（见表16-8）。

表16-8　2010—2011年电池产业并购规模

| 年　份 | 案例数（例） | 已披露并购金额案例数（例） | 已披露并购金额（万元） | 平均每笔并购金额（万元） |
|---|---|---|---|---|
| 2010年 | 10 | 9 | 298 569 | 33 174.33 |
| 2011年 | 18 | 18 | 212 553 | 11 808.52 |
| 合计 | 28 | 27 | 511 122 | 18 930.46 |

资料来源：赛迪投资顾问，2012-04.

### （二）并购区域分布

在2010年和2011年的电池企业并购案例中，跨境并购3例，已披露并购资金23.87亿元，占全部已披露并购金额的46.69%。总体来看，跨境并购规模较大，平均单笔并购金额要远大于境内并购的平均单笔并购金额（见表16-9）。

表16-9　2010—2011年电池企业境内与跨境案例比较

| | 案例数（例） | 已披露并购金额案例数（例） | 已披露并购金额（万元） | 平均单笔并购金额（万元） |
|---|---|---|---|---|
| 境内 | 25 | 24 | 272 452.3 | 10 898.09 |
| 跨境 | 3 | 2 | 238 670 | 79 556.67 |
| 总计 | 28 | 27 | 511 122.303 | 18 930.46 |

资料来源：赛迪投资顾问，2012-04.

在境内企业并购中，金额最大的案例为2011年10月西部资源斥资69 600万元收购银茂铅锌矿业有限公司。收购完成后，西部资源获得南京银茂铅锌矿业有限公司80%的股权，成为银茂铅锌的绝对控股股东。银茂铅锌主要从事矿产开采，公司产品为铅、锌、硫、锰精矿，产品销往国内各大冶炼厂。同时，银茂矿业的矿区是国内少数的零污水、零尾矿的矿区，因此收购完成后西部资源的后续投入将较小。通过本次收购，西部资源将获得银茂矿业位于栖霞山下的铅、锌探矿权和采矿权，预计将为西部资源增添铅矿储备14.76万吨，锌矿储备24.07万吨。

在境外企业并购中，最大的一笔收购是2010年1月嘉盛控股完成对于英属维尔京群岛Union Grace Holdings有限公司的收购，单笔收购总额达到27.5亿港元，约合22.3亿元人民币。通过此次收购，嘉盛控股成功从Union Grace Holdings有限公司获得主营锂电池业务的中聚雷天的全部股权，嘉盛控股也成功转型为新能源概念。

2010年和2011年，境内电池企业并购案例涉及12个省市和自治区，但并购相对比较集中。发生在江西、广东、四川和江苏四省的并购案例为13例，占境内并购案例的52%。江西和广东地区是锂电池原材料生产和电池生产的集中区域，因此也成为了电池企业并购的最重点区域，其电池企业并购案例数分别是5例和3例（见图16-17）。

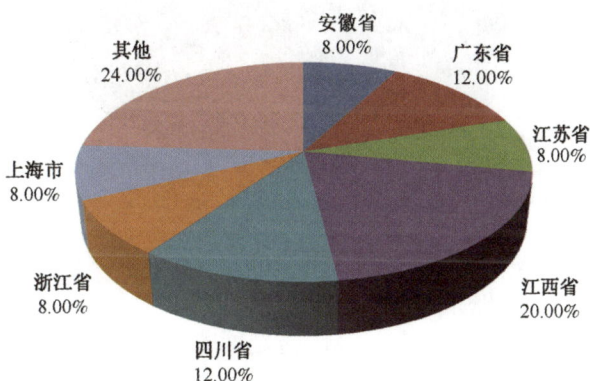

图16-17　2010年和2011年中国电池企业并购案例地区分布

资料来源：赛迪投资顾问，2012-04.

在2010年和2011年已披露金额的电池企业并购案例中，江苏、广东和安徽三地并购金额为178 384万元，占并购总额的64.6%。其中，江苏地区占比为26.47%，比例远大于其并购数量的比例8%，主要是受到华西部资源斥资69 600万元收购银茂铅锌矿业有限公司这一案例的影响（见图16-18）。

### （三）并购细分领域分布

对并购案例的分析可以看出，电池的并购主要集中在矿产资源开采、电池正负极材料、电池单体研发和生产、电池隔膜、电池电解液等领域，另外，铅酸蓄电池领域发生两起并购事件（见图16-19）。2010—2011年，电池领域共发生并购案例18例，占全部境内并购案例的比例约为72%。

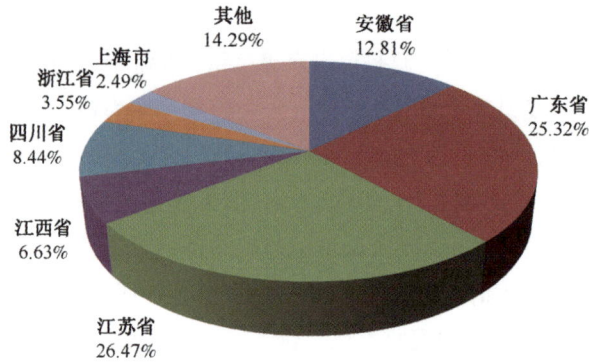

图16-18　2010年和2011年中国电池企业并购规模地区分布

资料来源：赛迪投资顾问，2012-04.

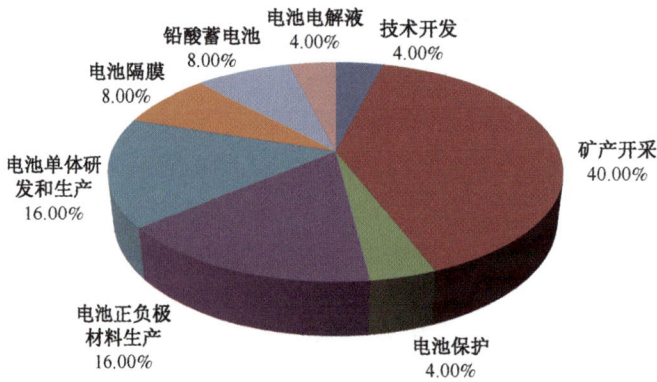

图16-19　2010—2011年中国电池细分领域并购案例分布

资料来源：赛迪投资顾问，2012-04.

　　2010年9月17日，比亚迪联同金浩投资以2.5亿元收购西藏日喀则扎布耶锂业高科技有限公司22%的股权，其中比亚迪支付2亿元并占该公司18%的股权，而金浩受让该公司4%的股权。通过此次收购，比亚迪得以正式进军锂电池上游产业，其收购的日喀则扎布耶高科技锂业有限公司一期达产后能生产工业级碳酸锂约8 000吨，18%的股份能够获得工业级碳酸锂约936吨，约占比亚迪现在外购锂电池正极材料含碳酸锂量的80%。比亚迪通过并购进一步降低了公司电动车的成本，增强了公司二次充电电池业务的竞争力。

　　从已披露并购金额来看，矿产开采、正负极材料生产以及电池生产的并购规模较大，其矿产资源开采占2010年和2011年已披露金额电池并购的42.23%，主要是受西部资源斥收购银茂铅锌矿业有限公司这一案例影响（见图16-20）。

**（四）并购主体分析**

　　2010—2011年，上市电池企业并购案例共24例（包括2例两家上市电池企业之间的并购案例），其中披露金额的案例23例，占并购案例数的82.14%；未上市二次电池企业并购案例共4例，占并购案例数的14.29%（见图16-21）。

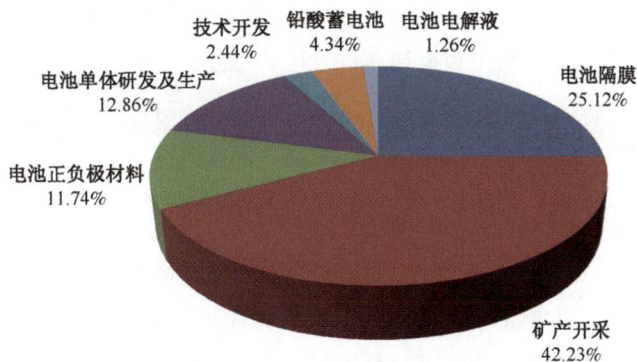

图16-20　2010年和2011年中国电池行业各细分领域并购金额分布

资料来源：赛迪投资顾问，2012-04.

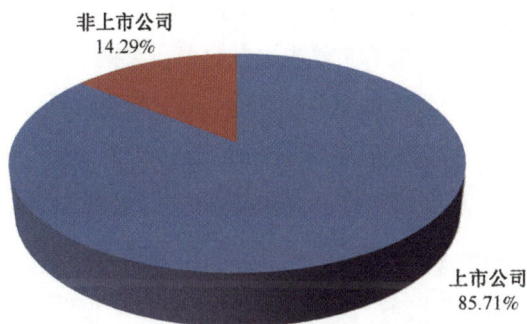

图16-21　2010—2011年电池企业并购主体性质分析（按是否上市公司）

资料来源：赛迪投资顾问，2012-04.

　　企业在上市以后，能够筹集更多的资本，具有强大的资本运作能力，可以根据自身发展规划选择自建和并购方式进行扩张，较少考虑到资金规模的限制。而非上市企业一般企业规模较小，资金量有限，因此使用大笔自有资金进行企业并购显得力不从心，并承担更大的财务风险，稍有不慎则会面临破产的风险。因此，资本市场具有马太效应，企业必须更早地获得资本运作的资本和能力，才能占领市场优势。

## 二、企业并购特征

### （一）电池企业通过并购打破上下游界限，逐渐形成资源性壁垒

　　2010—2011年中国电池产业并购事件在资本市场的助推下，呈现出逐年增长的趋势，2011年比2010年并购案例增加将近一倍。通过并购，电池企业获得其上游资源开采、加工企业的控股权或者参股权，对其上游材料提供商施加影响，不断强化该产业的资源性进入壁垒。2010年7月，青海佛照收购青海盐湖蓝科锂业股份有限公司14%的股权，总持股比例达到30%，成为蓝科锂业的第二大股东。通过并购，青海佛照拥有了部分察尔汗盐湖丰富的锂盐资源及蓝科锂

业公司现有的碳酸锂生产装置，对于公司主要供应商有了一定的控制权和影响力，为公司顺利发展新能源产品和科技进步创造了更好的条件，进一步提升了公司的盈利能力和整体竞争力。2010年9月，比亚迪收购了日喀则扎布耶高科技锂业有限公司18%的股份，进一步增强了公司二次充电电池业务的竞争力。从青海佛照收购青海盐湖蓝科锂业和比亚迪收购日喀则扎布耶高科技锂业可以看出，大量的电池生产企业正通过上下游的并购整合，形成较强的资源性壁垒。

### （二）通过并购加快市场集中，电池企业不断做大做强

2010年和2011年的二次电池产业内收购促使市场集中度不断提高。尽管目前国内市场上电池生产厂商数量已经很多，但是企业已经意识到通过资本运作可以更快地取得自己所要的技术和扩展自己的市场，不断获得规模效益。2011年11月，风帆股份以现金方式收购上海风帆蓄电池实业有限公司10%的股份，完成对上海风帆的完全控股。通过收购，风帆股份进一步加强了对子公司的管控工作，提高了其在铅蓄电池行业的影响力。2011年9月，南都电源依托资本市场，利用超募资金完成了对华宇电源和五峰电源的收购，在铅酸蓄电池行业大整顿的背景下提高了公司的市场占有率，为公司打造铅酸蓄电池行业的龙头企业奠定了基础。

### （三）电池成为追捧对象，并购助力企业多元化经营

受益于新能源汽车与储能领域巨大市场需求的带动，电池产业迎来了空前的增长趋势。以锂离子电池为代表的新型电池更是成为众多企业追捧的对象，大量企业通过并购的方式快速进入电池领域，以期能在新能源汽车产业相关环节中分得一杯羹。2010年1月，嘉盛控股完成对于英属维尔京群岛Union Grace Holdings有限公司的收购，获得主营锂电池业务的中聚雷天的全部股权，嘉盛控股也成功转型为新能源企业。2010年11月，成飞集成完成对中航锂电17亿元的资金注入，实现了对中航锂电的绝对控股（约60%的股权）。长期来看，成飞集成通过对中航锂电的控股，完成了其在新能源汽车产业的布局，公司与整车生产企业间的合作引向新能源汽车领域，这大大增加了公司未来的发展空间。

### （四）海外投资规模巨大，电池企业国际影响力逐渐增强

从2010年和2011年电池领域的并购案例中可以看出，跨境并购3例，已披露并购资金238 670万元，占全部已披露并购金额的46.69%。其中嘉盛控股对Union Grace Holdings有限公司的收购，单笔收购总额达到27.5亿港元，约合22.3亿元人民币，是目前为止二次电池产业内最大的一笔收购案例。2010年11月，中金岭南收购全球星业有效地拓展了公司的海外经营区域，并提升了公司的盈利能力和可持续发展能力。通过并购区域的分析可以看出，中国电池企业正逐步通过海外投资与并购，在全球范围内展开竞争，提升了企业的国际影响力。

CHAPTER 17 第十七章

# 稀 土 产 业

## 第一节 稀土产业投融资机遇

### 一、稀土产业发展现状

#### （一）中国稀土资源储量及产量居世界首位

全球稀土资源储量巨大，但就目前为止能真正成为可开采的稀土矿并不多，而且在全球分布极不均匀，主要集中在中国、澳大利亚、俄罗斯、美国、巴西、加拿大和印度，近年来在越南也发现了大型稀土矿床。2011年，中国稀土储量为3 600万吨，占全球储量的36%；产量则为12万吨，占全球产量的97%。与中国形成鲜明对比的是，美国2011年的稀土储量为1 300万吨，占全球储量的13%，而产量为零；俄罗斯储量为1 900万吨，占全球储量的19%，产量为零；澳大利亚储量为540万吨，产量为零；印度储量为310万吨，占全球储量的3%，产量为2 700吨，占全球产量的2%（见图17-1）。

中国稀土资源成矿条件十分有利、矿床类型齐全、分布面广而又相对集中。目前，在全国2/3以上的省（区）发现上千处矿床、矿点和矿化产地。其中，97%的稀土资源集中分布在内蒙古白云鄂博、江西赣南、广东粤北、四川凉山和山东微山等地，分布有北轻南重的分布特点。包头白云鄂博的稀土资源占我国稀土资源的83%（见图17-2）。

#### （二）稀土矿开采制定限额，产品列入指令性计划管理

为进一步保护资源，推动稀土行业健康发展，从2007年起，我国将稀土矿产品和稀土冶炼分离产品列入指令性计划管理。

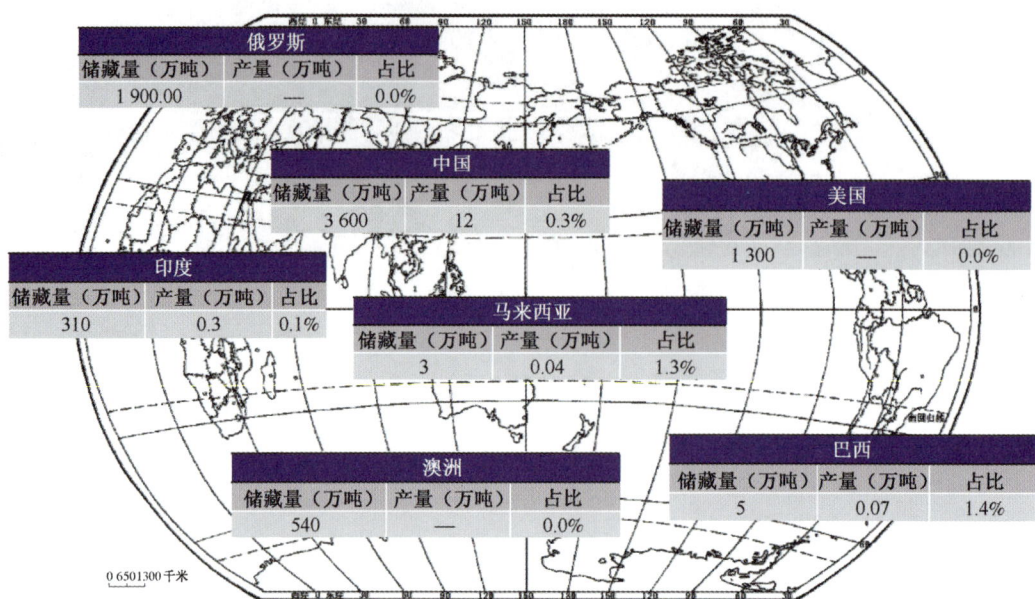

图17-1　全球稀土资源蕴藏量分布情况

资料来源：稀土行业协会，赛迪投资顾问整理，2012-04.

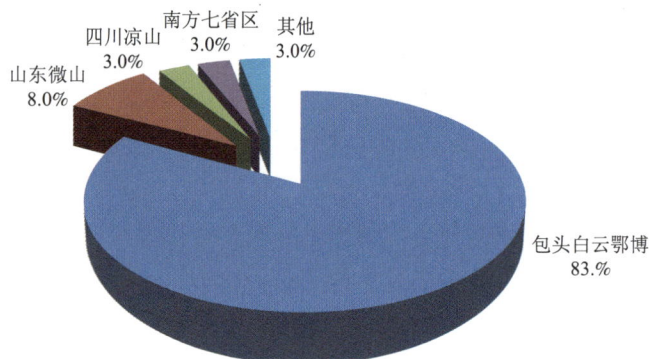

图17-2　我国稀土资源分布

资料来源：中国稀土学会年鉴，赛迪投资顾问整理，2012-04.

从全国稀土矿开采限额来看，我国对稀土矿开采限额在大幅降低，尤其是2010年限额同比2009年减少25%。2011年稀土开采限额为9.38万吨，较2010年89 200吨增长5%，其中轻稀土8.04万吨，中重稀土1.34万吨。由于2010年稀土开采限额的大幅压缩，赛迪投资顾问认为，在未来几年内，我国稀土矿开采限额不会有大的缩减幅度（见图17-3）。

从各地区稀土矿开采指标来看，2011年共有9个地区获得指标。其中，内蒙古和山东保持2009年的开采量，分别为5万吨和1 500吨。增加部分主要是南方离子型矿和四川矿，分别为2 200吨（福建增加500吨、江西增加500吨、湖南增加500吨、广东增加200吨、广西增加500吨）和2 400吨。云南省首次获得稀土开采限额200吨（见表17-1）。赛迪投资顾问认为，在国家控制稀土总量和存量、提高稀土行业集中度的前提下，不会有更多地区获得稀土开采指标。

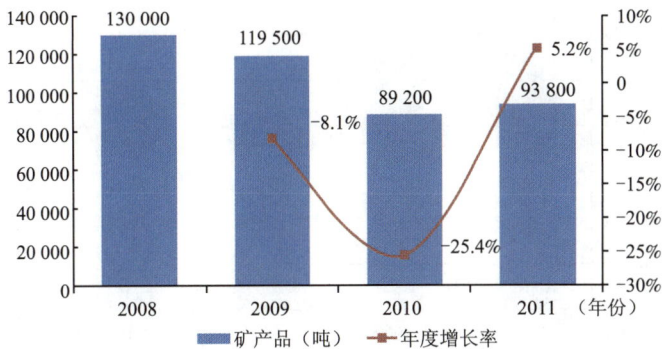

图17-3 我国稀土矿实际开采量

资料来源：国土资源部，赛迪投资顾问整理，2012-04.

表17-1 2011年各地区稀土矿开采指令性计划表

| 编　　号 | 地　区 | 矿产品（吨） | 编　　号 | 地　　区 | 矿产品（吨） |
|---|---|---|---|---|---|
| 1 | 内蒙古 | 50 000 | 6 | 广东 | 2 200 |
| 2 | 福建 | 2 000 | 7 | 广西 | 2 500 |
| 3 | 江西 | 9 000 | 8 | 四川 | 24 400 |
| 4 | 山东 | 1 500 | 9 | 云南 | 200 |
| 5 | 湖南 | 2 000 | 合计 | | 93 800 |

资料来源：国土资源部，赛迪投资顾问整理，2012-04.

## （三）稀土冶炼分离限额大幅降低，占开采总量比重增加

从全国稀土冶炼分离限额来看，我国对稀土冶炼分离限额降低，但是稀土冶炼分离量占开采稀土矿总量比重在增大。在2010年稀土冶炼分离大幅缩减后，2011年稀土冶炼分离限额为9.04万吨，较2010年的8.6万吨增长5.1%（见图17-4）。赛迪投资顾问认为，在稀土矿开采限额下，未来几年，我国稀土冶炼分离限额增减波动不大。2008年稀土冶炼分离量占开采稀土矿总量的比重为88%，2009年提高到93%，而2010年和2011年的全球占比都达到了96%。为了优化稀土产业结构、减少稀土粗级产品出口、提高稀土产品附加值，我国稀土冶炼分离量占开采稀土矿总量比重会进一步增加。

除了内蒙古和四川地区稀土冶炼分离指标与2009年保持不变外，其他各地区指标均较2009年有不同幅度的增长。其中，江苏增长400吨、福建增长1 100吨、江西增长500吨、山东增长100吨、湖南增长200吨、广东增长800吨、陕西增长100吨、甘肃增长500吨，共计增长4 400吨。2011年各地区稀土冶炼分离指令性计划表如表17-2所示。《国务院关于促进稀土行业持续健康发展的若干意见》中指出，形成以大型企业为主导的稀土行业格局，使南方离子型稀土行业排名前三位的企业集团产业集中度达到80%以上。赛迪投资顾问认为，南方5省15市稀土产业格局将会继续处于波动状态。

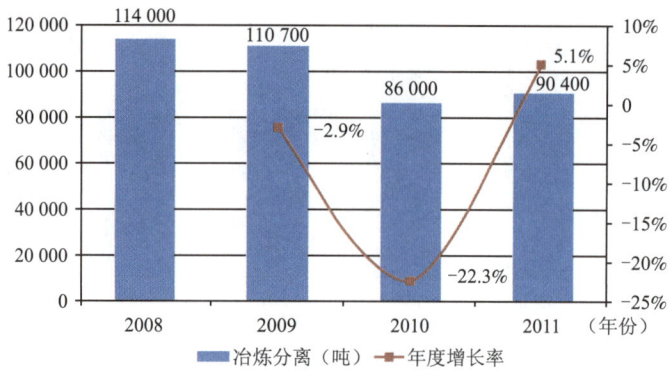

图17-4　我国稀土冶炼分离指令性计划

资料来源：工业和信息化部，赛迪投资顾问整理，2012-04.

表17-2　2011年各地区稀土冶炼分离指令性计划表

| 编　号 | 地　区 | 矿产品（吨） |
|---|---|---|
| 1 | 内蒙古 | 35 000 |
| 2 | 江苏 | 8 400 |
| 3 | 福建 | 2 500 |
| 4 | 江西 | 13 000 |
| 5 | 山东 | 2 600 |
| 6 | 湖南 | 800 |
| 7 | 广东 | 8 500 |
| 8 | 四川 | 11 000 |
| 9 | 陕西 | 1 600 |
| 10 | 甘肃 | 7 000 |
| 合计 | | 90 400 |

资料来源：各省市经信委，赛迪投资顾问整理，2012-04.

### （四）稀土出口配额逐年平稳，稀土永磁体出口量迅速攀升

中国自1998年起开始实施稀土产品出口配额许可证制度，并将稀土原料列入加工贸易禁止类商品目录。自2007年国家实施稀土生产指令性计划开始，中国稀土开始大幅度缩减出口配额。2010年，中国稀土出口配额30 259吨，略低于2009年水平。2011年出口配额30 184吨，与2010年基本持平。2012年第一批下达出口配额10 546吨，预计全年总量将保持平稳（见图17-5）。

稀土永磁体的出口量整体呈现迅速增长趋势。2005—2007年，我国稀土永磁体出口量从8 756吨上升至21 532吨，涨幅高达146%。2008年受到金融危机和我国稀土生产和出口限制影响，我国稀土永磁体出口量急剧下滑。而近三年来，我国稀土永磁体出口量依旧快速上涨。

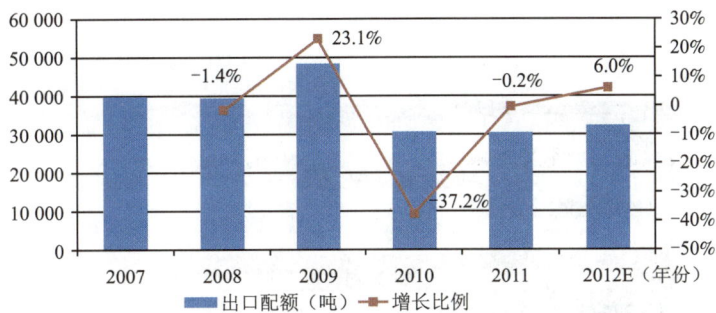

图17-5 中国稀土出口配额

资料来源：海关总署，赛迪投资顾问整理，2012-04.

2010年，我国稀土永磁体出口量达到13 885.9吨，同比2009年增长48.3%。2011年1—9月我国稀土永磁材料（钕铁硼）共计出口1.27万吨，出口金额12.1亿美元，其中仅第三季度出口稀土永磁材料就达4 478.4吨（见图17-6）。

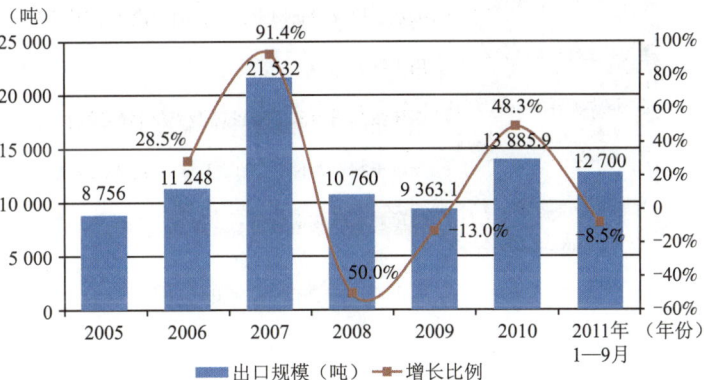

图17-6 中国稀土永磁材料出口规模

资料来源：海关总署，赛迪投资顾问整理，2012-04.

### （五）稀土材料应用前景广泛，绿色能源概念凸显

稀土的应用可以分为传统领域的应用（包括冶金、农用、纺织等，见图17-7）以及在新材料领域（包括磁性材料、发光材料、储氢材料等，见图17-8）的应用，自2002年以来，以稀土磁性材料为代表的新材料领域增长强劲，占比从2003年的34%上升到了2009年的55.21%，稀土已经成为驱动低碳经济的新动力。

2011年，美国能源部认定了五种稀土元素和金属元素铟为清洁能源技术。由于稀土部分元素能够广泛应用于电动汽车等环保设备上，因此，稀土被赋予了绿色能源的概念。目前，稀土材料的应用领域十分广泛，在多种高技术领域得到应用，包括电子器件、绿色能源和军事技术，如苹果公司的iPhone、丰田公司的普锐斯汽车和波音公司的制导炸弹。它们拥有各种电子

特性、化学特性、冶金性能、磁特性、光特性以及核特性，使得科学家们不断地寻求它们越来越多的应用领域。

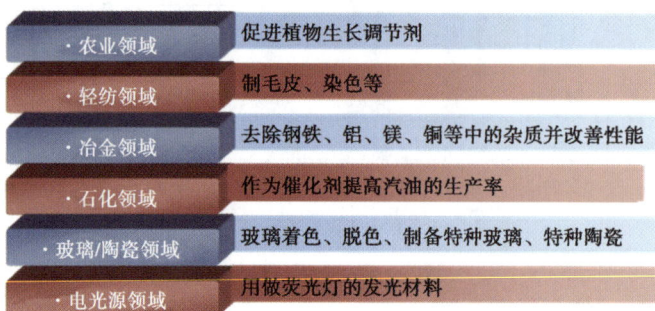

图17-7　稀土在传统产业的应用

资料来源：赛迪投资顾问，2012-04.

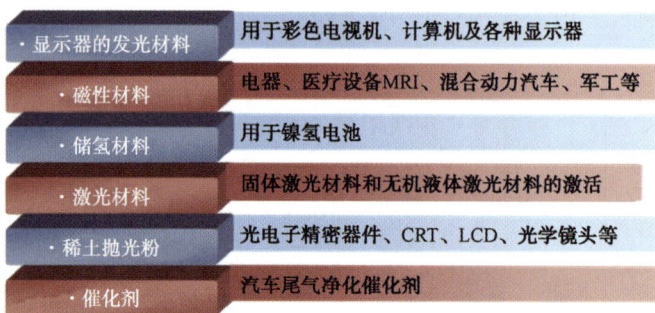

图17-8　稀土在功能材料领域的应用

资料来源：赛迪投资顾问，2012-04.

## 二、稀土产业投融资发展机遇

### （一）政策引导，稀土领域在可持续发展中迎来投融资机遇

为了有效保护和合理利用稀土资源，保护环境、节约资源，促进稀土行业持续健康发展，国家各相关部门出台多项政策。特别是在2010—2011年，国家各相关部门针对我国稀土产业生产销售、产业布局、环境污染问题等方面出台了多项政策。尤其是《关于促进稀土行业持续健康发展的若干意见》的出台，标志着中国稀土产业已经进入新的发展阶段（见表17-3）。

为了合理开发和利用稀土资源，政府通过提高行业准入门槛，制定相应政策，淘汰落后产能，对稀土产业要素进行整合，来提高产业的整体竞争力。在政策的推动下，稀土领域将迎来投融资发展的新机遇。

表17-3 我国稀土主要产业政策（2010年—2011年6月）

| | 主要政策 | 时　间 | 部　门 |
|---|---|---|---|
| 稀土勘探 | 《中央地质勘查基金管理办法》 | 2011年2月 | 财政部、国土资源部 |
| 稀土开采 | 《关于下达2010年钨矿锑矿和稀土矿开采总量控制指标的通知》 | 2010年3月 | 国土资源部 |
| | 《关于下达2011年钨矿锑矿和稀土矿开采总量控制指标的通知》 | 2011年3月 | 国土资源部 |
| 稀土生产 | 2010年稀有金属矿产品和冶炼分离产品指令性生产计划 | 2010年3月 | 工业和信息化部 |
| | 《关于下达2011年稀有金属指令性生产计划的通知》 | 2011年3月 | 工业和信息化部 |
| 稀土出口 | 关于稀土出口配额 | 2010年2月、7月、12月 | 商务部 |
| | 《2011年出口许可证管理货物目录》 | 2010年12月 | 商务部、海关总署 |
| | 《关于2011年关税实施方案的通知》 | 2010年12月 | 国务院 |
| 稀土尾矿与环境保护 | 《金属尾矿综合利用专项规划（2010—2015年）》 | 2010年4月 | 工业和信息化部 |
| | 《稀土工业污染物排放标准》 | 2011年1月 | 环境保护部 |
| | 《关于开展稀土企业环保核查工作的通知》 | 2011年4月 | 环境保护部 |
| 稀土产业布局 | 《稀土行业准入条件（征求意见稿）》 | 2010年5月 | 工业和信息化部 |
| | 《关于开展全国稀土等矿产开发秩序专项整治行动的通知》 | 2010年5月 | 国土资源部 |
| | 《关于促进稀土企业兼并重组的意见》 | 2010年8月 | 国务院 |
| | 《关于省级稀土等矿产资源开发整合重点挂牌督办矿区名单的公告》 | 2010年10月 | 国土资源部 |
| | 《部分工业行业淘汰落后生产工艺装备和产品指导目录（2010年本）》 | 2010年10月 | 工业和信息化部 |
| | 《国土资源部关于开展稀土等矿产开发秩序专项整治行动的通知》 | 2010年10月 | 国土资源部 |
| | 《关于设立首批稀土矿产国家规划矿区的公告》 | 2011年1月 | 国土资源部 |
| | 《产业结构调整指导目录（2011年本）》 | 2011年3月 | 国家发展与改革委员会 |
| 综合性政策 | 《关于促进稀土行业持续健康发展的若干意见》 | 2011年5月 | 国务院 |

资料来源：赛迪投资顾问，2012-04.

## （二）科技创新与资本结合助推稀土产业发展

中国稀土产业的进一步发展将充分依靠科技创新，走出一条高起点、精产品、高质量、多品种、低能耗、高效益、可持续的内涵式、集约式的发展道路。稀土产业的发展动力主要依靠稀土新应用、新市场开发，也就是依靠稀土应用技术的发展来拉动。因此，稀土科学技术的创新是稀土产业发展的原动力，这也是将中国资源优势转化为经济优势的关键所在。

在科技创新与资本相结合的带动下，稀土产业将集中优势，以科学创新为基础，以资本为纽带，在产融结合的模式下紧抓政策和市场机遇，带动稀土产业健康发展。

### （三）稀土永磁将成为未来投资趋势

新材料产业是战略性新兴产业之一，对保障国家重大工程建设，促进传统产业转型升级，构建国际竞争新优势具有重要的战略意义。目前新材料产业在我国GDP的占比仅为3%。根据国家颁布的《国务院关于加快培育和发展战略性新兴产业的决定》，2015年新材料产业GDP占比目标为8%，至2020年，占比将达到15%，新材料产业将会呈现飞速增长的态势。

由于我国的稀土资源优势及超前的研发技术优势，使我国稀土永磁领先于其他金属新材料。特别是在我国的研发技术方面，目前稀土永磁同步电动机的开发与应用扩大了永磁同步电动机在各个行业的应用，稀土永磁电机最显著的性能特点是轻型化、高性能化、高效节能。高性能稀土永磁电机是许多新技术、高技术产业的基础。它与电力电子技术和微电子控制技术相结合，可以制造出各种性能优异的机电一体化产品，如数控机床、加工中心、柔性生产线、机器人、电动车、高性能家用电器、计算机，等等。同时，稀土永磁符合国家"着力实现重点领域突破，综合考虑我国国情和科技、产业基础，根据战略性新兴产业发展阶段和特点，在统筹规划、系统布局、协调推进的同时，选择最有基础和条件的领域进行重点突破，加快形成竞争优势"的要求，这将为稀土永磁的发展博得更多的政策支持。

目前，由国务院颁发、工业和信息化部牵头制定的《节能与新能源汽车产业发展规划（2011—2020年）》即将公布，纯电动汽车和插电式混合动力市场将成为受益最大的领域。根据该规划的草案，至2015年纯电动和插电式混合动力汽车累计产销量将达到50万辆以上，2020年更是10倍于2015年的市场水平，这将形成规模上万亿元的新能源汽车市场。新能源汽车市场是稀土永磁下游需求的最大市场，也是最值得期待的市场。发展新能源汽车业是国家既定的战略目标，新能源汽车将逐步步入快速发展轨道，对稀土永磁业来讲，一方面将间接获得政策支撑，另一方面巨大的市场空间将日趋明晰。

## 第二节　稀土产业股权融资

### 一、稀土产业股权融资情况概述

2010—2011年中国稀土产业披露的以VC/PE投资和战略投资为融资方式的股权融资案例15例。已披露金额的融资案例13例，融资金额为15.77亿元，平均每笔融资金额为1.21亿元（见表17-4）。其中，单笔最大融资金额为2011年2月中科三环定向募集5.84亿元人民币，用于北京新能源汽车和节能家电用高性能稀土永磁材料技改扩产项目、天津风力发电和节能家电用高性能稀土永磁材料技术改造项目以及宁波信息产业用高性能稀土永磁材料技术改造项目，金额占2010—2011年已披露融资总额的37.03%。

表17-4 2010—2011年稀土企业股权融资案例情况

| 年度 | 融资类型 | 案例数（例） | 已披露金额案例数（例） | 融资金额（万元） | 占比 |
|---|---|---|---|---|---|
| 2010 | VC/PE | 3 | 3 | 20 000.0 | 12.7% |
| | 战略投资 | 5 | 3 | 15 320.6 | 9.7% |
| 2011 | VC/PE | 1 | 1 | 58 400.0 | 37.0% |
| | 战略投资 | 6 | 6 | 63 980.0 | 40.6% |
| 合计 | | 15 | 13 | 157 700.6 | 100% |

资料来源：赛迪投资顾问，2012-04.

战略投资一般着眼于公司未来的长远发展，在公司主营业务遇到瓶颈或者增速放缓时，通过引入战略投资将使公司获得发展所需资源，从而获得公司未来的经济增长点。2011年1月，马鞍山鼎泰稀土新材料股份有限公司（鼎泰新材，002352）公告使用部分超募资金对全资子公司重庆市隆泰稀土新材料有限责任公司（隆泰新材）增资人民币4 000万元。隆泰新材成立于2010年9月，主要经营范围是生产和销售稀土应用领域内的金属，包括稀土锌铝合金、稀土多远合金镀层等。本次战略投资完成后，隆泰新材将增加6万吨相关金属的冶炼能力，扩大母公司鼎泰新材在稀土下游应用领域的影响力，有利于提升整个公司的价值。

目前中国的资本市场，几乎达到一种逢"稀"必涨的程度，不管是西藏发展（000752），还是科力远（600478），在刚刚发出进军稀土的信号时，股价均逆势大涨；同样在后来终止稀土项目时，股价均出现大幅度下跌，其中科力远跌幅超过20%。稀土概念广受资本市场的追捧，使得2010年和2011年VC/PE融资渠道共为中国稀土企业取得了7 840万元的股权融资，占到全部融资总额的49.71%。

## 二、稀土企业股权融资方式分析

### （一）VC/PE股权融资分析

我国稀土产业已经建立了稀土矿开采—稀土分离—稀土金属—稀土合金—稀土应用产品的生产一体化的产业链条。2010—2011年稀土行业获得战略投资的业务类型如图17-9所示。

VC/PE更侧重于稀土下游应用领域的投资，VC/PE主要是为了获得短期的财务利益进行的投资，在目前稀土价格持续低迷的情况下，以稀土为原料的稀土应用产品生产企业当期以及预期利润都有了大幅的提高，吸引了大批的投资者（见图17-10）。

VC/PE股权投资全部投向于稀土应用领域，其中用于应用技术开发的投资为58 400万元，占比为74.49%（见图17-11）。

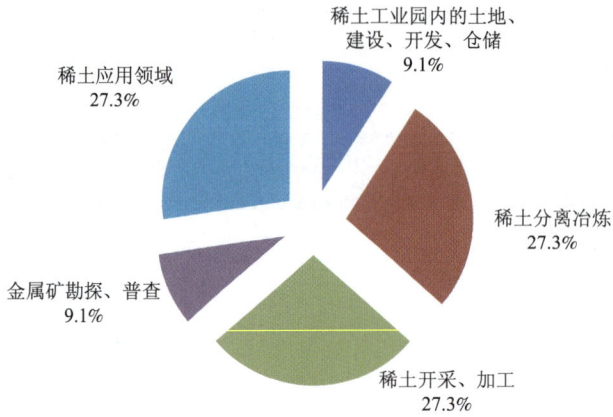

图17-9　2010—2011年稀土行业获得战略投资的业务类型

资料来源：赛迪投资顾问，2012-04.

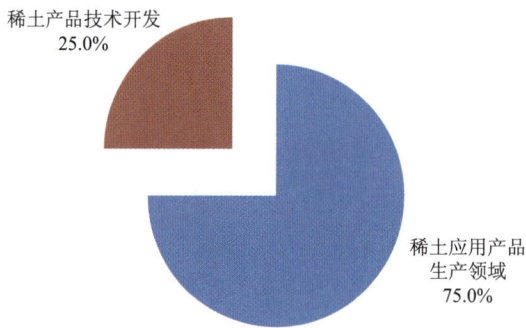

图17-10　2010—2011年稀土行业获得VC/PE投资的业务类型

资料来源：赛迪投资顾问，2012-04.

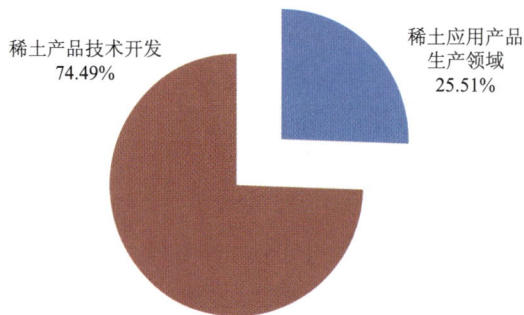

图17-11　2010—2011年稀土行业VC/PE方式股权融资业务规模

资料来源：赛迪投资顾问，2012-04.

随着国家对于稀土矿开采资格的限制，上游企业的资源垄断优势将进一步放大，战略投资将逐步由具有稀土矿开采资格的上游企业向下游的应用企业转变。以包钢稀土为例，在此之前，包钢稀土开采稀土矿提供给35家稀土分离企业进行加工，部分下游企业参股宝钢，以获取稳定的原料；目前国家限制稀土产量，任何一家稀土分离企业的产能都能够满足目前国家的限额，下游企业都希望包钢入股，以获得原料生存下去。而VC/PE仍将以稀土应用领域为主要投资方向。

### （二）战略融资分析

引入战略投资是中国稀土产业在股权融资类型中的主要渠道。2010—2011年披露的战略投资方式的案例总量为11例，占全部融资案例的73.33%，披露融资金额的案例有9例，股权融资的融资总金额为79 301万元，占全部融资总额的50.28%。

总体来说，战略投资更偏向于稀土产业链的上游行业，包括配套设施建设，稀土矿探查、开采及分离，共占全部战略投资案例的72.73%，其中稀土矿开采以及稀土矿分离为主要投资业务，各为3例，分别占全部战略投资案例的27.27%。

2010—2011年稀土企业股权融资案例数量对比情况如图17-12所示。

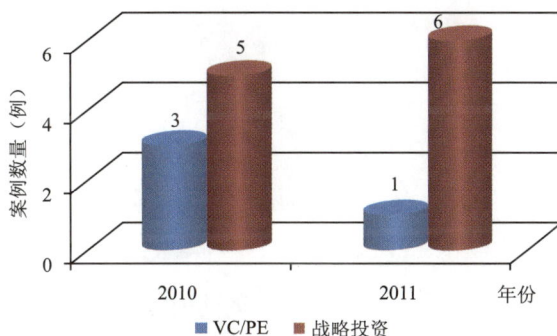

图17-12 2010—2011年稀土企业股权融资案例数量对比情况

资料来源：赛迪投资顾问，2012-04.

在资金规模上，稀土产业链上游企业共获得战略投资59 900.57万元，占比为85.2%，其中稀土分离冶炼企业获得34 380万元，占全部战略投资的48.90%，中国铝业集团出资2.5亿元投资广西有色金属集团稀土开发有限公司是金额最大的投资案例。统计数据显示，战略投资多集中于稀土产业的上游区域，这是由稀土产业资源性特点决定的。只有在未来发展中控制了矿源，企业才能消除对于资源需求的不确定性，才不会被资源性壁垒所限制（见图17-13）。

2010—2011年披露的稀土企业进行股权融资15例。案例主要分布于江西、福建、广东、广西等稀土矿丰富的南部地区，四省融资案例总计为11例，占案例总量的73.3%（见图17-14）。

由于稀土矿区具有明显的"北部集中，南部分散"的特点，稀土行业的融资区域相对集中。2011年10月，国务院出台的《关于促进稀土行业持续健康发展的若干意见》明确要求要形成以大型企业为主导的稀土行业格局，提出"南方离子型稀土行业排名前三位的企业集团产业集中度达到80%以上"的有关规定。大型企业尤其是大型的国企、央企开始针对稀土矿区相对集中的江西、广西两省（自治区）以及稀土分离能力较强的福建、广东两省进行大规模的并购及股权融资活动，以便进入南方稀土"三甲"之列，并在未来发展中占据有利的地位。

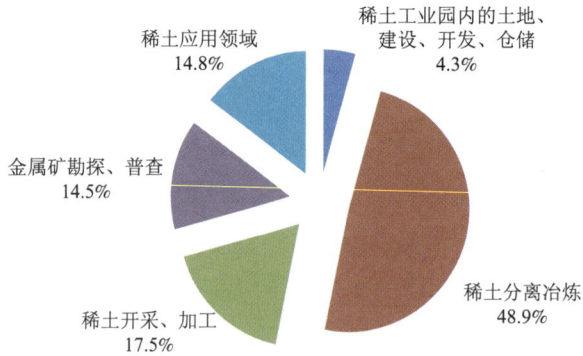

图17-13　稀土行业不同业务类型企业获得战略投资的规模

资料来源：赛迪投资顾问，2012-04.

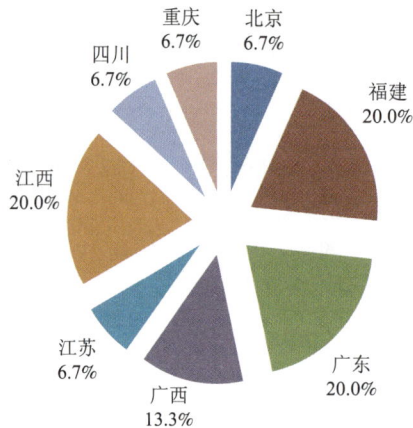

图17-14　2010—2011年稀土行业获得股权融资企业地区分布

资料来源：赛迪投资顾问，2012-04.

　　2010—2011年稀土企业披露的股权融资金额统计显示，北京地区股权融资金额为5.84亿元，占股权融资总额的37.0%。由于北京属于经济发达且国企、央企总部密集的地区，因此融资金额较高。广西地区和广东金属矿勘探、挖掘企业获得的融资额分别达到35 200万元和21 380万元，分别占融资总额的22.3%和13.6%，是股权融资资金流向最集中的区域之一，福建和广西地区融资额分别为13 000万元和12 320.57万元，主要流向于稀土分离和稀土应用领域企业，融资规模的区域特性明显（见图17-15）。

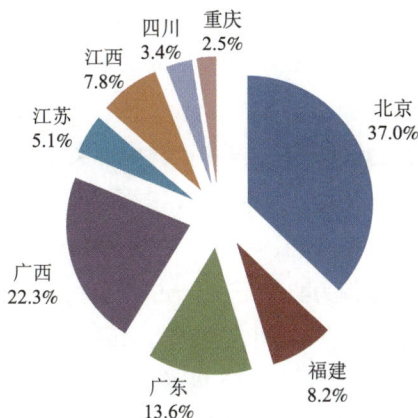

图17-15　2010—2011稀土行业获得股权融资企业规模分布

资料来源：赛迪投资顾问，2012-04.

# 第三节　稀土产业IPO

## 一、企业IPO情况概述

### （一）IPO总体情况

稀土资源是国家战略布局的重点之一，因此，具有稀土矿产资源的企业很少在海外上市，能够在海外上市的稀土企业多是稀土加工及其下游应用企业。1992年至今，我国具有稀土概念的上市公司为30家，其中上游资源类上市公司8家，上市当年募集资金总额44.80亿元。永磁材料上市公司22家，上市当年募集资金总额193.31亿元（见图17-16）。

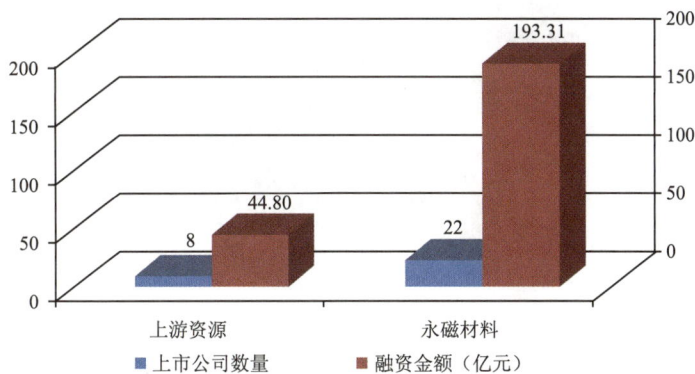

图17-16　稀土产业上市公司行业分布与上市当年募资情况

资料来源：赛迪投资顾问，2012-04.

稀土企业境内IPO主要分布在上海A股、深圳A股、中小企业板和创业板。目前，稀土行业企业在各板块上市情况如下。

（1）上海A股共有15家稀土上市公司，其中上游资源类企业7家，永磁材料类企业8家。稀土企业在上海A股上市当年融资金额为146.50亿元，占稀土企业IPO融资总额的61.53%。

（2）深圳A股共有8家稀土上市公司，其中上游资源类企业1家，永磁材料类企业7家。稀土企业在深圳A股上市当年融资金额为43.18亿元，占稀土企业IPO融资总额的18.13%。

（3）中小企业板共有5家稀土上市公司，全部为永磁材料类企业。稀土企业在中小企业板上市当年融资金额为32.61亿元，占稀土企业IPO融资总额的13.70%。

（4）创业板共有2家稀土上市公司，全部为永磁材料类企业。稀土企业在创业板上市当年融资金额为15.82亿元，占稀土企业IPO融资总额的6.64%（见图17-17和图17-18）。

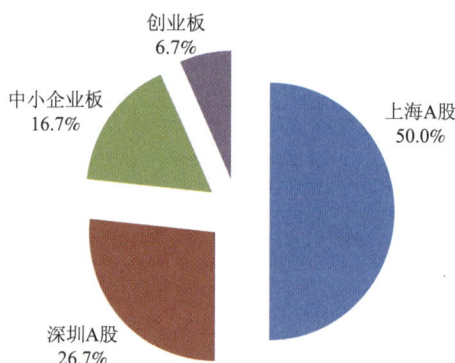

图17-17　稀土产业上市公司境内上市分布情况

资料来源：赛迪投资顾问，2012-04.

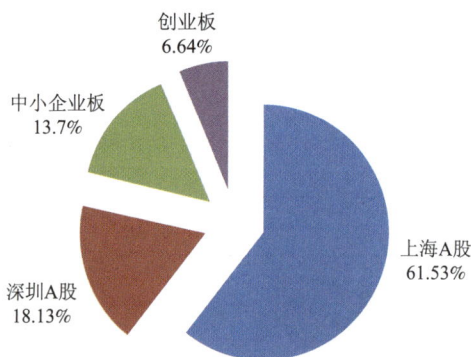

图17-18　稀土产业上市公司境内上市当年融资金额分布情况

资料来源：赛迪投资顾问，2012-04.

2010—2011年上市的稀土业上市公司共有四家，上市公司情况如表17-5所示。

表17-5　2010—2011年稀土企业IPO上市情况

| 序号 | 上市企业 | 代码 | 交易所 | 概念分类 | 所属行业 | 融资金额（万元） | 上市时间 |
|---|---|---|---|---|---|---|---|
| 1 | 江粉磁材 | 002600 | 中小企业板 | 永磁材料 | 电子元件制造业 | 63 600 | 2011年7月 |
| 2 | 正海磁材 | 300224 | 创业板 | 永磁材料 | 电子元器件制造业 | 84 360 | 2011年5月 |
| 3 | 银河磁体 | 300127 | 创业板 | 永磁材料 | 电子元器件制造业 | 73 800 | 2010年10月 |
| 4 | 鼎泰新材 | 002057 | 中小企业板 | 永磁材料 | 金属制品业 | 62 400 | 2010年2月 |

资料来源：赛迪投资顾问，2012-04.

## （二）企业区域

从目前稀土产业上市公司地域分布来看，IPO上市覆盖的省市较多且比较分散。从上市公司概念分类中的上游资源分布情况来看，受矿产资源的地域影响，这些公司的地点多分布在资源集中的地域，如内蒙古等地。由于稀土企业多为集团性质的大型公司，因此部分总部基地集中于商业发达的地区，如北京、上海、广东等地（见图17-19）。

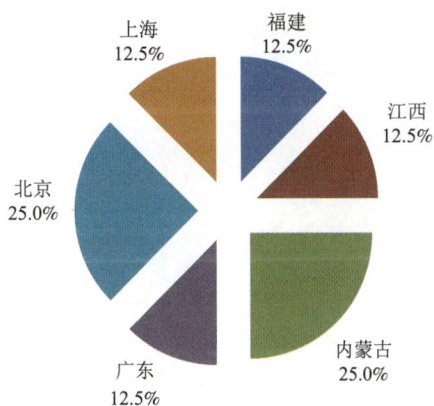

图17-19　稀土产业上游资源类上市公司总部地域分布

资料来源：赛迪投资顾问，2012-04.

下游稀土永磁材料应用企业的分布多集中于稀土矿较多的地区，这样有利于业务开展，如北京、浙江等（见图17-20）。

总体来看，上市公司主要分布在北京和广东两地，该地区共有稀土上市公司12家。两地上市企业当年融资金额共计142.30亿元，占融资金额总量的59.76%。其中，北京依旧是IPO上市稀土企业的主要地区，共有IPO案例8例，融资资金为130.28亿元，占全部融资金额的54.72%（见表17-6）。

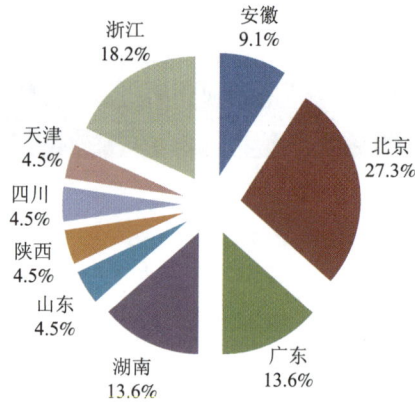

图17-20    稀土产业永磁材料类上市公司总部地域分布

资料来源：赛迪投资顾问，2012-04.

表17-6    2010年—2011年10月软件企业IPO规模地区分布

| 地　区 | IPO案例数 | 上市当年融资金额（亿元） | 融资金额比例 |
|---|---|---|---|
| 北京 | 8 | 130.3 | 54.72% |
| 广东 | 4 | 12.0 | 5.04% |
| 浙江 | 4 | 15.4 | 6.47% |
| 湖南 | 3 | 20.2 | 8.48% |
| 安徽 | 2 | 7.6 | 3.19% |
| 内蒙古 | 2 | 21.7 | 9.11% |
| 山东 | 1 | 8.4 | 3.53% |
| 陕西 | 1 | 2.9 | 1.22% |
| 四川 | 1 | 7.4 | 3.11% |
| 天津 | 1 | 3.3 | 1.39% |
| 福建 | 1 | 3.5 | 1.47% |
| 江西 | 1 | 5.2 | 2.18% |
| 上海 | 1 | 0.2 | 0.08% |
| 合计 | 30 | 238.1 | 100.00% |

资料来源：赛迪投资顾问，2012-04.

## （三）募投项目分析

据统计，在2000年以后上市的20个稀土企业中，对外公布的募集资金使用项目100例，其中，用于新建项目27例，占项目总数的27.00%；用于资本运作（增资、收购）的10例，占项目总数的10.00%（见图17-21）。

在披露的募投项目中，用于改扩建的项目共40例，披露的募集资金运用金额56.93亿元，占募集资金运用总额的27.33%。用于资本运作的案例为10例，披露金额87.36亿元，占募集资金运用总额的41.94%，主要是受到中国铝业上市募集项目的影响。中国铝业的发行方式为换股

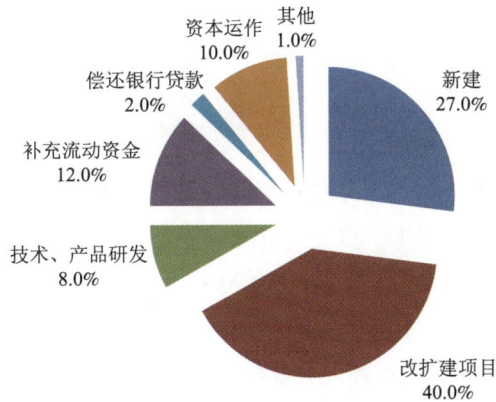

图17-21 2000年以后上市的稀土企业IPO融资投向分布（数量）

资料来源：赛迪投资顾问，2012-04.

发行，向山东铝业、兰州铝业现有的除中国铝业外的其他股东发行境内上市人民币普通股（A股），以换股方式吸收合并山东铝业、兰州铝业，除此之外，不向其他投资者发行股票募集资金。发行股数为1 236 731 729股，发行总市值约为81.62亿元。

在募集资金运用金额统计中，用于新建项目投资的募集资金金额为39.67亿元，仅占募集资金总额的19.0%，主要是受到稀土产业特征的影响。对于上游资源类上市公司而言，新建项目意味着对新的稀土资源进行综合利用，目前我国对稀土资源的开采已陆续出台了限制政策，因此对于稀土资源类企业而言，实施新项目的风险较高。而进行项目技术改造扩建、提升现有产能和效率则是稀土类企业普遍的募集资金应用方式。根据统计数据，稀土上市公司募投项目中进行改扩建的项目为40例，运用募集资金56.93万元，占募集资金运用总额的27.3%，仅次于资本运作用途（见图17-22）。

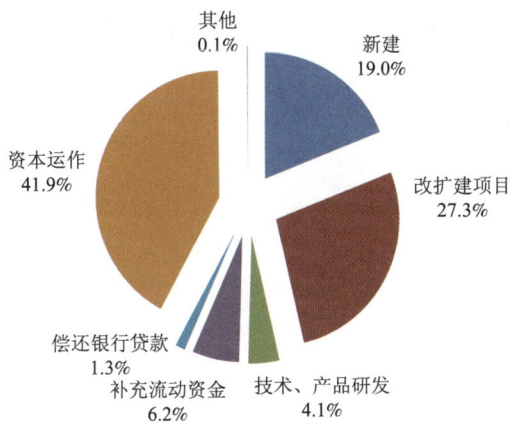

图17-22 2000年后稀土企业IPO融资投向分布（金额）

资料来源：赛迪投资顾问，2012-04.

## 二、IPO企业的特征

### （一）上市公司央企控股、地方企业参股将成普遍现象

出于稀土属于国家战略的考虑，以及近几年稀土企业股权变更的情况，中国稀土产业将逐渐呈现出以央企控股、地方企业参股为主的格局。在目前的稀土业上市公司中，中色股份、五矿发展、北矿磁材、安泰科技等均是由央企控股的上市公司。中色股份正处于快速成长期，北方铅锌巨子、南方稀土龙头格局已现。安泰科技的母公司收购微山稀土并拟建立稀土下游产业工业园，届时将大力推进钕铁硼产业扩张。

### （二）产业布局为先导，地域引导企业IPO上市

为了实现中国构建以若干大型企业集团为主导的稀土产业格局，提高产业集中度、走集约化发展的道路，拥有丰富稀土资源的部分地区加快了引导省内企业IPO的步伐。例如，稀土资源丰富的江西省，省内稀土企业的上市日程均已启动，如作为筹备上市第一梯队的稀土金属生产和出口企业——赣州虔东稀土集团股份有限公司，目前已形成了产金属钕2 500吨、金属铽20吨、金属镨钕200吨、镝铁合金250吨的生产能力；作为筹备上市的第二梯队的以重稀土分离为主业的赣州晨光稀土新材料有限公司也加快了上市的步伐，同时，赣县红金稀土有限公司等地方性企业也着手展开了IPO业务进程。地方政府对于境内矿企IPO给予了极大的支持，不仅在政策上给予优惠，还为企业提供了税收等财政支持。这种以产业布局为先导，由政府大力支持地方企业上市IPO的情况在资源丰富的省份将得到大力推广。

# 第四节　稀土产业并购

## 一、企业并购情况概述

### （一）并购总体情况

我国的稀土矿产分布具有明显的"北部轻稀土为主且集中、南部重稀土为主但分散"的特点。包钢稀土（600111）资源优势得天独厚、产业链一体，基本实现了我国北方稀土专营；而我国南方则出现了大量的中小稀土开采、冶炼企业，稀土开采水平落后，管理模式粗放，使得大量的稀土资源流失和破坏。

2011年9月，我国正式发布《关于促进企业兼并重组的意见》，稀土被纳入重点行业兼并重组的名单，仅仅相隔一个月的时间，国务院又出台了《关于促进稀土行业持续健康发展的若干意见》，明确要求要形成以大型企业为主导的稀土行业格局，提出"南方离子型稀土行业排

名前三位的企业集团产业集中度达到80%以上"的有关规定。

目前，中国稀土产业龙头企业还不多，龙头企业的辐射带动作用有限。而在美国，稀土行业只有两家企业，法国仅有一家。赛迪投资顾问认为，南方5省15市稀土产业格局将会继续处于波动状态。据统计，2010—2011年中国稀土行业披露并购案例28例，其中已披露并购金额案例19例，涉及并购金额16.99亿元（见表17-7）。

表17-7　2010—2011年稀土产业并购规模

| 年　　份 | 案例数<br>（例） | 已披露并购金额<br>案例数（例） | 已披露金额<br>（万元） | 平均每笔并购金额<br>（万元） |
| --- | --- | --- | --- | --- |
| 2010年 | 6 | 5 | 16 747.71 | 3 349.54 |
| 2011年 | 22 | 14 | 153 156.16 | 8 060.85 |
| 合计 | 28 | 19 | 169 903.87 | 8 942.31 |

资料来源：赛迪投资顾问，2012-04.

### （二）地区分布

稀土是各个国家战略储备的重要物资，目前国内北方稀土矿区已基本划归包钢稀土垄断经营，南方稀土矿正在被几大国有企业所瓜分，2010—2011年稀土企业披露的并购案例全部为境内收购，不存在跨境收购的情况。

在境内企业并购中，金额最大的案例为2011年8月四川江铜稀土有限责任公司完成了对当地六家稀土企业采矿权的收购，正式获得了牦牛坪稀土矿的采矿权证，其涉及金额高达4.3亿元。四川冕宁牦牛坪稀土矿是中国仅次于内蒙古包头市的第二大稀土资源供应地，也是世界第二大稀土资源供应地，探明储量近200万吨。收购完成后，江铜集团以铜业为平台进入稀土领域，进入国家规划的南方"三大"格局的角逐中。江铜稀土有限责任公司计划以稀土矿为基础，建设以稀土深度加工和应用产品为龙头的稀土开采、冶炼分离、深加工三位一体的生产基地，实现从原料粗加工向精、深加工及产品开发的根本转变，打造南方稀土产业高科技基地，符合国家对于稀土产业的规划要求。

2010年和2011年，境内稀土企业并购案例涉及11个省（直辖市、自治区），但并购相对集中。其中主要并购案例发生在江苏、江西、山东、广西和四川五省，其并购案例数量为20例，占境内全部并购案例的74.0%。江苏和江西是稀土分离企业的集中区域，并购案例各为5例，山东和四川地区是稀土生产的集中区域，各占全国稀土总储量的3%左右，因此也成为了稀土企业并购的最重点区域，稀土企业并购案例分别是4例和3例（见图17-23）。

在2010—2011年已披露金额的稀土企业并购案例中，四川、江西和广西三地并购金额14 0562.73万元，占并购总额的82.8%。四川和江西分别作为稀土矿所在地和稀土分离行业聚集地，占比分别达到36.8%和32.0%。稀土行业并购规模与并购数量差别主要是由于其并购披露比例较低，如江苏地区，并购数量占比为17.86%，而并购规模占比仅为1.9%，5起并购案例中，披露交易金额的仅为1例（见图17-24）。

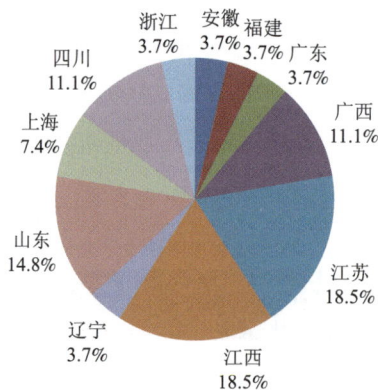

图17-23　2010—2011年稀土企业并购案例地区分布

资料来源：赛迪投资顾问，2012-04.

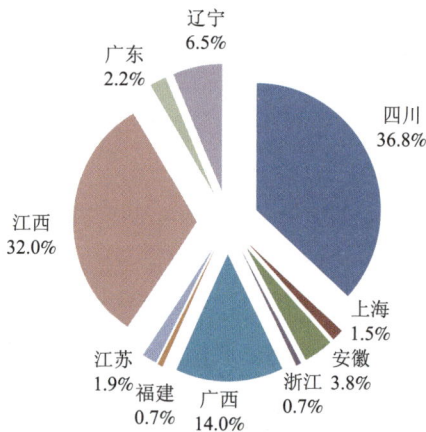

图17-24　2010—2011年稀土企业并购规模地区分布

资料来源：赛迪投资顾问，2012-04.

## （三）细分领域

从稀土细分领域来看，目前产业内重点并购领域是稀土开采、加工以及稀土分离、深加工，共有并购案例21例，约占全部境内并购案例数量的75%（见图17-25）。2011年12月，有研稀土新材料股份有限公司以3 220.83万元的总价从有研半导体材料股份有限公司和国泰半导体材料有限公司分别收购江苏省国盛稀土有限公司13%和7%的股权。国盛稀土是以稀土材料国家工程研究中心为技术依托的高科技型企业，拥有7 000吨包头混合碳酸稀土和3 000吨离子吸附型矿的分离能力，主要产品包括镧、铈、镨、镨钕、钕、铽、镝和钐铕钆富集物、钇富集物、镥富集物等的碳酸盐、硝酸盐、氯化物、氢氧化物、氧化物等系列产品，产品的稀土纯度为99%～99.99%，并购完成后，有研稀土新材料股份有限公司100%控股国盛稀土有限公司，有利于有研稀土集中力量发展主营业务，增强在稀土分离、深加工市场的竞争力。

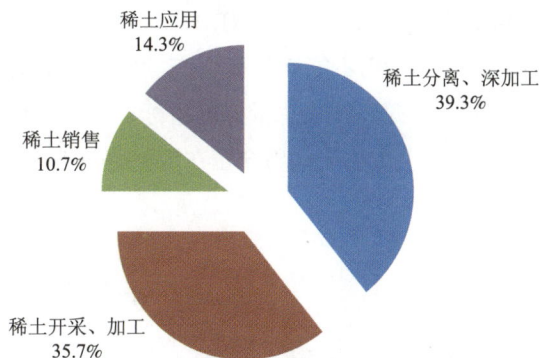

图17-25　2010—2011年稀土细分领域并购案例分布

资料来源：赛迪投资顾问，2012-04.

从已披露并购的金额来看，稀土开采、加工以及稀土分离、深加工的并购规模较大，稀土开采、加工并购金额占2010—2011年已披露金额的36.8%，稀土分离、深加工并购金额占比为37.2%（见图17-26）。

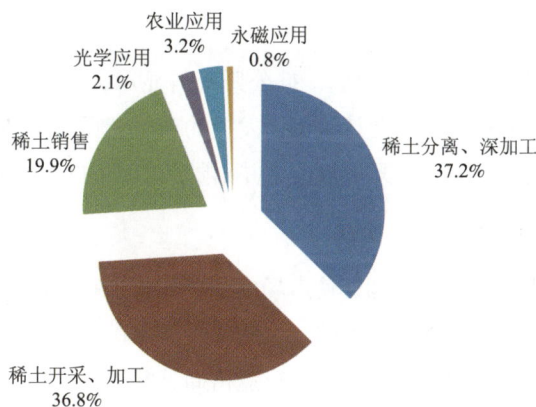

图17-26　2010—2011稀土行业各细分领域并购规模比较

资料来源：赛迪投资顾问，2012-04.

## 二、企业并购特征

### （一）产业并购地域特征明显，南方地区并购频发

南方稀土整合事件频发，而北方稀土的整合工作正在有条不紊地进行。目前，我国共有123个稀土矿开采权证，其中南方离子型稀土矿区拥有104个稀土采矿证，仅江西赣州就拥有88个稀土采矿证。北方稀土的开采权主要集中到了总部位于内蒙古包头的包钢稀土（600111）手中，南方稀土受到矿产资源分布等因素的影响，行业内的整合一直是个难点。

北方稀土主要集中在包头白云鄂博矿，约占全国稀土总储量的83%，包头市目前共有3

家稀土选矿厂，年选稀土精矿能力为10万吨（以REO计），包头稀土矿产品产量约占全国稀土矿产品产量的54%，但稀土选矿厂仍不能满负荷生产。按照当前的生产规模，仅包钢稀土（600111）一家就足以完成国土资源部开采总量控制指标、工业和信息化部指令性生产计划和商务部出口的配额。所以，此次北方稀土的整合正在围绕着包钢展开。2010—2011稀土产业南、北方并购案例如图17-27所示。

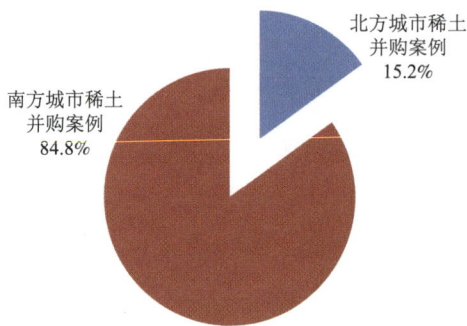

图17-27    2010—2011年稀土产业南、北方并购案例

资料来源：赛迪投资顾问，2012-04.

在南方稀土整合过程中，以赣州为例，据公开资料显示，国家颁布的《关于促进企业兼并重组的意见》及《关于促进稀土行业持续健康发展的若干意见》将涉及赣州88个开采权证中的65个，赣州市计划将其整合为19个开采权证，并划归到新设的7个矿区。

### （二）大型央企纷纷出手参加并购

2010—2011年，稀土产业内的收购促使市场集中度不断提高，尽管目前国内市场上稀土分离和深加工厂商数目仍然很多。随着国务院出台的《关于促进稀土行业持续健康发展的若干意见》明确要求要形成以大型企业为主导的稀土行业格局，并提出产业集中度要求，大型央企纷纷出手，以求更快地在南方稀土整合中处于领先优势，进而获得国家对于前三位稀土企业的支持，并取得经营优势。

同时，2011年稀土价格暴涨暴跌，令民营分离企业不堪原材料经营重负。稀土终端需求也令民营中小型稀土分离企业的产成品滞销严重，使本就紧张的资金更加流转不畅，民营企业被迫退出稀土分离、深加工市场。五矿集团已完成从两家合作民企手中收购五矿稀土（赣州）股份有限公司35%的股权，从而以75%的份额取得了五矿稀土的绝对控股权。鉴于五矿稀土在国内中重稀土分离市场中占有很大份额，因此该举动意味着稀土业分离环节的整合速度正在提升。

### （三）上市公司并购谨慎，非上市公司略显活跃

2010—2011年上市稀土企业并购案例共11例，交易金额全部披露；未上市稀土企业并购案例共17例，占并购案例数的60.71%，其中未披露金额并购案例9例，占全部未上市企业并购的52.94%（见图17-28）。

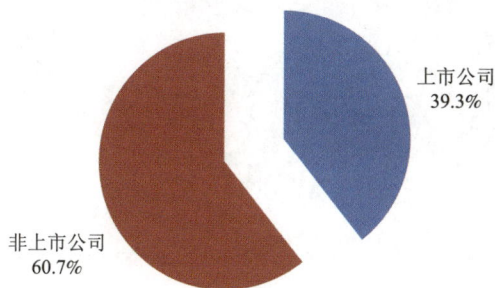

图17-28　2010—2011上市与非上市企业并购案例比较

资料来源：赛迪投资顾问，2012-04.

稀土企业并购主要发生在未上市企业之间，一是因为我国以前稀土企业规模较小，未能满足上市要求，在国家出台行业政策以后，希望通过并购实现跳跃式的发展；二是一些大的上市公司把稀土行业作为自己未来一个重要的发展方向，设立自己的子公司，在稀土概念大受追捧的情况下，企业希望通过剥离这些子公司并支持其通过收购快速发展，以实现其单独上市的目的。

目前来看，由于国家颁布的稀土行业政策施行时间很短，稀土企业大规模的并购浪潮仍在酝酿当中。赛迪投资顾问认为，在未来的2～3年里，将有更多的稀土分离以及深加工企业上市，从而推进我国稀土产业快速发展。

### （四）稀土概念大受追捧，多元化提高企业价值

2011年，凡是与"稀土"相关的概念股都是逆势大涨，大有一飞冲天之势。进军稀土产业也就成为了提升企业价值，获取新的企业增长点的重要途径。在资本市场以收购的方式直接进入稀土产业，一方面由于直接接受了原企业的产能和市场，能够降低新设厂房的不确定性风险；另一方面可以保留产业内的人才，更快地完成企业自身的转型。

鼎立股份（600614）作为一家主营房地产开发与经营的公司，2011年2月19日，公司公告以4 000万元的价格收购浙江中电设备股份有限公司持有的广西有色金属集团岑溪稀土开发有限公司10%的股权。溪稀土及其全资子公司岑溪市地润矿业有限公司目前已取得国家相关部门颁发的探矿权，经初步勘查，其所属勘查范围是离子吸附型稀土重要资源地，相关中、重稀土金属的储量较大。收购完成后，鼎立股份展开了一波凌厉的逆市上涨行情，在短短两个月的时间里，该股股价已从12.40元上涨到最高价19.38元。

鼎立股份通过对岑溪稀土开发有限公司的投资，提高了企业的价值。尽管收购目标企业股权比例相对较低，但却是公司在业务投资方面的新尝试。从其股价走势可以看出市场对于此次收购持支持态度。同年6月，鼎立股份又收购鑫盛矿业与金湖浩矿两家稀土销售公司，进一步拓宽了集团公司的经营范围，加快了其在稀土产业的布局，大大增加了公司未来的发展空间。

# 第十八章　CHAPTER 18

# 文化创意产业

## 第一节　文化创意产业投融资机遇

### 一、文化创意产业发展现状

#### （一）文化创意产业持续增长，增加值突破万亿元

在中国实施文化创意产业发展战略的积极推动下，中国文化创意产业迅速发展，已经由起步、探索、培育的初级阶段进入快速发展时期，呈现出蓬勃发展的新局面。"十一五"期间，中国文化创意产业增加值年均增长速度为22%。据统计，2011年中国文化创意产业增加值突破万亿元，在一些发展较快的地区，如北京、上海、广东等，文化创意产业已成为当地的支柱产业。从文化创意产业的发展经验来看，文化创意产业园区是促进产业快速发展的重要手段，文化创意产业园区也是城市经济发展的基础和支撑。文化创意产业不仅创造了经济价值，还为城市提供了公共文化服务，同时对传承城市文化，展示城市特色空间，塑造城市文化形象，提升城市软实力等起到重要作用。2006—2010年中国文化创意产业增加值和增长率如图18-1所示。

#### （二）产业基地数量众多，带动作用明显

2011年中国共产党第十七届六中全会通过的《中共中央关于深化文化体制改革推动社会主义文化大发展大繁荣若干重大问题的决定》将建设文化强国定为我国的战略目标，将文化创意产业的地位提升至新的高度。2012年颁布的《国家"十二五"时期文化改革发展规划纲要》则明确了新时期文化发展的方针、目标等。

目前国家命名的各类文化创意产业基地、园区已达到350个，其中文化创意产业示范园区和基地广泛分布于全国31个省、市、自治区（不包括港澳台），软件和动漫产业基地集中分布于中东部地区的中心城市，以及成都、西安等少数西部区域中心城市。在204家文化创意产业

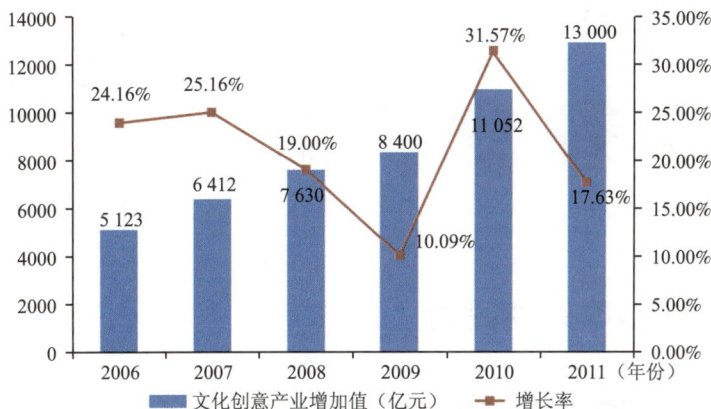

图18-1 2006—2010年中国文化创意产业增加值和增长率

资料来源：国家及各地统计局、文化部，赛迪顾问整理，2012-04.

基地中，位于东部沿海地区的84家，占基地总数的41.17%；位于东北地区的21家，占基地总数的10.29%；位于中部地区的44家，占基地总数的21.56%；位于西部地区的55家，占基地总数的26.96%。11个国家级软件产业基地除成都、西安、长沙外，都集中分布在东部沿海地区。8个国家数字出版基地集中分布在科技、文化较发达的东部城市。动漫产业基地则集中在环渤海、长三角和珠三角地区，以及武汉、长沙、重庆等少数中西部区域中心城市。

### （三）区域聚集发展迅速，集群化趋势明显

在2010年各省市文化综合发展水平排序上，北京连续两年保持第一；广东、上海、浙江和江苏稳居前五，山东、天津、四川、辽宁、福建位于第六至第十位。其中，四川首次进入前十名。在增长最快的10个省市中，有5个省市位于中西部地区。在资源投入水平方面，天津和内蒙古由于文化创意产业投入水平增幅较大进入前十名。在产业影响力方面，湖南、安徽等地凭借文化创意产业良好的社会效益及不断提高的经济效益进入前十名。

从产业规模方面来看，全国各地区的文化创意产业产值都有大幅增长，尤其是珠三角地区文化创意产业具有全国领先优势，环渤海地区以及长三角地区文化创意产业规模也增幅惊人。珠三角地区的深圳市2010年文化创意产业增加值达726亿元，位居全国大中城市前列；环渤海地区的北京市2010年文化创意产业实现增加值1 692.2亿元；长三角地区的上海市文化创意产业2010年增加值占全市生产总值的比重已达到约9.6%。全国各个地区的文化创意产业都在国家宏观政策指引下蓬勃发展。从环渤海、长三角、珠三角地区的文化创意产业结构以及细分领域来看，北京市作为中国文化创意产业的领航者，已形成了软件、网络及计算机服务、新闻传播、设计服务四大优势行业，人才、资源、国际交流、产业基础、创新能力等方面在全国首屈一指。天津市大力发展与城市规划建设、先进制造业发展、软件与信息化等相关的工程设计、建筑规划设计、工业设计、软件设计等研发设计行业。上海市目前拥有15家文化创意产业园区和80家创意产业集聚区，已形成动漫谷文化创意产业基地、张江文化创意产业园区、国家数字出版基地等一批文化创意产业集聚地，形成了"老厂房+艺术家"为主的创新模式，实现了文

化与科技融合、文化与资本的对接。深圳市聚集了一批以高新技术为依托、以数字内容为主体、自主知识产权为核心的高成长型企业，目前已建成文化创意产业园区45家，包括华侨城集团、大芬油画村、腾讯等国家级文化创意产业示范基地。广东省作为文化大省已经形成了包括北岸文化码头、太古汇、羊城创意园在内的成熟文化创意产业园区，目前正通过建立软件新媒体、影视会展、动漫文化旅游设计工艺等产业园区，促进文化创意产业规模化、集群化发展。

## 二、文化创意产业投融资发展机遇

### （一）政策支持层面：中央政策加速文化创意产业繁荣

中国共产党第十七届中央委员会第六次全体会议全面分析了当前的形势和任务。总结我国文化改革发展的丰富实践和宝贵经验、研究部署深化文化体制改革、推动社会主义文化大发展大繁荣、进一步兴起社会主义文化建设新高潮，对夺取全面建设小康社会新胜利、开创中国特色社会主义事业新局面、实现中华民族伟大复兴具有重大而深远的意义。会议通过的《中共中央关于深化文化体制改革推动社会主义文化大发展大繁荣若干重大问题的决定》中指出：实现文化事业全面繁荣，覆盖全社会的公共文化服务体系基本建立，努力实现基本公共文化服务均等化；文化创意产业成为国民经济支柱性产业，整体实力和国际竞争力显著增强，公有制为主体、多种所有制共同发展的文化创意产业格局全面形成；文化管理体制和文化产品生产经营机制充满活力、富有效率，以民族文化为主体、吸收外来有益文化、推动中华文化走向世界的文化开放格局进一步完善。

2012年出台的《国家"十二五"时期文化改革发展规划纲要》围绕建设社会主义文化强国的宏伟目标，提出了"十二五"期间，我国文化创意产业发展的主要目标：社会主义核心价值体系建设不断推进，全党全国各族人民团结奋斗的共同思想道德基础进一步巩固；文化体制改革重点任务基本完成，文化体制机制充满活力、富有效率，有力促进文化科学发展；覆盖全社会的公共文化服务体系基本建立，城乡居民能够较为便捷地享受公共文化服务，基本文化权益得到更好保障；现代文化创意产业体系和文化市场体系基本建立，文化创意产业增加值占国民经济比重显著提升，文化创意产业推动经济发展方式转变的作用明显增强，逐步成长为国民经济支柱性产业；文化产品创作生产体系不断完善，高素质文化人才队伍发展壮大，内容创新和传播能力大大增强，精神文化产品和社会文化生活丰富多彩，更好地满足人民群众的精神文化需求；公有制为主体、多种所有制共同发展的文化创意产业格局逐步形成；技术先进、传输快捷、覆盖广泛的文化传播体系更加完善，以大城市为中心、中小城市相配套、贯通城乡的现代文化产品流通网络逐渐形成；重点媒体国际传播能力不断增强，与我国经济社会发展水平和国际地位相匹配的媒体国际传播能力逐步形成；主要文化产品进出口严重逆差的局面逐步改善，形成以民族文化为主体、吸收外来有益文化、推动中华文化走向世界的文化开放格局；全民族文明素质明显提高，国家文化软实力和国际竞争力显著提升。

从2006年开始，国家运用宏观政策不断推动文化创意产业发展，重点改革政策如表18-1所示。

表18-1　我国2006—2012年文化体制改革重大政策与事件

| 时　间 | 主要事件 |
|---|---|
| 2006.1 | 国务院发出的《关于深化文化体制改革的若干意见》指出"要改进和完善国家扶持方式，坚持和完善有关文化领域的重点扶持政策和措施。要以项目投入为手段，以激发活力为目标，提高资金的使用效益。" |
| 2006.9.13 | 《国家"十一五"时期文化发展规划纲要》提出要"充分利用国内外资本市场，拓展文化创意产业投融资渠道。鼓励文化创意企业通过发行公司股票、企业债券在资本市场直接融资。" |
| 2007.10 | 党的十七大报告提出要大力发展文化创意产业，胡锦涛同志在报告中说，"深化文化体制改革"，"大力发展文化创意产业，实施重大文化创意产业项目带动战略，加快文化创意产业基地和区域性特色文化创意产业群建设，培育文化创意产业骨干企业和战略投资者，繁荣文化市场，增强国际竞争力。运用高新技术创新文化生活方式，培育新的文化业态，加快构建传输快捷、覆盖广泛的文化传播体系。" |
| 2008.4.16 | 文化部落实全国文化体制改革工作会议要求，提出了推进文化体制改革思路和六项措施，明确要求"完善促进文化创意产业发展的政策"，要"设立国家文化创意产业发展专项资金，采取贷款贴息、资助、奖励、设立投资风险基金等方式，扶持重大文化创意产业项目和优秀文化产品生产。" |
| 2008.10.19 | 温家宝在安排部署四季度经济工作时说"促进中小企业的发展，完善中小企业担保体系，鼓励金融机构增加对中小企业贷款，拓宽中小企业直接融资渠道，加大对中小企业技术创新的财政支持力度"。 |
| 2008.11.5 | 温家宝主持召开国务院常务会议，确定了关于进一步扩大内需促进经济增长的"国十条"措施，其中就有"加大金融对经济增长的支持力度"的明确表态。<br>财政部、海关总署、国家税务总局联合发文，为促进文化创意产业发展，对在2004年1月1日至2008年12月31日期间，经营性文化事业单位转制为企业和文化体制改革试点的企业，均可享受国家税收优惠政策 |
| 2009.3.9 | 文化部与中国进出口银行、中国进出口银行与深圳华强集团合作协议签约仪式在文化部举行。根据文化部和中国进出口银行《关于扶持培育文化出口重点企业、重点项目的合作协议》，在5年的合作期内，中国进出口银行计划向文化创意企业提供不低于200亿元人民币或等值外汇信贷资金 |
| 2009.4.24 | 文化部与中国银行《支持文化创意产业发展战略合作协议》、中国银行与中国对外文化集团公司合作协议签约仪式在中国银行总行举行 |
| 2009.9 | 国务院发布的《文化创意产业振兴规划》提出，将设立中国文化创意产业投资基金。按照有关管理办法，由中央财政注资引导，吸收国有骨干文化创意企业、大型国有企业和金融机构认购。基金由专门机构进行管理，实行市场化运作，通过股权投资等方式，推动资源重组和结构调整 |
| 2010.3.10 | 文化部与中国工商银行签署支持文化创意产业发展战略合作协议 |
| 2010.4.8 | 中宣部、中国人民银行、财政部、文化部、广电总局、出版总署、银监会、证监会、保监会联合下发《关于金融支持文化创意产业振兴和发展繁荣的指导意见》，要求通过创新信贷产品、完善授信模式、培育保险市场、实施文化产权评估交易等具体举措，加大金融对文化创意产业发展的支持力度，通过金融手段支持文化创意产业做大做强，其中鼓励银行信贷政策、直接融资政策以及保险政策等支持和振兴文化创意产业 |
| 2010.6.1 | 国务院下发《关于鼓励和引导民间投资健康发展的若干意见》 |

（续）

| 时　　间 | 主要事件 |
|---|---|
| 2010.6.18 | 文化部办公厅下发《关于推进文化创意产业投融资服务巩固部行合作机制的通知》 |
| 2011.6.20 | 财政部、海关总署和国家税务总局联合下发关于印发《动漫企业进口动漫开发生产用品免征进口税收的暂行规定》的通知 |
| 2011.10.18 | 中共十七届六中全会通过《中共中央关于深化文化体制改革、推动社会主义文化大发展大繁荣若干重大问题的决定》，提出"推动文化创意产业成为国民经济支柱性产业" |
| 2012.2.15 | 《国家"十二五"时期文化改革发展规划纲要》出台，提出实施一批重大项目，推进文化创意产业结构调整 |
| 2012.2.18 | 文化部发布《文化部"十二五"时期文化创意产业倍增计划》，提出在"十二五"期间，文化部门管理的文化创意产业增加值至少翻一番，年均增速在20%之上 |

资料来源：赛迪投资顾问，2012-04.

### （二）市场消费层面：文化消费发展迅速

众多信息显示，我国已经成为全球文化精品销售的重要市场。2011年我国文化消费总量在1万亿元左右，到"十二五"末，这一数字将达到1.5万亿元。艺术品市场持续升温、世界顶级演艺团体和明星频繁到来，足以证明我国高端文化消费的能力和潜力。大众文化消费和个性文化消费也蓬勃发展。看电影已经成为很多人假日休闲的一种重要方式，推动着我国电影产业2011年票房总收入突破百亿元。文化创意街区在各地涌现，街区内的创意小店、小剧场、个性书店等，为年青一代提供了更加时尚的文化消费选择。在中小城市和广大农村活跃着超过7 000家民营剧团，满足着不同地域群众的文化需求。适应家庭式文化旅游潮的兴起，文化休闲游、实景演出、主题公园等新的文化消费方式也得到长足发展。文化消费如今已成为扩大内需中不可或缺的一个环节。依靠科技与文化的结合，手机动漫、电子书、网络游戏、文化旅游等新兴的文化业态，不断创造出新的消费群体、新的消费热点。在需求和供应的相互作用下，人们的消费需求呈现越来越明显的多元化趋势。市场细化意味着发展空间的不断拓展，但也意味着只有能够找准定位、提供有针对性服务的文化创意企业才能得到更好的发展机会。

### （三）资本支持层面：文化金融化愈加明晰

2010年4月8日，中宣部会同中国人民银行、财政部、文化部、广电总局、新闻出版总署、银监会、证监会、保监会等九部委联合制定的《关于金融支持文化创意产业振兴和发展繁荣的指导意见》（以下简称《意见》）正式发布。《意见》要求，通过创新信贷产品、完善授信模式、培育保险市场、实施文化产权评估交易等具体举措，加大金融对文化创意产业发展的支持力度。《意见》明确了对文化创意企业各个阶段的金融支持政策，既有对初创期企业的资金支持扶持办法，也有对成熟期文化创意企业的优惠措施，贯穿了文化创意企业的发展过程。值得注意的是，在出台的扶持政策中，创新信贷产品、完善授信模式、利用资本市场再融资并购、培育文化创意产业保险市场等政策，属于机制上的重大突破。金融支持文化创意产业振兴和发展繁荣的专项政策，进一步完善了文化创意产业投融资体系，有利于推动文化创意企业利用资本市场做大做强。截至2011年年末，仅部行合作机制框架下，已有68个重点文化产业项目获得总计188.91亿元银行贷款支持；全国文化产业本外币中长期贷款余额累计达到861亿元。

### （四）技术促进层面：移动互联网等技术推动文化创意产业发展

与传统文化消费方式相比，在新技术、新观念推动下，便捷式、家庭式的文化消费成为快速扩张的新兴市场。2010年国内数字出版产业总体收入规模达到1 051.79亿元，比2009年增长了31.97%。而在2011年，仅上海新闻出版产业2011年总产值就已经突破了千亿元大关。手机出版、网络游戏、电子书等新兴文化消费领域，创造性地满足了人们的文化消费需求。除了计算机技术，数字交互技术的发展也为居家式文化消费提供了前所未有的选择。点播节目、交水电费、进行远程学习、玩休闲小游戏，越来越多的新功能被开发出来，电视已经成为众多新型文化消费的一个集成平台。以网络文学为例，盛大文学开启的网络付费阅读模式，打开了一个全新的消费领域，而它的成功则是建立在计算机技术和电子商务充分发展的基础上。如果没有网络写手的大量涌现、网上互动的便利、付费方式的快捷，这一模式不可能变为现实。

文化创意产业正成为我国国民经济发展的支柱产业。科技创新是文化创意产业发展的基础，科技作为第一生产力，已不仅是人类生产方式，也是人类生存方式改变的根本动力。只有文化与科技紧密结合，文化创意产业才能腾飞。就像互联网改变了世界，真正确立了全球化，全球化程度的提升也意味着互联网的不断进步。从某种意义上来说，人的"网络化生存"就是全球化进程的写照。文化安全的保障力也事关文化生产力的解放和促进，事关文化科技的自觉。作为文化安全的保障力，文化科技发挥了积极防御、重点防御、联手防御和预警防御的作用。

# 第二节　文化创意产业股权融资

## 一、文化创意产业股权融资情况概述

2006—2011年文化创意产业投融资总规模折合人民币约646亿元，其中仅2011年，文化创意产业投融资总规模折合人民币约397亿元，为历年之最，占2006—2011年文化创意产业投融资总规模的61.51%（见图18-2）。6年中，文化创意产业投融资事件总数达到500起，而2011年，文化创意产业投融资事件为220例，披露金额事件149例，分别占2006—2011年文化创意产业投融资事件总数的44%和42.45%，为历年之最（见图18-3）。

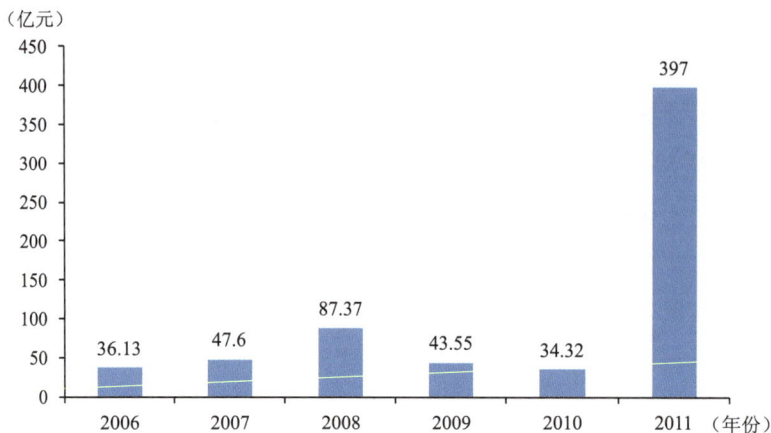

图18-2　2006—2011我国文化创意产业融资总规模

资料来源：赛迪投资顾问，2012-04.

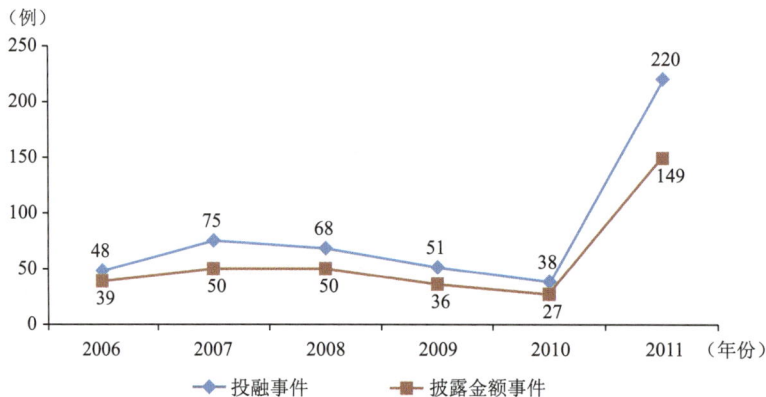

图18-3　2006—2011年我国文化创意产业投融资事件数量

资料来源：赛迪投资顾问，2012-04.

## 二、文化创意产业股权融资方式分析

### （一）VC/PE股权融资分析

#### 1. 融资总体状况

2011年，共发生40例VC/PE投资文化创意产业的投资事件，占2006—2011年间发生投资事件总数320例的12.5%；其中披露具体金额的有27例，占2006—2011年间披露资金数额投资事件总数227例的11.8%（见图18-4）。已披露具体金额的27例事件，投资总额为62.88亿元，占2006—2011年间披露金额事件总投资311.85亿元的20.16%（见图18-5）。表18-2为2011年我国VC/PE投资文化创意产业事件汇总。

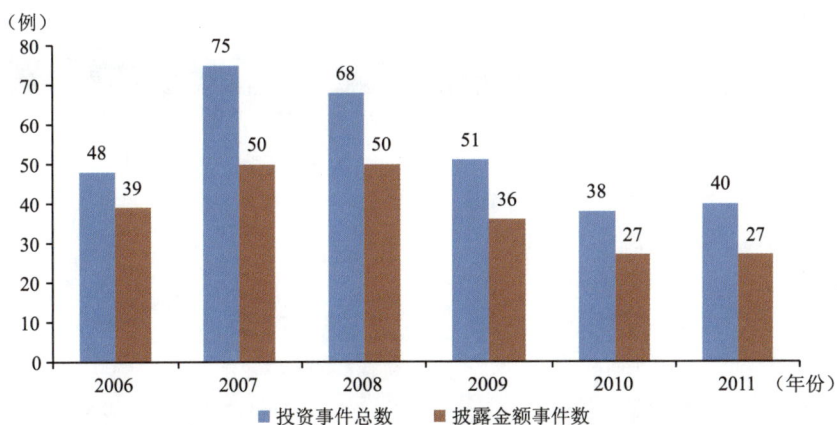

图18-4　2006—2011我国文化创意产业VC/PE投资事件数

资料来源：赛迪投资顾问，2012-04.

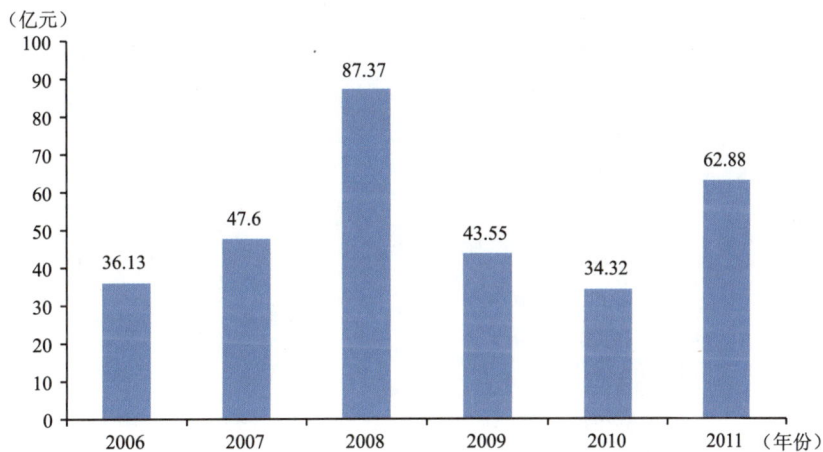

图18-5　2006—2011年VC/PE投资文化创意产业规模

资料来源：赛迪投资顾问，2012-04.

表18-2　2011年我国VC/PE投资文化创意产业事件汇总表

| 融资方 | 投资方 | 融资金额 | 人民币（万元） | 所属行业 |
|---|---|---|---|---|
| 互联网广告商盘石 | 永宣创投 | 2 000万美元 | 12 918 | 传统媒体 |
| 爱点击亚洲互动传媒有限公司 | 贝塔斯曼亚洲投资基金 | N/A | | 传统媒体 |
| 秒针信息 | 凯鹏华盈、中国宽带产业基金、红点创投和WPP Digital | 2 000万美元 | 12 918 | 传统媒体 |
| 悠易互通 | 橡树投资、思伟、戈壁 | 2 000万美元 | 12 918 | 传统媒体 |
| 聚胜万合 | 量子基金 | 5 000万美元 | 32 295 | 传统媒体 |
| 风火创意 | 同创伟业、易居资本 | N/A | | 传统媒体 |

（续）

| 融资方 | 投资方 | 融资金额 | 人民币（万元） | 所属行业 |
|---|---|---|---|---|
| Bshare | | N/A | | 传统媒体 |
| 百雅轩 | IDG | 6 000万元 | 6 000 | 传统媒体 |
| 江苏原力电脑动画 | 天津天保成长创投基金 | N/A | | 动漫及影视 |
| 盛源文化 | 深创投 | N/A | | 动漫及影视 |
| 金海岸 | 红杉资本 | N/A | | 动漫及影视 |
| 精锐国际 | 贝恩资本 | 4 000万美元 | 25 836 | 培训辅导 |
| 明日阳光体育 | 环新创投 | 500万元 | 500 | 培训辅导 |
| 龙文教育 | 信中利、创东方 | 4.5亿元 | 45 000 | 培训辅导 |
| 24券 | N/A | N/A | | 团购 |
| 拉手网 | | 1.11亿美元 | 71 694.9 | 团购 |
| F团 | 腾讯 | 6 000万美元 | 3 8754 | 团购 |
| 知我网 | IDG、百度 | 1 000万美元 | 6 459 | 团购 |
| 椰子网 | Koolanoo集团 | 500万美元 | 3 229.5 | 团购 |
| 米奇网 | 德同资本 | N/A | | 团购 |
| 酷盘 | DCM | 2 000万美元 | 12 918 | 网络服务 |
| 街库网、巨群网络 | 鼎信投资 | N/A | | 网络服务 |
| 115网盘 | | 2 000万美元 | 12 918 | 网络服务 |
| 饭否网 | 松禾资本 | 1 000万元 | 1 000 | 网络新媒体 |
| PPLive | 软银集团、蓝驰创投领投、德丰杰、龙脉投资 | 2.5亿美元 | 161 475 | 网络新媒体 |
| 点点网 | 创新工场 | N/A | | 网络新媒体 |
| 真旅网 | 凯旋创投 | 1 000万美元 | 6 459 | 网络新媒体 |
| 新华旅行网 | 麦顿投资 | 2 300万美元 | 14 855.7 | 网络新媒体 |
| 鲜果网 | 凯鹏华盈 | N/A | | 网络新媒体 |
| 看书网 | 红杉资本 | 2 700万元人民币 | 2 700 | 网络新媒体 |
| 豆瓣 | 挚信、红杉、贝塔斯曼 | 5 000万美元 | 32 295 | 网络新媒体 |
| 哇哇网 | N/A | 2 000万美元 | 12 918 | 网络新媒体 |
| 优士网 | 美国格理集团（GLG） | 300万美元 | 1 937.7 | 网络新媒体 |
| 蚂蜂窝 | 今日资本 | 500万美元 | 3 229.5 | 网络新媒体 |
| 儒豹 | 腾讯 | N/A | | 网络新媒体 |
| 91集团 | 祥峰创投 | 2 000万美元 | 12 918 | 网络新媒体 |
| 花瓣网 | KPCB | 100万美元 | 645.9 | 网络新媒体 |
| 多玩game网 | 老虎基金 | 1亿美元 | 64 590 | 网络游戏 |
| 乐元素 | 联想投资 | 3 000万美元 | 19 377 | 网络游戏 |
| 磊友科技 | 中经合、创新工场 | N/A | | 网络游戏 |

资料来源：赛迪投资顾问，2012-04.

### 2.　投资领域分布

2011年VC/PE投资文化创意产业主要分布在网络新媒体、传统媒体、网络游戏、动漫及影视、培训及辅导、网络服务。从投资事件数角度上看，以网络新媒体和传统媒体为主，占比和达到了53%（见图18-6）。

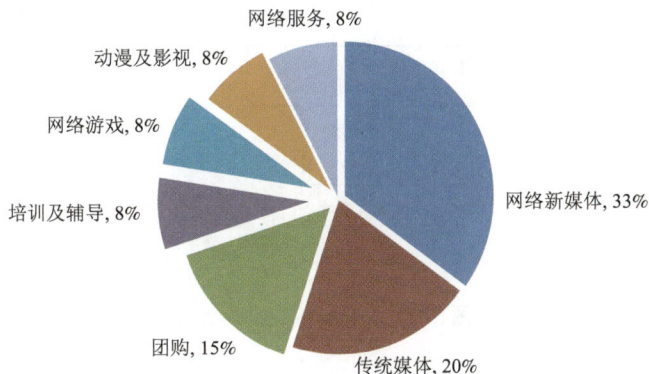

图18-6　2011年我国VC/PE投资文化产业事件情况

资料来源：赛迪投资顾问，2012-04.

## （二）文化产权交易所融资分析

### 1.　文化产权交易所：打造四类服务平台

文化产权交易即文化股权、物权、债权及知识产权（影视作品、数字产品、工业设计、文学作品等著作权）的转让或授权交易，文化创意项目投资受益权、文化产品权益的融资交易、各类文化艺术品拆分权益以及资本与文化对接的投融资综合配套服务。

作为一个交易服务平台类企业，文化产权交易所打造文化产权交易平台、文化创意产业投融资平台、文化创意企业孵化平台、文化产权登记托管平台四类平台。文化产权交易平台通过高效的信息发布平台和电子交易系统，广泛征集卖家和买家，充分发现市场价格，提高文化产权交易效率；文化创意产业投融资平台面向投资人，设计开发符合文化产权交易特性的融资产品和投资工具，为各类文化创意企业及项目提供融资支持；文化创意企业孵化平台提供文化创意企业改制、重组、股权登记托管、融资等完善的服务，提高孵化效率，加速其成长，辅导其走入资本市场；文化产权登记托管平台承担文化产权登记职能，办理各类文化产权托管，提供交易见证、过户、质押登记等服务。

文化产权交易所流程如图18-7所示。

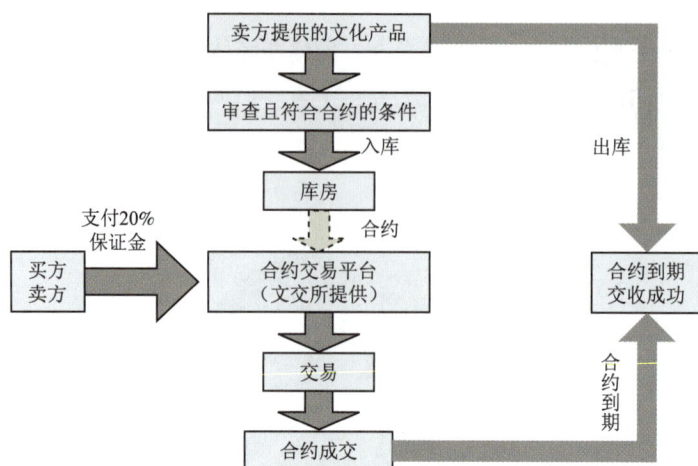

图18-7　文化产权交易所流程

资料来源：赛迪投资顾问，2012-04.

### 2. 文化产权交易所发展现状：各地纷纷设立文交所

据初步统计，自2009年2月国内首个文化产权交易平台——北京九歌艺术品交易所揭牌以来，全国各地已经相继成立了十余家文化产权交易所（见表18-3），文化产权交易日趋活跃。

表18-3　2009年—2012年1月各地成立文交所情况一览表

| 成立时间 | 名　称 | 性　质 | 交易对象或服务 |
|---|---|---|---|
| 2009年2月 | 北京九歌艺术品交易所 | 文物艺术品交易服务、艺术品合约设计等 | 油画、古代瓷器、文玩、古董等 |
| 2009年6月 | 上海文交所 | 专业化综合性服务平台 | 文化物权、债权、股权、知识产权等 |
| 2009年7月 | 北京工艺美术品交易平台 | 北京市文化创意产业投融资服务平台 | 工艺美术品产权 |
| 2009年9月 | 天津文交所 | 发行并上市交易拆分化的、非实物艺术品份额合约平台 | 文化艺术品鉴定、评估、托管、担保或保险，发行并上市交易拆分化的、非实物艺术品份额合约，同时交易经有关政府主管部门许可的艺术品信托受益凭证与其他文化艺术品期货、期权等 |
| 2009年11月 | 深圳文交所 | 多功能、综合性的文化产权交易服务平台 | 文化产权交易的平台，也是文化创意产业投融资平台、文化创意企业孵化加速平台和文化产权登记平台 |
| 2009年12月 | 歌华文化艺术品交易中心 | 为各种文化艺术产品、版权及项目交流、交易和投融资提供专业服务的平台 | 文化艺术品交易、文化艺术版权交易及文化艺术项目投融资服务等多项业务 |
| 2010年5月 | 成都文交所 | 综合性文化产权市场 | 文化物权、债权、股权、知识产权 |
| 2010年5月 | 沈阳文交所 | 文化产权的有形市场 | 文化产权 |

（续）

| 成立时间 | 名　称 | 性　质 | 交易对象或服务 |
|---|---|---|---|
| 2010年8月 | 安徽文化产权交易所 | 综合性文化产权市场 | 文房四宝、琴棋书画、动漫创意、广播影视、广告会展、旅游、艺术品收藏、广播影视权益转让，文化艺术和网络及休闲娱乐经营权、文化艺术经纪和市场服务经营权、各类出版权使用权、各类著作权益转让 |
| 2010年10月 | 广州文化产权交易所 | 各类文化产权和文化产品交易、投融资业务 | 影视、出版、发行、广告、演艺、文体、旅游、会展、设计、传媒、艺术品、动漫制作、创意科技等文化创意活动及相应主体提供资讯发布、策划、交易撮合、价格发现、资金融通、资金结算、招商引资等 |
| 2010年10月 | 湖北华中文化产权交易所 | 文化产权交易专业化市场 | 文化物权、债权、股权、知识产权等各类文化产权 |
| 2010年11月 | 广东南方文交所 | 文化产权和版权交易市场和平台 | 文化产权和版权交易服务 |
| 2011年3月 | 湖南文化艺术品产权交易所 | 综合性文化产权市场 | 为文化创意企业股权、著作权、版权、文化艺术品所有权、收藏权及分拆权益、债权提供交易、登记、托管平台等服务 |
| 2011年4月 | 郑州文化产权交易所 | 专业化、多样化的交易平台及交易监管服务 | 为文化艺术品持有人提供法律见证、鉴定、估值、保险、托管、份额化电子交易、网上及大厅交易、质押融资等 |
| 2011年4月 | 潍坊文化产权交易所 | 综合性文化交易服务平台 | 文化产权交易、文化创意产业投融资服务、文化创意企业孵化、文化产权登记托管和文化创意产业信息交流 |
| 2011年5月 | 山东文化产权交易所 | 文化产权交易平台、文化创意企业投融资平台与文化艺术品流转平台 | 文化物权、债权、股权、知识产权等各类文化产权提供产权流转平台 |
| 2011年7月 | 北京华彬艺术品产权交易所 | 综合性文化产权市场 | 中国书画、油画、陶瓷、玉石器、金属器、杂项 |
| 2011年7月 | 厦门海峡两岸文化艺术品交易所 | 文化产权交易、文化艺术品投融资服务、文化创意企业孵化 | 文化股权、物权、债权、及知识产权（影视作品、数字产品、工业设计、文学作品等著作权）的转让或授权交易，文化创意项目投资受益权、文化产品权益的融资交易，各类文化艺术品拆分权益、文化创意产业投资基金和文化产权交易指数等产品交易，以及资本与文化对接的投融资综合配套服务 |

（续）

| 成立时间 | 名　称 | 性　质 | 交易对象或服务 |
|---|---|---|---|
| 2011年10月 | 西安文化产权交易所 | 文化产权交易平台、文化创意产业投融资平台、文化创意企业孵化平台、文化产权登记托管平台 | 文化产权、股权、物权、债权、及知识产权（影视作品、数字产品、文学作品等著作权）的转让或授权交易，文化创意项目投资受益权、文化产品权益的融资交易，文化创意产业投资基金及资本与文化对接的投融资综合配套服务 |
| 2012年1月 | 锦州辽西文化产权交易所 | 集文化产权交易、投融资服务、文化创意企业孵化、文化创意产业信息交流和人才培训为一体的综合服务平台 | 文化物权、债权、股权、知识产权等各类文化产权为交易对象，政策咨询、信息发布、产权交易、项目推介、投资引导、项目融资、权益评估、并购策划等服务 |

资料来源：赛迪投资顾问，2012-04.

这些不断涌现的文化交易平台可以归并为两类：一类以上海文交所为代表，属于专业化综合性服务平台；另一类以天津文交所为代表，发行并上市交易拆分化的、非实物艺术品份额合约平台。文交所如雨后春笋般涌现，文化产权市场将进一步兴起，为文化产权的自由流转和投融资铺设道路。

# 第三节　文化创意产业IPO

## 一、企业IPO情况概述

上市融资是成熟文化创意企业的重要融资方式，文化创意企业可依托上市搭建的融资平台获得持续的资本金支持，还可实现资产价值增值、公司形象提升，并为并购重组等后续资本运作提供便利。2011年共有包括凤凰传媒等在内的12家企业为首次公开募股（Initial Public Offerings，IPO）上市（见图18-8和表18-4）。IPO以其直接融资功能及广泛市场效应成为文化创意企业的主流上市模式。其中，光线传媒等7家企业在境内上市，共募集资金79亿元；土豆网等5家企业在美国上市，共募集资金12亿美元。就境内IPO上市的情况看，除凤凰传媒外，其余企业均在深交所中小板或创业板上市，体现了文化创意企业以中小企业为主体的规模特征。

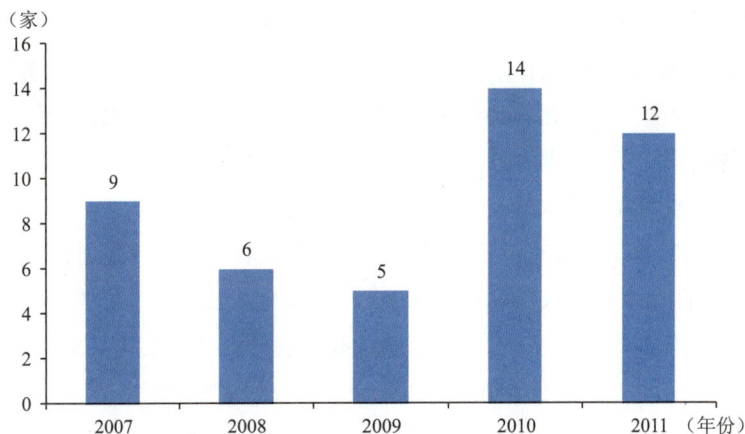

图18-8　我国历年文化创意产业IPO情况

资料来源：赛迪投资顾问，2012-04.

表18-4　2011年中国文化创意企业IPO具体情况

| 公司名称 | 上市时间 | 上市地点 | 募集资金（亿元） | 股票代码 | 所属行业 | 所在地 |
|---|---|---|---|---|---|---|
| 三三传媒 | 2011.2.28 | 香港（HKGEM） | 2.11 | 8087 | 广告服务 | 香港 |
| 奇虎360 | 2011.3.30 | 美国（NYSE） | 1.75亿美元 | QIHU | 网络安全 | |
| 人人公司 | 2011.5.4 | 美国（NYSE） | 47.79 | RENN | 网络社区 | 北京 |
| 网秦 | 2011.5.5 | 美国（NYSE） | 0.89亿美元 | NQ | 网络安全 | |
| 淘米网 | 2011.6.10 | 美国（NYSE） | 4.17 | TAOM | 网络游戏 | 上海 |
| 现代教育 | 2011.7.4 | 香港（HKGEM） | 1.06 | 1082 | 培训辅导 | 深圳 |
| 汇星印刷 | 2011.7.25 | 香港（HKGEM） | 0.71 | 1127 | 传统媒体 | 香港 |
| Focus Media | 2011.7.28 | 香港（HKGEM） | 0.29 | 8112 | 户外媒体 | 上海 |
| 光线传媒 | 2011.8.3 | 深圳（SZGEM） | 13.80 | 300251 | 影视制作 | 北京 |
| 土豆网 | 2011.8.17 | 美国（NASDAQ） | 11.23 | TUDO | 网络视频 | 上海 |
| 凤凰出版传媒 | 2011.11.30 | 上证SSE | 48.13 | 601928 | 文化传播 | 苏州 |
| 百视通 | 2011.12.29 | 上证SSE | — | 600637 | 文化传媒 | 上海 |

资料来源：赛迪投资顾问，2012-04.

## 二、IPO企业的特征

### （一）海外上市是主流，网游、文化传媒为重点

从上市企业的类型看，2011年上市的文化创意企业中，主要集中在网游、文化传媒等新兴文化业态，只有2家教育培训、印刷等传统文化业态。这表明，现行文化创意产业模式中，以新兴文化为依托的文化创意产业在IPO上市方面，比一般的传统文化创意产业有着更有利的

优势。而2011年很多上市企业成为其行业上市的首例。浙报传媒成为我国首家经营性资产整体上市的报业集团；淘米网成为首家上市的儿童娱乐和媒体公司；凤凰传媒募集资金44.79亿元，超过2010年中南传媒42.3亿元募集金额，成为A股市场迄今规模最大的文化创意企业IPO项目；上海东方传媒集团旗下百视通在上海证券交易所成功挂牌上市，开创了主流广电系统新媒体企业的上市先河，成为2011年文化创意企业上市的收官之作。

　　从上市地点看，2011年，仅有包括光线传媒、凤凰出版传媒和百视通在内的3家企业选择了国内资本市场进行IPO上市，仅占2011年IPO上市企业总数12家中的25%，而其余9家企业均选择了在中国香港或美国资本市场IPO。这表明，我国现行金融体系的不完善和文化创意产业资金吸引力的相对匮乏，一定程度地制约了文化创意产业的本土发展。

### （二）大型国有新闻出版企业或成为未来主流

　　2012年2月，新闻出版总署发布了《关于加快出版传媒集团改革发展的指导意见》，其中明确指出，到"十二五"期末，将进一步做强做优国家层面人文、教育、科技三大出版传媒集团，培育多个年销售收入超过200亿元的大型骨干出版传媒集团。截至2011年，已有182家中央各部门各单位出版社和268家地方出版社基本完成改制，成为公司制市场主体。15家中央和地方出版社组建了股份公司，这15家出版传媒公司的上市步伐正在提速。2011年，作为第一家成立的中央级出版集团，中国出版集团的上市准备工作已经就绪。同为出版传媒集团公司的中国教育出版集团也在积极准备，他们通过招标的形式，选择了中银国际作为主承销商。这些都很好地表明，未来大型国有新闻出版企业将极有可能迎来一个上市潮。

# 第四节　文化创意产业并购

## 一、企业并购情况概述

### （一）并购总体情况

　　2011年，中国文化行业并购案例32例，远远高于2010年的3例，其中已披露并购金额案例23例，涉及并购金额85.8亿元人民币（见表18-5）。

表18-5　2011年中国文化创意企业并购情况

| 并　购　方 | 被并购方 | 金额（亿元） | 区　　位 | 所属行业 |
|---|---|---|---|---|
| CBSi | 海报网闺蜜网51解梦网 | | 北京 | 网络新媒体 |
| 比高集团 | 内地四影院 | 0.36 | 重庆、上海 | 电影院线 |
| 完美世界 | Cryptic Studios | 2.93 | 美国 | 网络新媒体 |
| 华策影视 | 佳韵社 | 1.40 | 北京 | 动漫及影视 |
| 昌荣传播 | 世奇广告 | | 上海 | 传统媒体 |

（续）

| 并　购　方 | 被并购方 | 金额（亿元） | 区　　位 | 所属行业 |
|---|---|---|---|---|
| 腾讯 | 妈妈网 | 0.50 | 广东 | 网络新媒体 |
| 蓝色光标 | 金融公关 | 0.66 | 香港 | 传统媒体 |
| 法国阳狮集团 | 际恒集团 |  | 北京 | 传统媒体 |
| 百度 | 去哪儿 | 19.76 | 北京 | 网络新媒体 |
| 百度 | 莱富特佰 | 0.03 | 北京 | 网络新媒体 |
| 阿里巴巴 | SingleFeed |  | 美国 | 网络新媒体 |
| 58同城 | 淘房网 |  | 北京 | 网络新媒体 |
| 携程 | 久久票务网 |  | 上海 | 网络新媒体 |
| 阿里巴巴 | 名鞋库 | 0.97 | 福建 | 网络新媒体 |
| 华侨城 | 落星山科技 | 0.18 | 深圳 | 动漫及影视 |
| 蓝色光标 | 今久广告 | 4.35 | 北京 | 传统媒体 |
| 电广传媒 | 西宁电视网 | 0.80 | 青海 | 传统媒体 |
| 巨鲸音乐网 | 一听音乐 | 0.65 | 上海 | 网络新媒体 |
| 丰德丽 新浪 | 香港寰亚 | 4.01 | 香港 | 动漫及影视 |
| 完美世界 | 池宇峰控股公司 | 3.60 | 北京 | 动漫及影视 |
| 乐视网 | 东阳九天影视 | 0.20 | 浙江 | 网络新媒体 |
| 百度 | 番薯网 | 0.48 | 北京 | 网络新媒体 |
| 意马国际 | 动漫火车 | 8.19 | 广东 | 动漫及影视 |
| 美婚恋网站match | 珍爱网 |  | 广东 | 网络新媒体 |
| 人人网 | 56网 | 5.17 | 广东 | 网络新媒体 |
| 盛大网络 | 中国户外媒体 |  | 香港 | 网络新媒体 |
| 凯雷 | 环球数码 |  | 香港 | 动漫及影视 |
| 世纪互联 | 广州歌华 | 0.59 | 广东 | 电信运营 |
| 英国培生集团 | 环球雅思 | 18.99 | 北京 | 培训辅导 |
| 畅游 | 17173网 | 10.50 | 北京 | 游戏资讯 |
| 九鼎投资 | 江通动画 | 0.22 | 湖北 | 动漫及影视 |
| 热酷 | 奇乐互动 | 1.29 | 广东 | 动漫及影视 |

资料来源：赛迪投资顾问，2012-04.

## （二）地区分布

2010—2011年文化创意产业并购案例中，跨境并购6例，已披露并购资金7.6亿元人民币，占全部已披露并购金额的8.86%；境内并购26例，已披露并购资金78.2亿元，占全部已披露并购金额的91.14%。其中，跨境并购的平均每笔并购金额为3.9亿元，大于境内并购的平均每笔并购金额2.5亿元（见表18-6）。

表18-6    2011年文化创意产业境内与跨境案例比较

| | 案例数（例） | 已披露并购金额案例数（例） | 已披露并购金额（亿元） | 平均每笔并购金额（亿元） |
|---|---|---|---|---|
| 境内 | 26 | 20 | 78.2 | 3.9 |
| 跨境 | 6 | 3 | 7.6 | 2.5 |
| 总计 | 32 | 23 | 85.8 | 3.7 |

资料来源：赛迪投资顾问，2012-04.

在境内企业并购中，金额最大的案例为2011年6月24日百度收购去哪儿网。百度斥资3.06亿美元，成为去哪儿网第一大机构股东。获得投资后，去哪儿网仍将保持独立运营，并维持原有的战略方向，继续加大开拓中国在线旅游市场的目标，加大对酒店、酒店团购及重塑酒店在线营销格局的投入。

在境外企业并购中，阿里巴巴收购美国新创公司SingleFeed，盛大游戏收购韩国网络游戏开发商Eyedentity Games。收购将不仅有助于公司获得网游《龙之谷》成功发布后所带来的全部收益，还能巩固公司的研发能力、扩阔公司的国际视野。

2010—2011年，境内有6个省市发生文化创意产业并购案例，主要发生在北京、浙江、上海、广东，并购案例数量达到21例，其中北京共发生并购案例14例，占到总并购数量的61%；浙江、广东、上海分别发生并购案例3例、2例、2例，可以看到北京、浙江、上海、广东是文化创意产业并购的重点地区（见图18-9）。

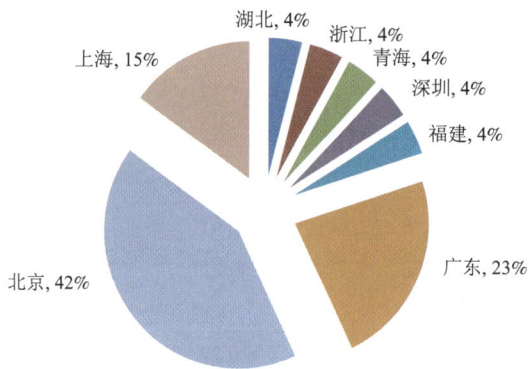

图18-9    2011年文化创意产业企业并购案例数量地区分布

资料来源：赛迪投资顾问，2012-04.

## （三）细分领域

从文化创意产业细分领域来看，网络新媒体成为文化创意产业并购的重点领域。2010—2011年网络新媒体的并购案例12例，占文化创意产业总并购案例数量的47%，动漫及影视、传统媒体分别占总并购案例数量的25%、16%（见图18-10）。

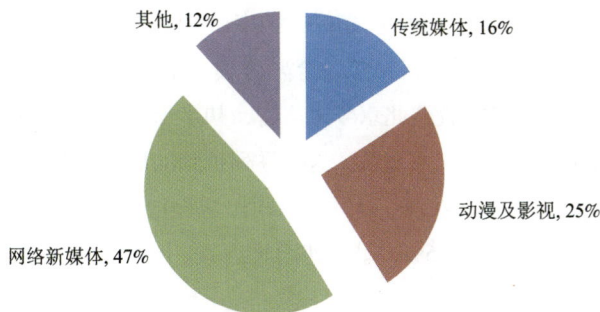

图18-10　2010—2011年文化创意产业细分领域并购案例分布

资料来源：赛迪投资顾问，2012-04.

## 二、企业并购特征

### （一）上市公司主导文化创意产业并购

2011年我国文化创意产业共发生并购案例32例，其中上市企业的并购有27例，占并购案例数的84.4%，未上市文化创意企业并购案例5例，占并购案例数的15.6%（见图8-11）。这说明企业在上市后，由于资本运作方面的优势和实力，可以根据公司的发展规划选择并购的方式进行扩张，而非上市文化创意企业由于资金规模有限，较难有大的资金支持实施并购。

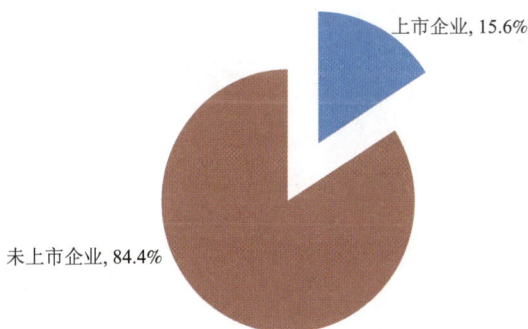

图18-11　2011年我国文化创意产业并购方上市与非上市企业比较

资料来源：赛迪投资顾问，2012-04.

### （二）混合收购延伸和盘活价值链

文化创意企业的并购重组一般分为跨媒体并购、跨区域并购、加大资产注入力度和借壳上市四种方式。对于我国的文化创意企业，以跨媒体并购实现企业的混合收购发展是未来的大势所趋。从国外发展经验来看，未来文化传媒行业是集团和集团之间的竞争，基于这种产业集中度正在加剧的特点，更多文化创意企业需要不断打破行业与地区间的分割界限。

2011年2月上市的文化传媒类企业蓝色光标，上市后先后收购了北京思恩客广告、精准阳光（北京）传媒、美广互动广告等公司，参股金融公关、上海励唐会展、北京华艺百创等公司，并拟以现金及增发股票的方式收购北京今久广告，初步形成了包括广告、公共关系及活动管理等增值服务在内的完整的营销服务链条。这一系列扩张的成效在公司三季报中得以体现：2011年1—9月公司合计实现营业收入72 714万元，同比增长124.46%；实现归属于上市公司股东的净利润9 487万元，同比增长71.35%，呈高速增长态势。

案·例·篇

第十九章 **CHAPTER 19**

# 融 资 案 例

## 第一节 战略性新兴产业股权融资案例分析

### 一、中芯国际：大唐控股投资

#### 1. 事件

2010—2011年，中芯国际先后获得大唐控股两次共计1.7亿美元投资，其间中国投资有限公司也为中芯国际注入2.5亿美元投资。

#### 2. 股权融资方：中芯国际

中芯国际是全球第四大芯片生产商，是本土最大的半导体代工企业。目前其12英寸厂主要分布在北京、上海和武汉。2010年，中国代工市场销售额16.8亿美元，中芯国际的销售收入达到了3.96亿美元，首次超越了台积电。中芯国际2001—2011年10年间融资9次，金额累计152.54亿元，占产业融资总金额比例超过60%。

#### 3. 投资方：大唐控股

大唐控股受国务院国有资产监督管理委员会管理，专门从事电子信息系统装备开发、生产和销售，总资产规模近500亿元人民币。大唐控股致力于将自主创新的先进技术与国内低成本制造资源相结合，推动"中国制造"向"中国创造"的新跨越，积极进行产业链投资。

#### 4. 股权融资动因分析

中芯国际在与台积电的竞争中处于劣势地位，2010年前业绩亏损严重，大规模扩张也导致资金压力凸显，亟需打通融资渠道。而大唐控股将中芯国际作为集成电路制造产业纳入其主体产业布局，以充分发挥大唐在TD-SCDMA及其后续演进标准和技术方面的优势，打造集成电路设计与制造的完整产业链，建立芯片设计和芯片制造的良性互动。

## 二、北京天下图：国投高科投资

### 1. 事件

2010年1月11日，国投高科技投资有限公司（以下简称"国投高科"）以2 100万元注资国内测绘行业龙头北京天下图数据技术有限公司（以下简称"北京天下图"）。

### 2. 股权融资方：北京天下图

北京天下图是在原中国四维测绘技术总公司数据技术部的基础上发展起来的高新技术企业与软件企业，成立于2006年7月，具备国家甲级摄影测量与遥感及地理信息系统工程资质，乙级测绘航空摄影资质，并通过了ISO9000国际质量体系认证。

北京天下图通过引进国外先进的航空摄影测绘设备，应用大量成熟的软件技术，能够快速批量处理多种航空、航天遥感数据产品并提供相应的空间地理信息增值服务，形成了集数据获取、数据生产、数据应用与服务为一体的业务产业链。

### 3. 投资方：国投高科

国投高科是国家开发投资公司的全资子公司，注册资本6.4亿元。

国投高科主要投资领域涉及汽车零部件、医药化工、电子信息、现代农业等行业，并积极探索在新能源、节能减排环保行业的投资机会。目前投资和管理的企业包括国投中鲁果汁股份有限公司、深圳康泰生物制品股份有限公司、中国华大集成电路设计有限责任公司、亚普汽车部件有限公司、法雷奥汽车空调（湖北）公司、浙江医药股份有限公司、天津力神电池股份有限公司、内蒙古宇航人高技术产业有限责任公司等。

### 4. 股权融资动因分析

目前，各地区对各类空间地理信息资源的需求日益增长和迫切，测绘信息被广泛地用于土地资源的合理开发利用、城市规划、房地产开发、城市交通设施建设等领域，市场需求巨大。推进测绘行业产业化进程，促进国家综合空间地理信息资源的整合利用，正是国投高科此次注资北京天下图的动因。

## 三、UIT创新科：英特尔投资注资

### 1. 事件

2011年4月28日，英特尔投资宣布在中国首个存储企业投资项目，注资创新科存储技术有限公司（以下简称"创新科"）。此次注资来自总额5亿美元的"英特尔投资—中国技术基金II"。

### 2. 股权融资方：UIT创新科

UIT（创新科存储技术有限公司集团）是立足中国的网络存储领导厂商和云存储市场先行

者。面向互联网时代海量信息的存储和管理，UIT将国际化产品技术研发与本地化市场支持相结合，提供从应用存储、统一存储到云存储的系统产品、解决方案和技术服务，并为中国五大云计算城市中两大基地提供存储支撑（深圳、无锡）。UIT掌握磁盘阵列控制器及云存储文件系统的核心技术并拥有众多国内外专利，在中国、美国和爱尔兰分别设立研发中心，具备强大的自主研发实力。

### 3. 投资方：英特尔投资

英特尔投资（Intel Capital），即英特尔战略投资计划，是英特尔推动计算与通信平台发展工作的重要组成部分，主要围绕英特尔的战略发展方向，对具有创新科技的公司进行小股投资，从而推动互联网经济的发展。

自1998年进入中国以来，英特尔投资至今已向100余家中国技术公司投入资金，总额超过5亿美元。截至2011年11月，英特尔投资在中国已经宣布了10个投资项目，总额逾7 000万美元，涵盖移动应用、物联网、三网融合、存储、医疗、电子商务等领域。英特尔投资的中国公司包括：佳品网、六度贸易、佳视互动、博康智能、创业软件、创新科、播思通讯等。

2012年，英特尔投资将在中国的四个重要领域发力：第一是支持英特尔的Ultrabook（超极本）战略；第二是移动互联领域的动作要更有力；第三是云计算方面，大致集中在大的数据中心和云计算平台领域；第四是智能手机方面，这也是英特尔非常重要的布局之一。

### 4. 股权融资动因分析

目前，云计算作为一种新兴计算和商业模式正在加速中国信息产业和信息基础设施的服务化进程，催生大量新型互联网服务，已经成为新一轮信息技术竞争的关键点和信息产业竞争的制高点，云计算市场应用领域广阔，受到各地政府和企业的高度重视，并且很多地区正在大力推进云计算服务创新发展试点示范工作，应用市场需求巨大。推进云计算产业化进程和落地的一个重要关键就是建立需要云服务的用户和云后台之间的服务管道，在这方面UIT创新科在云存储方面有比较突出的特点。英特尔注资以及创新科一系列存储产品的发布，更加有助于推广基于英特尔平台的技术，可以进一步拉动英特尔产品需求的生态系统领域，这正是此次英特尔投资注资UIT创新科的动因。

## 四、方正国际：摩根大通投资

### 1. 事件

2011年6月22日，方正国际软件有限公司正式引入金融机构摩根大通，投资金额为2 500万美元，并已签署首期2 100万美元的股权投资协议。

### 2. 股权融资方：方正国际

方正国际是向全球客户提供软件和信息技术服务的综合服务商，隶属于北大方正集团，其前身是1996年在东京设立的方正株式会社，2009年组建成立为方正国际软件有限公司。方正国际2009将总部从日本东京回迁苏州，并引进苏州工业园区创业投资集团2亿元人民币的股权投资，2011年3月方正信息产业控股有限公司对方正国际增资2亿元人民币。

3. 投资方：摩根大通

本次交易出资方为摩根大通（中国）创业投资公司。该公司于2010年在北京成立，第一期基金总额为7 500万美元，全部来自摩根大通自有资金，摩根大通将加快方正国际通过兼并整合实现快速发展。

4. 股权融资动因分析

方正国际本次募集主要用途：一是整合资源，加大医疗卫生、智能交通、金融和地理信息等主营业务方向的研发投入和市场拓展力度，同时通过整合购并方式完善从咨询、产品开发、软硬件集成到共享服务的完整价值服务链；二是为方正国际上市做准备，优化公司的股权结构，实现方正国际的资本战略目标；三是提升方正国际的品牌知名度，通过股权多元化使公司更加开放。

# 五、上海航天电源：天齐锂业入股

1. 事件

2011年4月8日，天齐锂业与上海航天电源技术有限责任公司签署《增资扩股框架协议》，双方同意由天齐锂业连同现有股东以现金方式对航天电源增资，将航天电源注册资本由9 000万元增加至35 000万元。增资扩股后公司持有航天电源20%股份，成为航天电源第二大股东。4月25日，天齐锂业董事会审议通过了《授权公司总经理全权办理对上海航天电源技术有限责任公司投资事项》的议案，决定公司以不超过8 500万元现金，通过增资取得上海航天电源技术有限责任公司20%的股权。6月7日，天齐锂业投资8 208.96万元，认购航天电源新增注册资本6 800万元，占其增资后注册资本总额的20%。

2. 股权融资方：上海航天电源

上海航天电源技术有限责任公司成立于2009年2月，专业从事动力锂离子电池及系统产品开发、生产和销售，掌握新能源汽车用动力锂离子电池组系统核心技术，产品包括动力电池芯，电池标准模块，电池组系统和电池组管理系统（BMS），并建立了动力电池的检测试验平台和仿真分析平台，是中国航天科技集团公司大力发展航天锂离子电池技术应用产业的支撑平台、上海市快速推进新能源汽车高新技术产业化重点企业、中央企业电动车产业联盟（电池委员会）主要成员。

3. 投资方：四川天齐锂业股份有限公司

四川天齐锂业股份有限公司成立于1995年10月，并于2010年8月31日在深交所成功上市。公司主营锂资源开发和电池级碳酸锂、工业级碳酸锂、高纯碳酸锂、电池级无水氯化锂、电池级氢氧化锂、磷酸二氢锂、电池级金属锂和磷酸铁锂等五大类、20余种中高端锂产品的研发、生产和销售。现有的两个锂产品基地产能规模已超过15 000吨，居全球同行业前三。目前，公司是中国锂行业规模最大、技术最先进、品种最齐全的龙头企业，也是全球最大的矿石提锂企业。

### 4. 股权融资动因分析

天齐锂业联手航天电源第一大股东上海航天增资航天电源，参与到下游以中央企业为主力的新能源汽车动力锂电池产业，是在寻求利润新增长点的同时，进一步延伸公司锂产业链，以提升整体竞争力。此次成功签约，也是天齐锂业加快形成从上游矿山、中游锂电材料到下游动力锂电池的"全产业链"的重要一环。此次增资参股航天电源，将成为天齐锂业进军动力锂电池市场的重要跳板。

## 六、广西稀土：引入中国铝业集团和有研稀土，实现战略共赢

### 1. 事件

2010年中国铝业集团与广西有色及有研稀土签订了《广西稀土开发合作协议》，共同开发广西稀土资源，由中国铝业集团及有研稀土对广西稀土公司进行增资扩股。重组后，广西稀土公司注册资金由1亿元增至5亿元，其中，中国铝业集团增资2.5亿元持有50%的股权，广西有色集团持有40%的股权，有研稀土持有10%的股权。

### 2. 股权融资方：广西有色金属集团稀土开发有限公司

广西具有丰富的稀土资源，是南方离子型稀土储量大省，相比于已经过30年开发的江西、广东等省，广西稀土没有得到大规模开发。2008年广西成立广西有色金属集团有限公司，统一整合、开发包括稀土在内的境内有色金属资源。2009年，集团公司并购了广西区内唯一的一家稀土生产企业——金源稀土，成立了广西有色金属集团稀土开发有限公司。该公司是广西唯一一家合法的稀土冶炼分离企业，拥有年分离3 500吨混合稀土氧化物的生产线、年产1 000吨稀土钕铁硼永磁材料、年产3 000吨稀土合金的生产能力。股权融资之前，广西有色金属集团稀土开发有限公司是广西有色稀土的业务平台，定位为以稀土矿权投资及稀土产品开发为主业，注册资本1亿元。

### 3. 投资方：中国铝业股份有限公司

中国铝业股份有限公司成立于2001年9月10日，是目前中国铝行业中唯一集铝土矿勘探、开采，氧化铝、原铝和铝加工生产、销售，技术研发为一体的大型铝生产经营企业，是中国最大的氧化铝、原铝和铝加工材生产商，是全球第二大氧化铝生产商、第三大原铝生产商。中国铝业发展稀土产业的意愿由来已久。在公司战略上，集团将稀土单独列为七大核心板块之一；在对外合作上，中铝与江西、广西、广东等稀土大省签署合作协议，共同开发稀土。

### 4. 股权融资动因分析

广西稀土矿产资源丰富，主要有独居石、磷钇矿和离子吸附型等几种，储量在全国具有一定的地位，其中离子吸附型稀土资源预测总量居全国第一位。中国铝业集团控股广西稀土后，对于其稀土核心板块未来发展提供了保障，但广西稀土资源勘探、开发的程度都很低且没有获得国家稀土出口配额，是全国稀土资源丰富的省区中唯一没有进行规模开发利用的地区。而广西稀土引入中国铝业集团以及有研稀土战略投资后，借助中国铝业集团雄厚的资金实力、

先进的管理经验以及北京有色金属研究总院强大的稀土科研实力，三方合作可以实现强强联合、优势互补，将会对广西乃至中国稀土产业的做大做强产生积极的影响。

## 第二节　战略性新兴产业上市融资案例分析

### 一、聚龙股份：国家级创新试点企业，登陆创业板

#### （一）公司简介

聚龙股份公司是一家专业从事金融机具研发、生产和销售的高新技术企业，产品涵盖纸币清分机、捆钞机、点钞机、扎把机和纸币鉴别仪等现金自动化处理设备，产品涉及精密机械、光学、电磁学、传感器测控、模式识别、智能控制等多个学科领域，具有高技术含量、高成长性的特点，属于先进制造业。

#### （二）明确上市主体及登陆板块，引入中介机构辅导

聚龙股份公司具备了创业板上市的各项条件。公司成立于2004年，主营业务连续三年未发生重大变化，具有完整的业务体系和直接面向金融领域客户的独立经营能力。2009年和2010年的营业收入分别为0.93亿元、1.30亿元，净利润分别为2 505万元、4 021万元，2010年期末净资产为1.65亿元。公司主营业务突出，主要产品为纸币清分机和捆钞机，符合国家的相关产业政策和环境保护政策。

确定公司上市主体基本符合创业板上市基本条件后，公司成立中介机构工作组，全程辅导企业上市，如表19-1所示。

表19-1　聚龙股份上市项目组中介机构

| 类　别 | 机构名称 |
|---|---|
| 保荐承销商 | 中国民族证券有限责任公司 |
| 律师事务所 | 北京市德恒律师事务所 |
| 会计师事务所 | 华普天健会计师事务所（北京）有限公司 |
| 股票登记机构 | 中国证券登记结算有限责任公司深圳分公司 |
| 咨询机构 | 赛迪顾问股份有限公司 |

资料来源：赛迪投资顾问，2012-04.

#### （三）完成股份制改造，明确内部组织结构

经聚龙有限2008年4月12日股东会决议，由聚龙有限全体股东作为发起人，以聚龙有限截至2008年3月31日经审计的净资产63 755 271.64元折合股份5 600万股（余额7 755 271.64计入资本公积），整体变更为股份公司。2008年4月28日，辽宁天健对公司上述注册资本进行了审验，并出具了辽天会内验字〔2008〕S197号《验资报告》，验证各股东出资到位。2008年4月

29日，公司依法在鞍山市工商局核准登记，并取得注册号为210300005054919的《企业法人营业执照》，注册资本为5 600万元。公司内部组织结构如图19-1所示。

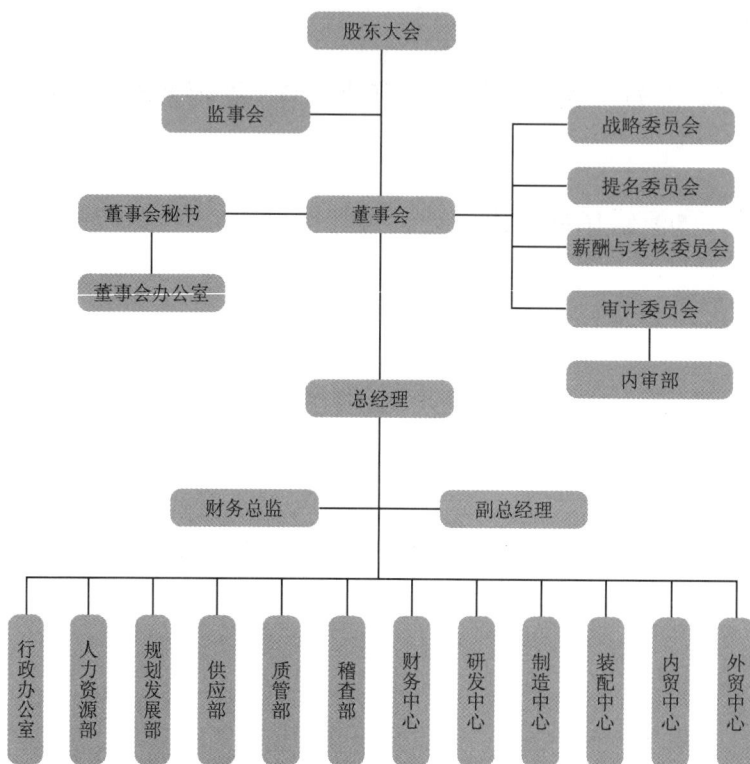

图19-1　聚龙股份公司内部组织结构

资料来源：赛迪投资顾问，2012-04.

### （四）完善公司治理结构，规范公司运作

公司依据《公司法》及有关法律法规，参照上市公司标准制定了《公司章程》、《股东大会议事规则》、《董事会议事规则》、《监事会议事规则》、《总经理工作细则》、《独立董事制度》、《董事会秘书工作制度》等规章制度，建立了符合现行法律、法规的公司治理结构，公司目前严格按照各项规章制度规范运行，公司股东大会、董事会、监事会、经营管理层依据《公司法》、《公司章程》及公司内部管理和控制制度的规定履行职责。

公司近三年严格按照《公司法》及相关法律法规和《公司章程》的规定规范运作、依法经营，不存在违法违规行为或受到处罚的情况。

公司2008年、2009年与关联方存在资金往来，用于补充公司短期流动资金。公司与关联方的资金往来未收取或支付资金占用费，参照公司与关联方之间往来款项的同期贷款利率进行模拟测算，公司及其前身聚龙有限2008年、2009年应付关联方的费用高于关联方应付公司的费用，二者相抵后，对公司2008年度、2009年度的经营成果影响较小。

公司近三年不存在为控股股东、实际控制人及其控制的其他企业担保的情形。

### （五）完成战略定位、业务与技术、募集资金运用等主要上市文件

公司系国内金融机具的知名企业、小型纸币清分机的龙头企业之一，是国家高新技术企业、国家级创新型试点企业和国家规划布局内重点软件企业，拥有行业唯一的国家金融机具工程技术研究中心和行业唯一的国家级博士后科研工作站，是中国防伪行业协会副理事长单位和《人民币鉴别仪通用技术条件》国家标准主要起草单位之一，承担纸币清分机、全自动捆钞机两项产品的国家强制性标准的编制任务，是工商银行、农业银行、中国银行、建设银行、交通银行、招商银行等国内大型商业银行的纸币清分机和捆钞机等金融机具产品的供应商。

经公司股东大会审议通过，公司拟向社会公开发行2 120万股新股。本次募集资金投资项目均是围绕公司主营业务进行，以进一步提高公司主营业务产品的生产能力和研发水平，优化产品结构，从而进一步提高公司的盈利能力，本次发行募集资金按轻重缓急顺序投入以下项目，如表19-2所示。

表19-2　聚龙股份公司募集资金方向与额度

| 项目名称 | 项目总投资（万元） | 项目备案号 |
| --- | --- | --- |
| 纸币清分机产业化技术改造项目 | 12 318.00 | 鞍经备字〔2009〕18号 |
| 研发中心技术改造项目 | 3 100.00 | 鞍经备字〔2009〕19号 |
| 其他与主营业务相关额营运资金项目 | | |

资料来源：赛迪投资顾问，2012-04.

### （六）新股审核过会，进行上市路演

根据《证券发行与承销管理办法》，为便于社会公众投资者了解发行人的有关情况、发展前景和发行申购的相关安排，保荐机构（主承销商）民族证券于2011年4月1日在全景网举行了网上路演，并于2011年4月16日正式上市交易。

## 二、中海达：业务定位清晰，登陆中小板

### （一）公司简介

中海达公司是一家主营高精度卫星导航定位系统（GNSS）软硬件产品的研发、生产、销售，提供基于高精度GNSS技术的系统工程解决方案及相关服务的高新技术企业。主要产品有高精度测量型GNSS产品系列、超声波数字化测深仪系列、GIS数据采集系统、海洋工程应用集成系统和地质灾害监测系统等，可广泛运用于测绘勘探、国土规划、海洋开发、数字农林业等国民经济40多个领域。公司产品已成功运用于京沪高铁施工工程、青藏高原青海湖勘测、北京奥运安保、第二次国土普查、广东电网营配一体化、中国近海海洋综合调查与评价专项等多个项目。

### （二）明确上市主体及登陆板块，引入中介机构辅导

中海达公司具备了创业板上市的各项条件。公司成立于2000年，主营业务和业务架构自

2006年原创数码成立以来未发生变化，在技术及产品优势的支撑下，"中海达GNSS"在行业内形成了良好的知名度与美誉度，营业收入、利润保持持续快速增长，已成长为具有清晰的战略定位、完善的法人治理结构、健全的业务流程和制度的业内领先型企业。公司2007—2009年营业收入分别为1.01亿元、1.4亿元、1.78亿元，归属于母公司股东净利润分别为1 536.46万元、2 446.86万元、3 208.73万元。

确定公司上市主体基本符合创业板上市基本条件后，公司成立了中介机构工作组，全程辅导企业上市，如表19-3所示。

表19-3　中海达上市项目组中介机构

| 类　别 | 机构名称 |
| --- | --- |
| 保荐承销商 | 国信证券股份有限公司 |
| 律师事务所 | 北京市星河律师事务所 |
| 会计师事务所 | 广东正中珠江会计师事务所有限公司 |
| 资产评估机构 | 中联资产评估有限公司 |
| 股票登记机构 | 中国证券登记结算有限责任公司深圳分公司 |
| 咨询机构 | 赛迪顾问股份有限公司 |

资料来源：赛迪投资顾问，2012-04.

### （三）完成股份制改造，明确内部组织结构

公司由广州原创数码科技有限公司整体变更设立为股份公司。2009年5月12日，原创数码股东会审议通过了公司整体变更方案，同意依据正中珠江于2009年5月4日出具的"广会所审字〔2009〕第08000740053号"《审计报告》，以原创数码截至2009年4月30日经审计的账面净资产人民币84 025 983.66元，按照2.240 7：1的比例折股整体变更设立股份公司，其中37 500 000.00元作为注册资本，折合37 500 000股，每股面值1元，其余46 525 983.66元计入资本公积，属全体股东享有。

2009年5月25日，公司取得了广州市工商行政管理局颁发的注册号为4401011112286的《企业法人营业执照》。2009年7月29日，公司营业执照注册号变更为440101000006771。公司内部组织结构如图19-2所示。

### （四）完善公司治理结构，规范公司运作

公司依据《公司法》及有关法律法规，参照上市公司标准制定了《公司章程》、《股东大会议事规则》、《董事会议事规则》、《监事会议事规则》、《总经理工作细则》、《独立董事制度》、《董事会秘书工作制度》等规章制度，建立了符合现行法律、法规的公司治理结构，公司目前严格按照各项规章制度规范运行，发行人及其董事、监事和高级管理人员严格按照国家有关法律法规及《公司章程》的规定开展经营，不存在重大违法违规行为，也不存在被相关主管机关处罚的事项。

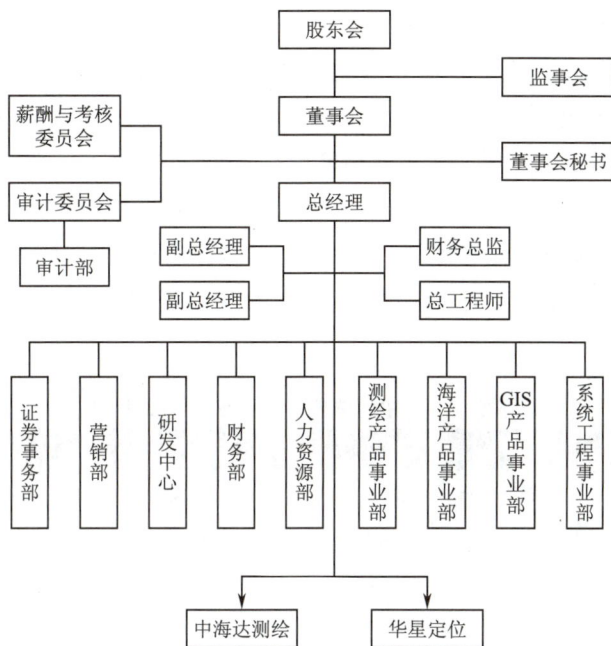

图19-2　中海达股份公司内部组织结构

资料来源：赛迪投资顾问，2012-04.

报告期内，全资子公司中海达测绘严格按照国家有关法律法规及《公司章程》的规定开展经营，不存在重大违法违规行为，也不存在被相关主管机关处罚的事项。

报告期前，中海达测绘曾于2006年4月10日因2004年1月至2005年8月期间部分产品销售收入未及时申报纳税，受到过广州市国家税务局南区稽查局的行政处罚，要求中海达测绘补缴增值税税款483 843.23元和滞纳金61 882.06元，并处罚款241 921.62元。2009年7月22日，广州市番禺区国家税务局、广州市国家税务局分别出具说明，确认中海达测绘上述处罚事宜已经得到妥善处理，不属于重大税收违法违规行为。

报告期内，公司已建立了较完善的《货币资金管理制度》和《对外担保管理制度》，公司不存在资金被控股股东、实际控制人及其控制的其他企业占用的情况，亦不存在为控股股东、实际控制人及其控制的其他企业提供担保的情况。

### （五）完成战略定位、业务与技术、募集资金运用等主要上市文件

公司是专业从事高精度GNSS软硬件产品的研发、生产、销售，提供基于高精度GNSS系统工程解决方案及相关服务的企业。公司自设立以来主营业务没有发生重大变化。公司产品的主要业务及领域主要有测绘测量、工程施工、GIS数据采集、地质灾害监测、精密施工与机械控制、海洋探测、农林业、城市资源管理、国防等。

公司自成立以来一直专注于高精度GNSS行业，业务定位清晰，业务体系完整。从公司的业务架构来看，母公司中海达股份主要专注于高精度GNSS技术和软硬件产品的研究与开发，

在向中海达测绘产品和业务提供配套软件和技术服务的同时，进行公司新产品开发和新业务领域的拓展；子公司中海达测绘负责生产、销售高精度GNSS产品和对外提供基于高精度GNSS系统工程解决方案及相关服务。

经公司股东大会审议通过，公司本次拟发行1 250万股，发行后总股本为5 000万股，发行完成后拟在深交所上市。本次募集资金投资项目均是围绕公司主营业务进行，以进一步提高公司主营业务产品的生产能力和研发水平，优化产品结构，从而进一步提高公司的盈利能力，本次募集资金投向经公司股东大会审议确定，由董事会负责实施，用于以下项目，如表19-4所示。

表19-4  中海达募集资金方向与额度

| 序号 | 项 目 名 称 | 项目总投资（万元） | 备案证编号号 |
|---|---|---|---|
| 1 | 高精度GNSS产品技改及产销扩能项目 | 10 109.90 | 10011341231000207 |
| 2 | 海洋水声探测设备技改及扩能项目 | 5 558.20 | 10011341231000206 |
| 3 | 卫星定位技术研发中心建设项目 | 5 485.21 | 090181412310647 |
| 4 | GNSS天线与UHF数据链自主配套项目 | 2 516.76 | 090181412310645 |

资料来源：赛迪投资顾问，2012-04.

### （六）新股审核过会，进行上市路演

根据《证券发行与承销管理办法》，为便于社会公众投资者了解发行人的有关情况、发展前景和发行申购的相关安排，保荐机构（主承销商）国信证券于2011年1月26日在全景网举行了网上路演，并于2011年2月15日正式登陆中小板上市交易。

## 三、歌尔声学：电声行业领头羊，登陆中小板

### （一）公司简介

歌尔声学公司是一家主营业务为微型电声元器件和消费类电声产品的研发、制造和销售的高科技企业，主要产品包括微型麦克风、微型扬声器/受话器、蓝牙系列产品和便携式音频产品，广泛应用于移动通信设备及其周边产品、笔记本电脑、个人数码产品和汽车电子等领域。公司已由从事微型电声元器件制造和销售的单一业务企业，成长为业务涵盖微型电声元器件和消费类电声产品的声学整体解决方案提供商。公司赢得了包括三星、惠普、思科、LG、松下、西门子、NEC、富士康、华硕、联想、中兴通讯等在内的优质客户资源，在电声行业取得了有利的竞争地位。

### （二）明确上市主体及登陆板块，引入中介机构辅导

歌尔声学公司具备了中小板上市的各项条件。公司成立于2001年，主营业务自成立以来未发生重大变化。近年来，凭借强大的研发实力、领先的生产工艺、显著的成本优势、高素质的管理团队，公司业绩取得了高速增长。2005—2007年的营业收入分别为10 294.03万元、

16 145.06万元、64 471.81万元，净利润分别为1 461.6万元、2 860.5万元和8 374.95万元。公司主营业务突出，主要产品包括微型麦克风、微型扬声器/受话器、蓝牙系列产品和便携式音频产品。

确定公司上市主体基本符合中小板上市基本条件后，成立中介机构工作组，全程辅导企业上市，具体如表19-5所示。

**表19-5　歌尔声学上市项目组中介机构**

| 类　　别 | 机 构 名 称 |
|---|---|
| 保荐承销商 | 中信证券股份有限公司 |
| 发行人律师 | 北京市天元律师事务所 |
| 保荐机构律师 | 北京市大成律师事务所 |
| 会计师事务所 | 万隆会计师事务所有限公司 |
| 股份登记机构 | 中国证券登记结算有限责任公司深圳分公司 |
| 咨询机构 | 赛迪顾问股份有限公司 |

资料来源：赛迪投资顾问，2012-04.

### （三）完成股份制改造，明确内部组织结构

歌尔声学股份有限公司是由怡力达依法整体变更设立的股份有限公司。原怡力达全体股东将其持有的怡力达经审计的账面净资产112 367 398.66元按照约1∶0.80的比例折为9 000万股发起人股份，发起设立歌尔声学股份有限公司。万隆会计师事务所当日出具了万会业字〔2007〕第1058号《验资报告》，审验确认，截至报告出具日，歌尔声学股份有限公司（筹）已收到全体股东以其拥有的怡力达经审计后的2007年6月30日净资产认缴注册资本人民币9 000万元。

2007年7月27日，公司取得了改制为股份公司后的《企业法人营业执照》（注册号：3707002807870），核准登记的企业名称为歌尔声学股份有限公司；住所为潍坊高新技术产业开发区东方路268号；企业类型为股份有限公司，注册资本9 000万元。公司内部组织结构如图19-3所示。

### （四）完善公司治理结构，规范公司运作

公司依据《公司法》及有关法律法规，参照上市公司标准制定了《公司章程》、《股东大会议事规则》、《董事会议事规则》、《监事会议事规则》、《总经理工作细则》、《独立董事制度》、《董事会秘书工作制度》等规章制度，建立了符合现行法律、法规的公司治理结构，公司目前严格按照各项规章制度规范运行，公司股东大会、董事会、监事会、经营管理层依据《公司法》、《公司章程》及公司内部管理和控制制度的规定履行职责。

公司严格遵守国家的有关法律、法规，近三年不存在违法违规行为，也未受到任何国家行政及行业主管部门的处罚。

公司近三年不存在资金被控股股东、实际控制人及其控制的其他企业占用的情况。最近三年本公司没有为控股股东及其所投资的企业提供担保。

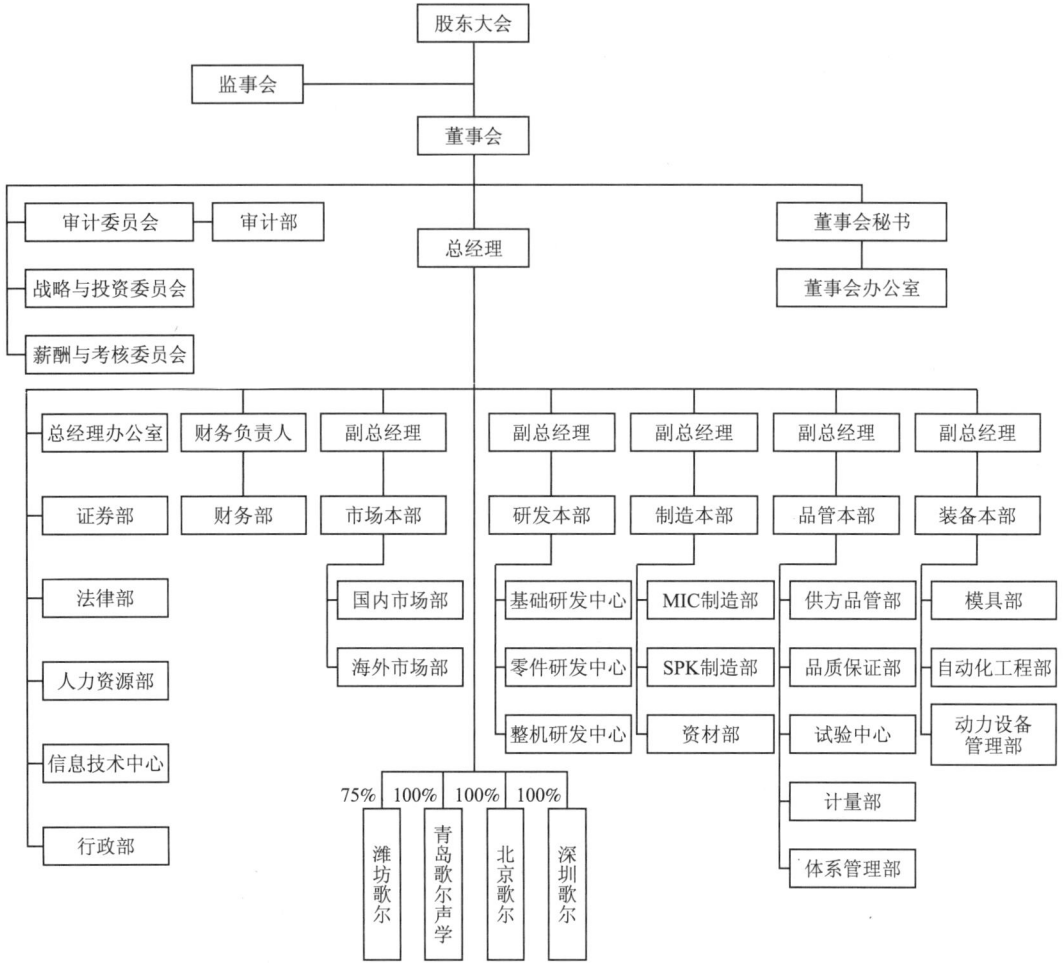

图19-3    歌尔声学股份公司内部组织结构

资料来源：赛迪投资顾问，2012-04.

### （五）完成战略定位、业务与技术、募集资金运用等主要上市文件

公司主要业务的发展目标是：2008年度计划实现销售收入超过10亿元，进一步巩固公司在全球范围内的相对领先地位；到2010年，公司将力争实现微型麦克风市场占有率全球第一，微型扬声器和受话器市场占有率达到全球前五位，蓝牙系列产品市场占有率进入全球前五位，并在便携式音频产品领域成为世界一流的提供商。

公司的主要产品分为微型电声元器件和消费类电声产品两大类，广泛应用于移动通信设备及其周边产品、笔记本电脑、个人数码产品和汽车电子等领域，公司的产品既包含电声产业链中游的电声元器件产品，又包含产业链下游的消费类电声产品。

公司拟向社会公开发行3 000股，募集资金投资的六个项目均已取得政府主管部门的备案文件和潍坊高新技术产业开发区环保局的项目批文，并经公司董事会、股东大会审议通过。

本次发行募集资金投资项目的投资总额、资金投入的时间进度及项目备案情况如表19-6所示。

表19-6 歌尔声学募集资金方向与额度

| 序号 | 项目名称 | 项目总投资（万元） | 项目备案情况 |
|---|---|---|---|
| 1 | 微型驻极体麦克风技改项目 | 13 162.29 | 鲁经贸改备〔2007〕176号 |
| 2 | 微型扬声器/受话器技改项目 | 9 787.67 | 鲁经贸改备〔2007〕173号 |
| 3 | 蓝牙系列产品技改项目 | 12 559.25 | 鲁经贸改备〔2007〕177号 |
| 4 | MEMS麦克风技改项目 | 8 371.59 | 鲁经贸改备〔2007〕175号 |
| 5 | 电声技术研发中心技改项目 | 5 265.31 | 鲁经贸改备〔2007〕174号 |
| 6 | 便携式音频产品技改项目 | 4 019.22 | 潍经贸投备〔2007〕108号 |

资料来源：赛迪投资顾问，2012-04.

### （六）新股审核过会，进行上市路演

根据《证券发行与承销管理办法》，为便于社会公众投资者了解发行人的有关情况、发展前景和发行申购的相关安排，2008年5月，歌尔声学股份有限公司开始就A股的发行上市进行管理层预路演，其本次的路演行程为深圳—上海—北京，路演团队详细解答了机构投资者所关心的各种问题。路演过程中，路演团帮助投资者了解了我国电声行业的发展历程及现状，并就投资者重点关注的电声行业未来趋势等问题进行了详细介绍。路演团介绍，消费者对个人数码产品个性化、高品质的追求，将使电声产业下游的消费类产品越来越趋向个性化、便携化，从而促使微型电声元器件朝着微型化、数字化、集成化和模具化方向发展，这将带动中高端领域的微电声元器件产品在未来几年保持约20%的复合增长率，便携式消费类电声产品也将继续保持20%以上的复合增长率，短距离无线通信的蓝牙产品增长率将接近30%。歌尔声学股份有限公司于2008年5月22日正式登陆中小板上市交易。

## 四、华测检测：独立三方检测登陆创业板

### （一）公司简介

华测检测为一家全国性、综合性的独立第三方检测服务机构。公司主要从事工业品、消费品、生命科学以及贸易保障领域的技术检测服务，目前在国内拥有近30家分支机构组成的业务网络，拥有化学、生物、物理、机械、电磁等领域的30个实验室，取得了CMA计量认证与CNAS国家合格评定委员会实验室认可资格和检查机构认可资格，并依据ISO17025、ISO17020进行管理。

公司具备向社会独立出具公正数据的资质，检测数据具有较高的市场公信力，检测报告得到包括美国、英国、德国、法国、意大利、日本、韩国、中国台湾和香港地区在内共42个国家和地区的认可。

### （二）明确上市主体及登陆板块，引入中介机构辅导

华测检测具备了创业板上市的各项条件。公司成立于2003年，自成立以来，主营业务未

曾发生变更，作为一家全国性、综合性的独立第三方检测服务机构，公司通过科学的研发系统、先进的检测实验室、健全的技术服务体系和完善的服务流程，致力于创建技术检测服务领域内最具公信力的"中国检测服务"品牌。公司2006—2008年的营业收入分别为6 892.89万元、12 132.17万元、20 292.52万元，净利润分别为1 752.65万元、3 978.55万元和4 437.18万元，2008年期末净资产为2.02亿元。公司主营业务突出，主要从事贸易保障、消费品、工业品以及生命科学领域的技术检测服务。

确定公司上市主体基本符合创业板上市基本条件后，成立中介机构工作组，全程辅导企业上市，具体如表19-7所示。

表19-7　华测检测上市项目组中介机构

| 类　别 | 机构名称 |
|---|---|
| 保荐承销商 | 平安证券有限责任公司 |
| 律师事务所 | 北京市中伦律师事务所 |
| 会计师事务所 | 开元信德会计师事务所有限公司 |
| 股票登记机构 | 中国证券登记结算有限责任公司深圳分公司 |
| 咨询机构 | 赛迪顾问股份有限公司 |

资料来源：赛迪投资顾问，2012-04.

### （三）完成股份制改造，明确内部组织结构

公司为华测有限整体变更设立的股份有限公司。华测有限由万里鹏、张力共同投资，于2003年12月23日成立，法定代表人为万里鹏。华测有限设立时注册资本为50万元，其中万里鹏出资35万元，出资比例为70%，张力出资15万元，出资比例为30%。以上出资业经深圳高信会计师事务所以深高会内验字〔2003〕第171号《验资报告》审验。深圳市工商行政管理局向华测有限颁发了注册号为4403012129949的企业法人营业执照，经营范围为计量仪器与设备的技术咨询，电子安全电磁兼容技术开发、电子元器件和仪器的销售。华测有限以截至2007年7月31日经审计的净资产5 887.02万元中的5 800万元，按照1:1比例折合为股份公司注册资本5 800万元，并整体变更为深圳市华测检测技术股份有限公司。2007年8月30日，公司在深圳市工商行政管理局办理工商变更登记手续，并领取了注册号为440301102822273的企业法人营业执照。公司内部组织结构如图19-4所示。

### （四）完善公司治理结构，规范公司运作

公司依据《公司法》及有关法律法规，参照上市公司标准制定了《公司章程》、《股东大会议事规则》、《董事会议事规则》、《监事会议事规则》、《总经理工作细则》、《独立董事制度》、《董事会秘书工作制度》等规章制度，建立了符合现行法律、法规的公司治理结构，公司目前严格按照各项规章制度规范运行，公司股东大会、董事会、监事会、经营管理层依据《公司法》、《公司章程》及公司内部管理和控制制度的规定履行职责。

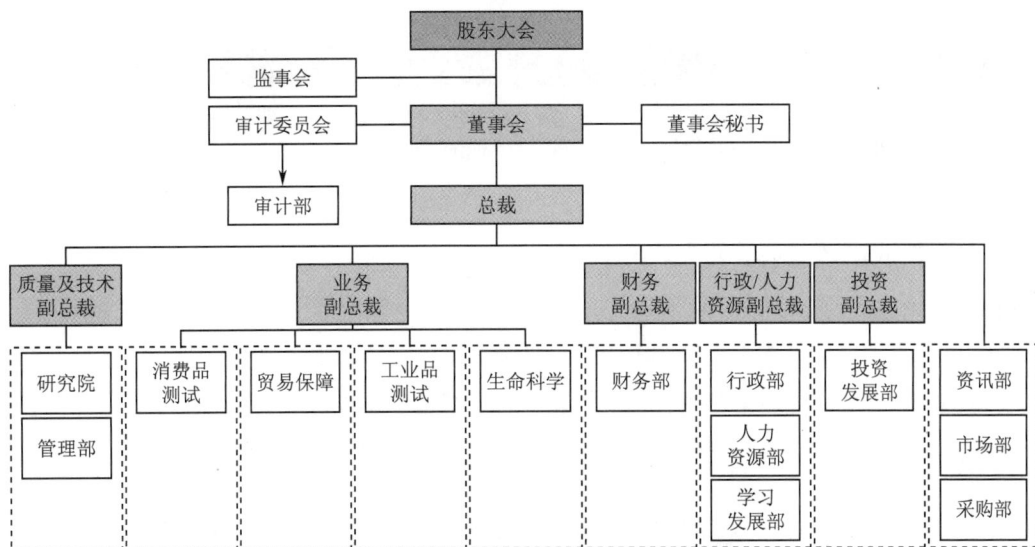

图19-4 华测检测股份公司内部组织结构

资料来源：赛迪投资顾问，2012-04.

公司近三年严格按照《公司法》及相关法律法规和《公司章程》的规定规范运作、依法经营，不存在违法违规行为或受到处罚的情况。

报告期内，公司发生的关联交易均履行了《公司章程》和相关制度规定的程序。公司独立董事对报告期内的关联交易进行了审查，并发表了独立意见。公司独立董事认为：报告期内的关联交易已依据交易发生时的有关法律、法规及当时《公司章程》和相关制度的规定，履行了必要的合同审批程序，关联交易价格合理，未损害本公司及本公司其他股东的利益。

### （五）完成战略定位、业务与技术、募集资金运用等主要上市文件

公司以"致力于建设优秀团队，树立廉洁形象，为客户提供专业及独立之服务，以成为中国检验测试与验证行业之优良品牌"为愿景，以"成就华人世界的检测领导品牌"为宗旨，凭借强大的研究开发、实验室运营及覆盖全国的服务和技术支持网络，不断提升服务质量和技术服务附加值，加大开拓国内外市场的力度，扩大在全国的市场份额，争取更宽更广的检测服务范围，满足客户一站式检测服务需求，保持公司在行业内的领先地位。

经公司股东大会审议通过，公司拟向社会公开发行2 100万股新股。本次募集资金运用主要建设华东检测基地和华南检测基地，项目建成后将极大地充实公司实验室检测网络，扩大市场份额，提高市场占有率。在继续加强华南、华东及华北地区实验室网络建设的同时，公司密切关注快速发展的东北、中西部地区，在该地区适时设立实验室，建立覆盖全国的实验室检测服务网络，让客户享受本公司更加便利的一站式服务，创造本地化就近服务的优势。华东和华南检测基地项目总投资为27 484.67万元，计划利用募集资金20 404.20万元。具体投入计划如表19-8所示。

表19-8  华测检测股份公司募集资金方向与额度

| 序号 | 项 目 名 称 | 拟投入募集资金（万元） | 项目备案 |
|---|---|---|---|
| 1 | 华东检测基地建设项目（一期） | 10 995.35 | 相发改投备〔2008〕76号 |
| 2 | 桃花源检测基地建设项目 | 9 408.85 | 深发改〔2008〕1252号 |

资料来源：赛迪投资顾问，2012-04.

### （六）新股审核过会，进行上市路演

根据《证券发行与承销管理办法》，为便于社会公众投资者了解发行人的有关情况、发展前景和发行申购的相关安排，保荐机构（主承销商）平安证券在2009年10月12日在全景网举行了网上路演，华测检测于2009年10月30日正式登陆创业板上市交易。

# 第三节  战略性新兴产业新三板融资案例分析

## 一、世纪瑞尔：挂牌企业案例分析

### （一）案例介绍

世纪瑞尔是第一家利用股份转让平台进行大宗交易的公司，也是交易最活跃的新三板公司。作为第一批试点单位在新三板挂牌后，世纪瑞尔从一家名不见经传的小公司变成了市场瞩目的准上市公司和半公众公司。这给该公司带来了前所未有的机遇和挑战。仔细研究世纪瑞尔的历史不难发现，在6年多的发展历程中，世纪瑞尔始终关注与资本市场的对接，做了大量前期工作，正是基于相关的铺垫，世纪瑞尔才"顺理成章"取得了第一批试点的资格。

世纪瑞尔成立于1999年，是一家注册于北京市新技术产业开发区的高新技术企业。公司主要业务是为工业产业信息化提供系统解决方案，主要是为铁路、电信、电力领域提供自动化监控和综合信息处理等服务。2001年实行股份制改造前期，世纪瑞尔做了充分的战略论证，并与证券公司结为战略合作伙伴。2002年在国内创业板呼声四起的形势下，世纪瑞尔的目标定为国内的创业板，由于对资本市场缺乏预见性，世纪瑞尔未能如愿。2004年世纪瑞尔又进军中小板，恰逢股权分制改革，新股发行暂停。2005年9月中关村管委会召开关于挂牌试点企业的会议后，世纪瑞尔紧急筹措开展抢先登陆新三板的计划。2005年年末，世纪瑞尔终于如愿成为第一家向中国证券业协会上报申请方案的企业，并顺利获得批准。

### （二）世纪瑞尔挂牌经验分析

从世纪瑞尔的挂牌经验可以总结出以下几点：

（1）充分了解资本市场动态。在企业制定公司战略和资本战略过程中，需要有专人指导完成规划，最好是聘请专业的咨询机构。第三方机构通过对资本市场的长期研究，了解资本市场动向，针对企业经营情况制定适合的发展路线，避免企业走弯路和盲目追求不适合的目标。

（2）制定股改规划。企业在决定进入资本市场时，必须明确一点：只有经过股改的企业才能开展资本运作。因此，企业在股改前需制定详细的规划，聘请合适的中介结构。通过第三方咨询机构的协助寻找到合适的券商、会计师事务所及律师事务所，确保中介机构充分发挥引导职能。

（3）对出台的法规及监管部门会议决定做出快速反应。世纪瑞尔正是因为对会议决议反应迅速，加快提交材料的步伐才顺利成为登陆新三板的第一家企业。做出迅速反应的前提是前期工作准备充分，并对挂牌资料、流程的充分了解，这些过程都是第三方咨询机构能够帮助企业实现的。

世纪瑞尔挂牌新三板后，市场表现活跃，公司2007—2009年的净利润分别为2 066.3万元、2 301.4万元、4 282.3万元；每股收益分别为0.26元/股、0.46元/股、0.53元/股，充分体现了公司的高成长性。

2006年，企业已符合IPO标准，拟转向主板，但2007年撤回申请，这次被称为新三板转板的首次尝试。世纪瑞尔不断在技术创新、产品创新、商业模式创新等方面提高自身实力。2010年，企业决定转向创业板，利用其高成长性和创新能力在资本市场寻找更长远的发展。经过努力，世纪瑞尔于2010年12月22日成功登陆创业板，成为继久其软件、北陆药业后第三家成功转板的企业。

挂牌期间，世纪瑞尔进行了定向增资，增发2 000万股，增资8 700万元，增资价格4.35元/股，市盈率达到19倍，在平均市盈率10倍左右的增资市场取得了很好的成绩。中小企业可以充分借鉴世纪瑞尔的挂牌经验，提早做好进入资本市场的准备。

## 二、北京时代：定向增资案例分析

### （一）案例介绍

北京时代在"三板"挂牌半年后，在"三板"市场迈出了重要一步，成为首家在"三板"市场实现融资的企业。这标志着"三板"市场的融资功能成为现实，必将对北京时代乃至整个"三板"市场的未来发展产生深远影响。

北京时代于2006年以每股4.05元的价格增资605.9945万股，又于2008年增资1 250万股，价格为4元/股，市盈率达到12.68倍。这个市盈率高于国内企业2008年在香港进行IPO的水平，充分说明了高科技企业的成长性。参与认购的股东共有五家，包括了国内知名的高科技企业，如紫光股份、联想控股和中国大恒。成都创投和上海天晟也借此机会成为北京时代的战略投资者。

在定向增资方案中，北京时代以定向增资发行人民币普通股1 000万股，募集资金6 000万元，其中3 000万元用于购买瓜州顶松机械设备制造有限公司的100%股权，3000万元用于向瓜州顶松机械设备制造有限公司注资，用于瓜州顶松机械设备制造有限公司2.5兆瓦风机塔架制造项目。

### （二）北京时代增资经验分析

北京时代在项目选取过程中经过充分论证。北京时代定向增资聘请了中介机构对增资项目的未来发展前景做了充分论证，在项目选取上下了很大工夫，以求为投资者取得高额回报。在这一点上，拟增资企业是值得借鉴的。增资项目的选取决定了增资是否成功以及增资市盈率，更影响到企业未来增资的情况，因此，企业有必要在第三方咨询机构的帮助下完成项目选取与项目评估。

自2006年3月挂牌以后，新三板市场得到了中国证监会、证券业协会、中关村管委会和深交所等机构各级领导的重视和支持，由于属于第一家进行定向增资，没有现成的政策依据，在方案设计过程中基本上是"摸着石头过河"，特别是与投资者的沟通，更加深了企业对未来的发展预期。

新三板作为中国多层次资本市场的重要一层，正面临着前所未有的发展机遇。北京时代在新三板市场定向增资的成功，为公司的持续快速发展提供了保障。新三板市场的建立为高科技企业与资本市场的对接提供了平台，北京时代充分利用了这个平台，不仅为自身发展做了很好的铺垫，也为新三板市场增资的开展开拓了先河。

## 三、北陆药业：新三板转板案例分析

### （一）案例介绍

北陆药业于2009年10月30日成功登陆创业板，成为新三板企业中第一个转板创业板的企业。2006年8月28日，北陆药业进入深圳证券交易所代办股份转让系统挂牌报价转让，股份代码为430006。

从一家中关村科技园内的生物制药高新技术的民营公司，到新三板挂牌的股份有限公司，再到成功登陆创业板的上市公司。短短几年里，北陆药业完成了一次完美的资本市场三级跳。

北陆药业的高科技医药是其得以快速发展的基础，同时，资本运作也在北陆药业的发展历程中起了更为重要的"助跑"作用。

北京科技风投和渝三峡（000565.SZ）是在公司早期股改时就进入的两家公司。有国资背景的北京科技风险投资股份有限公司在创业之初就参与其中，占总股本的22.63%。

2000年，北陆药业创办人王代雪等股东以1∶2.066的溢价，将25%的股份共计959.7123万股转让给渝三峡。经过两家大股东的投资和培育，2006年8月28日，北陆药业进入深交所代办股份转让系统，开始挂牌报价，成为股份报价转让试点公司，代码为430006，简称"北陆药业"。

2008年，北陆药业以5.33元/股的价格定向增发了1 250万股，募集资金6 662.5万元。当时，作为由中国电子等10家大型电子企业集团共同投资设立的盈富泰克公司，出资3 997.5万元认购了其中750万股。增发完成后，公司总股本增至5 088.8491万股，渝三峡持股比例变为18.86%，盈富泰克则持有14.74%股份，分列第三、第四大股东。民营资本的股东国资化，帮助其顺利走上了主板的道路。

### （二）北陆药业转板经验借鉴

通过北陆药业的转板案例能够得出以下可借鉴之处：

（1）合理的股权结构。北陆药业在转板IPO前，通过股权转让完成了股权结构的优化，采用了民营资本股东国资化的方式。可见合理的股权结构是企业转板的重要砝码。企业既可以在股改初期做好规划，提早准备，也可以通过后续的股权变更完善治理结构。这两种方式首先要评估股权结构的稳定性，对资本市场不了解的企业可以借助咨询机构的帮助，为自身规划出合理的股权结构，辅助企业未来长远的资本市场发展。

（2）盈利能力及高成长性。目前新三板挂牌企业转板的方向是中小板和创业板，这两个板块都要求企业有良好的盈利能力和高成长性。因此，拟转板的企业需要在经营和规划上加大投入。中小型企业很难重视到战略规划的意义，抱着"走一步看一步"的心态经营管理，常常是被动的经营，使企业错过了快速成长的机会。建议企业认真制定经营战略规划和资本运作规划，帮助企业快速实现高成长性和良好的盈利能力。

（3）通过定向增发扩充资本实力。北陆药业通过增发，募集了大量资金用于生产经营，大大扩充了企业的资本实力，为企业经营提供的强大的资金支持和财务保障，使企业在竞争中能够迅速扩张，抢占盈利先机。

（4）新三板期间的规范化治理。北陆药业能够成为第一家转板的企业，得益于新三板挂牌期间的规范化管理。企业进入新三板后，券商机构会对其进行督导，提出改进意见。企业既可以通过自身能力完善公司治理和内控制度等要求，也可以借助中介机构的协助，引入先进的管理模式和管理方法，更好地达到规划治理的要求。

# 投资并购案例

## 第一节　战略性新兴产业政府引导基金案例分析

### 一、国家：主导发起设立新兴产业引导基金

为支持战略性新兴产业的发展，国投高科和盈富泰克两家国家控股的产业投资公司，受国家委托，担负"指导和协助"地方政府成立首批20家有中央财政参与的"国家基金"。

国家创投基金的运作主要依托国家和地方政府合作，吸引社会资金联合发起，根据地方产业特点和区位优势来设立创投基金。第一批在北京、上海、深圳、安徽、湖南、重庆、吉林7个省市进行试点，预计设立20支创投基金（见图20-1）。国投高科负责帮助筹建上海、湖南和重庆的基金，盈富泰克负责帮助筹建北京、吉林、安徽和深圳的基金。

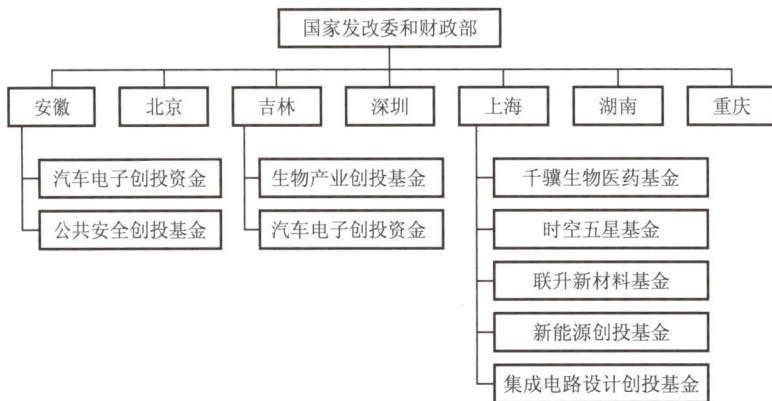

图20-1　国家发展和改革委员会、财政部与七省市联合设立20支创投基金

资料来源：赛迪投资顾问，2012-04.

国投高科技投资有限公司作为国家发展和改革委员会、财政部委托的委托管理机构之一，与上海市在新能源、集成电路、生物医药、新材料、软件和信息服务业等领域共同发起设立5支高新技术创投基金。这5支基金一期共募集资金22亿元，通过国家出资2.5亿元，上海市政府出资2.5亿元，共吸引各类社会资金17亿元。盈富泰克公司负责与北京、吉林、安徽和深圳四省市共同发起设立10支基金的工作。盈富泰克公司将更多地发挥自身在信息技术领域投资所积累的经验和特长，组建创投基金。

国家此前对于创新型企业的支持，大多采取财政贴息、技改支持，或者单独科技专项资金等办法。而成立创业投资基金，国家财政拿钱注入，实现政府资金和社会投资相结合，联合设立创业投资基金，并以市场化手段运作，将发挥政府资金的政策引导和杠杆放大作用，促进自主创新成果产业化，培育国民经济新增长点，发展新型战略性产业。国家引导基金主要投向生物医药、新能源、节能环保等国家鼓励发展的高新技术产业，重点扶持处于初创期、成长期的创新型企业和高成长性企业。随着这些"国家级引导基金"设立数量的增加，其市场影响会很大，对社会资金的吸引力和带动作用将更为明显，将形成中央、地方政府和企业三方资金整合下的创投新模式。

## 二、苏州工业园区：创业投资引导基金模式创新

2006年3月22日，由国家开发银行与中新创投共同组建的苏州工业园区创业投资引导基金（以下简称"苏创投引导基金"）正式成立，基金总规模共10亿元。截至2009年9月引导基金已共参股16家基金，完成全部投资。

苏创投引导基金确立了几条基本策略：首先是只做母基金，只投子基金，不投项目，不参与管理；其次是以风险投资为主，重点关注早期和成长期。引导基金的定位是：国内第一支完全按照国际惯例运作的创业投资母基金，充分发挥创投资金引导、管理团队引导、创业企业引导、产业资源引导的作用，丰富和完善苏州工业园区和长三角地区的自主创新平台功能。

### （一）苏创投引导基金合作对象的筛选

苏创投引导基金选择合作对象（一般合伙人，GP）有一个转变的过程，成立初期主要与海外的美元基金管理人合作，主要看中国外创投机构较好的过往经验。近年来，苏创投引导基金挑选GP的策略也开始有所变化。随着国内创业板的开放，国内资本市场回暖，引导基金的合作对象中出现了部分本土GP，但仍以国外创投机构为主。在2009年合作的项目中，引导基金选择的合作对象多是国外一流的创投管理机构，本土创投鲜见（见表20-1）。

### （二）苏创投引导基金市场化运作

苏创投引导基金在国内条件许可的情况下做到了最大限度地与国际接轨，其市场化运作表现在以下几个方面。

表20-1　苏创投引导基金合作对象（2009）

| 机构名称 | 基金名称 | 协议规模 | 组织形式 | 联合出资人 |
|---|---|---|---|---|
| 华穗创投 | 华穗食品创业投资企业 | 61 650万元 | 非法人制 | 大中华食品饮料香港公司、郑州统一企业有限公司、成都统一企业有限公司、大中华食品饮料基金合伙人 |
| JAIC苏州 | JAIC苏州创业投资基金 | 10 000万元 | 非法人制 | 日本亚洲株式会社 |
| 日亚投资 | 日亚创业投资企业 | 20 000万元 | 公司制 | 日亚投资咨询（上海）有限公司 |
| 金沙江 | 金沙江创业投资基金 | 38 000万美元 | — | 未披露 |
| 北极光 | 北极光创业投资企业 | 15 000万元 | 非法人制 | 北极光创投普通投资有限公司、北极光创投投资有限公司 |
| 北极光 | 极地晨光创业投资管理（苏州）有限公司 | 143万元 | 公司制 | 北极光创业投资发展有限公司 |
| 松禾资本 | 松禾成长创业投资基金 | 50 000万元 | 有限合伙制 | — |
| 钟鼎创投 | 钟鼎创业投资基金 | — | 有限合伙制 | 一些跨国公司中国区高管和国内知名企业高管人士 |

资料来源：赛迪投资顾问，2012-04.

第一，以参股GP设立子基金作为运作模式，不设投资地域和投资规模限制，给予GP最大的决策自由，并且与其他LP同股同权，不放弃投资收益，遭遇损失时也能平等地分担投资风险。

第二，引导基金的管理团队足够专业，熟悉国际通行做法和语言，降低了沟通成本，再加上积极的服务态度，务实的解决问题的精神，极大地提高了合作效率。

第三，引导基金早期的配比方式为：将不到1/4的资金放在Pre-IPO基金上，在成长期基金的投入金额高达50%以上，剩下的则是给了更早期的基金，通过投资偏好不同投资领域和投资阶段的创投管理团队完善自身的投资组合，分散投资风险，以达到FOF在整体收益上的安全和平衡。目前所投资基金的情况和行业分布为：种子期、初创期占50%，还有30%在成长期，投资领域包括TMT、生物医药、新能源、消费服务等，通过分散化投资达到对各个行业的覆盖。

### （三）苏创投引导基金经验总结

总结起来，苏创投引导基金成功的主要经验可归结为以下几点。

开放的投资策略和投资思路。引导基金以项目最优的原则，只选择最合适的项目。引导基金成立之初就定位于全国，对投资范围不加限制并尽量不参与所投基金的日常运作与项目的投资决策。

以市场化定位来运作基金。引导基金不参与GP团队的日常运作，也不参与项目的投资决策，不会占GP管理公司的股权。

得到苏州地方政府的大力支持。依托自身的LP国家开发银行面向全国。

具有一批优秀的管理团队。引导基金管理团队对人民币基金的设立，尤其是对中外合作非法人制基金的设立有丰富的实践经验。

## 三、深创投：运作政府引导基金的探索和实践

深圳市创新投资集团有限公司（以下简称"深创投"）成立于1999年8月，注册资本为18.68亿元人民币，可投资资本量为80亿元人民币，是当前国内资本规模最大、投资能力最强的创业投资机构。公司股东包括深圳市国有资产监督管理局、深圳市投资控股有限公司、上海大众公用事业集团股份有限公司、广东电力发展股份有限公司、深圳能源投资股份有限公司、中兴通讯股份有限公司等。

### （一）深创投设立引导基金现状分析

深创投设立政府引导基金的初衷缘于：一是被称为"红色创投"，深创投应该起带领作用；二是深创投成立之初的宗旨即为"立足深圳、面向全国"，为完成搭建在全国的网络布局，深创投决定用政府引导基金的形式来创建全国性网络，在此过程中实现自己的行业责任、社会责任。

深创投2005年开始探索建立政府引导基金，2006年做了大量的工作。2006年高交会期间，深创投与七个地方政府就创业投资引导基金签约，2007年1月正式创立政府引导基金，与苏州市人民政府（苏州科技创业投资公司）、张家港市人民政府（张家港市金茂投资发展有限公司）、苏州国际发展集团有限公司共同发起设立首期基金规模为3亿元人民币的苏州地区政府引导基金——苏州国发创新资本投资有限公司，采用基金委托基金管理公司管理的模式。

近几年来，深创投政府引导基金建设已初具规模，网络布局正在形成，基本完成了在沿海中心地区的重点布局，并开始向中西部地区扩张，创业投资与基金管理网络即将覆盖全国重点二线城市和地区。对于未来的规划，深创投将在区域布局方面，在全国建立区域性引导基金30支至40支，覆盖全国大多数省份；在行业布局方面，要选择合适的合作机构，建立能源环保、生物医药、新材料、信息产业等行业引导基金10支；在基金规模规划方面，要实现从"多数量，小规模"到"少数量、大规模"的战略转变，即在全国布局完成后，重点设立规模在10亿元人民币以上的引导基金，并控制基金的数量。

### （二）深创投运作引导基金的模式分析

深创投定位于直接投资和基金投资相结合，并逐渐以基金投资为主。目前，已与苏州市、武汉市、淄博市、重庆市、湘潭市、中山市政府共同组建了创业投资引导基金。在具体运作中，主要是采用深创投和地方政府联合出资设立基金公司，然后再委托给深圳创新投资集团组建成立的管理公司管理。

对于在与政府成立引导基金的过程中政府财政的出资比例，如果由政府与深创投出资设立，出资比例一般低于50%，如果由政府、深创投引导其他商业机构共同出资设立，政府出资比例一般为30%～40%。合作基金存续期限按规模有所不同，一般7～10年不等。另外，政府出资引导基金的资金可以分步到位，首期到位资金不小于基金总规模的20%。

深创投设立的政府引导基金一般采取公司制，其具体的管理方式和合作方式较为灵活，主要有以下几种：一是委托管理制，也就是"基金+管理公司"模式，如西安基金等；二是全权委托管理制，即不单独成立区域基金管理公司，基金的管理者为深创投集团总部，依托深创投的几大优势，基金投资及退出的最终决策者为基金董事会；三是跟进投资制，即不需设立基金公司，政府承诺一部分投资用于跟投，深创投负责寻找项目并做出投资决策，之后跟投方依照合同所规定的内容，签署跟进投资协议。

### （三）深创投运作引导基金的退出和利益分配

对于深创投运作引导基金利益分配的问题，根据不同的合作模式，利益分配方式不同，不同合作模式还有很多条款作为补充。委托管理制和全权委托管理制的利益分配方式较为类似，在基金净资产低于注册资本50%情况下，政府方可以要求对基金清算，并享有有限受偿权，在基金盈利时，政府方享有固定收益；对于跟进投资制，合作基金不收管理费，也不需要支付管理公司相应的奖励额度，但在发生投资收益后，跟进投资方按比例所获得的投资收益中的50%将支付给管理公司。

除此之外，还有其他一些分配方式，如政府承诺部分让渡其出资份额应享有的投资收益，在跟进投资中共担风险，高比例分享投资收益或者是选择收购，也就是2～4年后可按原始投资加固定回报收购股权。这些特殊的分配方式主要适用于种子期、初创期或成长期的项目投资，以弥补对中小企业投资的不足，从而贯彻政府意图。

### （四）深创投运作引导基金的经验总结

深创投运作引导基金开创了地方政府和创投机构联合设立政府引导基金的发展趋势，实现了政府与市场战略合作的"双赢"模式。深创投在引导基金运作模式上的创新主要有以下几点。

出资模式创新。政府引导基金牵涉到政府的投资，也牵涉到企业的投资，投资是一个过程，在没有投资的时候将资金沉淀不是最优选择，所以深创投政府引导基金是按照投资进度资金逐步到位。

管理模式创新。深创投政府引导基金采用商业化运作，即政府派人参加基金的运作，但是政府并不干预基金运作的具体进程，这样既能够贯彻政府的意图又符合商业化管理的要求。

收益模式创新。政府出资部分类似优先股，当基金的净值接近政府投资额的时候，余下的由其他商业机构来承担，也就是说政府不承担损失，跟政府合作的商业机构承担损失。同时，引导基金运作好的话，政府只收取固定回报。目前固定回报绝大多数是利息，也有一些银行的同期存款利息。

## 四、成都高新区：政府引导基金助推梯形融资模式

成都高新区长期以来高度重视中小企业融资问题，针对科技型中小企业在种子期、初创期、成长期和成熟期等不同成长阶段所对应的不同层次、不同功能的融资需求，充分发挥政府的引导作用和市场的纽带功能，通过债权融资、股权融资、上市融资等多种方式，创造性地构建了"科技型中小企业梯形融资模式"（见图20-2），较为有效地破解了中小企业融资难题。

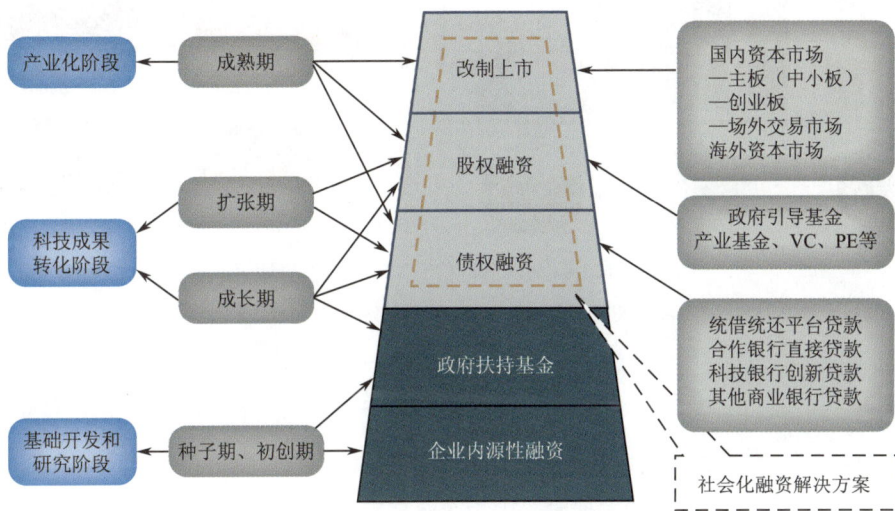

图20-2　成都高新区"梯形融资模式"

资料来源：成都高新区，赛迪投资顾问整理，2012-04.

"梯形融资模式"以提供量体裁衣的融资服务区别于传统单一的融资模式，是一种随中小企业的发展而动态适配的政府引导、民间资金积极参与的社会化投融资解决方案，是一次重要的体制机制创新。该模式不仅适用于科技型中小企业，也可广泛应用于一般中小企业融资问题。

### （一）以政策性担保贷款为核心，积极构建多层次债权融资服务体系

在债权融资上，成都高新区通过创新手段，以政策性担保贷款为核心，积极推行贷款周转金帮助续贷、知识产权质押贷款、合作银行保理直贷和科技银行信用贷款等新型的债权融资模式（见图20-3）。通过债权融资方式的创新，成都高新区已经协助成都海圻生物科技有限公司、四川华盛强制冷设备有限责任公司、芯通科技（成都）有限公司等企业用知识产权向第三方质押进而获得成都银行、建设银行等金融机构贷款4 700万元。帮助硅宝科技、亚联高科、光恒通信、芯通科技四家企业获得建行科技支行、成都银行科技支行各200万元的信用贷款。

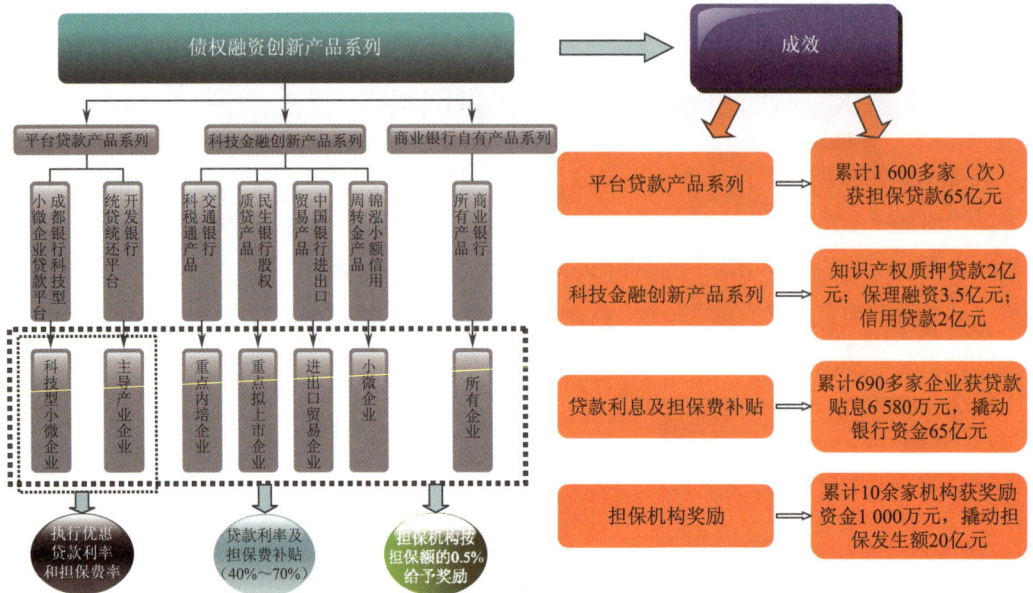

图20-3　成都高新区新型债权融资服务体系

资料来源：成都高新区，赛迪投资顾问整理，2012-04.

自2005年起，成都高新区与国家开发银行合作开展"统借统还"政策性平台贷款业务；与建设银行、交通银行、成都银行等商业银行一起探索知识产权质押贷款、信用贷款、贷款周转金等多种新型信贷模式；与锦泓、浙商等小额贷款公司一起开发科技小额信贷产品。目前，已基本建立起为不同行业、不同发展阶段中小企业提供不同融资产品的多层次信贷服务体系，基本建立起涵盖政策性担保、商业性担保和财政性再担保在内的多层次担保增信服务体系，累计帮助1 600多家（次）科技型企业获得担保贷款65亿元，信用贷款5亿元，知识产权质押贷款1.5亿元。

**（二）以政府引导基金为重点，积极构建多层次股权融资服务体系**

在政府引导基金方面，2008年3月，成都高新区出台《创业投资引导基金管理办法》和《创业投资引导基金参股创业投资企业管理暂行办法》。2008年10月，成都市政府、成都高新区管委会与中国进出口银行共同发起设立总规模为15亿元的银科创业投资引导基金。目前，该基金已先后与德同资本、韩国KTB投资、软银中国等共同建立起创业投资专业子基金，美国Vivo投资、ARC股权投资基金等也在积极的洽谈合作之中。政府引导基金通过参股创业投资企业的方式引导社会资金聚集，实现政府创业投资引导资金的放大效益，银科创业投资引导基金吸引的社会资本将超过50亿元（见图20-4）。

在吸引风险投资方面，成都高新区先后制定了《关于鼓励和吸引创业资本投资高新技术产业的若干规定》和《关于鼓励和吸引投资型企业的若干规定》，吸引了深创投、四川龙蟒、新华投资、天盈投资等20余家投资机构和投资管理机构入驻，注册资本达15亿元。2009年6月，成都高新区又出台了《成都高新区关于建设金融总部商务区有关优惠政策》，对入驻金融

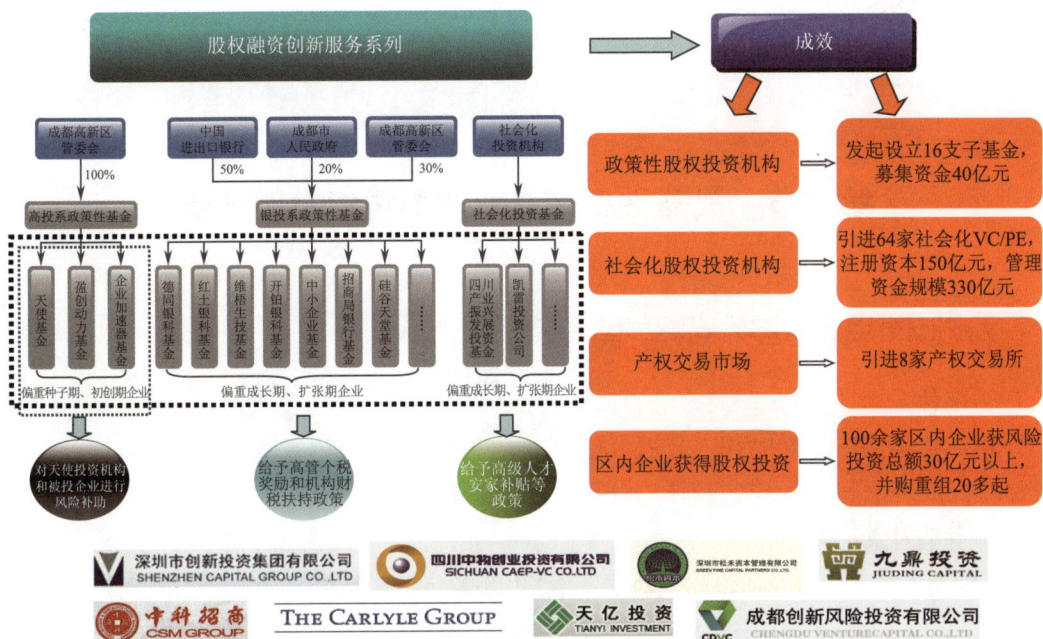

图20-4　成都高新区政府引导基金助力新型债权融资服务体系

资料来源：成都高新区，赛迪投资顾问整理，2012-04.

总部商务区的金融企业给予税收返还、住房补贴等优惠政策，最高可对入驻金融机构返还地方税收所得的50%以及全额返还金融机构高管个人所得税等，对金融机构入驻具有极大吸引力。目前，风险投资机构聚集已取得了良好成效，众多高新区企业获得风险资本青睐。

### （三）成都高新区"梯形融资模式"政府引导基金的经验总结

处理好政府资金和社会资本的关系，坚持构建政府资金引导民间资本积极参与的科技金融服务机制。成都高新区经过多年努力已逐步建立起既能体现政府引导意图又能实现社会化、市场化运营的投融资生态链。以6 580万元财政贴息资金帮助1 600多家（次）企业解决融资难题并撬动银行贷款65亿元；以4 000万元上市奖励资金帮助23家科技型企业上市并募集社会资金70多亿元；以4.5亿元银科引导基金投入吸引社会资本50亿元以上（现已募集资金近40亿元）。

处理好金融扶持和科技孵化的关系，坚持完善融资帮扶与科技孵化紧密结合的中小企业孵化体系。成都高新区经过多年探索已把融资服务作为科技孵化工作的重要内容，尤其是持股孵化等创新孵化机制日益完善。财政出资的8 000万元天使投资专项资金主要用于投资区内23个孵化器中的种子期、初创期企业；孵化器内承担国家863、支撑计划、新药创制、核高基等重大专项的企业，其贷款利息补贴和担保费补贴比例由40%提高到70%，贴息最高贷款余额由500万元提高到1 000万元。

处理好金融创新与产业发展的关系，坚持推动金融服务与企业培育协同的产业发展机制。成都高新区多年来积极实施"企业内培计划"和"金融内培工程"，对重点培育企业优先给予产业和金融扶持政策。培育销售收入过100亿元企业2家，过50亿元企业4家，过10亿元企业22家，过1亿元企业162家；纳税过5 000万元企业17家，过1 000万元企业109家，过100万元企业662家。

## 第二节　战略性新兴产业并购重组案例分析

### 一、苏州固锝电子：海外收购美国明锐光电

#### 1. 事件

2010年12月30日，苏州固锝电子股份有限公司与探微科技在香港签署了《关于Miradia Inc.（明锐光电股份有限公司）全部股权的转让协议》，公司将以360万美元购买明锐光电100%股权。

#### 2. 并购对象：明锐光电

明锐光电在美国特拉华设立，注册资本240万美元，已全额出资，且全部归探微科技所有。明锐光电主要从事MEMS-CMOS三维集成制造平台技术及八寸晶圆级封装技术及产线和产品研发，目前已经拥有130项专利，在新一代MEMS-CMOS三维集成和封装领域技术水平国际领先，中国国内尚无同等水平技术。

#### 3. 并购方：苏州固锝

苏州固锝2006年在深圳中小板上市，目前已成为国内半导体分立器件行业规模较大的二极管制造商。产品主要包括整流二极管芯片、轴型硅整流二极管、开关二极管、稳压二极管、微型桥堆、表面安装玻封和表面安装塑封二极管、金属玻璃封装大功率整流管等，主要应用于汽车、计算机、消费电器和电子通讯等，年生产能力超过57亿件。

苏州固锝在封装领域具有丰富的技术积累。在半导体分立器件和集成电路封装领域已拥有授权专利48项，其中发明专利9项，实用新型35项，外观专利4项。在授权的发明专利中芯片技术6项，封装技术3项，低功耗分立器件芯片技术在国内领先。苏州固锝与物联网领域研究机构如中国科学院微电子研究所、江苏物联网发展中心建立了战略合作关系，充分调研自主研发高端传感器的产业化，推动中国物联网产业发展。

#### 4. 并购动因分析

苏州固锝收购明锐光电主要基于业务升级的考虑，将利用明锐光电MEMS封装的技术优势，结合苏州固锝自身在封装领域的已有基础，向高端MEMS传感器市场进军。

### 二、用友软件：贯彻行业发展战略，并购英孚思为

#### 1. 事件

2010年上半年，用友加快了对外投资的步伐，为实现其战略目标夯实基础。为加快公司汽车行业软件业务发展，2010年6月18日，用友软件与英孚思为的股东签署《股价转让协

议》，收购价款支付方式为现金支付，全部价款分五期支付，用友软件及江西用友将在交割日期6个月届满后的15个工作日内支付全部收购价款。公司以4.91亿元的价格收购上海英孚思为信息科技股份有限公司100%的股权。

2．并购对象：英孚思为

英孚思为成立于2003年，核心业务是汽车行业应用软件和咨询，产品包括面向4S店的管理信息系统和整车生产管理软件两大类，其中以面向4S店的信息管理软件为主。英孚思为是国内最大、市场占有率最高的汽车行业DMS软件供应商，客户包括18家车厂、3 000多家4S经销商，主要客户包括：上海大众、一汽大众、大众进口汽车、上海通用、上汽轿车、天津一汽、长安福特、长安铃木、东南汽车、众泰汽车、广汇汽车等。

3．并购方：用友软件

并购是用友软件实现战略目标的重要手段之一。用友软件在2008年确定了客户经营的业务模式，开始战略性评估各个行业企业机会，从领域和行业两个角度主动策划推进，包括ERP、CRM（客户关系管理）和BI（商务智能）在内的几例横向领域收购。在2009—2010年间，用友软件成功并购了多家公司，用于并购金额总计达到10.19亿元（见表20-2）。

表20-2　用友软件并购案例

| 并购方 | 被并购方 | 所属行业 | 并购金额（万元） | 并购完成时间 |
|---|---|---|---|---|
| 用友软件 | 英孚思为 | IT咨询 | 49 000 | 2010.6.18 |
| 用友软件 | 中科方德 | 软件服务 | 950 | 2010.5.6 |
| 用友华表 | 尚南科技 | 软件 | 3 000 | 2010.1.21 |
| 用友软件 | 时空超越 | 应用软件 | 4 300 | 2009.12.23 |
| 用友软件 | 金网电子商务 | 电子商务 | 36.5 | 2009.12.23 |
| 用友软件 | 哈久网络 | 应用软件 | 660 | 2009.9.24 |
| 用友软件 | 恒聚网络 | 应用软件 | 1 300 | 2009.9.24 |
| 用友软件 | 迈特科技 | 应用软件 | 700 | 2009.5.19 |
| 用友政务 | 金财科技 | 应用软件 | 非公开 | 2008.9.1 |
| 用友软件 | 特博深 | 软件服务 | 4 500 | 2008.10.27 |
| 用友软件 | 方正春元 | 软件服务 | 38 000 | 2008.10.27 |
| 用友软件 | 宏图天安 | 软件服务 | 900 | 2008.10.8 |
| 用友软件 | 上海天诺 | 软件服务 | 1 450 | 2008.1.3 |
| 用友软件 | 安易时代 | 软件 | 4 300 | 2004.12.1 |
| 用友审计 | 诺德讯 | 软件 | 非公开 | 非公开 |
| 用友软件 | 方正春元 | 软件 | 5 600 | 非公开 |

资料来源：赛迪投资顾问，2012-04.

#### 4．并购动因分析

用友软件希望通过对英孚思为的收购，一方面强化其在汽车行业的覆盖，用友软件整合英孚思为的汽车行业前端软件市场和自身的车厂后台软件，形成汽车行业整体解决方案，扩大市场份额；另一方面创新管理咨询模式，英孚思为独特的软件与咨询服务相结合的模式是用友软件并购的另一个原因。

英孚思为希望借助用友软件的平台，迅速增强产品线，以得到更多用户的认可；同时借助用友软件的资源来解决自身资源不足。英孚思为将作为用友集团中专注于汽车行业的子公司继续发展，同时用友将整合英孚思为的品牌、技术、客户、人才、渠道优势，注入集团资源保障，为进一步开拓汽车行业整体应用解决方案打下铺垫。

整体而言，这是一次成功的收购。首先，用友软件和英孚思为都是行业的龙头，优势互补，可以通过兼并和收购做大做强，这也是两个企业的共同战略意图。第二，此次收购价格评估合理。用友软件通过考察英孚思为的净资产、预期盈利能力和行业发展前景后，以双方都能接受、并且符合软件行业发展特殊性的价格收购英孚思为。第三，用友软件收购英孚思的出发点是资源整合和技术经验，因此英孚思为团队在收购后的稳定性尤其重要，用友软件收购英孚思为的股权转让条例中约定了英孚思为骨干员工劳动服务期限和竞业禁止条款。第四，并购双方通过此次交易，完成了各自的战略目标，实现了双方利益最大化，为今后企业的发展提供了更加广阔的平台。

用友并购英孚思为之后，销售增长原因主要有两方面：一方面，原有汽车厂商和汽车经销商成为用友销售ERP尤其是财务软件庞大的潜在客户群；另一方面，在原有DMS产品基础上，基于用友平台产品开发的面向汽车厂商的SCM和DCS（经销商关系管理）将会带来新的销售。

## 三、华为：全资并购华赛

#### 1．事件

2011年11月15日，华为正式宣布出资5.3亿美元收购赛门铁克持有的华为赛门铁克科技有限公司（以下简称"华赛"）49%的股权，预计交易将在2012年第一季度完成，收购达成，将使华赛成为其旗下全资子公司。

#### 2．被收购方：华赛

华赛是全球领先的网络安全及存储设备解决方案供应商，是华为与赛门铁克的合资公司，于2008年2月5日正式成立，总部位于中国成都。华赛充分汲取了华为在通信网络领域的专长以及赛门铁克在安全与存储软件方面的领先技术，致力于满足企业客户在网络安全及存储方面不断变化的需求。

2010年5月，华赛公司基于客户对泛在多业务承载云的需求，首次提出了"泛在多业务云"的云战略，并面向客户推出4+1朵差异化交付的云，为用户提供端到端的云基础架构解决方案。但不容回避的是，自成立以来，华赛收入增长迅速，但一直在亏损。

### 3. 收购方：华为

2010年11月，华为高调发布云计算战略及端到端解决方案；2011年11月，华为在其云计算大会上发布了"云帆计划2012"，明确了大平台、促进业务和应用的云化、开放共赢的云计算三大战略；同时华为已经将云计算列为未来十年的核心战略。

从2010年的"泛在多业务云"到2011年的三大战略，华为的云计算已经从局部完成了整体战略的转变并逐步形成了与对手差异化的竞争优势。在一年多的试水中，华为云计算解决方案已经在电信、政府、医疗、教育等多个行业实现规模应用。

### 4. 并购动因分析

并购是华为云计算实现战略目标的重要手段之一。华为已经成为全球第二大通信设备制造商，但伴随着运营商整理业务战略的变革以及原有运营商市场整体容量有限，华为开始将眼光转向更加广阔的企业级应用。

华赛是主要业务是提供安全、存储与系统管理解决方案。对华为而言，华赛将成为该公司ICT解决方案的重要组成部分，将巩固华为在云计算的地位。这次收购可以看到华为云计算的一张清晰的战略图。面对竞争，技术并非大问题，是需要具体从硬件、到软件、服务的全面实施。并购华赛之后，华为将在服务器、存储、安全以及系统管理解决方案上有所补充。华为收购华赛公司股份，是其重仓云计算的一个典型体现和开始，未来华为还将不断加大在云计算上的投入和积累，以保持和延续自己在云计算领域的优势。

## 四、远望谷：战略性横向和纵向收购

### 1. 事件

2011年6月30日，远望谷以1.12亿元收购河南思维自动化设备有限公司20%股权；同年7月，远望谷以2 017.60万元收购成都普什20%股权。

### 2. 并购对象

思维自动化是中国铁路机车监控设备的核心供应商之一，在机车监控领域拥有多项专利技术，在行业内处于领先地位，市场占有率较高。

成都普什作为五粮液酒类RFID防伪标签的专门供应商，在其主营业务酒类RFID防伪标签方面有稳定的市场。

### 3. 并购方：远望谷

远望谷是中国领先的RFID产品和解决方案供应商，深交所上市公司（代码：002161）。远望谷自1993年起就致力于RFID技术和产品研发，借助中国铁路车号自动识别系统，开创了国内RFID产品规模化应用的先河。远望谷拥有100多项RFID专利技术、6大系列100多种具有自主知识产权的RFID产品，包括读写器、电子标签、天线及其衍生产品。在铁路、烟草行业具有技术领先和市场先入优势，并为图书及档案管理、畜牧养殖及肉品溯源、资产追踪、物流及供应链、机动车辆、服装等多个领域提供了高性能的RFID产品方案。

### 4. 并购动因分析

智慧铁路、智慧轨道交通、智能物流是物联网应用层中广为业界看好的发展方向，前景广阔，发展迅猛。投资思维自动化，为远望谷未来进入物流移动运输设备监控领域奠定了基础。

高端白酒的RFID防伪具有良好预期，并可成为智慧农业、食品安全溯源的应用基础。投资成都普什，远望谷得以进军RFID酒类及大宗高端消费品防伪行业，拓宽RFID应用的产业布局。

## 五、支付宝：成功收购安卡支付

### 1. 事件

2011年9月5日，国内最大的第三方支付公司支付宝宣布就收购安卡支付与其母公司安卡国际集团达成协议。收购完成后，支付宝将借此进入国际航空支付域。此外，支付宝此次收购安卡是近期央行两批支付牌照发放完毕后，出现在国内第三方支付领域的首例整合，印证了此前业界所预言的"该领域将出现兼并潮"。

### 2. 并购对象：安卡支付

安卡支付自2006年起为国泰航空提供相关支付服务，目前主要客户还有港龙航空、长荣航空等。除提供线上支付服务外，安卡支付还为航空公司的呼叫中心提供支付界面。

### 3. 并购方：支付宝

支付宝是国内领先的独立第三方支付平台，是阿里巴巴集团的关联公司。支付宝致力于为中国电子商务提供"简单、安全、快速"的在线支付解决方案。业已成为全球领先的第三方支付公司之一，截至2011年12月，支付宝注册用户突破6.5亿，日交易额超过45亿元人民币，日交易笔数峰值达到3 369万笔。

### 4. 并购动因分析

实际上，在支付牌照发放前，支付宝已经看到了航空市场的巨大潜力，并初步拓展出国航、南航、东航三大航空公司的支付渠道。在支付牌照发放后，大量小支付公司虽然占有部分细分市场，却因为无牌照而无法施展。从前期的牌照争夺战中腾出手来的几大支付巨头，将可能更多地采取并购、合资入股等手段，加速扩大市场份额，抢占利润最为丰厚的领域。此次并购完成后，支付宝与安卡支付的业务将会进行整合，更多的内地用户可以通过支付宝购买包括国泰航空、港龙航空和长荣航空的客票。

占有第三方支付半壁江山的支付宝宣布收购安卡支付，这是《办法》生效后的首场并购案。赛迪投资顾问认为这将揭开第三方支付行业的并购潮。

## 六、碧水源：借力收购向大型一体化水务综合企业迈进

1. 事件

2011年4月，碧水源与北京久安建设投资集团有限公司股东签订《股权转让协议》，出资5 100万元收购其原股东受让的50.15%股权。久安公司股东承诺新久安在2011年税后净利润不低于2 000万元，2012年不低于3 500万元，2013年不低于4 500万元。碧水源则承诺，若新久安当年年度税后净利润达到3 500万元，公司承诺可为新久安原始股东提供换股收购选择权。交易完成后，碧水源成为北京久安公司控股股东。

2. 并购对象：北京久安

北京久安公司在水处理领域的工程服务与设备安装方面具有丰富的经验，承担过奥运村北部地区临时水处理设施市政工程等著名水处理工程等。

3. 并购方：碧水源

碧水源（300070）拥有膜生物反应器（MBR）这一新型废水处理技术，并受到市场追捧。2010年4月在创业板上市，发行价为69元，超额募集资金达18亿元。公司上市获得超募资金后，通过收购、投资、合资等方式不断扩大市场规模。

4. 并购动因分析

这一收购投资完成后，碧水源将增加公司在污水处理施工领域的技术与业务能力，提高公司的工程服务能力。久安公司具备市政公用工程施工的相关资质，有利于公司在水处理施工领域的市场拓展能力。

碧水源除收购北京久安外，还收购了门头沟、博大、普瑞奇等企业，以实现向水务运营、工业污水、污水工程及管道业务领域的强化和延伸。碧水源稳步占领北京市场后，还采取合资形式陆续进军云南、湖南、江苏、内蒙古、湖北等省市，以向大型一体化水务综合企业迈进。

# 附录 赛迪投资顾问产业投融资数据库

## 一、数据库简介

产业投融资数据库建设是赛迪投资顾问咨询和服务的重要基石。从赛迪投资顾问成立之日起，就把产业投融资数据库建设作为公司核心竞争力的重要内容之一。赛迪投资顾问在数据库建设方面积累了丰富的成果，构建了一系列的数据库，涉及新一代信息技术、节能环保、新能源汽车、新能源、文化创意等领域，在各级政府、行业、企业提供决策依据等方面做出了重要支撑。

顺应时代发展的要求和研究转型的需要，赛迪投资顾问在国家发展战略性新兴产业的指引下，不断拓展产业研究领域，丰富和充实数据研究内容。在科学分析的基础上，赛迪投资顾问对原有数据库进行了全面升级，构建了全新的战略性新兴产业投融资数据库。战略性新兴产业投融资数据库主要涵盖产业、企业和政策三大子系列，首期构建了集成电路产业、软件产业、云计算产业、物联网产业、移动互联网产业、节能产业、环保产业、新能源产业、文化创意产业、锂电池产业、第三方支付产业等十几个产业投融资数据库，同时赛迪投资顾问也高度注意数据的开放性和动态性，及时根据国内外战略性新兴产业发展形势进行更新和完善。

赛迪投资顾问致力于产业数据库的专业化建设，既通过发改委、工信部、科技部、商务部、统计局、证监会、银监会等国家委办局，主要省市、行业协会获取和整理公开数据，又根据自己的研究构建了一整套产业投融资数据收集、整理和分析应用的方法论，并建设了面向重点城市、国家级重点园区和百强企业、渠道、典型用户的数据渠道。

由赛迪投资顾问母公司——赛迪顾问提供运营服务的"赛迪顾问在线"，作为面向"工业和信息化融合的咨询与信息服务平台"，可提供重点行业、重点产品的生产、销售、进出口、渠道等各环节的周期性在线数据库，搭建了"战略性新兴产业、两化融合、行业投资、招商引资"四个咨询服务平台；同时提供产业规划、企业战略、人力资源、信息化咨询、投融资、市场研究等专项咨询业务；涉及工业、信息产业、计算机与外设、软件与信息服务、通信与网络、消费电子、半导体、互联网与电子商务、重点行业信息化应用九大领域的研究成果。

今后，赛迪投资顾问将继续紧跟产业战略转型的形势，用数据记录时代，不断深化战略性新兴产业数据库的建设，为国家和各城市战略性新兴产业发展保驾护航。

## 二、数据来源

赛迪投资顾问充分运用自身在政府、企业、渠道、行业、区域以及专业媒体等方面的优势资源，获取有关中国战略性新兴产业投融资的相关信息和数据，同时结合赛迪投资顾问对中国高科技产业近二十年追踪研究的信息数据积累以及动态的二手资料，最终通过综合统计、分析获得相关产业的研究报告。以下显示了赛迪投资顾问主要的信息数据渠道。

### （一）政府统计信息渠道

作为工业和信息化部直属决策支撑研究机构，赛迪投资顾问从工业和信息化部、国家发展与改革委员会、科技部、商务部、文化部、新闻出版总署、环境保护部、海关总署、国家统计局等主管部门获取有关产业、政策与市场方面的信息和统计数据，并通过为逾40个地方省市政府提供大量的产业、园区规划与发展服务，掌握了大量的一手产业、企业数据与重要资料。

### （二）行业协会统计渠道

中国战略性新兴产业的相关行业协会包括中国信息产业商会、中国计算机行业协会、中国软件行业协会、中国计算机用户协会、中国半导体行业协会、中国电池工业协会、中国化学与物理电源行业协会、中国节能协会等组织与赛迪投资顾问有多年协作关系，赛迪投资顾问定期从行业协会获取大量产业与市场方面的动态数据和信息。近年来，赛迪投资顾问并加强了与中国环境保护产业协会、中国可再生能源协会、中国电子商会物联网技术产品应用专业委员会、中关村国际环保产业促进中心等组织的工作联系与支撑。

### （三）用户需求信息渠道

赛迪投资顾问的母公司——赛迪顾问拥有中国信息化推进联盟（CIPA）的丰富资源。该联盟旨在加强产业部门与应用部门之间联系，促进供需双方沟通交流。该联盟由中央各部、委、局、总公司、金融系统以及各省市主管和规划部门负责人组成。赛迪投资顾问定期从中国信息化推进联盟获取行业与区域等应用需求方面的信息和数据。

### （四）区域市场信息渠道

赛迪投资顾问区域调查研究覆盖了华北、华东、华南、华中、东北、西北、西南7个区域市场，60个以上的重点城市。赛迪投资顾问在上海、广州、深圳、西安、武汉、成都、南京、杭州、哈尔滨等中心城市设立了20多家分支机构。其专业分析员与调查人员定期与各地企业、经销商以及用户保持着直接紧密的联系，并从中获取第一手数据与资料。

### （五）企业与经销商调研渠道

近20年的研究咨询服务，使赛迪投资顾问与高技术企业及经销商建立了广泛密切的业务联系。基于这种联系，赛迪投资顾问定期通过直接面访、电话采访、问卷调查等方式从企业与经销商获取有关市场数据和信息。

### （六）赛迪投资顾问数据库信息渠道

通过对中国产业的追踪研究，赛迪投资顾问积累了大量有关产业、投资机构等数据和信息，建立了丰富完整的数据库。凭借赛迪投资顾问在行业研究、数据渠道及政府资源等方面的综合竞争优势，依托赛迪投资顾问行业研究智库，应用先进的信息处理技术和检索手段，赛迪投资顾问在线可为各级、各地主管政府与各类开发区、行业与企业用户、金融投资、研究机构等提供包括行业信息数据库、工业统计数据库、信息产业运行监测数据库、电子信息产品进出口统计数据库、计算机与外设数据库、软件与信息服务数据库、通信与网络数据库、半导体元器件数据库、消费电子数据库等在线数据库查询服务。历史数据库资源为赛迪投资顾问的持续性研究提供了可靠基础。

### （七）赛迪投资顾问二手调研

从第三方获得数据及资料，了解整个中国产业与市场状况与发展趋势，追踪相关重点企业在产品技术、市场与竞争策略、销售与服务等方面的信息和资料。二手调查数据和资料来源为：新闻报道、国内外行业机构、企业年报、互联网以及其他相关资料。

# 作 者 简 介

## 一、中国电子信息产业发展研究院

中国电子信息产业发展研究院（赛迪集团，CCID）是直属于国家工业和信息化部的一类科研事业单位。自成立二十余年以来，秉承"信息服务社会"的宗旨，坚持面向政府、面向企业、面向社会，致力提供决策咨询、管理顾问、媒体传播、评测认证、工程监理、创业投资和信息技术等专业服务，在此基础上，形成了咨询业、评测业、媒体业、信息技术服务业和投资业五业并举发展的业务格局。

研究院总部设在北京，并在上海、广州、深圳等地设有分支机构，业务网络覆盖全国500多个大中型城市。研究院现有员工2 000余人，其中专业技术人员1 200余人，博士100余人、硕士600余人。

## 二、赛迪顾问集团

### （一）赛迪顾问

赛迪顾问股份有限公司（以下简称"赛迪顾问"）是中国首家在香港创业板上市，并在业内率先通过国际、国家质量管理与体系（ISO9001）标准认证的现代咨询企业（股票代码：HK08235），直属于中华人民共和国工业和信息化部赛迪研究院。经过多年的发展，目前公司总部设在北京，旗下拥有赛迪信息工程顾问、赛迪投资顾问、赛迪管理顾问、赛迪经济顾问和赛迪监理五家控股子公司，并在上海、广州、深圳、西安、南京等地设有分支机构，拥有300余名专业咨询人员，业务网络覆盖全国200多个大中型城市。

赛迪顾问凭借自身在行业资源、信息技术与数据渠道等竞争优势，能够为客户提供公共政策制定、产业竞争力提升、发展战略与规划、营销策略与研究、人力资源管理、IT规划与治理、投融资和并购等现代咨询服务，服务对象既包括政府各级主管部门与各类开发区，又涵盖新一代信息技术、节能环保、生物、高端装备制造、新材料和新能源等战略性新兴产业的行业用户，致力于成为中国本土的城市经济第一智库、企业管理第一顾问、信息化咨询第一品牌。

总部热线电话：0086-10-88558866/8899/9900

电子邮箱：service@ccidconsulting.com

### （二）赛迪投资顾问

北京赛迪经智投资顾问有限公司（简称"赛迪投资顾问"）专业从事并购战略、并购方案与实施、并购融资、并购整合、上市顾问、私募股权融资、投资决策与城市投融资等业务，深谙战略性新兴产业整合之道，面向政府、面向行业、面向企业，以新一代信息技术、节能环保、生物、高端装备制造、新能源、新材料、新能源汽车等战略性新兴产业为重点，为政府、行业、企业提供投资决策、私募股权融资、上市、并购以及城市投融资等投融资服务，致力于成为"资本时代的产业整合者"。

### （三）赛迪信息工程顾问

北京赛迪世纪信息工程顾问有限公司（简称"赛迪信息工程顾问"）致力于为客户提供从信息系统规划、实施到运维的整体信息化解决方案咨询服务，服务产品涵盖业务战略与管理咨询、业务流程优化、信息化总体规划、定制化需求分析、信息系统设计、信息系统实施、工程项目监理、信息化绩效评估、信息系统运维与外包、IT项目管理、IT服务管理和IT治理等；其专业解决方案服务涉及企业管理与信息化工程、电子政务工程、智能城市工程、行业信息化工程、电子商务工程、移动商务工程、物联网工程、云计算工程、智能电网工程、节能减排信息化工程等，服务对象涵盖各级政府、城市、能源、制造、金融、物流等行业和企业。

### （四）赛迪管理顾问

北京赛迪经略企业管理顾问有限公司（简称"赛迪管理顾问"）专业从事企业变革和管理创新的战略咨询业务，为企业客户提供发展战略、产业规划、集团管控、人力资源规划、组织变革、岗位设计、薪酬福利体系设计、绩效考核、营销策略、品牌提升和文化建设、战略性新兴产业发展与管理创新培训等专业服务，致力成为企业管理第一顾问。公司下辖企业战略咨询中心、组织变革咨询中心、人力资源战略咨询中心和赛迪新思维学院等机构。

### （五）赛迪经济顾问

北京赛迪方略城市经济顾问有限公司（简称"赛迪经济顾问"）专业从事城市经济发展的战略咨询业务，为政府客户提供区域一体化发展战略、城市经济发展规划、城市转型发展研究、城乡统筹发展规划、城市品牌推广、城市文化建设、园区产业规划、园区空间布局规划、园区品牌提升、园区招商引资规划、园区公共服务平台研究与规划、新型工业化发展规划等咨询服务，致力成为城市经济第一智库。

# 反侵权盗版声明

电子工业出版社依法对本作品享有专有出版权。任何未经权利人书面许可，复制、销售或通过信息网络传播本作品的行为；歪曲、篡改、剽窃本作品的行为，均违反《中华人民共和国著作权法》，其行为人应承担相应的民事责任和行政责任，构成犯罪的，将被依法追究刑事责任。

为了维护市场秩序，保护权利人的合法权益，我社将依法查处和打击侵权盗版的单位和个人。欢迎社会各界人士积极举报侵权盗版行为，本社将奖励举报有功人员，并保证举报人的信息不被泄露。

举报电话：（010）88254396；（010）88258888

传　　真：（010）88254397

E-mail：    dbqq@phei.com.cn

通信地址：北京市万寿路173信箱

　　　　　电子工业出版社总编办公室

邮　　编：100036